CODE FORMULAIRE

DE

L'ÉTAT CIVIL

D'HAÏTI

PAR

THÉOGÈNE SERVINCENT

Notaire et Écrivain public (1863),
Président du Bureau d'Administration de la Fabrique de Sainte-Anne (1872),
Membre honoraire du Cercle des Amis de l'Étude (1876),
Membre de la Conférence de Saint-Vincent-de-Paul de la Cathédrale (1885),
À Port-au-Prince, capitale de la République d'Haïti.

———⬦———

À PORT-AU-PRINCE

IMPRIMERIE ET LIBRAIRIE CENTRALES DES CHEMINS DE FER

IMPRIMERIE CHAIX

SOCIÉTÉ ANONYME AU CAPITAL DE SIX MILLIONS
Rue Bergère, 20, à Paris.
1888

CODE FORMULAIRE

DE

L'ÉTAT CIVIL

D'HAÏTI

CODE FORMULAIRE

DE

L'ÉTAT CIVIL

D'HAÏTI

PAR

THÉOGÈNE SERVINCENT

Notaire et Écrivain public (1863),
Président du Bureau d'Administration de la Fabrique de Sainte-Anne (1872),
Membre honoraire du Cercle des Amis de l'Étude (1876),
Membre de la Conférence de Saint-Vincent-de-Paul de la Cathédrale (1885),
A Port-au-Prince, capitale de la République d'Haïti.

———✦———

A PORT-AU-PRINCE

IMPRIMERIE ET LIBRAIRIE CENTRALES DES CHEMINS DE FER
IMPRIMERIE CHAIX
SOCIÉTÉ ANONYME AU CAPITAL DE SIX MILLIONS
Rue Bergère, 20, à Paris.
1888

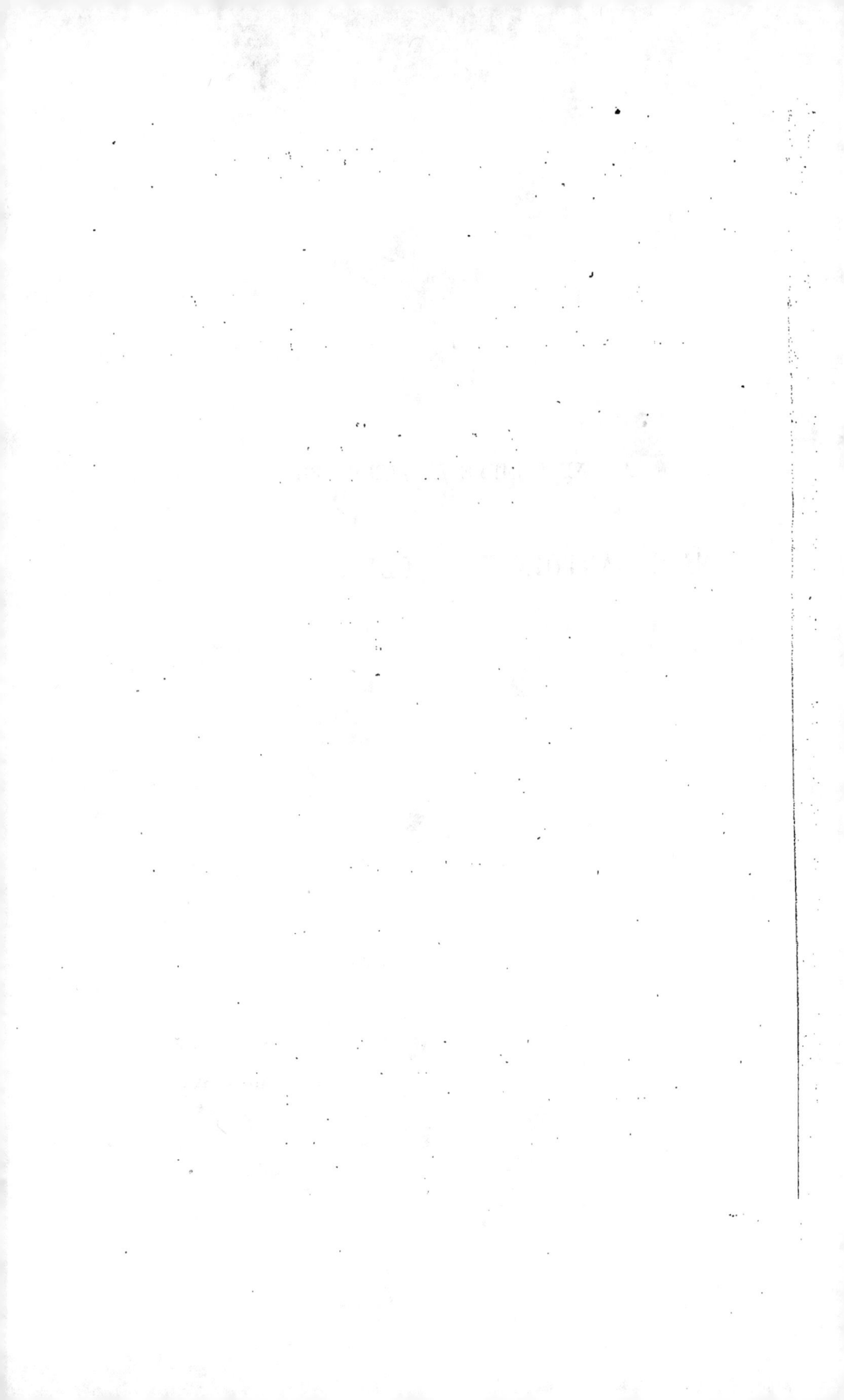

A UNE HUMBLE ET PIEUSE FILLE

MARIE-ANTOINETTE-ACÉLIE THÉBAUD

Je dédie ce livre

T. SERVINCENT

Ce 31 décembre 1882

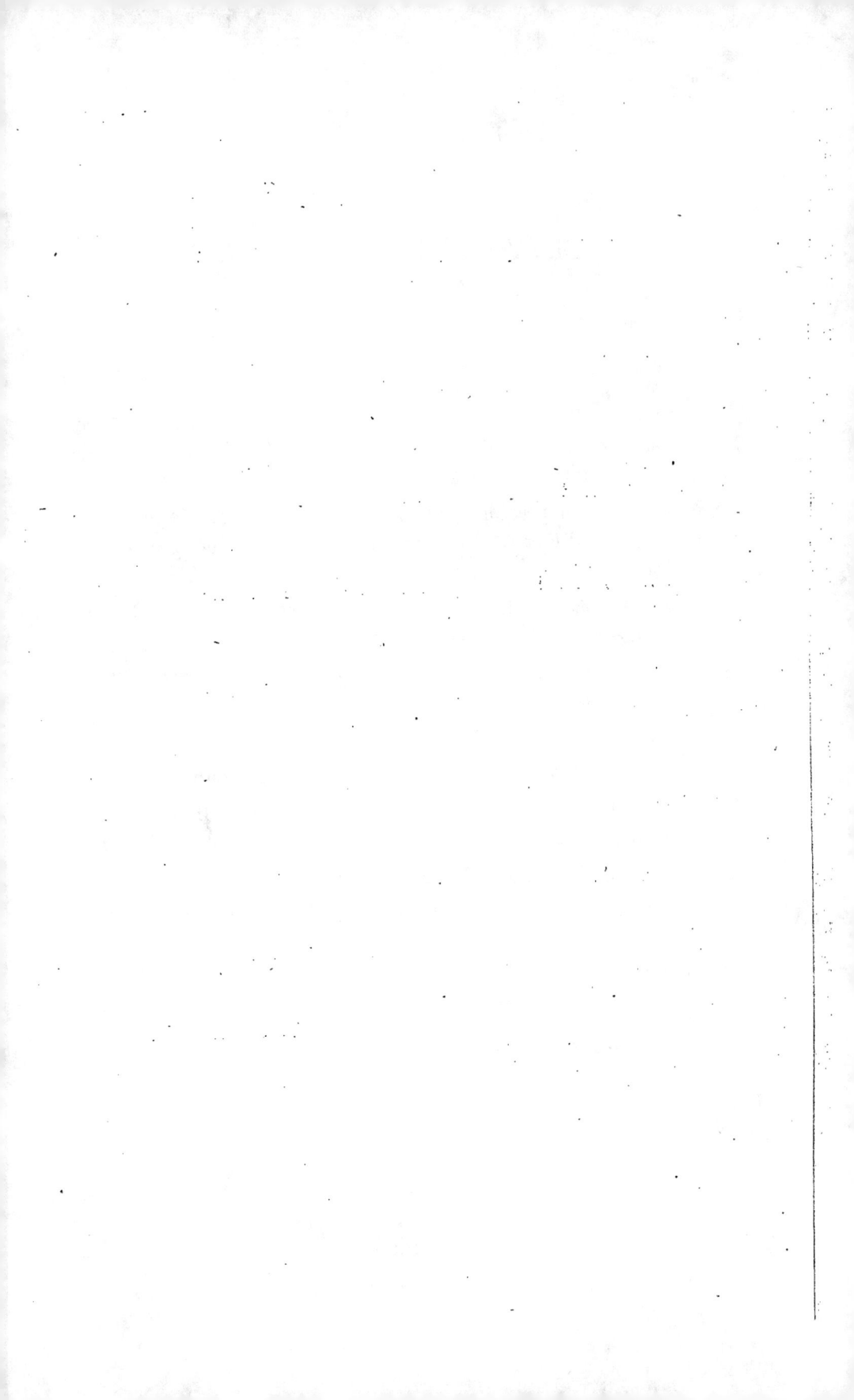

OBSERVATIONS ET EXPLICATIONS

Code Napoléon ou *Code Civil Français* est employé indifféremment dans cet ouvrage pour désigner le même livre.

Le mot *numéro* non précédé d'un nom d'auteur désigne le texte du *Code-Formulaire de l'État Civil d'Haïti* et le mot *article* désigne le texte d'un Code ou d'une Loi quelconque.

Demolombe, VI-441 est la même chose que *Demolombe, tome VI, numéro 441;* il en est de même pour les autres auteurs.

Taulier, III, p. 412 est semblable au *Taulier, tome III, page 412;* il en est ainsi pour les autres auteurs.

Marcadé, 451-2 équivaut à *Marcadé, article 451, numéro 2.*

Rolland ou *Rolland de Villargues* indique le même personnage.

Code Civil d'Haïti de 1826; Code de Procédure civile d'Haïti de 1835 ; Code d'Instruction criminelle d'Haïti de 1835; Code Pénal d'Haïti de 1835.

Loi du 10 août 1877 qui règle en monnaie forte les amendes, dépôts, consignations, dommages-intérêts, consacrés dans les différents Codes de la République.

Loi du 6 avril 1880 sur les officiers de l'État Civil de la République.

OUVRAGES DU MÊME AUTEUR

APPROUVÉS, COMME CELUI-CI, PAR LE DÉPARTEMENT DE LA JUSTICE

Code-Formulaire du Notariat d'Haïti.

A éditer, dont l'Approbation se trouve, par anticipation, à la fin de ce Livre.

Guide de l'Officier de l'État Civil d'Haïti.

Imprimé aux Cayes par M. Francklin en 1882, un volume de 106 pages.

Les Pleurs et les Rires. — *Imitation, avec variante, de Monsieur* le Comte de Ségur : *Galerie Morale et Politique.*

Voulez-Vous Pleurer ?

Lisez de ce Volume les Numéros 9, 11-12, 14-15, 22 à 28, 40, 42 à 46, 51-52, 54, 78, 82 à 84, 107 à 118, 125 à 127, 147, 169, 171-172, 202-203, 208, 213, 229-230, 233-234, 243, 250, 252, 258, 296, 304-305, 308, 314, 342, 349, 381-382, 394, 408, 411-412, 460, 471 et 476, plus les Articles 4, 6-7, 10-11 et 16 de l'Appendice et les Formules qui en découlent, notamment les Formules 1 à 8, 36-37, 104-105, 108 à 117, 142-143, 153 à 163 et 169 à 202 !....

Voulez-Vous Rire ?

Lisez les autres Numéros et Articles de cet Ouvrage, ainsi que les Formules qui en découlent !

Voulez-Vous ne pleurer de RIEN *et rire de* TOUT ?

Lisez sans aucune exception tous les Numéros, Articles et Formules de ce Volume ; vous verrez que tout y est pour le *plus grand* avantage de la Société ; comme en lisant Monsieur Azaïs (1), dit Monsieur le Comte de Ségur, « vous apprendrez que tout est égal dans ce Monde, et que, si chaque plaisir est acheté par un chagrin, tout chagrin est compensé et payé par un plaisir » !....

T. SERVINCENT.

---

(1) *Système philosophique des compensations dans les destinées humaines,*

TABLEAU

APPROBATION

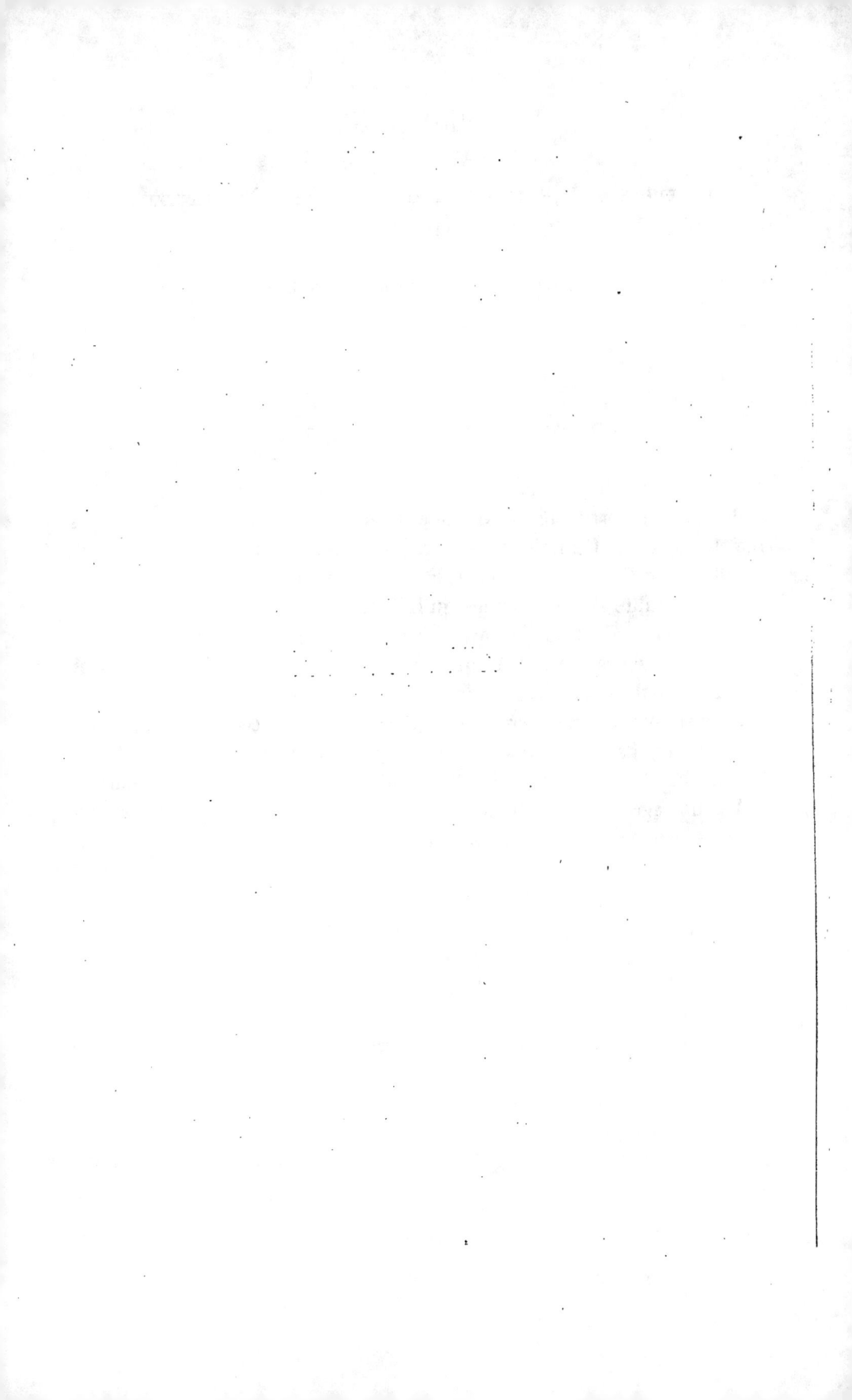

APPROBATION

LIBERTÉ – ÉGALITÉ – FRATERNITÉ
RÉPUBLIQUE D'HAÏTI

SECTION DE LA CORRESPONDANCE GÉNÉRALE, N° 448.

Port-au-Prince, le 22 juin 1883,
An 80ᵉ de l'Indépendance.

Le Secrétaire d'État au Département de la Justice à Monsieur Théogène Servincent, Notaire Public à Port-au-Prince.

Monsieur le Notaire,

Par son Rapport favorable en date du premier de ce mois, dont je vous remets copie, la Commission chargée d'examiner *le Code-Formulaire de l'État Civil d'Haïti*, que vous avez soumis à mon approbation, ayant apprécié l'utilité de cet Ouvrage qu'Elle recommande et dans lequel vous faites marcher de front et avec succès la Théorie et la Pratique — (manuel indispensable à ceux qui sont proposés à la rédaction des actes de l'État Civil des citoyens et qui même peut être consulté avec avantage par les simples particuliers), — rien ne s'oppose à ce que vous puissiez livrer l'Ouvrage à l'impression, ce que le Gouvernement (1) verrait avec plaisir dans l'intérêt de la Société à laquelle l'œuvre est recommandée.

Veuillez agréer, Monsieur le Notaire, avec mes meilleures félicitations, l'assurance de ma considération distinguée.

MADIOU.

Le Général Antoine-Bernard-Thomas Madiou, secrétaire d'État de la Justice et des Cultes.

Le Général Innocent-Michel Pierre, secrétaire d'État de la Guerre et de la Marine.

Le Général Jean-Baptiste Damier, secrétaire d'État des Finances, du Commerce et des Relations Extérieures.

Le Général Alexandre-Ovide Cameau, secrétaire d'État de l'Intérieur et de la Police Générale.

Le Général François Manigal, secrétaire d'État de l'Instruction Publique et de l'Agriculture.

(1) Son Excellence le Général Louis-Étienne-Félicité Lisius Salomon, Président de la République d'Haïti.

RÉPUBLIQUE D'HAÏTI

RAPPORT

AU SECRÉTAIRE D'ÉTAT DE LA JUSTICE

Port-au-Prince, le 1ᵉʳ Juin 1883, An 80ᵉ de l'Indépendance.

Monsieur le Secrétaire d'État,

Nous avons parcouru avec le plus vif intérêt le Manuscrit que vous avez bien voulu nous communiquer et nous avons trouvé, en l'examinant, suivant votre désir, que les nobles efforts de son auteur, Monsieur le notaire Th. Servincent, sont couronnés d'un grand succès. — En effet, l'ordre régulier de toutes les matières concernant les actes de l'État Civil, la définition de ces actes importants des Sociétés civilisées, des formules nombreuses propres à former des praticiens ou à éclairer et rectifier leurs opérations, tout, Monsieur le Secrétaire d'État, nous conduit à déclarer que Mᵉ Théogène Servincent s'est préoccupé, plus qu'on ne l'avait fait jusque-là, des grands besoins de la Pratique, en donnant en même temps à la Théorie de l'exactitude et de la précision, dans l'Ouvrage qu'il intitule :

CODE-FORMULAIRE DE L'ÉTAT CIVIL D'HAÏTI

Il a embrassé la Théorie et la Pratique, en songeant avec soin que toutes deux sont indispensables, toutes deux insuffisantes l'une sans l'autre, la Théorie éclairant la Pratique qui à son tour est l'épreuve de la première. C'est une œuvre qui n'est autre chose que des moyens de mise en action des Lois qui établissent les droits et qui règlent les obligations de la Société et de ses membres, dans tous les cas généralement quelconques de naissance, de mariage, de divorce et de décès. Cette méthode d'instruction peut être non seulement conseillée aux officiers chargés de rédiger les actes de l'État Civil, mais encore la lecture des modèles et protocoles qui y abondent doit être d'une utilité incontestable aux particuliers, aux époux, aux enfants, aux médecins, aux prêtres (1), aux huissiers, aux magistrats, aux

---

(1) Nᵒˢ 68 à 73; 100 à 101 *bis*; 252, 286, 318 à 323. — Formules 44, 44 *bis*, 59 et 133. (*Annotation de l'Auteur de l'Ouvrage.*)

officiers de marine, aux consuls et ministres à l'Étranger, au ministre de la Justice et au Chef· de l'État, quand Son Excellence doit intervenir dans l'accomplissement de la plupart de ces actes.

Tel est le Rapport que nous venons respectueusement vous faire sur l'Ouvrage dont nous avons l'honneur de vous retourner le manuscrit.

Nous vous prions d'agréer, Monsieur le Secrétaire d'État, l'assurance nouvelle des sentiments les plus distingués, avec lesquels nous vous saluons humblement,

Les Membres de la Commission : ARTHUR BOURJOLLY, ministère public en cassation ; J.-C. ANTOINE, avocat ; V. FRÉDÉRIQUE, notaire du Gouvernement ; J. ARCHIN, avocat ; A. DYER, doyen du Tribunal Civil de Port-au-Prince.

INTRODUCTION

INTRODUCTION

———

L'insuffisance reconnue un peu tard du *Guide de l'Officier de l'État Civil d'Haïti*, par Théogène Servincent, notaire à Port-au-Prince, qui vient d'être imprimé aux Cayes et qui a été livré au Public le 9 septembre dernier, m'a imposé le Travail actuel, dont j'ai pris la tâche résolument dès le 17 février de cette année, — 1882, — en m'attachant assidûment et à deux mains à la besogne, même les dimanches et les jours de fêtes légales réservés au Culte de Dieu et au repos de l'homme. Il y a à cela une raison bien simple : *Noblesse oblige.*

L'Ouvrage que je publie aujourd'hui sous le titre de *Code-Formulaire de l'État Civil d'Haïti*, — outre les cas ordinaires de naissance, de mariage, de décès et les trois différents cas de divorce, — comprend : 1o les actes de naissance sur les déclarations faites par le médecin et le mandataire; 2o les actes de reconnaissance d'enfant naturel avant la naissance de l'enfant par le père, en présence et de l'assentiment de la mère enceinte; 3o les actes de reconnaissance d'enfant naturel sans l'indication ou l'aveu de la mère; 4o les actes de naissance d'enfant légitime sur déclarations faites par la mère ou la sage-femme, après la dissolution du mariage survenue par la mort de l'époux ou par le divorce; 5o les deux catégories d'actes de naissance d'enfant trouvé; 6o l'acte de naissance à l'Étranger reçu par un ministre ou consul haïtien; 7o l'acte de naissance pendant un voyage sur mer; 8o l'acte de constatation de baptême délivré par le prêtre; 9o les actes de mariages célébrés avec les dispenses du Président d'Haïti, pour défaut de puberté, pour le mariage entre beau-frère et belle-sœur, pour la seconde publication du mariage (formules 88 à 91 et 122); 10o l'acte de mariage célébré à l'étranger par un ministre ou consul haïtien; 11o l'approbation par acte notarié du mariage par un ascendant; 12o l'agrément du Président d'Haïti à un mariage; 13o le certificat délivré par l'officier de l'État Civil pour les cérémonies religieuses du mariage; 14o l'acte de mariage religieux par le ministre du culte; 15o l'acte de décès pendant un voyage sur mer;

16° l'acte de décès dans un pensionnat-collège ; 17° l'acte de décès dans un hôpital militaire ou dans une maison publique de santé ; 18° l'acte de décès d'un enfant avant que sa naissance ait été constatée ; 19° l'acte de décès avec des signes de mort violente ou d'autres circonstances qui la font soupçonner ; 20° l'acte de décès des employés aux mines pendant leurs travaux sans qu'on ait pu retrouver leurs corps ; 21° l'acte de décès dans une prison ; 22° l'acte de décès en cas d'exécution à mort ; 23° l'acte de décès d'individus consumés dans un incendie ou engloutis dans les flots sans qu'on ait pu retrouver leurs cadavres ; 24° l'acte de décès sur la déclaration de l'officier rural, — tous, actes du ministère de l'officier de l'État Civil.

J'y ai ajouté, par exception et intentionnellement, comme explications ou corollaires ayant trait à l'État Civil : 1° les procurations de déclaration de naissance et de reconnaissance d'enfant naturel ; 2° celles de consentir à mariage ; 3° le consentement à mariage par acte notarié ; 4° la délibération du conseil de famille autorisant le mariage d'un mineur sans père, ni mère, ni aïeuls et aïeules ; 5° celle homologuée par le Tribunal civil pour autoriser à mariage en cas d'interdiction d'un ascendant dont le consentement au mariage est nécessaire ; 6° le jugement d'interdiction ; 7° celui homologatif du conseil de famille autorisant le mariage de l'enfant d'un interdit ; 8° l'acte respectueux à défaut de consentement à mariage ; 9° l'acte respectueux constatant le dissentiment entre le père et la mère, entre l'aïeul et l'aïeule de la même ligne, entre ces derniers des deux lignes, relatif au mariage de leurs fils ou fille, petit-fils ou petite-fille ; 10° le renouvellement de l'acte respectueux à défaut de consentement à mariage ; 11° la procuration pour faire un acte respectueux ; 12° les trois catégories de dispenses accordées par le Chef de l'État touchant le mariage (formule 92) ; 13° les trois catégories de demandes de dispenses au Président d'Haïti ; 14° l'acte de notoriété supplétif à celui de naissance délivré par le juge de paix ; 15° l'opposition à mariage par acte d'huissier ou de notaire ; 16° la procuration notariée à l'effet de s'opposer au mariage ; 17° la mainlevée d'opposition à mariage et 18° la procuration de mainlevée d'opposition à mariage par actes du ministère de notaire ; 19° les actes judiciaires d'annulation de mariage ; 20° le certificat du notaire qui a rédigé les conventions matrimoniales ; 21° le billet d'hôpital délivré par le chef militaire de la commune à un malade désœuvré ; 22° l'acte de décès inscrit aux registres tenus à cette fin dans les hôpitaux militaires ou dans les maisons publiques de santé ; 23° l'ordre d'écrou par le ministère public ; 24° le procès-verbal du commissaire de police assisté d'un médecin constatant la mort d'un individu avec des signes ou indices de mort violente ; 25° le jugement d'exécution à mort ; 26° la missive du ministère public par laquelle remise est faite au secrétaire d'État de la Justice du dossier de condamnation à mort pour être par le ministre communiqué au Président d'Haïti auquel la Constitution de l'État réserve le droit de grâce ; 27°

l'ordre de Son Excellence d'exécuter le jugement de condamnation à mort selon sa forme et teneur; 28° le procès-verbal du greffier du Tribunal civil en ses attributions criminelles assisté du juge-instructeur et d'un médecin constatant la mort d'un supplicié; 29° les exposés de motifs et tous les jugements et actes d'huissiers ayant trait aux trois cas de divorce; 30° les actes notariés et le procès-verbal de leur remise au doyen du Tribunal civil relatifs au divorce par consentement mutuel.

Certains actes découlant du *désaveu de paternité*, de la *puissance paternelle*, du *domicile*, de la *rectification* de l'*irrégularité dans un acte de l'État Civil* et de l'*absence*, ont dû trouver dans cet Ouvrage une généreuse hospitalité.

Ce Livre ne s'adresse donc pas exclusivement aux officiers de l'État Civil proprement dits (n° 5), mais bien aussi aux ministres ou consuls d'Haïti à l'Étranger, aux citoyens tant de la marine de guerre que de celle commerciale, aux magistrats des Tribunaux civils et de paix, aux greffiers de ces Tribunaux, aux officiers ministériels d'iceux, aux docteurs en chirurgie et aux notaires, — aux particuliers, pères et mères de famille, jeunes gens des deux sexes (n°s 123, 137 à 142, 155, 255 à 264, 326 et 330) et notamment aux époux et épouses dont les droits et devoirs respectifs sont tracés aux n°s 242 à 246; de là son titre :

CODE-FORMULAIRE DE L'ÉTAT CIVIL D'HAITI.

J'ai l'honneur, par ce travail, d'offrir à mes compatriotes susnommés, particulièrement aux officiers de l'État Civil, un Outil à la portée de toutes les mains.

Le système adopté est aussi simple que rationnel : *Réunir en un volume tout ce qui a trait à l'État Civil d'Haïti.*

Le texte des Codes est reproduit en tête; les formules sont placées en suite, comme annotations, avec la répétition des articles.

C'est une idée neuve, simple et à la fois pratique, — empruntée au savant maître Alexandre Michaux de la Faculté de Droit de Paris, — qui consiste dans le rapprochement des prescriptions de la Loi d'avec les formules qui en résultent.

Cette idée a le double avantage d'offrir, à ceux qui savent, un *memento* précieux, et, — à tous ceux qui étudient les Codes, — l'*expression* la plus claire des articles de la Loi, au point de vue de l'État Civil des familles.

« Les articles du Code comme *texte* et les formules qui en découlent comme *explication* sont inséparables », dit le Docteur Alexandre Michaux.

— Si donc ils sont placés dans notre Livre de telle sorte qu'on puisse les lire, presque simultanément, l'Ouvrage est assurément aussi complet et parfait que peut l'être une œuvre humaine.

Et c'est bien là, en quelques mots, la définition exacte de mon *Code-Formulaire de l'État Civil d'Haïti.*

On sera certainement frappé, j'ose le croire, de tous les avantages que, pour les officiers de l'État Civil ou tous autres praticiens susdénommés, présente un travail de cette nature.

Le fonctionnaire consulte-t-il une formule? Il trouve au-dessus le *texte* du Code dont elle est la conséquence et, de plus, — en tête même de cette formule, — l'*indication* du numéro des articles du Code d'avec les décisions et opinions judiciaires qui ont une relation directe avec la matière.

Si, au contraire, il étudie le texte du Code? Il trouve au-dessous la *formule* qui lui donne la portée de l'article et son interprétation qu'on pourrait appeler *matérielle.*

Cet Ouvrage revêt donc un double caractère : ce n'est exclusivement ni un formulaire, ni un traité, mais bien tout à la fois un traité et un for-mulaire. — C'est l'unification de la Théorie et de la Pratique, comme deux sœurs jumelles, se donnant la main, et marchant ensemble et se soutenant mutuellement. — De là encore son titre :

CODE-FORMULAIRE DE L'ÉTAT CIVIL D'HAITI

Je m'empresse de déclarer ici que c'est à la bienveillance de M. Alvarès Eugène Lallemand, l'un des greffiers du Tribunal Civil de Port-au-Prince, qui a bien voulu me donner accès à son Greffe, que je dois la commu-nication des documents qui m'ont permis de formuler les jugements relatifs aux deux premiers cas de divorce, ainsi que celui d'exécution à mort, et le procès-verbal constatant la mort d'un supplicié.

Les jugements touchant le divorce par consentement mutuel, l'inter-diction et la rectification d'acte de l'État Civil, qui enrichissent avec ceux susénoncés cet Ouvrage, ont été formulés sur les notes que m'a fournies à cet effet l'honorable M. Aurélus Dyer, président du susdit tribunal.

Bien qu'au *Code-Formulaire du Notariat d'Haïti,* dont le manuscrit attend l'impression, j'aie rendu un éclatant hommage de reconnaissance à M. Linstant Pradine, cet infatigable bibliophile des Archives nationales, pour ses Codes annotés qui ont été un si puissant aide aux fins que je m'étais proposées, d'être utile aux débutants au notariat, je crois devoir déclarer encore ici que les annotations de mon vénérable compatriote, pour ma besogne actuelle, n'ont pas peu contribué à rendre ma tâche facile. Par exemple, — si l'annotateur n'avait pas, à l'article 57 du Code Civil d'Haïti, renvoyé à l'article 296 de notre Code Pénal (n° 85), j'avoue en toute humilité que, — n'ayant jamais eu à sonder les mystères de la science du Droit touchant l'État Civil, avant mon Opuscule de 1881 sur la matière, — je n'aurais point su que notre législation admettait deux catégories d'acte de naissance d'enfant trouvé, et par conséquent je ne les aurais pas établies dans cet Ouvrage, — Formules 35-36.

Et ces princes de la science judiciaire, ces jurisconsultes français dont les noms sont cités dans chaque page de cet Ouvrage ; eux aussi ont droit à mon bon souvenir pour les heureuses inspirations que m'ont suggérées leurs saines opinions sur les matières traitées en cet Ouvrage. — Que ce Livre donc que je désire être lu partout, et qui sans contredit leur parviendra, apporte à chacun d'eux en particulier et à eux tous en général un triple hommage de respect, de gratitude et de vénération de la part de leur bien humble admirateur.

Je ne crois pas superflu de déclarer maintenant que, n'ayant eu pour mon travail que les seuls *aides* susdénommés, mon style *si peu correct* ne saurait être imputé aux personnages, aux magistrats et aux maîtres que j'y ai fait militer, sans que les formules qui les concernent leur aient été communiquées.

Contrairement à l'usage de dédier un livre de jurisprudence à un homme de lois, à un homme de lettres ou de science, je mets mon *Code-Formulaire de l'État Civil d'Haïti* sous le patronage d'une humble et pieuse fille, modiste, en raison de la noblesse de ses sentiments ainsi que de son amour et de son intelligence pour le travail :

MARIE-ANTOINETTE-ACÉLIE THÉBAUD.

« ...... Le travail est la loi commune et, sous des formes diverses dans des applications multiples, nous concourons tous à l'œuvre sociale. A part quelques oisifs, qui traînent leur existence fatiguée et sans saveur, tout le monde travaille : chacun de nous, en même temps qu'il trouve dans son activité les ressources suffisantes à son entretien et à celui de sa famille, goûte le plaisir moral qui accompagne le devoir accompli et même le contentement physique qui suit l'exercice salutaire d'une activité propre à donner du ressort aux membres. Le Travail est-il la punition infligée par Dieu à l'homme révolté contre sa loi ? Est-ce la peine de la chute et la triste condition de l'homme chassé du Paradis pour sa désobéissance ? Cette idée est commune à plusieurs Religions et on la retrouve dans presque toutes les cosmogonies. — Sans aborder cette question d'origine, j'affirme que, si le travail est la peine de la déchéance, la punition ne vient pas d'un Juge sévère; car il y a dans le Travail tant de satisfactions durables et profondes, tant de ressources pour s'élever à une condition meilleure, un moyen si sûr de réparer la chute, qu'il faudrait remercier le Juge d'avoir été clément et de nous avoir frappés d'une peine qui laisse tant de place à l'espérance. Il se serait montré bien plus sévère s'il nous avait condamnés à l'oisiveté perpétuelle. » M. Batbie de l'Université de Paris — (*Cours d'économie industrielle*, recueilli et publié par M. Evariste Thévenin en 1866), — dans la Conférence de Me Batbie sur *le Travail et le Salaire....* »

Plus complet et à la fois plus méthodique que le *Guide de l'Officier de l'État Civil d'Haïti*, — dont j'ai démontré l'insuffisance dès les premières lignes de cette Introduction, — le *Code-Formulaire de l'État Civil d'Haïti* n'abroge pas néanmoins l'Opuscule dont il est en quelque sorte la créature.

Port-au-Prince, 31 décembre 1882.

T. SERVINCENT.

Voyez le *Supplément à l'Introduction*, en tête du Chapitre XIII, page 411; la *Correspondance* et le *Souhait de T. Servincent* à l'Appendice, pages 462 à 465.

Ce 6 juillet 1887.

T. S.

L'ÉTAT CIVIL

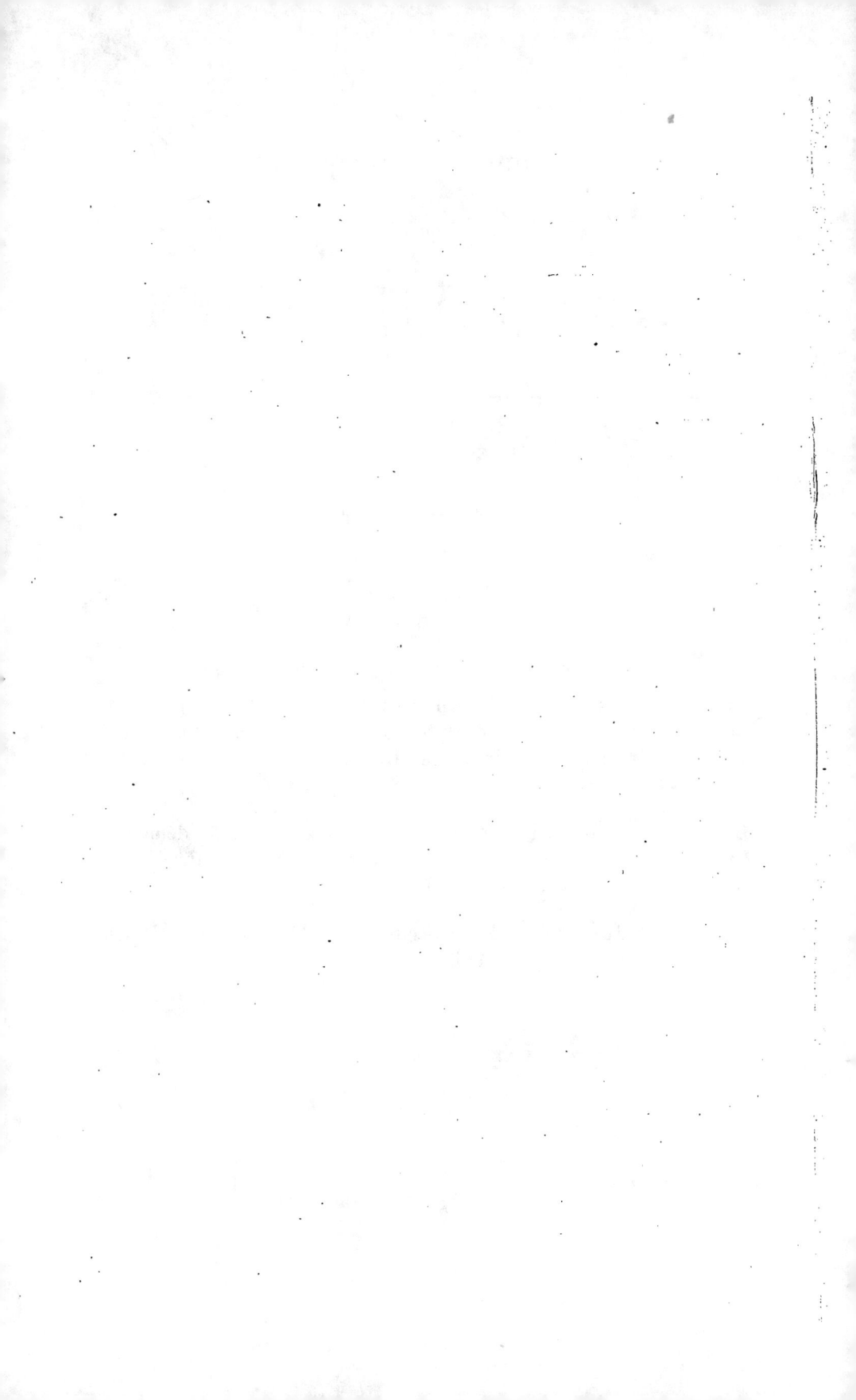

CODE FORMULAIRE

DE

L'ÉTAT CIVIL D'HAÏTI

L'ÉTAT CIVIL

Numéro 1. — L'État Civil est la condition des individus en ce qui touche les relations de famille dont la constatation est faite par le fonctionnaire public dénommé aux nos 5 à 8 : la naissance, le mariage et le décès auxquels vient s'adjoindre le divorce qui est la rupture de ces relations. — Nos 247 et 344.

2. — Le Désaveu de Paternité et la Puissance Paternelle définies aux nos 90 à 99 et 254 à 284 peuvent être compris au texte suivant comme conséquences qui en découlent. — No 6.

3. — Il en est de même de la Rectification d'Acte de l'État Civil dont il est question aux nos 467 à 476. — No 6.

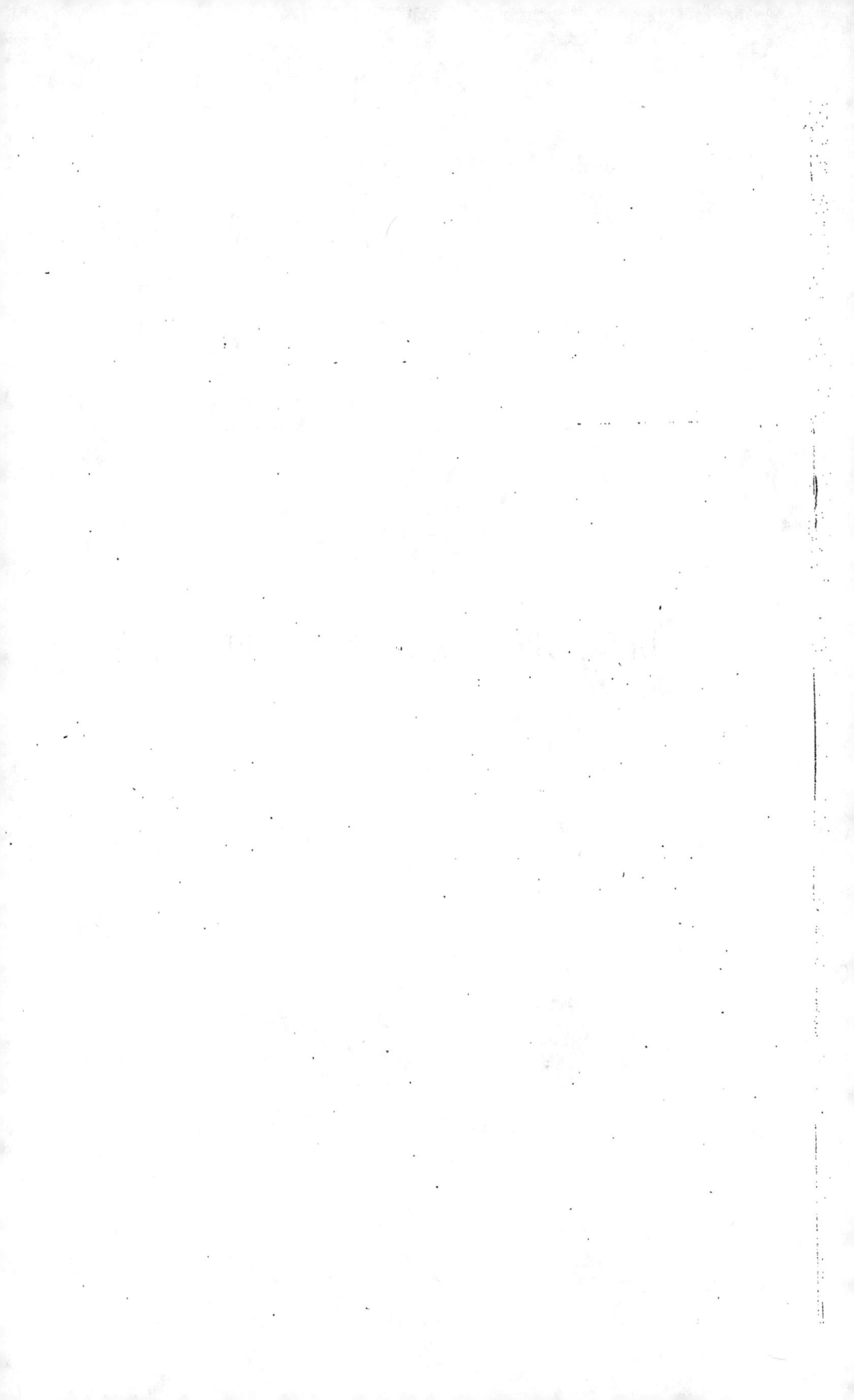

LES ACTES DE L'ÉTAT CIVIL

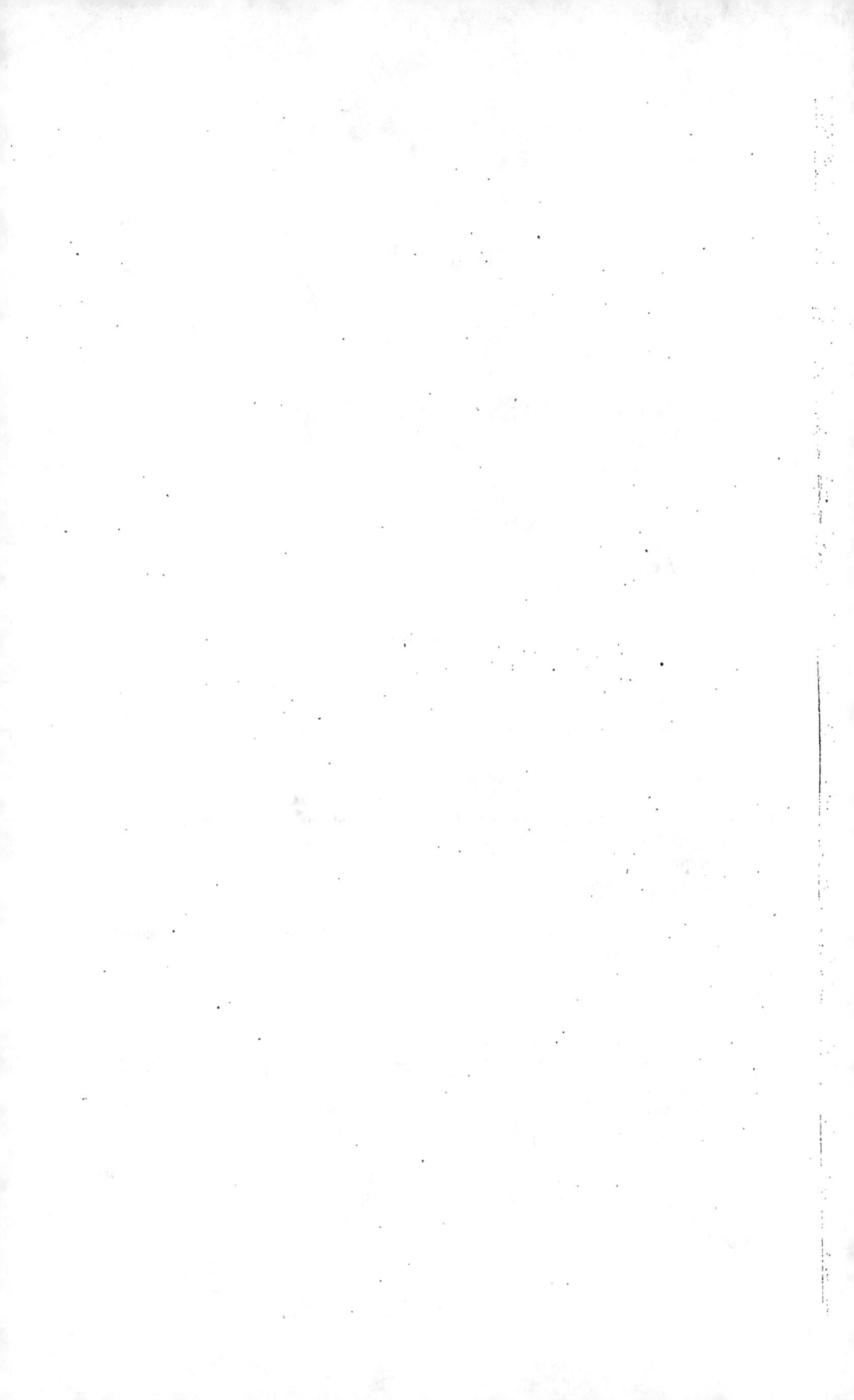

CHAPITRE PREMIER

LES ACTES DE L'ÉTAT CIVIL

SOMMAIRE

CODE-FORMULAIRE

Ce qu'on appelle *extrait*. — **32**.
Ce que c'est qu'un *brevet*. — **33**.
Qu'appelle-t-on *légalisation?* — **34**.
Le but de la légalisation. — **35**.
Légalisation des extraits d'actes de l'État Civil. — **36**.
Légalisation de signature d'acte de notaire pour une Juridiction autre que celle du notaire instrumentaire. — **37**.
Légalisation de signatures d'acte d'officier de l'État Civil ou de notaire devant être produit à l'Étranger. — **37**.

Formules 1 à 8.

---

4. — L'État de l'homme en Société est la position qu'il y occupe, une qualité d'où résulte une capacité fondée sur la Nature ou sur la Loi, ou sur toutes les deux, de participer au droit public ou privé de la Nation dont il fait partie. (J.-A. Rogron). — Les Actes qui constatent cet État se nomment Actes de l'État Civil, ajoute ce juriste français. — Nº 477.

5. — Les actes purement de l'État Civil sont reçus dans chaque commune, à l'exclusion de tous autres fonctionnaires publics — (sauf toutefois ceux des cas prévus par les nᵒˢ 20, 86, 204, 295, 487 et 488, motivant les formules 34-35, 94 à 98, 161-162, 219 et 220), — par les officiers de l'État Civil nommés à cette fin par le Président d'Haïti sur la recommandation du Secrétaire d'État de la Justice, aux termes des articles *deux* et *trois* de la Loi du six avril mil huit cent quatre-vingt sur les officiers de l'État Civil de la République.

6. — Ceux qui en sont les conséquences, c'est-à-dire les actes dont parlent les nᵒˢ 2 et 3 ci-dessus, sauf les actes des formules 104 à 106, 116-117, 205 et 206, sont attributifs aux notaires, aux tribunaux et aux huissiers.

7. — Autrefois les Actes de l'État Civil étaient reçus par les magistrats communaux ou les directeurs des Conseils des notables et leurs adjoints, — maires, — qu'on appelait aussi officiers de l'État Civil, aux termes du Décret du Gouvernement Provisoire du 30 mai 1843. — Nᵒˢ 487-488.

8. — Lesdits magistrats, dont la nomination se fait par élection populaire, sous le rapport de l'État Civil, sont fonctionnaires de l'Ordre Judiciaire et, par conséquent, soumis aux Commissaires du Gouvernement de leurs Juridictions respectives, relèvent du Département de la Justice et non de Celui de l'Intérieur, sous le contrôle duquel sont placés les magistrats communaux ou les directeurs des Conseils des notables proprement dits.

9. — Les officiers de l'État Civil sont soumis au contrôle immédiat du Conseil communal de leur résidence et à la surveillance du Commissaire du Gouvernement près le Tribunal Civil du ressort. Ils sont tenus à cet effet d'expédier tous les trois mois au Conseil communal de qui ils relèvent un état dûment certifié des actes qu'ils auront dressés pendant cet intervalle de temps (article 7 de la Loi du 6 avril 1880 sur les officiers de l'État Civil de la République).

10. — La comparution des Parties aux actes de l'État Civil a lieu en personne, sinon par *un mandataire* muni de procuration spéciale et *authentique*, c'est-à-dire faite par le ministère exclusif d'un notaire, assisté réellement d'un second notaire ou de deux témoins instrumentaires, aux termes de l'article 37 du Code Civil d'Haïti de 1826, — formules 13-14, 64 à 69, 96 à 102, — à moins que la comparution *en personne* ne soit obligatoire (Duranton, I-287, Vazeille, I-184, Demolombe, III-210 et Marcadé, article 36, sur l'article 36 du Code Napoléon dont l'article 37 du Code Civil d'Haïti est le correspondant), par exemple pour contracter mariage et, suivant les articles 268 et 281 du Code Civil d'Haïti, pour faire prononcer divorce par consentement mutuel. — Nos 131, 441 et 453.

11. — Il est à observer par les officiers de l'État Civil, sous leur responsabilité personnelle, que le n° 10 ci-dessus s'applique à tous les actes de leur ministère où il est permis aux parties de se faire représenter par un fondé de procuration. Par exemple, — soit qu'il s'agit de déclaration de naissance ou de reconnaissance d'enfant, soit qu'il s'agit de consentir ou de s'opposer à mariage, etc., — toujours la procuration à chacune de ces fins doit être *authentique*, c'est-à-dire faite exclusivement devant notaires, et jamais par lettre ou sous signature privée des parties. Et, d'ailleurs, les actes de l'État Civil étant par leur essence *authentiques*, aux termes des articles 1102 du Code Civil d'Haïti et 1 à 3 de la Loi du 6 avril 1880 (1), les procurations pour les faire doivent être aussi *authentiques*, comme renfermant les éléments principaux dont ils sont formés, même que l'article *trente-sept* de notre susdit Code (n° 10) ne l'aurait pas formellement prescrit.

12. — L'individu qui a perdu sa qualité de citoyen par suite de la condamnation contradictoire et définitive à des peines perpétuelles, à la fois afflictives et infamantes, est incapable de reconnaître aucun enfant naturel et de contracter un mariage qui produise aucun effet civil, aux

(1) ART. 1102. — L'acte authentique est celui qui a été reçu par officier public ayant le droit d'instrumenter dans le lieu où l'acte a été rédigé et avec les solennités requises.

ART. 1er. — Il y aura dans chaque commune de la République un officier chargé de la tenue des actes de l'État Civil des citoyens.

ART. 2. — Les officiers de l'État Civil sont nommés par le Président d'Haïti.....

ART. 3. — Voyez le n° 5 ci-dessus ou *l'Appendice.*

termes de l'article 19-6° du Code Civil d'Haïti de 1826. — Nᵒˢ 113, 235, 236.

13. — Les Actes de l'État Civil sont soumis aux formalités suivantes : 1° Ils énoncent l'année, le jour et l'heure où ils sont reçus, les prénoms, noms, âges, professions et domiciles de tous ceux qui y sont dénommés (Article 35 du Code Civil d'Haïti de 1826). — Nᵒ 22.

2° Ils ne peuvent contenir, soit par note, soit par énonciation quelconque, aux termes de l'article 36 du Code Civil d'Haïti, que ce qui doit être déclaré par le ou les comparants. — Nᵒ 22.

3° Ils sont reçus en présence de témoins, mâles, majeurs de vingt et un ans au moins, parents ou non des comparants, et choisis au nombre de deux par les personnes intéressées *(Code Civil d'Haïti de 1826*, article 38; *Nota Bene*, au pied de la formule 193). — La Loi n'exige pas que les témoins soient Haïtiens (formules 34, 70, 71, 96). — Il n'en est pas de même pour le notaire dont les témoins, choisis et appelés par lui comme *témoins instrumentaires* à défaut d'un second notaire, doivent être pris exclusivement parmi les Haïtiens, aux termes de l'article *onze* de la Loi du 26 août 1862 sur le Notariat. Cependant les témoins choisis et appelés par les Parties pour les assister dans un acte devant notaire, par exemple un contrat de mariage, peuvent être des Étrangers : ce sont des *témoins honoraires.* — Il est aussi dans nos usages permis à l'Assistance à un contrat de mariage devant l'officier de l'État Civil, même aux femmes mariées et aux mineurs, — *sans l'autorisation de leurs maris et de leurs tuteurs,* — de signer l'acte de mariage avec les parties contractantes, les témoins et l'officier public instrumentaire : ce sont encore des témoins honoraires (1). *(Voyez les formules* 54, 60, 70-71, 77, 88, 96-98, 107, 122, 126, 130.)

4° Ils sont lus par l'officier de l'État Civil aux comparants et aux témoins,

---

(1) La Sainte Bible nous fait connaître que, suivant la coutume en Israël, les conventions reposaient uniquement sur le témoignage des hommes et se concluaient d'ordinaire dans les lieux publics, tels que la porte d'une ville, ou la place du marché, en présence des citoyens que le hasard y rassemblait. (*Genèse*, ch. xxiii, v. 10 à 20.)

On en vint avec le temps à se contenter, suivant l'importance de l'affaire, de cinq jusqu'à douze témoins, devant lesquels la convention s'expliquait et s'exécutait (*Loi des Ripuaires*, tit. 59, citée par M. Édouard Clerc dans son *Instruction historique de 1867 sur le Notariat*). — On y admettait quelquefois un nombre égal d'enfants auxquels on donnait des soufflets et on tordait les oreilles (Édouard Clerc), pour leur graver mieux le fait dans la mémoire et en transmettre le souvenir à une génération destinée à une plus longue existence.

Mais il n'en a point été ainsi dans *le Code des Lois de Manou* ou Menou (*Manava-Dharma-Sastra*), traité de morale et de législation qui a régi l'Inde vers le xiᵉ ou le xiiᵉ siècle avant Jésus-Christ, et que cependant l'on possède encore de nos jours, œuvre qui est écrite en langue sanscrite et traduite en anglais par William Jones en 1794-1796, et en français, par Loiseleur-Delonchamps, en 1832-1833, dont j'ai eu l'honneur d'avoir la communication en 1877 par la bienveillance de l'honorable M. Linstant-Pradine, et dans laquelle, au chapitre viiiᵉ, j'avais extrait les articles suivants touchant les témoins à choisir pour tous les cas dans ce pays merveilleux de l'Asie : — « ART. 62. Des maîtres de maison, des hommes ayant des enfants mâles, des habitants d'un même endroit, appartenant soit à la classe militaire, soit à la classe commerçante, soit à la classe servile, étant appelés par le demandeur, sont admis à porter témoignage, mais non les premiers venus, excepté lorsqu'il y aura nécessité. —

ce que l'acte doit mentionner, aux termes de l'article 39 du Code Civil d'Haïti. — Nᵒˢ 22 et 483.

5º Ils sont signés par l'officier de l'État Civil, les comparants et les témoins, ou mention est faite de la cause qui empêche les comparants et les témoins de signer *(Code Civil d'Haïti*, article 40) — Nᵒˢ 22 et 483.

6º Ils sont, dans chaque commune, inscrits de suite, sans aucun blanc, sur un ou plusieurs registres tenus doubles, selon qu'il s'agirait des cas des formules 51 à 53 inclusivement; nº 185, ou de ceux des autres formules de ce Livre. — Les ratures et les renvois sont approuvés et signés de la même manière que le corps de l'acte. — Il n'y est rien écrit par abréviation et aucune date n'y est mise en chiffres, aux termes des articles 41 et 42 du Code Civil d'Haïti de 1826. — Rien n'empêche toutefois que l'Année de notre émancipation soit énoncée en chiffres : « 79ᵉ année de l'Indépendance d'Haïti. »

14. — Les registres de l'État Civil sont, avant de servir à l'inscription des actes, cotés et paraphés sur chaque feuillet par le doyen du Tribunal Civil du ressort ou par le juge qui le remplace, aux termes de l'article 41 du Code Civil d'Haïti de 1826. — Nᵒˢ 22, 185.

15. — Les registres sont clos et arrêtés à la fin de chaque année par l'officier de l'État Civil ; puis l'officier de l'État Civil, à la même période, dresse à la suite des actes qu'il aura reçus, le répertoire de ces mêmes actes. Les registres sont clos et arrêtés à la suite du répertoire par l'officier de l'État Civil, conjointement avec le ministère public (Code Civil d'Haïti, article 43); et tous les trois mois, sous peine de destitution, les officiers de l'État Civil sont encore tenus, aux termes de l'article *dix* de la Loi du 6 avril 1880, de soumettre leurs registres au Commissaire du Gouvernement du ressort pour être vérifiés et arrêtés. — Nº 22.

16. — Suivant les articles 45 et 46 du Code Civil d'Haïti de 1826, du premier janvier au dix février de chaque année, l'un des doubles des regis-

ART. 63. On doit choisir comme témoins pour les causes, dans toutes les classes, des hommes dignes de confiance, connaissant tous leurs devoirs, exempts de cupidité, et rejeter ceux dont le caractère est tout l'opposé. — ART. 64. Il ne faut admettre ni ceux qu'un intérêt *pécuniaire* domine, ni des *amis*, ni des *domestiques*, ni des *ennemis*, ni des hommes dont la mauvaise foi est connue, ni des malades, ni des hommes coupables d'un crime. — ART. 65. On ne peut prendre pour témoin ni le roi, ni un artisan de bas étage, comme un cuisinier, ni un acteur, ni un habile théologien, ni un étudiant, ni *un ascétique détaché de toutes les relations mondaines.* — ART. 66. Ni un homme entièrement dépendant, ni un homme mal famé, ni celui qui exerce un métier cruel, ni celui qui se livre à des occupations interdites, ni un vieillard, ni un enfant, ni *un homme seulement*, ni celui dont les organes sont affaiblis. — ART. 67. Ni un malheureux accablé par le chagrin, ni un homme ivre, ni un fou, ni un homme souffrant de la faim ou de la soif, ni un homme excédé de fatigue, ni celui qui est épris d'amour, ni un homme en colère, ni un voleur. — ART. 77. Le témoignage unique d'un homme exempt de cupidité est admissible dans certains cas, tandis que celui d'un grand nombre de femmes, même honnêtes, ne l'est pas, à cause de l'inconstance de l'esprit des femmes. » — T. SERVINCENT.

tres est remis au Commissaire du Goùvernement, qui l'expédie au Secrétaire d'État de la Justice pour être, par celui-ci, adressé au Dépôt central
des Archives de la République, avec les procurations et autres pièces qui
doivent demeurer annexées aux actes de l'État Civil, et déposé au Greffe
du Tribunal Civil du ressort à la première mutation de l'officier de l'État
Civil. — N°s 22 et 185.

17. — Il y a lieu à *annexe*, c'est-à-dire à la jonction d'une pièce à un
acte, lorsque la pièce sert de justification ou d'appui à une déclaration, à
une énonciation, ou encore lorsque l'*annexe* est exigée par la Loi, comme
s'il s'agit d'une procuration, n° 16. — L'acte auquel une pièce est annexée doit énoncer l'annexe (formules 21-22, 60-61, 66, 96-97). — En
outre, afin de constater l'identité de la pièce annexée, et ainsi de prévenir
toute supposition de pièces, il est utile de mettre sur chaque pièce annexée
une mention qui en constate l'annexe. Cette mention comprend le *certifié*
véritable par les parties et l'*indication de l'annexe* à l'acte ; elle est signée par
les parties, le fonctionnaire instrumentaire et les témoins. (Formule 69.)

18. — Toute personne peut se faire délivrer des extraits des registres
de l'État Civil par le dépositaire de ces registres, aux termes de l'article
quarante-sept du Code Civil d'Haïti, c'est-à-dire soit par les officiers de l'État
Civil, soit par le greffier du Tribunal Civil, soit enfin par le directeur du
Dépôt Central des Archives. — Les Extraits délivrés conformes aux registres, et légalisés par ce doyen ou un juge du Tribunal Civil, suivant le
même article, font foi jusqu'à l'inscription de faux, lors même — (disent
Bonnier, n° 744 ; Demolombe, I-318 ; Massé et Vergé, § 8)-4 ; Duranton,
I-299. — Sur l'article *quarante-cinq* du Code Napoléon correspondant à
l'article *quarante-sept* du Code Civil d'Haïti de 1826), — que les registres
de l'État Civil n'existeraient plus. — N°s 34 à 37. — (Voyez les articles 350
à 365 du Code d'Instruction Criminelle d'Haïti de 1835, sur la procédure
touchant le faux.)

19. — Lorsqu'il n'a pas existé de registres, ou qu'ils sont perdus, ou
que le feuillet sur lequel on prétend que l'acte a été inscrit est déchiré, ou
encore que la tenue des registres a été interrompue pendant quelque temps
(Marcadé, article 46-3, et Demolombe, t. I, n° 322, sur l'article 46 du Code
Civil Français semblable à l'article 48 du Code Civil Haïtien), la preuve
de ces faits est reçue tant par titres que par témoins ; et dans ce cas les
mariages, naissances et décès peuvent être prouvés tant par les registres et
papiers des père et mère décédés que par témoins (article 48 du Code
Civil d'Haïti de 1826.) — N° 231. — (Voir les articles 253 à 295 du Code
de Procédure Civile d'Haïti de 1835 sur les enquêtes). — Ces dispositions

ne dérogent en rien à l'article 311 du Code Civil d'Haïti, n° 44, qui interdit la recherche de la paternité à l'égard des enfants naturels. — N° 22.

20. — Aux termes de l'article *quarante-neuf* du Code Civil d'Haïti de 1826, à l'Étranger, les actes de l'État Civil concernant les Haïtiens doivent, pour faire foi, être reçus suivant les distinctions suivantes : 1° si l'acte concerne à la fois des Haïtiens et des Étrangers, il doit être rédigé dans les formes usitées dans le pays où ils se trouvent et par les officiers de ce pays; 2° s'il ne concerne que des Haïtiens, il peut être reçu soit dans les formes et par les officiers du pays où ils se trouvent, soit conformément aux Lois Haïtiennes par les ministres ou consuls et autres agents diplomatiques d'Haïti près de ce pays. — N° 204.

21. — Dans le cas où la mention d'un acte relatif à l'État Civil devra avoir lieu en marge d'un autre acte déjà inscrit (article 50 du Code Civil d'Haïti), elle sera faite à la requête des parties intéressées, par l'officier de l'État Civil sur le registre de l'acte s'il est entre ses mains, ou par le greffier du Tribunal Civil s'il a été déposé au greffe; à l'effet de quoi l'officier de l'État Civil ou le greffier en donne avis, dans les trois jours, au Commissaire du Gouvernement près le Tribunal Civil du ressort, qui veille à ce que la mention soit faite d'une manière uniforme, c'est-à-dire expédiée au Secrétaire d'État de la Justice pour être inscrite au double placé au Dépôt Central. — N° 471.

22. — Toute contravention à ce qui est dit aux N°s 13 à 19, de la part des fonctionnaires y dénommés, est poursuivie par qui de droit devant le Tribunal Civil du ressort et punie d'une amende qui ne peut excéder douze piastres et demie, aux termes des articles 51 du Code Civil d'Haïti de 1826 et 2 de la Loi du 10 août 1877.

23. — Tout dépositaire des registres est civilement responsable des altérations qui y surviennent, sauf son recours, — s'il y a lieu, — contre les auteurs desdites altérations (Code civil d'Haïti, article 52), tout fait quelconque de l'homme, qui cause à autrui un dommage, obligeant celui par la faute duquel il est arrivé à le réparer, aux termes de l'article 1168 du susdit Code. — N° 477.

24. — Toute altération, tout faux dans les actes de l'État Civil, toutes inscriptions de ces actes faites sur feuille volante et autrement que sur les registres (article *cinquante-trois* du Code Civil d'Haïti) donnent lieu aux dommages-intérêts des parties, sans préjudice des peines portées au Code Pénal d'Haïti. —(Voyez les articles 215 à 252 du Code de Procédure Civile,

350 à 365 du Code d'Instruction Criminelle, 107 à 111 du Code Pénal d'Haïti, sur le faux en écritures publiques ou authentiques.)

25. — Sera considéré comme concussionnaire et puni conformément à l'article *cent trente-cinq* du Code Pénal d'Haïti, tout officier de l'État Civil qui aura exigé des rétributions plus fortes que celles fixées au tarif de la Loi du 6 avril 1880, aux termes de l'article *onze* de la dite Loi (1).

26. — Le commissaire du Gouvernement est tenu, aux termes de l'article 44 du Code Civil d'Haïti, de vérifier l'état des registres lors du dépôt qui en est fait au greffe ; il dresse un procès-verbal sommaire de la vérification, poursuit les contraventions ou délits commis par les officiers de l'État Civil, et requiert contre eux la condamnation aux peines établies par la Loi. — Nº 15.

27. — Les officiers de l'État Civil qui auront inscrit leurs actes sur de simples feuilles volantes seront, aux termes de l'article *cent cinquante-trois* du Code Pénal d'Haïti de 1835, combiné avec l'article *premier* de la Loi du 10 août 1877, punis d'un emprisonnement d'un mois au moins et de trois mois au plus, et d'une amende de huit à vingt-quatre piastres fortes.

28. — Suivant l'article *cinquante-quatre* du Code Civil d'Haïti de 1826,

_____

(1) ARTICLE 135 DU CODE PÉNAL : « Tous fonctionnaires, tous officiers publics, leurs commis ou préposés, tous percepteurs des droits, taxes, contributions, deniers, revenus publics ou communaux, et leurs commis ou préposés, qui se seront rendus coupables du crime de concussion, en ordonnant de percevoir ou en exigeant ou recevant ce qu'ils savaient n'être pas dû, ou excéder ce qui était dû pour droits, taxes, contributions, deniers ou revenus, ou pour salaires ou traitements, seront punis, savoir : les fonctionnaires ou les officiers publics, de la réclusion ; et leurs commis ou préposés, d'un emprisonnement d'un an au moins et de trois ans au plus. — Les coupables seront, de plus, condamnés à une amende dont le *maximum* sera le quart des restitutions et des dommages-intérêts, et le *minimum* le douzième. »

Tout cela serait très bien si, en imposant des tarifs aux fonctionnaires et officiers publics susvisés, nos Législateurs ne s'étaient presque toujours abstenus de régler *loyalement* la question, en envisageant plus leurs intérêts *personnels* que ceux des susdits fonctionnaires et officiers publics...! — Écoutons le jurisconsulte et législateur français dans son *Rapport sur la Loi du 6 octobre 1791*, relative au Notariat : « Trop souvent, en établissant des fonctions publiques, on perd de vue l'intérêt du fonctionnaire ; on croit n'avoir plus rien à faire lorsque ses devoirs lui ont été tracés ; il semble alors que tout ait été prévu pour le plus grand avantage de la société ; mais ce n'est pas encore assez, il faut que ces devoirs soient remplis, et il n'est guère de moyen plus sûr d'atteindre ce but de toute institution que d'attacher les fonctionnaires par leur propre intérêt à l'accomplissement de leurs devoirs et au succès de leur mission. — On se le dissimulerait vainement, peu d'hommes ont la faculté de se livrer aux fonctions publiques par le seul désir d'être utiles ; un si noble dévouement est au-dessus du patriotisme des uns ou de la fortune des autres ; et si l'on excepte quelques places qu'une grande considération accompagne, ou que de grandes espérances environnent, la plupart resteront vacantes si l'intérêt et le besoin n'y appelaient des concurrents ; c'est au Législateur à s'emparer de cette vérité, affligeante si l'on veut, mais utile pour lui, et à s'en servir comme d'un nouveau gage de l'exécution de ses lois. — Qui pourrait, par exemple, se vouer aux fonctions de notaire (à celles d'officier de l'État Civil, ajouterai-je ?), qui pourrait surtout se livrer aux longues études que cet état exige, sans l'espoir d'y trouver une honnête existence ? Plus ces fonctions sont importantes, plus il faut qu'un légitime intérêt y attache ceux qui sont chargés de les remplir : car, enfin, on ne s'attend pas que ces places soient recherchées par des motifs absolument étrangers aux moyens de subsister. » — T. SERVINCENT.

dans tous les cas où un Tribunal Civil connaîtra des actes relatifs à l'État Civil, les Parties intéressées pourront se pourvoir en cassation contre le jugement.

29. — On appelle *Minute*, l'original d'un acte notarié resté en la possession du notaire rédacteur pour en délivrer *expédition*, *grosse* et *extrait* (Defrénois et Vavasseur, tome I, n° 416). L'Original d'un jugement, dont le greffier du Tribunal qui l'a rendu est le dépositaire pour en délivrer *grosse*, prend aussi le nom de *Minute*.

30. — L'*Expédition* est la copie littérale de la minute d'un acte (formules 99 à 102 inclusivement). — L'Expédition doit être la copie *fidèle* de la minute ou de l'original (Defrénois et Vavasseur, I-493). On ne doit y rien ajouter ni rien en retrancher, sauf, bien entendu, lorsqu'on en fait un *extrait littéral* (formule 53). Les *Expéditions*, de même que les *Minutes*, doivent être écrites en un seul et même contexte, lisiblement, sans abréviations, blancs, lacunes ni intervalles (article 13 de la Loi du 26 août 1862 sur le Notariat et 41 et 42 du Code Civil d'Haïti; n° 13-6° de ce livre). Il est d'une grande utilité que l'écriture des *Expéditions* soit bien nette et bien lisible; et cette recommandation est loin d'être superflue, disent MM. Defrénois et Vavasseur au n° 507 de leur premier tome de droit civil, les *Expéditions* pouvant se trouver entre les mains de personnes peu lettrées. — On peut même mettre de l'art dans la confection d'une *Expédition*: d'abord, lorsque l'écriture est belle et correcte; ensuite, lorsqu'on a soin de bien la cadrer en mettant en évidence, par une écriture plus grosse, en *ronde* ou en *bâtarde*, les nom et prénoms du fonctionnaire instrumentaire, ceux des Parties et des témoins et l'objet de l'acte.

31. — La *Grosse* est la copie littérale d'un jugement portant en tête le même intitulé que les Lois et à la fin un Mandement aux officiers de justice (article 469 du Code de Procédure Civile d'Haïti de 1835). La *Grosse* est intitulée par les mots de : « Au Nom de la République », et terminée par ceux de : « Il est ordonné à tous huissiers sur ce requis de mettre le présent Jugement à exécution, aux officiers du ministère public près les Tribunaux Civils d'y tenir la main, à tous commandants et autres officiers de la force publique d'y prêter main-forte, lorsqu'ils en seront légalement requis; en foi de quoi la minute du présent Jugement a été signée par les juges, *tel*, *tel* et *tel* et le greffier. » (Article 149 du susdit Code). — N° 299.

32. — L'*Extrait* est la relation littérale ou par analyse de quelques-unes des dispositions d'un acte; dans le premier cas il prend le nom d'*extrait littéral*, et dans le second cas, celui d'*extrait analytique* (Defrénois et Vavasseur, tome I, n° 543). L'*Extrait Littéral* devant être la copie *textuelle* d'une partie des dispositions d'un acte (Defrénois et Vavasseur, I-544), on ne doit faire à la partie extraite aucun changement ni même aucune modification de style. — N⁰ 186.

33. — On appelle *Brevet* l'acte dont il ne reste minute et qui est délivré par le notaire *en original* (Defrénois et Vavasseur, tome I, n⁰ 455). — Formules 57-58, 128 et 132.—Il va sans dire que, sauf ceux des formules susvisées, l'officier de l'État Civil ne délivre aucun acte en *brevet*.

34. — La *Légalisation* est l'assertion que donne un fonctionnaire public d'un ordre supérieur pour établir la vérité des signatures apposées au bas d'un acte et les qualités de ceux qui l'ont fait et reçu, afin qu'on puisse y ajouter foi dans une autre localité ou contrée. — Ainsi l'effet de la légalisation est d'étendre l'authenticité d'un acte d'un lieu dans un autre lieu où il ne serait pas connu sans cette formalité.

35. — La *Légalisation* a pour but d'éviter des fraudes et non de constituer l'authenticité ou la légalité de l'acte; elle n'est donc pas imposée à peine de nullité. — C'est ce qui est établi par plusieurs Arrêts français, notamment celui de la Cour de Cassation en date du 22 octobre 1812, dans les motifs duquel on lit : « que la légalisation d'un acte n'est point constitutive de son authenticité; — qu'elle n'en est que la preuve ».

36. — Les extraits d'actes de l'État Civil sont légalisés par le doyen-président ou le juge qui le remplace du Tribunal Civil du ressort aux termes de l'article *quarante-sept* du Code Civil d'Haïti. — N⁰ 18.

37. — Quand il doit être fait usage d'un acte notarié, hors de la Juridiction du notaire instrumentaire, la signature de ce fonctionnaire doit être légalisée par le doyen-président du Tribunal Civil du ressort de ce notaire (formule 62). Si l'acte est destiné à être envoyé à l'Étranger, la signature du doyen ou du juge qui le remplacerait doit être légalisée par le Secrétaire d'État de la Justice (article 26 de la Loi du 26 août 1862 sur le Notariat). Ensuite la signature de ce ministre est certifiée vraie par le secrétaire d'État des Relations Extérieures; enfin cette dernière signature est visée par le ministre, ambassadeur, consul ou autre agent diplomatique en Haïti du pays étranger où l'acte doit être produit. — Formule 103.

FORMULES

N° 14

REGISTRE DE L'ÉTAT CIVIL

Formule 1.

Nous, Aurélus Dyer, doyen du Tribunal Civil de Port-au-Prince, sous-signé, en exécution de l'article *quarante et un* du Code Civil d'Haïti, — n° 14, — avons coté et parafé par premier et dernier feuillet, non compris celui-ci et le dernier, le présent Registre contenant..... feuillets pour servir, comme l'un des deux registres, à l'Inscription des actes de naissance — (de *mariage*, de *décès* ou de *divorce*) — qui seront reçus par Monsieur Brutus Adam, officier de l'État Civil de Pétionville, pour l'année mil huit cent quatre-vingt-trois.

Au Palais de Justice du Tribunal Civil de ce Ressort, à Port-au-Prince, le ..... décembre mil huit cent quatre-vingt-deux, 79e année de l'Indépendance d'Haïti. — N° 13-6°. — A. Dyer.

N° 185

REGISTRE DE L'ÉTAT CIVIL

Formule 2.

Nous, Hugon Lechaud, juge-doyen du Tribunal Civil de Port-au-Prince, soussigné, — n° 14, — en exécution de l'article *soixante-trois* du Code Civil d'Haïti, — n° 185, — avons coté et paraphé par premier et dernier feuillet, non compris celui-ci et le dernier, le présent Registre, contenant..... feuillets pour servir, comme seul et unique registre, à l'Inscription des actes de promesse de mariage qui seront reçus, pour l'année mil huit cent quatre-vingt-trois, par Monsieur Brutus Adam, officier de l'État Civil de Pétionville.

En notre Hôtel, à Port-au-Prince, rue du Centre, le ..... décembre mil huit cent quatre-vingt-deux, 79e année de l'Indépendance d'Haïti. — N° 13-6°. — H. Lechaud.

N° 15

CLOTURE-ARRÊT PAR L'OFFICIER DE L'ÉTAT CIVIL DE SES REGISTRES

Formule 3.

Clos et arrêté par nous, soussigné, officier de l'État Civil de Pétionville, conformément à l'article *quarante-trois* du Code Civil d'Haïti, — n° 15, — le présent Régistre des actes de naissance — (de *promesse de mariage*, de *mariage*, de *décès* ou de *divorce*) — contenant ..... actes reçus par nous, à partir du ..... janvier au trente et un décembre mil huit cent quatre-vingt-trois, 80e année, etc... — Brutus Adam.

MÊME NUMÉRO

CLOTURE ET ARRÊT PAR LE MINISTÈRE PUBLIC DU REGISTRE DE L'ÉTAT CIVIL

Formule 4.

Clos et arrêté par nous, soussigné, commissaire du Gouvernement près le Tribunal Civil de Port-au-Prince, en exécution de l'article *quarante-trois* du Code Civil d'Haïti, — n° 15, — le présent Régistre des actes de ..... etc., ... reçus par M. Brutus Adam, officier de l'État Civil de Pétionville, à partir du..... janvier au trente et un décembre mil huit cent quatre-vingt-trois.

Parquet du Tribunal Civil de Port-au-Prince, le ... février 1884. — Jean-L. Vérité.

N° 15

VÉRIFICATION TRIMESTRIELLE PAR LE MINISTÈRE PUBLIC DES REGISTRES DE L'ÉTAT CIVIL

Formule 5.

Vérifié et arrêté par le Commissaire du Gouvernement soussigné, en conformité de l'article *dix* de la loi du *six* avril mil huit cent quatre-vingt, — n° 15, — le présent Registre du citoyen Brutus-Michel Adam, officier de l'État Civil de Pétionville ; ledit Registre contenant, pour le premier trimestre, — ou le *(second,* le *troisième* ou le *quatrième)* — de l'année courante, ... actes de naissance, — (de *mariage,* de *promesse de mariage,* de *décès* ou de *divorce),* — reçus par ledit officier de l'État Civil.

Parquet du Tribunal Civil de Port-au-Prince, le .... mil huit cent quatre-vingt-trois. — Pélion-Chassagne, *Substitut.*

N° 16

LETTRE DE L'OFFICIER DE L'ÉTAT CIVIL AU COMMISSAIRE DU GOUVERNEMENT AUX FINS DE L'ARTICLE 45 DU CODE CIVIL

Formule 6.

LIBERTÉ. — FRATERNITÉ. — EGALITÉ

RÉPUBLIQUE D'HAÏTI

Arcahaie, le 9 février 1884.

Valérius Jeannot, officier de l'État Civil de la Commune de l'Arcahaie, au Commissaire du Gouvernement près le Tribunal Civil de Port-au-Prince.

Monsieur le Commissaire,

Je vous remets avec les procurations et pièces y annexées le double de mes registres de l'année dernière que, — aux termes de l'article *quarante-cinq* du Code Civil d'Haïti, — n° 16, — je vous prie d'expédier au Secrétaire d'État de la Justice pour être par ce Grand Fonctionnaire adressés au Dépôt Central des Archives.

Salut en la Patrie.

VALÉRIUS JEANNOT.

Je m'abstiens de formuler la missive du Commissaire du Gouvernement au Ministre de la Justice et la dépêche de celui-ci au Directeur du Dépôt Central des Archives aux fins des articles 45 et 46 du Code Civil que représente le numéro 16 de ce livre. — *(Voyez les formules 2J7 à 209).* — T. SERVINCENT.

N° 21

AVIS PAR L'OFFICIER DE L'ÉTAT CIVIL AU COMMISSAIRE DU GOUVERNEMENT DE LA MENTION D'UN ACTE RELATIF A L'ÉTAT CIVIL EN MARGE D'UN AUTRE ACTE DÉJA INSCRIT

Formule 7.

LIBERTÉ. — FRATERNITÉ. — ÉGALITÉ

RÉPUBLIQUE D'HAITI

Arcahaie, le   mai

Valérius Jeannot, officier de l'État Civil de l'Arcahaie, au Commissaire du Gouvernement près le Tribunal Civil de Port-au-Prince.

Monsieur le Commissaire,

J'ai l'honneur de vous donner *avis* qu'à la requête de Monsieur Lazare Dalzon, directeur de l'École Nationale de l'Arcahaie, propriétaire, demeurant et domicilié en cette ville, — n° 325, — et en conformité de l'article *cinquante* du Code Civil d'Haïti, — n° 21, — mention en marge a été faite sur le registre de l'État Civil de l'année courante de l'acte de mariage de ses père et mère, reçu le .... par Monsieur Piron Laferrière, alors officier de l'État Civil de l'Arcahaie, et inscrit sous le n°.... ...... en date du .... sur le registre de l'époque qui n'existé plus, — n° 482 — et de vous prier d'expédier ladite mention dont je vous remets Copie, au Secrétaire d'État de la Justice pour, en vertu des ordres de ce grand fonctionnaire, être inscrite au double du registre placé au Dépôt Central des Archives. — N° 21.

Je profite de cette occasion pour vous prier, Monsieur le Commissaire du Gouvernement, d'agréer la nouvelle assurance de mes sentiments affectueux. — *(Voyez les formules 206 à 209.)*

VALÉRIUS JEANNOT.

MÊME NUMÉRO

AVIS PAR LE GREFFIER DU TRIBUNAL CIVIL AU COMMISSAIRE DU GOUVERNEMENT DE LA MENTION D'UN ACTE RELATIF A L'ÉTAT CIVIL EN MARGE D'UN ACTE DÉJA INSCRIT

Formule 8.

Au Greffe du Tribunal Civil de Port-au-Prince, le

Le Greffier du Tribunal Civil de Port-au-Prince au Commissaire du Gouvernement près ce Tribunal.

Monsieur le Commissaire,

Je vous donne Avis que mention en marge a été faite sur le registre de l'État Civil de l'Arcahaie de l'année ...., à la requête du citoyen Lazare Dalzon, propriétaire et fonctionnaire public, demeurant à l'Arcahaie, — n°s 325 et 328, — de l'acte de mariage du citoyen Cicéron Dalzon de la citoyenne Alexinette Toussaint, ses père et mère, déjà inscrit sous la date du........., n°..........., sur ledit registre qui a été déposé au Greffe de ce Tribunal, — n° 16, — et ce, à toutes les fins indiquées en l'article *cinquante* du Code Civil d'Haïti, — n° 21. — *(Voir les formules 104 à 106 et 206 à 209.)*

J'ai l'honneur de vous saluer, Monsieur le Commissaire du Gouvernement, en la Patrie.

MONGUY AÎNÉ.

Je m'abstiens encore de formuler les Lettres du ministère public et du ministère de la justice aux fins de l'article 50 du Code Civil d'Haïti, — n° 21, — recommandant à mes lecteurs les formules 206 à 209 qui y ont trait. — T. SERVINCENT.

LA NAISSANCE

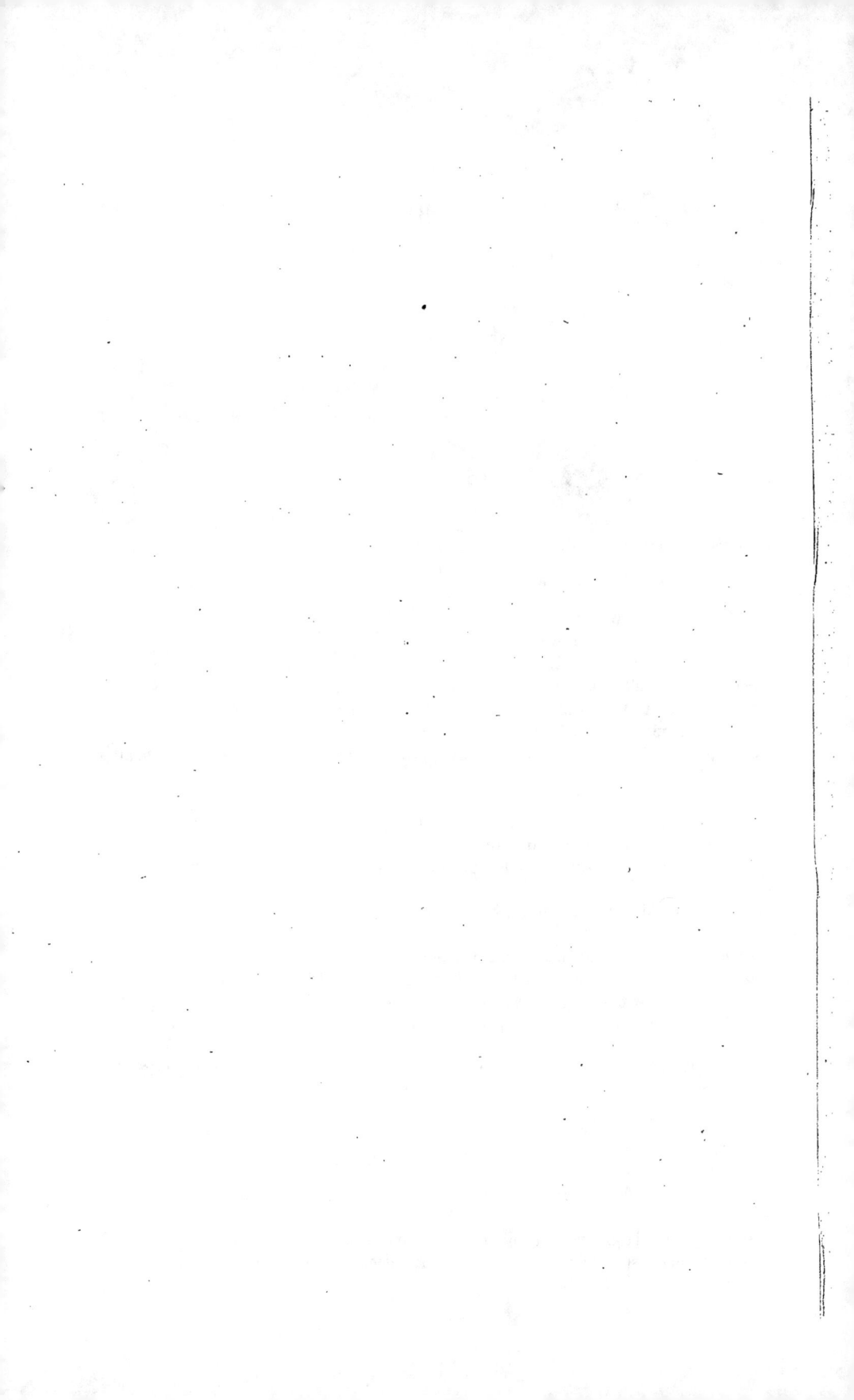

CHAPITRE II

LA NAISSANCE

4

Est-elle nécessaire à la femme mariée, pour la déclaration de naissance de l'enfant issu de son mariage, la présence de son mari ? — **67.**

§ 3. Baptême. — 68 à 73.
Qu'est-ce que le baptême ? — **68.**
Quelle est la forme du sacrement de baptême ? — **69.**
Quand fut-on obligé de recevoir le baptême pour être sauvé ? — **70.**
Pourquoi le baptême est-il le plus nécessaire de tous les sacrements ? — **71.**
Quels sont les ministres du sacrement de baptême ? — **72.**
Les devoirs des parrains et marraines. — **73.**

---

38. — C'est la naissance qui assure à l'homme les droits dont il jouit dans la Société, dit le jurisconsulte nommé au numéro 74.

§ 1. Enfants Naturels.

39. — L'enfant naturel est celui qui est né de deux personnes non mariées ensemble et qui n'étaient ni l'une ni l'autre engagées dans les liens du mariage à l'époque de sa conception.

40. — Cet enfant qu'on appelait autrefois *bâtard*, tant qu'il n'a pas été reconnu, se trouve isolé sur la terre, sans famille, sans droit à aucune succession (Defrénois et Vavasseur dans le n° 1107 de leur premier volume de droit civil), à moins — à l'égard de sa mère seulement — qu'il n'obtienne la reconnaissance *judiciaire* ou *forcée*, en prouvant, même par témoins, lorsqu'il y a un commencement de preuve par écrit : 1° l'accouchement de sa mère ; 2° qu'il est identiquement le même que l'enfant dont elle est accouchée : alors il acquiert la qualité d'enfant *naturel*, aux termes de l'article *trois cent douze* du Code Civil d'Haïti de 1826.

41. — On décide généralement que la possession d'état ne peut faire preuve de la filiation *naturelle* (Toullier, II-970 ; Dalloz, n° 645 ; Loiseau, page 474 ; Zachariæ, § 170, note 2, et Marcadé, 342-6, sur l'article 342 du Code Napoléon correspondant à l'article 313 du Code Civil d'Haïti), à moins qu'elle ne soit appuyée d'un acte de naissance portant indication de la mère (Cour de Cassation de France du 7 janvier 1852) ou d'un commencement de preuve par écrit aux termes du numéro qui précède. — N° 65.

42. — La déclaration de naissance faite par le père *doit être* attestée par la mère, pour la reconnaissance de l'enfant *naturel*, afin d'éviter les suppositions de personnes avec intention de frauder (1). — Nᵒˢ 40 et 67.

43. — S'il arrive parfois qu'en raison de la connaissance *individuelle* et parfaite qu'il a des Parties, c'est-à-dire de l'homme et de la femme vivant, bien entendu, sous le même toit, l'officier de l'État Civil n'exige pas l'attestation dont il est ci-dessus question, nᵒ 42, il y a danger pour la Société qu'il s'abstienne de cette formalité à l'égard des personnes qui lui seraient étrangères (2). — Nᵒˢ 54 et 67. — Je recommande à ce sujet aux officiers de l'État Civil la lecture de la dépêche du grand juge Fresnel au Commissaire du Gouvernement des Cayes, en date du 16 octobre 1825, au *Recueil des Lois et Actes du Gouvernement d'Haïti*, par M. Linstant-Pradine.

44. — La recherche de la paternité étant interdite, aux termes de l'article 311 du Code Civil d'Haïti de 1826, la reconnaissance de l'enfant *naturel*, au moins de la part du père, n'est valable qu'autant qu'elle est *volontaire*. — Nᵒ 52.

45. — C'est la déclaration d'un fait personnel, dit M. Édouard Clerc, pour laquelle aucune capacité n'est requise. Ainsi, d'après Toullier, tome II, nᵒ 962; Delvincourt, tome I, page 238; Duranton, tome III, nᵒ 258; et Loiseau, page 433, un mineur peut reconnaître un enfant *naturel* sans assistance du tuteur ou du curateur.

46. — Ce serait toutefois le cas pour l'officier de l'État Civil qui en reçoit l'acte d'être très circonspect, de s'assurer que le mineur agit bien librement, sans aucune influence étrangère, et que le fait reconnu est sinon vrai, du moins vraisemblable.

47. — Le mineur non pubère ne peut faire une reconnaissance valable. (*Argument de l'article 133 du Code Civil d'Haïti de 1826.*) — Nᵒˢ 107 et 224.

_____

(1) Ce nᵒ 42 est semblable au nᵒ 45 de notre *Guide de l'officier de l'État Civil*, écrit en 1881 et imprimé aux Cayes la même année; et le Hasard vient de faire tomber sous nos yeux, ce dimanche 23 janvier 1887, le huitième volume des Études de M. Beaubrun-Ardouin sur l'Histoire d'Haïti, dans lequel nous avons lu, à la page 46, l'article 4 de la Loi vermoulue du 4 novembre 1813, sur la reconnaissance des Enfants naturels ou nés hors mariage, ainsi conçu : « Cette reconnaissance doit être confirmée par l'aveu de la mère, dans le même acte ou un autre acte authentique. La reconnaissance du père *ne peut valider sans cet aveu.* » — Pourquoi nos Législateurs de 1825, en votant le Code Civil, n'ont-ils pas consacré dans leur œuvre cette sage disposition de leurs prédécesseurs de 1813 ? — T. SERVINCENT.

(2) Deux hommes se sont présentés ensemble au Conseil Communal ou des Notables des Gonaïves, en 1856, en ma présence, pour la déclaration de naissance d'un enfant *naturel* dont chacun d'eux prétendait être le père !..... Ce n'était pas certes le cas d'ordonner, comme l'ordonna dans le temps le sage roi Salomon, que l'enfant fût partagé pour en donner une portion à chacun des pères, aux fins d'arriver à la reconnaissance du père, sinon vrai, du moins vraisemblable. — Le magistrat du Conseil chargé de l'État Civil, Monsieur Alcide Vasley, dut accepter et proclamer pour père celui des hommes désigné par la mère de l'enfant, malgré l'attestation de plusieurs témoins en faveur du père dédaigné, l'attestation de la mère seule, avec raison, devant être admise dans la circonstance.

T. SERVINCENT.

48. — La reconnaissance par un interdit serait valable, si elle était l'expression de sa volonté dans un intervalle lucide. (Édouard Clerc : *Argument de l'article 509 du* Code Napoléon, dont l'article 418 du Code Civil d'Haïti de 1826 est le correspondant.) — Voyez le n° 181. — Elle le serait à plus forte raison, suivant Favard de Langlade et Huteau d'Origny, si elle émanait d'un individu simplement placé sous la surveillance d'un conseil judiciaire. — N°s 138 et 267.

49. — La femme mariée n'a pas besoin de l'autorisation maritale, ni de celle de la justice, pour la reconnaissance de l'enfant *naturel* qu'elle aurait eu, avant le mariage, d'un homme autre que le mari.

50. — Un individu marié peut reconnaître un enfant *naturel* conçu avant le mariage (Édouard Clerc). — Il n'y a de différence que quant aux droits de l'enfant, ainsi qu'on le verra au n° 55 ci-après.

51. — La reconnaissance ne peut avoir lieu au profit des enfants nés d'un commerce incestueux ou adultérin, ainsi que le dispose l'article *trois cent six* du Code Civil d'Haïti de 1826. Ces enfants sont *pour toujours* exclus de la famille et, comme tels, ne peuvent *jamais* être admis à la recherche, soit de la paternité, soit de la maternité, aux termes des articles *trois cent onze* et *trois cent treize* du susdit Code, ni être légitimés par un mariage subséquent, suivant l'article *trois cent deux* du même Code. — N°s 237 à 241.

52. — Nous avons vu au n° 44 que la recherche de la paternité est interdite, aux termes de l'article *trois cent onze* du Code Civil d'Haïti; pourtant au cas d'enlèvement ou de viol, si l'époque de l'enlèvement ou de la violence coïncide avec celle de la conception, le ravisseur peut être, sur la demande des parties intéressées, déclaré *père naturel* de l'enfant (article 311 susvisé); ce qui s'appelle aussi, d'après Defrénois et Vavasseur. n° 1108, reconnaissance *judiciaire* ou *forcée*. — Telle est au surplus l'opinion de Loiseau, p. 418, Toullier, t. II, n° 941; Valette, II-430; Richefort, II-306; Demolombe, V-491 et Zachariæ, § 169, note 6.

53. — La reconnaissance d'un enfant *naturel* est faite par un acte spécial devant l'officier de l'État Civil, aux termes de l'article *trois cent cinq* du Code Civil d'Haïti, lorsqu'il ne l'a pas été dans son acte de naissance. — Formules 17 à 22. — Cet acte est inscrit sur les registres à sa date, et il en est fait mention en marge de l'acte de naissance, s'il en existe un, suivant l'article *soixante-deux* du susdit Code.

54. — La reconnaissance du père, sans l'indication et l'aveu de la mère

(article 307 du Code Civil d'Haïti de 1826), n'a d'effet qu'à l'égard du père seulement. — N° 40; — Formules 19 et 20.

55. La reconnaissance faite, pendant le mariage, par l'un des époux, au profit d'un enfant *naturel* qu'il a eu, avant son mariage, d'un autre que de son conjoint, ne peut nuire ni à celui-ci, ni aux enfants nés du mariage aux termes de l'article *trois cent huit* du Code Civil d'Haïti de 1826. — Cette reconnaissance produit néanmoins son effet après la dissolution du mariage, s'il ne reste point d'enfants. — N° 50.

56. — Suivant l'opinion de Toullier, II-973; Massé et Vergé § 166, note 4, contrairement à celle de Defrénois et Vavasseur, t. I, n° 1116, la reconnaissance faite par le père ne donne point à l'enfant le droit de porter le nom patronymique de son père, si ce nom ne lui a pas été donné dans son acte de naissance ou dans celui de reconnaissance. — Formule 17.

57. — Suivant l'opinion de plusieurs jurisconsultes et légistes français, tels que Toullier, t. II, n° 955; Delvincourt, t. I, p. 235, et Duranton, t. III, n° 211, — fortifiée par la Cour de Cassation de France le 16 décembre 1811 et par les Tribunaux de Grenoble, d'Orléans, de Colmar et de la Seine les 13 janvier 1840, 16 janvier 1847, 25 janvier 1859 et 6 mars 1861, un enfant *naturel* peut être reconnu avant sa naissance, suivant la maxime latine : *Qui in utero est pro nato habetur quoties de commodis agitur* : « Celui qui est conçu ou dans le sein de sa mère est considéré comme étant déjà né dès qu'il s'agit de ses intérêts. » — N° 99; — Formules 23-24 et 122.

58. — Mais l'article *cinquante-cinq* du Code Civil Français, dont l'article *cinquante-cinq* du Code Civil Haïtien est le correspondant, n° 76, ayant dit formellement que l'enfant *sera présenté* à l'officier de l'État Civil, cette reconnaissance ne peut donc être constatée par acte de l'officier de l'État Civil, mais bien par acte du ministère d'un notaire assisté réellement *d'un collègue* ou de *deux témoins instrumentaires*, suivant la Loi française du 21 juin 1843, qui attribue un droit exclusif, aux notaires, de conférer l'authenticité aux *actes volontaires*, n° 44; — Loi additionnelle à celle des 25 ventôse-5 germinal an XI de la République Française (16-26 mars 1803), qui n'existe pas pour Haïti touchant l'État Civil. — N° 5.

59. — Toutefois, dans le cas d'urgence pour le père Haïtien de reconnaître son enfant *naturel* avant sa naissance, acte illicite pour l'officier de l'État Civil à qui l'enfant *doit être présenté*, n° 76, le notaire est habile à recevoir la déclaration du père, en présence et de l'assentiment de la mère enceinte, se reconnaissant le droit de paternité sur l'enfant à naître et autorisant par le même acte un mandataire nommé *spécialement* à se présenter au Bureau de l'État Civil, à la naissance de l'enfant, pour son inscription sur les registres à ce destinés. — Formules 23-24.

60. — Ce mandat est similaire à celui prescrit par l'article 831 du Code Civil d'Haïti (1), devant produire son effet en prévision et par suite d'incapacité du mandant, survenue soit par la mort de celui-ci, soit en conséquence de sa condamnation contradictoire et définitive à des peines perpétuelles à la fois afflictives et infamantes, n° 12 — Il ne saurait donc être considéré comme le mandat ordinaire dont, aux termes de l'article 1767 du Code Civil d'Haïti (2), l'effet finit par les causes susénoncées : la mort ou l'incapacité du mandant ou du mandataire.

§ 2. **Enfants légitimes.**

61. — Si la maternité est amplement indiquée par des signes apparents, que chacun peut constater à loisir, la paternité est au contraire toujours enveloppée d'un mystère impénétrable, étant donné qu'il n'est pas possible de reconnaître d'une manière précise le jour où un enfant a été conçu, ni l'homme qui l'a engendré.

62. — Il importait cependant de ne pas laisser incertain l'état de la famille, de lui chercher, au contraire, un guide pour déterminer sa composition. — Et c'est dans ce but que tous les Législateurs ont vu, dans le mariage, le moyen de rattacher les enfants à un individu connu : d'où est venu le principe tiré du droit romain : *Is pater est quem nuptiæ demonstrant :* « Celui-là est le père que le mariage désigne », que notre Code Civil a consacré dans son article *deux cent quatre-vingt-treize* : « L'enfant conçu pendant le mariage a pour père le mari » et est par conséquent qualifié d'*enfant légitime.*

63. — L'enfant né dans l'année de la dissolution du mariage, soit par la mort de l'époux, soit par le divorce, a pour père l'époux décédé ou divorcé, cet enfant ayant été conçu pendant le mariage. C'est pourquoi la femme ne peut contracter un second mariage qu'après une année révolue depuis la dissolution du mariage précédent, aux termes de l'article 213 du Code Civil d'Haïti, ce temps étant nécessaire et celui le plus long pour la gestation et la purification de la femme. — Formules 29 à 33 ; — Nos 248 et 250, 457 et 458.

---

(1) Art. 831. — Le testateur pourra nommer un ou plusieurs exécuteurs testamentaires.
(2) Art. 1767. — Le mandat finit par la mort ou la perte des droits civils, l'interdiction ou la déconfiture, soit du mandant, soit du mandataire.

64. — Tout de même, la légitimité de l'Enfant né dix mois après la dissolution du mariage peut être contestée (article 296 du Code Civil d'Haïti de 1826) par toute personne ayant intérêt à cette contestation ; et suivant la majorité des auteurs (tels que Toullier et Duvergier, II-828 ; Prondhon et Valette, t. II, p. 46 ; Duranton, III-56 à 59 ; Massé et Vergé, § 161, note 24 ; Chardon, t. II, p. 189 ; Mourlon, I-890 ; Richefort, p. 82, et Demolombe, V-86, sur l'article 315 du Code Napoléon correspondant à l'article 296 du Code Civil d'Haïti), l'Enfant doit être en pareil cas nécessairement déclaré *illégitime*. — Nos 231-232.

65. — La filiation des enfants légitimes se prouve, aux termes de l'article *trois cent* du Code Civil d'Haïti : 1° Par les actes de naissance inscrits sur les registres de l'État Civil ; 2° A défaut de ce titre, par la possession constante de l'état *d'enfant légitime*. — Nos 13, 14, 41, 76, 97, 231, 232.

66. — La possession d'état est suffisamment établie, suivant l'article *trois cent un* du Code Civil d'Haïti : 1° Lorsque l'individu a toujours porté le nom du père auquel il prétend appartenir ; 2° Lorsque le père l'a traité comme son enfant et a pourvu, en cette qualité, à son éducation et à son établissement ; 3° Lorsqu'il a été reconnu pour tel dans la Société et par la famille. — N° 232.

67. — L'enfant conçu pendant le mariage ayant pour père le mari, aux termes de l'article 293 du Code Civil d'Haïti, n° 62, la femme mariée peut faire à l'État Civil la déclaration de naissance de l'Enfant issu de son mariage, sans la présence de son mari, qui, de son côté, n'a pas besoin, comme cela est nécessaire pour l'union non légitime ou naturelle, nos 42-43, de l'attestation de la femme pour la déclaration de naissance et de reconnaissance de l'enfant naturel.

§ 3. Baptême.

68. — Le Baptême est un Sacrement institué par Notre Seigneur Jésus-Christ, aux termes du texte évangélique cité au n° 70 ci-dessous, pour effacer le péché originel des descendants d'Adam et, par suite, faire d'eux des enfants de Dieu et de la Sainte Église Catholique.

69. — Les paroles que par argumentation dudit texte la Sainte Eglise met dans la bouche du prêtre et que celui-ci prononce en versant l'eau sur la tête du sujet sont la forme du Sacrement de Baptême. Ces paroles qui sont : *Ego te batizo in Nomine Patris et Filii et Spiritus Sancti*, ou « Je te baptise au nom du père et du Fils et du Saint-Esprit », doivent être prononcées non avant ou après l'ablution, mais pendant qu'elle se fait et par la personne qui administre le Sacrement, sous peine de nullité.

70. — Après la promulgation du Saint Évangile, car une Loi n'oblige qu'après promulgation, on fut obligé de recevoir le Baptême pour être sauvé, losque Notre Seigneur eut dit à ses Apôtres : *Euntes ergo docete omnes gentes, baptizantes eos in Nomine Patris et Filii et Spiritus Sancti* (Saint Mathieu, ch. XVIII, verset 19) : « Allez donc et enseignez toutes les nations, les baptisant au nom du Père et du Fils et du Saint-Esprit ».

71. — Le Baptême est le plus nécessaire de tous les Sacrements, parce qu'on ne peut être sauvé sans être baptisé, n° 70, car Notre Seigneur Jésus-Christ a dit : *Nisi quis renatus fuerit ex aqua et Spiritu Sancto, non potest introire in regnum Dei* (Saint Jean, ch. III, verset 5) ; « Si quelqu'un n'est pas régénéré par l'eau et par le Saint-Esprit, il ne peut entrer dans le royaume de Dieu ».

72. — Les évêques et les prêtres sont les ministres *ordinaires* du Sacrement de Baptême, suivant les termes du texte tiré de Saint Mathieu et cité au n° 70 ci-dessus. Le ministre délivre *acte* une fois le Baptême conféré, formules 44 et 45 *bis*. Mais la Sainte Église Catholique, dans sa sollicitude pour l'Humanité dont Elle est la mère, et en considération de la nécessité du Baptême pour être sauvé, n°s 70 et 71, permet à toute personne de baptiser dans le cas de nécessité, en versant de l'eau *naturelle* sur la tête du sujet et en disant seulement les paroles exigibles dans le cas, n° 69, sans les cérémonies liturgiques qui sont réservées aux ministres *ordinaires* du Sacrement.

73. — Les parrain et marraine présentent l'Enfant au ministre du Culte pour être baptisé et veillent à ce que leur filleul accomplisse fidèlement les promesses prises par eux pour lui, au Baptême, de vivre chrétiennement en restant toujours attaché à Jésus-Christ et uni à la Sainte Église Catholique.

LES ACTES DE NAISSANCE

CHAPITRE III

ACTES DE NAISSANCE

SOMMAIRE

---

74. — Nous avons vu au nº 38 que c'est la Naissance qui assure à l'homme les droits dont il jouit dans la Société et dans la famille : il importait donc de tracer des règles pour constater, par des actes certains, un fait auquel sont attachés les plus grands intérêts (J. A. Rogron).

75. — On doit ici distinguer : 1º S'il s'agit d'un enfant dont la naissance est connue; 2º si l'enfant a été trouvé; 3º s'il est né en mer.

§ 1. Enfant dont la naissance est connue.

76. — Les déclarations de naissance doivent être faites, avec présentation de l'enfant, à l'officier de l'État Civil du lieu du domicile de la mère, dans les trois jours de l'accouchement, aux termes de l'article *cinquante-cinq* du Code Civil d'Haïti. — (*Voyez le Nota Bene au pied du n° 89*).

77. — Ceux que la Loi oblige à faire cette déclaration sont : 1° le père ; 2° à défaut du père, les docteurs en médecine ou en chirurgie, sages-femmes, officiers de santé ou autres personnes qui ont assisté à l'accouchement ; 3° et, lorsque la mère est accouchée hors de son domicile, la personne chez qui elle est accouchée (article 55 du Code Civil d'Haïti de 1826), sous les peines édictées au n° *soixante-dix-huit* ci-après :

78. — Toute personne qui, ayant assisté à un accouchement, n'aura pas fait la déclaration à elle prescrite par l'article 55 du Code Civil d'Haiti, n° 77, et dans le délai fixé dans le même article, n° 76, sera punie d'un emprisonnement de six jours à un mois, aux termes de l'article *deux cent quatre-vingt-quinze* du Code Pénal d'Haïti de 1835.

79. — L'acte de naissance est rédigé de suite, en présence de deux témoins, aux termes de l'article *cinquante-cinq* du Code Civil d'Haïti de 1826. — N° 13-3°. — (*Voir le Nota Bene en suite du n° 89.*)

80. — L'acte de naissance énonce : 1° le jour, l'heure et le lieu de la naissance ; 2° le sexe de l'enfant ; 3° les prénoms qui lui sont donnés ; 4° les prénoms et noms, professions et domiciles des père et mère, ou de la mère seulement si le père n'a pas fait la déclaration ; 5° et ceux des témoins (Code Civil d'Haïti de 1826, article *cinquante-six*).

§ 2. Enfant trouvé.

81. — Toute personne qui aura trouvé un enfant nouveau-né sera tenue de le remettre à l'officier de l'État Civil, ainsi que les vêtements et autres effets trouvés avec l'enfant, et de déclarer toutes les circonstances du temps et du lieu où il aura été trouvé, aux termes de l'article *cinquante-sept* du Code Civil d'Haïti de 1826, sous les peines énoncées aux trois numéros suivants :

82. — Les coupables d'enlèvement, de recel ou de supposition d'un enfant, de substitution d'un enfant à un autre ou de supposition d'un

enfant à une femme qui ne sera pas accouchée, seront punis de la réclusion, aux termes de l'article *deux cent quatre-vingt-quatorze* du Code Pénal
d'Haïti de 1835. — La même peine aura lieu contre ceux qui, étant chargés d'un enfant ne le représenteront point aux personnes qui ont le droit
de le réclamer, aux termes du même texte.

83. — Ceux qui auront exposé et délaissé en un lieu solitaire un
enfant au-dessous de l'âge de cinq ans accomplis seront, avec ceux qui
auront donné l'ordre suivi d'exécution de l'exposer ainsi, condamnés à un
emprisonnement de six mois à deux ans, suivant l'article *deux cent quatre-
vingt-dix-huit* du Code Pénal d'Haïti. — La peine ci-dessus sera d'un an
à trois ans contre les tuteurs ou tutrices, instituteurs ou institutrices de
l'enfant exposé ou délaissé par eux ou par leur ordre : 1° si l'enfant est
demeuré mutilé ou estropié, par suite de l'exposition ou du délaissement,
l'action sera considérée comme blessures volontaires à lui faites par la
personne qui l'a exposé et délaissé ; et 2° si la mort s'en est suivie, l'action sera considérée comme meurtre, aux termes du susdit article. Au premier cas, les coupables subiront la peine applicable aux blessures volontaires et, au second cas, celle du meurtre : *les travaux forcés à perpétuité
ou la mort*.

84. — Ceux qui auront exposé ou délaissé en un lieu non solitaire un
enfant au-dessous de l'âge de cinq ans accomplis seront punis d'un emprisonnement de trois mois à un an, aux termes de l'article *deux cent
quatre-vingt-dix-neuf* du Code Pénal d'Haïti de 1835. — Le délit ci-dessus
prévu sera puni d'un emprisonnement de six mois à deux ans, s'il a été
commis par les tuteurs ou tutrices, les instituteurs ou institutrices de
l'enfant exposé ou délaissé, suivant le texte susvisé. .

85. — Il en sera dressé un procès-verbal détaillé, dans le cas du n° 81,
qui énoncera en outre l'âge apparent de l'enfant, son sexe, les noms qui
lui seront donnés et le juge de paix auquel il sera remis (article *cinquante-
sept* du Code Civil d'Haïti de 1826), sinon la déclaration faite devant le
juge de paix par la personne qui aura trouvé l'enfant et qui aurait consenti à s'en charger (article *deux cent quatre-vingt-seize* du Code Pénal
d'Haïti de 1835). — N° 320-2°.

§ 3. Enfant né pendant un voyage en mer.

86. — Suivant l'article *cinquante-huit* du Code Civil d'Haïti de 1826,
s'il naît un enfant pendant un voyage de mer, l'acte de naissance est
dressé dans les vingt-quatre heures, en présence du père, s'il est présent,

et de deux témoins pris parmi les officiers du bâtiment ou, à leur défaut, parmi les hommes de l'équipage. — Cet acte est rédigé, savoir : sur les bâtiments de l'État, par l'officier d'administration (commissaire) de la marine ; et sur les bâtiments particuliers, par le capitaine, maître ou patron du navire. L'acte de naissance est inscrit à la suite du rôle d'équipage. — Formules 38-39.

87. — Au premier port où le bâtiment aborde, soit de relâche, soit pour toute autre cause que celle de son désarmement, les officiers de l'administration de la marine, capitaines, maîtres ou patrons, sont tenus de déposer deux *expéditions* (n° 30) authentiques des actes de naissance qu'ils ont rédigés ; — savoir : dans un port haïtien, au Bureau de l'Administration ; et dans un port étranger, entre les mains de l'Agent de la République (article *cinquante-neuf* du Code Civil d'Haïti). Dans tous les cas où ces actes ne pourront être rédigés par écrit, même article, la déclaration en sera faite verbalement aux autorités ci-dessus désignées, aussitôt l'arrivée du navire dans un port. — N° 295.

88. — L'une desdites *expéditions* reste déposée au Bureau de l'Administration ; l'autre est envoyée au Secrétaire d'État de la Justice, qui fait parvenir une *copie*, de lui certifiée, de chaque acte de naissance, à l'officier de l'État Civil du domicile du père de l'enfant, ou à celui du domicile de la mère si le père est inconnu (article *soixante* du Code Civil d'Haïti). — Cette copie est inscrite de suite sur les registres.

89. — Conformément aux dispositions de l'article *soixante et un* du Code Civil d'Haïti de 1826, à l'arrivée du bâtiment dans le port du désarmement, le rôle d'équipage est déposé au Bureau de l'Administrateur, qui envoie une *expédition* (n° 30) de l'acte de naissance, de lui signée, au Secrétaire d'État de la Justice ; et ce grand fonctionnaire remplit les formalités prescrites au numéro précédent. — N° 295. — Formules 40 à 43.

NOTA BENE. — *Voyez les n°ˢ 76 à 79.*

Il est question dans une Circulaire du Département de la Justice sous le n° 952, datée du 6 mai 1885 et publiée au *Moniteur* du 9 même mois, d'une Circulaire de la Secrétairerie d'État des Cultes en date du 14 avril de la même année, n° 347, que le *Journal officiel* n'a pas *divulguée* et dont il ne nous a pas été permis d'avoir du Ministère des Cultes la copie.

Il ressort clairement des termes de la susdite Circulaire de la Secrétairerie d'État de la Justice que, voulant laisser au Clergé le libre exercice de ses dogmes, il est intervenu un Arrangement entre le Gouvernement de son Excellence le Général Salomon et Sa Grandeur Monseigneur Bernardino de Milia de Coletzo, évêque de Tabarca, Délégat Apostolique et Envoyé Extraordinaire en Haïti de Sa Sainteté le Pape Léon XIII, au sujet de l'administration du baptême laissée à la juste et seule appréciation du prêtre dans nos vastes sections rurales, lorsque des considérations légitimes mettront obstacle pour les Parties à la déclaration de naissance prescrite par l'article 55 du Code Civil d'Haïti, nos 76 à 79, à la charge expresse par le ministre du Culte administrant d'en donner avis sur le champ aux chefs de sections rurales des lieux qui, à leur tour, auront soin d'en aviser l'officier de l'État Civil de la commune pour, pour celui-ci, exiger que les parents relèvent de lui sans retard les actes de naissance de leurs enfants baptisés.

Jusque là le prêtre exerçait son ministère baptismal sur l'*exhibition* de l'acte de naissance dressé et délivré par l'officier de l'État Civil sur la déclaration des parties.

Tout en n'étant pas indifférent aux craintes que révèle visiblement la Circulaire ci-dessous transcrite de l'honorable M. Innocent-Michel Pierre, ministre de la justice, à propos de cette mesure et dans l'intérêt surtout des familles habitant les campagnes, qui pourront s'abstenir de la formalité de l'article 55 susvisé une fois que leurs enfants auront été par le prêtre baptisés, et alors l'application de notre numéro 40 ci-dessus à ces enfants, vu nos numéros 70 et 71, nous souscrivons pleinement au susdit Arrangement qui, d'ailleurs, n'est nullement contraire à nos Codes et surtout à notre Code Pénal. — T. Servincent.

Ce 15 juin 1885.

Port-au-Prince, le 6 mai 1885, an 82e de l'Indépendance.

SECTION DE LA JUSTICE. — N° 952.

CIRCULAIRE

Le Secrétaire d'État de la Justice aux Commissaires du Gouvernement près les Tribunaux Civils de la République.

Monsieur le Commissaire,

Déjà vous avez reçu la Circulaire en date du 14 du mois dernier, n° 347, à vous adressée par le Ministère des Cultes, et par laquelle il vous expliquait l'économie d'un Arrangement conclu entre le Gouvernement et Monseigneur le Délégat Apostolique en Haïti, au sujet de l'administration du baptême.

Tout en vous rappelant cette Circulaire, Monsieur le Magistrat, je vous invite à enjoindre formellement à vos auxiliaires préposés à la police judiciaire, de prêter main forte à ce que les déclarations de naissance se fassent dans le mois de l'accouchement, comme le prescrit l'article 55 du Code Civil. — (*Voyez le n° 76.*)

Il ne serait pas hors de propos, dans l'intérêt des familles qui habitent la campagne, que les chefs de section eussent soin de recueillir les cas de naissance et de les transmettre à l'officier de l'État Civil, qui alors exigerait des parents qu'ils relevassent l'acte de naissance, si déjà cette formalité n'a pas été remplie.

Il va sans dire, Monsieur le Commissaire, qu'en cas de l'inexécution de l'article 55 sus-cité, n° 77, vous provoquerez l'application des pénalités de l'article 295 du Code Pénal, n° 78, contre les personnes tenues, aux termes dudit article 55, n° 77, de déclarer la naissance du nouveau-né

Veuillez m'accuser réception de la présente et agréer, Monsieur le Commissaire, l'assurance de ma considération très distinguée.

Innocent-Michel Pierre

Moniteur, du 9 mai 1885. — N° 20.

FORMULES D'ACTES DE NAISSANCE

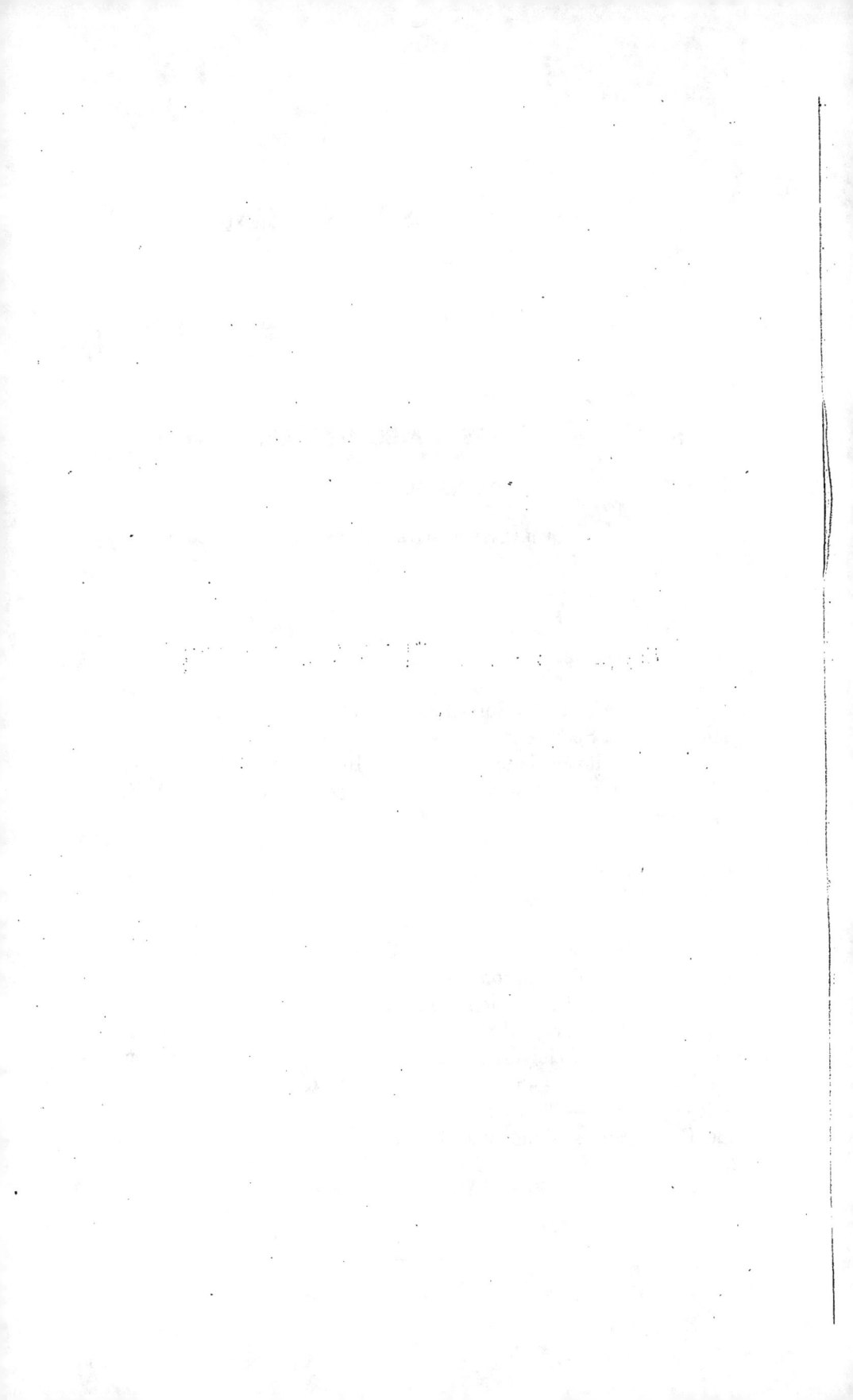

FORMULES D'ACTES DE NAISSANCE

ENFANTS DONT LA NAISSANCE EST CONNUE

Nᵒˢ 74 A 80, 4 A 13, 1 A 60, 325, 483 ET 484

ENFANTS NATURELS

DÉCLARATION FAITE PAR LE PÈRE

Formule 9.

L'An mil huit cent quatre-vingt-deux, 79ᵉ année de l'Indépendance d'Haïti, — nᵒˢ 13-1ᵒ et 6ᵒ, — et le lundi vingt-deux mai, à neuf heures du matin,

Par-devant nous, Mystal Joly-Gérard, officier de l'État Civil de Port-au-Prince, section Sud, soussigné, — Nᵒˢ 4 à 11.

Est comparule citoyen Lato Persès, — nᵒ 10, — majeur *(s'il était mineur, il faudrait énoncer son âge, aux termes des nᵒˢ 13, 44 et 45)*, propriétaire, domicilié à Port-au-Prince ; — Nᵒ 325.

Lequel nous a présenté un enfant du sexe masculin, qu'il a déclaré être né en son domicile le.............., à....... heures du matin *ou* du soir, de ses relations intimes *ou* de ses œuvres naturelles avec la citoyenne Astardée Cœos, majeure *(si elle était mineure, il faudrait énoncer son âge)*, propriétaire, domiciliée aussi à Port-au-Prince, — nᵒ 325, — à ce présente et attestant la dite déclaration, — nᵒˢ 42 et 76 à 80, — auquel Enfant le comparant a donné le prénom de Hadès ;

Dont Acte fait, en notre Hôtel *ou* Bureau, en présence du citoyen Pétion Cauvin, avocat, et du citoyen Hiram Allen, magistrat, domicilié tous les deux à Port-au-Prince, — nᵒ 325, — majeurs, témoins choisis et appelés par le comparant ; — Nᵒ 13-3ᵒ.

Et le Comparant a signé avec la citoyenne Cœos, lesdits témoins et nous, après lecture par nous faite. — Nᵒˢ 13-4ᵒ et 5ᵒ, 483 et 484. — Lato Persès, Astardée Cœos, Hiram Allen, Pétion Cauvin, Mystal Joly.

(Voyez la formule 120).

MÊMES NUMÉROS

DÉCLARATION FAITE PAR LA MÈRE

Formule 10.

Aujourd'hui, le vingt-deux du mois de mai, lundi, mil huit cent quatre-vingt-deux, 79ᵉ année de l'Indépendance d'Haïti, à dix heures et demie du matin, — Nᵒ 13-1ᵒ et 6ᵒ.

Par-devant nous, Lusincourt-Georges Biamby, officier de l'État Civil de Port-au-Prince, section Nord, soussigné, — Nᵒˢ 4 à 11.

Est comparue la citoyenne Astardée Cœos, — nᵒ 10, — majeure et modiste, domiciliée à Port-au-Prince; — Nᵒ 325.

Laquelle nous a présenté un enfant du sexe masculin, qu'elle nous a déclaré être son fils naturel, né en son domicile le.......... mai courant, à....... heures du matin *ou* du soir, auquel elle a donné le prénom de Hadès.

Dont Acte fait en présence des citoyens Joseph Guichard et Napoléon Boudet, propriétaires, tous les deux majeurs, domiciliés à Port-au-Prince, — nᵒ 325, — témoins choisis et amenés par la Comparante, — nᵒ 13-3ᵒ; — lesquels ont signé avec la comparante et nous, après lecture faite. — Nᵒˢ 13-4ᵒ et 5ᵒ et 483-484. — Astardée Cœos, Napoléon Boudet, Joseph-Narcisse Guichard, Lusincourt Biamby.

Nᵒˢ 74 A 80, 4 A 13, 1 A 60, 325, 483, 484

DÉCLARATION FAITE PAR LE PÈRE ET LA MÈRE

Formule 11.

L'An mil huit cent quatre-vingt-deux, 79ᵉ année de l'Indépendance d'Haïti, — nᵒ 13-1ᵒ et 6ᵒ, — et le lundi vingt-deux mai à...... heures de....,

Devant nous, Mystal Joly-Gérard, officier de l'État Civil de Port-au-Prince, soussigné, — Nᵒˢ 4 à 11.

Sont comparus le citoyen Lato Persès et la citoyenne Astardée Cœos, — nᵒ 10, — majeurs *(s'ils étaient mineurs, il faudrait, aux termes des nᵒˢ 13, 44 et 45, énoncer leur âge)*, propriétaires, domiciliés à Port-au-Prince; — Nᵒ 325.

Lesquels nous ont présenté un enfant du sexe masculin, qu'ils ont déclaré être né en leur domicile *ou* au domicile de la mère, — nᵒ 325 — le............... mai courant à...... heures du matin *ou* du soir, de leurs relations intimes *ou* de leurs œuvres naturelles, auquel ils ont donné le prénom de Hadès; — Nᵒˢ 74 à 80.

Dont Acte fait à Port-au-Prince, en notre Bureau *ou* Hôtel, en présence des citoyens Pollux Hippolyte et Jules Nau, propriétaires et avocats, majeurs, domiciliés en cette ville, — nᵒˢ 13-3ᵒ et 325, — témoins choisis et amenés par les Comparants.

Et les Parties ont signé avec les Témoins et Nous, après lecture par Nous faite. — Nᵒˢ 13-4ᵒ et 5ᵒ, 483 et 484. — Astardée Cœos, Lato, Persès, Jules Nau, Pollux Hippolyte, Mystal Joly.

Nᵒˢ 77, 10 ET 13, 39 A 46, 1 A 60, 325, 483

DÉCLARATION FAITE PAR LE MÉDECIN

Formule 12.

Aujourd'hui lundi, le vingt-deuxième jour du mois de mai, mil-huit-cent quatre-vingt-deux, 79ᵒ année de l'Indépendance d'Haïti, — nᵒ 13-1ᵒ et 6ᵒ, — à dix heures trois quarts du matin,

Devant nous, Lusincourt-Georges Biamby, officier de l'État Civil de la commune de Port-au-Prince, section Nord, soussigné, — Nᵒˢ 4 à 11.

Est comparu le citoyen Honorius Mahotière, — nᵒ 10, — docteur des Facultés de Médecine de Port-au-Prince et de Paris, propriétaire, domicilié à Port-au-Prince ; — Nᵒ 77-2ᵒ et 325.

Lequel nous a déclaré qu'il est né de Madame Séléné d'Hypérion, à l'accouchement de laquelle il a assisté, — rentière, domiciliée à . . . . . et demeurant à Port-au-Prince, — nᵒ 326, — rue X. . . . . , le. . . . . . , à trois heures du matin, — une enfant du sexe féminin, qui nous sera ultérieurement présentée, à laquelle enfant le Comparant a pour la mère donné le prénom de Climène; — Nᵒˢ 74 à 80.

Dont Acte fait, en notre Bureau *ou* Hôtel, en présence du citoyen Philoxène Zéphyre, docteur en médecine et professeur à l'École Nationale de Médecine de cette ville, et du citoyen Nelvil-Cyrus Saurel, pharmacien et membre du Conseil communal de cette ville, majeurs et propriétaires, domiciliés à Port-au-Prince, — nᵒ 325, — témoins choisis et requis par le Comparant, — nᵒ 13-3ᵒ, — lesquels ont signé avec le Comparant et nous, après lecture par nous faite. — Nᵒˢ 13-4ᵒ et 5ᵒ, 483-484. — Docteur H. Mahotière, N.-C. Saurel, Docteur Ph. Zéphyre, L. Biamby. — (*Voyez la formule 18.*)

Nᵒˢ 10 A 13

DÉCLARATION FAITE PAR UN MANDATAIRE

Formule 13.

L'An mil huit cent quatre-vingt-deux, 79ᵉ année de l'Indépendance d'Haïti, — nᵒ 13-1ᵒ et 6ᵒ, — le lundi vingt-deux mai, à . . . , heures de . . . ,

Par-devant nous, Mystal Joly-Gérard, officier de l'État Civil de Port-au-Prince, soussigné, — Nos 4 à 11.

Est comparu le citoyen Emmanuel-Arthur Vilmenay, littérateur, secré-taire-archiviste de la Chambre des Députés du peuple, propriétaire et majeur, — no 10, — domicilié à Port-au-Prince, — no 325, — agissant au nom et comme mandataire du citoyen Lato Persès, propriétaire, domicilié en cette ville, — no 325, — suivant sa procuration spéciale à l'effet du présent acte, passé devant Me Théogène Servincent et son collègue, notaires à Port-au-Prince, le . . . . . mai courant, dont le *brevet original* demeure ci-annexé, après avoir été par le Comparant certifié véritable et signé en notre présence; — Nos 17 et 33 ; — Formule 69.

Lequel nous a présenté un Enfant du sexe masculin, qu'il nous a déclaré être né en cette ville, rue X. . . . . , le . . . . . . mai de la présente année, à . . . . . , heures du matin *ou* du soir, des œuvres naturelles *ou* des relations intimes de la citoyenne Astardée Cœos, propriétaire, domi-ciliée à Port-au-Prince, — no 325, — avec le citoyen Lato Persès, susnommé, qualifié et domicilié, ce qui a été attesté par la mère de l'enfant, à ce présente ; auquel Enfant le comparant, ès nom qu'il agit, a donné le prénom de Hadès; — Nos 74 à 80.

Dont Acte fait, en notre Bureau, en présence du citoyen Louis-Marie-Joseph-Démosthène-Lamartinière Denis, instituteur et avocat, et du citoyen Pierre-Joseph-Maistre Barrau, secrétaire-rédacteur à la Chambre des Repré-sentants du peuple, tous les deux propriétaires, domiciliés à Port-au-Prince, — no 325, — majeurs de plus de vingt et un ans, témoins choisis et appelés par le Comparant; — No 13-3o.

Et le Comparant a signé avec la mère de l'enfant, les deux témoins et nous, après lecture par nous faite. — Nos 13-4o et 5o, 483 et 484. — Arthur Vilmenay, Pierre-Joseph Barrau, Astardée Cœos, Lamartinière Denis, Mystal Joly.

N° 10

PROCURATION A ANNEXER A LA FORMULE 13

Formule 14.

Par-devant Théogène Servincent et Edmond Oriol, notaires à Port-au-Prince, soussignés,

Est comparu M. Lato Persès, propriétaire, demeurant à Port-au-Prince;
Lequel a, par ces présentes, déclaré donner plein et entier pouvoir :

A Monsieur Emmanuel-Arthur Vilmenay, littérateur et propriétaire, secrétaire-archiviste de la Chambre des Députés du peuple, demeurant à Port-au-Prince, à ce présent et acceptant,

De faire au Bureau de l'État Civil de Port-au-Prince, pour lui, le Comparant, et en son nom, la déclaration, prescrite par la Loi, de la naissance d'un Enfant du sexe masculin, né de lui, le comparant, et de Madame Astardée Cœos, son amie, le. . . . . mai courant, et auquel Enfant il a donné le prénom de Hadès ;

De se présenter à l'Officier de l'État Civil de Port-au-Prince, en son Bureau, de lui y faire toutes déclarations et affirmations et signer tous registres et pièces ;

Dont Acte lu aux Parties,

Fait et passé à Port-au-Prince, à la Conciergerie de la maison d'arrêt, où le Comparant est détenu, pour . . . . . *telle cause*, ... , le. . . . mai mil huit cent quatre-vingt-deux, 79e anniversaire de l'Indépendance d'Haïti ;

Et le Comparant a signé avec le mandataire et les notaires. —Lato Persès, A. Vilmenay, Edmond Oriol, T. Servincent.

MÊME NUMÉRO

Autre Formule

Formule 15.

Devant Me Théogène Servincent, notaire à Port-au-Prince, soussigné,

Assisté de M. Fabius Scott, instituteur, et de Monsieur Félix Déjean, avocat, tous les deux propriétaires, demeurant et domiciliés à Port-au-Prince, témoins instrumentaires requis conformément à la Loi, aussi soussignés, — No 10.

Est comparu Monsieur Jean-Baptiste Cassez-Camp, propriétaire, demeurant et domicilié au Petit-Goave ;

Lequel a, par ces présentes, constitué pour son mandataire spécial Monsieur Cicéron Tessier, propriétaire et commerçant, demeurant et domicilié au Petit-Goave, — No 325.

Auquel il donne pouvoir de, pour lui et en son nom,

Faire au Bureau de l'État Civil du Petit-Goave la déclaration, prescrite par la Loi, de la naissance d'une Enfant du sexe féminin, — née de Madame Bonnite Boncœur du Petit-Goave le . . . . ., — dont le Comparant se reconnaît et se déclare le père naturel et à laquelle il donne les prénoms de Sannite-Incidente ;

Se présenter à l'officier de l'État Civil du Petit-Goave, y faire toutes déclarations et affirmations et signer tous registres et pièces ;

Dont Acte. — Fait et passé en l'Étude, à Port-au-Prince, le sept mai mil huit cent quatre-vingt-quatre, 81e année de l'Indépendance d'Haïti ;

Et le Comparant a signé avec les témoins et le notaire après lecture par celui-ci faite. — Jean-Baptiste Cassez-Camp, Scott, Félix Dejean, T. Servincent.

Nᵒˢ 76 A 80, I A 60, 325, 483-484

ACCOUCHEMENT HORS DU DOMICILE

Formule 16.

Aujourd'hui, le lundi vingt-deux mai mil huit cent quatre-vingt-deux, 79ᵉ année de l'Indépendance d'Haïti, à trois heures et demie de relevé, — Nᵒ 13-1ᵒ et 6ᵒ.

Devant nous, Lusincourt-Georges Biamby, officier de l'État Civil de la Commune de Port-au-Prince, soussigné, — Nᵒˢ 4 à 11.

Est comparu le citoyen Luc Pointvrai, — nᵒ 10, — propriétaire, majeur, domicilié à Port-au-Prince ; — Nᵒ 325.

Lequel nous a présenté une Enfant du sexe féminin, qu'il a déclarée être née en son domicile, — nᵒ 325, — rue X...., le ... mai courant, à ... heures du ..... de la citoyenne Lise Craque, sa cousine, propriétaire, domiciliée à l'Anse-à-Veau, momentanément descendue chez le Comparant, — nᵒ 77-3ᵒ ; — à laquelle Enfant le Comparant, de l'avis de la mère, a-t-il dit, a donné le prénom de Fillette ;

Dont acte fait, en notre Hôtel *ou* Bureau, en présence du citoyen Auguste-Cany Nicolas, chef de Bureau à la Sécrétairerie d'État du Commerce, et du citoyen Charles-Henri Desravines, chef de bureau à la Secrétairerie d'État des Finances, tous les deux propriétaires et majeurs, domiciliés à Port-au-Prince, — nᵒ 325, — témoins requis en conformité de la Loi, — nᵒ 13-3ᵒ ; — lesquels, après lecture par nous faite, ont signé avec le Comparant et nous. — Nᵒ 13-4ᵒ et 5ᵒ. — Luc Pointvrai, Charles Desravines, Auguste-Cany Nicolas, Lusincourt Biamby.

Nᵒˢ 53, 44 A 52, I A 60, 74 A 80, 325, 483-484

RECONNAISSANCE D'ENFANT NATUREL

Formule 17.

L'An mil huit cent quatre-vingt-deux, 79ᵉ année de l'Indépendance d'Haïti, — nᵒ 13-1ᵒ et 6ᵒ, — le vingt-deuxième jour du mois de.... à .... heures de ....,

Par-devant nous, Lusincourt-Georges Biamby, officier de l'État Civil de Port-au-Prince, soussigné, — Nᵒˢ 4 à 11.

Est comparu le citoyen Louis Pointvrai, — nᵒ 10, — majeur, propriétaire, domicilié à Port-au-Prince ; — Nᵒ 325.

Lequel a déclaré reconnaître pour son fils naturel Désiré Craque, né à Port-au-Prince le ..... avril mil huit cent soixante et un, inscrit sur les registres de l'État Civil de cette ville, section ..... à la date du ..... mai de la même année et au nᵒ ....., comme étant né de la citoyenne Agatha

Craque, couturière, domiciliée à Port-au-Prince, — n° 325, — à ce présente et attestant la dite déclaration, — N°s 42 et 53.

Voulant et consentant le Comparant que le citoyen Désiré Craque ajoute à son nom celui de Pointvrai, de manière à porter à l'avenir le nom patronymique de la famille du Comparant; — N° 56.

Dont Acte fait, en notre Hôtel *ou* Bureau, en présence du citoyen François Curiel, chef de Bureau à la Secrétairerie d'État de la Police Générale, et du citoyen Orséna Gervais, chef de bureau à la Secrétairerie d'État de l'Intérieur, majeurs et propriétaires, domiciliés à Port-au-Prince, — n° 325, — témoins choisis et amenés par le Comparant, — n° 13-3°; — lesquels ont signé avec le Comparant, la citoyenne Agatha Craque et nous, après lecture par nous faite. — N° 13-4° et 5°. — L. Pointvrai, Agatha Craque, O. Gervais, François Curiel, L. Biamby.

MÊMES NUMÉROS

MÊME CAS

Formule 18.

Aujourd'hui, le ..... Juin mil huit cent quatre-vingt-douze, 89° année de l'Indépendance d'Haïti, — n° 13-1° et 6°, — à ..... heures du matin,

Par-devant nous, Guillaume, officier de l'État Civil de Port-au-Prince, soussigné, — N°s 4 à 11.

Est comparu le citoyen Crios Ménætius, — n° 10, — propriétaire, domicilié à Port-au-Prince ; — N° 325.

Lequel a volontairement déclaré reconnaître, pour sa fille naturelle, l'Enfant inscrite aux registres de l'État Civil de Port-au-Prince, à la date du vingt-deux mai mil huit cent quatre-vingt-deux, — formule 12, — sous le prénom de Climène, comme étant née le .. .. à trois heures du matin, de Madame Séléné d'Hypérion, rentière, domiciliée à ....:. et demeurant à Port-au-Prince, à ce présente et attestant ladite déclaration; — N° 42.

Consentant qu'à l'avenir ladite enfant porte son nom et que mention des présentes soit faite sur tous registres que besoin sera ;

Dont Acte fait, en notre Hôtel *ou* Bureau, en présence des citoyens Salomon-Achille Servincent et Doulle de Fort Saint-Clair, propriétaires, majeurs, domiciliés à Port-au-Prince, — n° 325, — témoins choisis et appelés par le Comparant ; — N° 13-3°.

Et le Comparant a signé avec la Dame Séléné d'Hypérion, lesdits témoins et nous après lecture par nous faite, — N°s 13-4° et 5°, 483-484. — Crios Ménætius, Achille Servincent, Séléné d'Hypérion, Doulle de Fort Saint-Clair, Guillaume.

Nᵒˢ 54, 44 A 53, 10-13, 1 A 60, 74-80

RECONNAISSANCE PAR LE PÈRE SANS L'INDICATION DE LA MÈRE
ENFANT NON INSCRIT A L'ÉTAT CIVIL

Formule 19.

Aujourd'hui le mercredi premier décembre mil huit cent quatre-vingt-deux, 79ᵉ année de l'Indépendance d'Haïti, — nᵒ 13-1ᵒ et 6ᵒ, — à ..... heures de l'après-midi,

Par-devant nous, Évariste Box, officier de l'État Civil de Port-de-Paix, chef-lieu du Département du Nord-Ouest, soussigné, — Nᵒˢ 4 à 11,

Est comparu le citoyen Fertile Filipe, — nᵒ 10, — propriétaire, domicilié à Port-de-Paix ; — Nᵒ 325.

Lequel nous a présenté un Enfant du sexe masculin qu'il a déclaré reconnaître pour son fils naturel, né à Port-de-Paix le ..... novembre dernier à ..... heures de ....., auquel il a donné le prénom de Falsus,

Laquelle déclaration de reconnaissance, faite sans l'indication de la mère, n'a d'effet qu'à l'égard du père comparant de l'enfant, aux termes de l'article *trois cent sept* du Code Civil d'Haïti ; — Nᵒ 54.

Dont Acte fait, en notre Bureau *ou* Hôtel, en présence des citoyens Oscar Thévenot et Vilfort Beauvoir, propriétaires, domiciliés à Port-de-Paix, — nᵒ 325, — témoins requis par le Comparant, — nᵒ 13-3ᵒ ; — lesquels ont signé avec le Comparant et nous, après lecture par nous faite. — Nᵒˢ 483-484. — F. Filipe, V. Beauvoir, O. Thévenot, E. Box.

MÊMES NUMÉROS

RECONNAISSANCE PAR LE PÈRE SANS L'AVEU DE LA MÈRE
ENFANT DÉJA INSCRIT A L'ÉTAT CIVIL

Formule 20.

L'An mil huit cent quatre-vingt-deux, 79ᵉ année de l'Indépendance d'Haïti, — nᵒ 13, — et le mercredi premier décembre à ..... heures de .....,

Devant nous, Évariste Box, officier de l'État Civil de la commune de Port-de-Paix, soussigné, — Nᵒˢ 4 à 11.

Est comparu le citoyen Fertile Filipe, — nᵒ 10, — propriétaire, domicilié à Port-de-Paix ; — Nᵒ 325.

Lequel a déclaré reconnaître, pour son fils naturel, l'Enfant inscrit aux registres de l'État Civil de Port-de-Paix, à la date du ..... mil huit cent quatre-vingt, sous le prénom de Falsus, comme étant né de Madame Sanite Sansavoir, propriétaire, domiciliée en cette ville, — nᵒ 325, — *ou bien* : décédée en cette ville le ....., de son vivant propriétaire, domiciliée en cette ville, — N° 54.

Voulant et entendant le Comparant que, par suite de cette déclaration de reconnaissance, sans l'aveu de la mère et qui par conséquent n'a d'effet qu'à son égard, suivant l'article *trois cent sept* du Code Civil d'Haïti, — n° 54, — ledit Enfant ajoute à son nom celui de Fertile Filipe, de manière à porter à l'avenir le nom patronymique de la famille du Comparant ; — N° 56.

Dont Acte fait à Port-de-Paix, en notre Bureau, en présence du citoyen Saint-Hubert Pierre-Philippe, trésorier du Département du Nord-Ouest, et du citoyen Thélesphore Guerrier, administrateur des Finances du Département du Nord-Ouest, tous les deux majeurs et propriétaires, domiciliés à Port-de-Paix, — n° 325, — témoins choisis et requis par le Comparant ; — N° 13-3°.

Et le Comparant a signé avec lesdits témoins et nous, après lecture par nous faite. — N°s 13-4° et 5°, 483-484. — Fertile Filipe, Thélesphore Guerrier, Saint-Hubert Pierre-Philippe, Évariste Box.

N°s 10 ET 11, 54, 56, 33, 13 ET 17
Reconnaissance d'Enfant par un Mandataire
Formule 21.

L'An mil huit cent quatre-vingt-deux, 79e année de l'Indépendance d'Haïti, — n° 13-1° et 6°, — le mardi dix-neuf décembre, à neuf heures du matin,

Par-devant nous, Évariste Box, officier de l'État Civil de Port-de-Paix, chef-lieu du Département de Nord-Ouest, soussigné, — N°s 4 à 11.

Est comparu le citoyen Alexis-Vallon Simon, — n° 10, — propriétaire, domicilié à Port-de-Paix, — N° 325.

Agissant au nom et comme mandataire du citoyen Alfred Merice, propriétaire, domicilié au Môle-Saint-Nicolas, — n° 325, — suivant sa procuration spéciale à l'effet du présent acte, passée devant Me Vincent Jeudy et son collègue, notaires au Môle-Saint-Nicolas, le......., dont le brevet original (n° 33) demeure ci-annexé, après avoir été, par le Comparant, certifié véritable et signé en notre présence ; — N° 17.

Lequel a reconnu pour fille naturelle du citoyen Alfred Merice, — son mandant ci-dessus nommé, qualifié et domicilié, — l'Enfant du sexe féminin inscrite aux registres de l'État Civil de Port-de-Paix, à la date du....... mil huit cent quatre-vingt, sous le prénom de Philomèle, comme étant née le......., à....... heures, de Madame Lise Pandion, propriétaire, domiciliée à Port-de-Paix, à ce présente et attestant, — N°s 42 et 325.

Voulant et consentent le Comparant, ès nom qu'il agit, qu'à l'avenir ladite Enfant porte le nom du citoyen Alfred Merice, — n° 53, — de manière à prendre désormais le nom patronymique de celui-ci, — n° 56, — comme sa fille naturelle, et que mention des présentes soit faite sur tous registres que besoin sera ;

Dont Acte fait, en notre Bureau *ou* Hôtel, en présence des citoyens Cicéron Saint-Aude et Sémexant Saint-Fart, propriétaires et majeurs, domiciliés à Port-de-Paix, — n° 325, — témoins choisis et amenés par le Comparant ; — Nᵒˢ 13-3°.

Et le Comparant a signé avec lesdits témoins, Madame Lize Pandion et nous, après lecture par nous faite. — Nᵒˢ 13-4° et 5°, 483-484. — Alexis-V. Simon, Saint-Fart, Lise Pandion, Cicéron Saint-Aude, Évariste Box.

Nᵒˢ 10 ET 11, 13 ET 53
PROCURATION
Formule 22.

Par-devant Maître Vincent Jeudy, notaire public, et son collègue, à la résidence du Môle-Saint-Nicolas, Département du Nord-Ouest, soussignés,

Est comparu Monsieur Alfred Merice, propriétaire, demeurant et domicilié au Môle-Saint-Nicolas ; — N° 325.

Lequel a, par ces présentes, constitué pour son mandataire spécial, — Nᵒˢ 10-11.

Monsieur Alexis-Vallon Simon, propriétaire, demeurant et domicilié à Port-de-Paix, — n° 325, — à ce présent et acceptant, — (*Le mandataire pourrait ne pas être présent, et alors le notaire supprimerait les mots « à ce présent et acceptant », comme en la formule 15.*)

Auquel il donne pouvoir de, pour lui et en son nom, faire au Bureau de l'État Civil de Port-de-Paix, Département du Nord-Ouest, la reconnaissance prescrite par l'article *trois cent cinq* du Code Civil d'Haïti, — n° 53, — d'une Enfant du sexe féminin, inscrite au Bureau de l'État Civil de Port-de-Paix, à la date du . . . ., sous le prénom de Philomèle, comme étant née le . . . ., de la Dame Lize Pandion, propriétaire, demeurant et domiciliée à Port-de-Paix ; — se présenter à l'officier de l'État Civil de Port-de-Paix, et lui faire toutes déclarations et affirmations aux fins ci-dessus ; — signer tous registres et pièces ;

Dont Acte lu aux Parties, — Fait et passé en l'Étude, au Môle-Saint-Nicolas, rue Pourcely, le vingt-sept novembre mil huit cent quatre-vingt-deux, 79ᵉ année de l'Indépendance d'Haïti, — N° 13-6°.

Et les Parties ont signé avec les Notaires. — Nᵒˢ . . . . . — Alf. Merice, Alexis-V. Simon, Marc François, notaire, O. Jeudy, notaire public.

(*Si le mandataire n'avait pas comparu et concouru à l'acte, ce qui pourrait avoir lieu, le notaire instrumentaire dirait : « Dont acte lu au Comparant.. . . ., etc., ... — Et le Comparant a signé avec les Notaires : Alf. Merice, Marc François, notaire, V. Jeudy, notaire public », comme en la formule 15.*)

Nᵒˢ 57 A 60

RECONNAISSANCE D'ENFANT NATUREL AVANT SA NAISSANCE

Formule 23.

(Nous ne recommandons c t Acte et celui de la formule 24, qui en est la conséquence, que dans les trois cas suivants : — 1° dans le cas de départ précipité et forcé du père ; — 2° dans celui d'in extremis, et — 3° dans le cas de sa détention par prévention, à cause de notre n° 12.)

Par-devant Théogène Servincent et Edmond Oriol, notaires, à la résidence de Port-au-Prince, soussignés,

Est comparu Monsieur Pierre Mysore, propriétaire, demeurant et domicilié à Port-au-Prince, — N° 325.

En présence et de l'assentiment de Mademoiselle Bonne Justin, demeurant et domiciliée à Port-au-Prince ; — N° 325.

Lequel a, par ces présentes, reconnu que l'Enfant, dont Mademoiselle Bonne Justin est enceinte depuis environ cinq mois, est le fruit de leurs relations intimes.

Il consent en conséquence que cet Enfant, lors de sa naissance, soit inscrit sur les registres de l'État Civil de Port-au-Prince, comme étant le fruit de ses œuvres, qu'il jouisse de tous les droits attachés à la qualité d'Enfant du Comparant et porte son nom ; — autorisant à cet effet Monsieur Paul Mysore, son frère, propriétaire, demeurant et domicilié en cette ville, à ce présent et acceptant, à se présenter au Bureau de l'État Civil de Port-au-Prince, à l'époque de ladite naissance, pour l'inscription du nouveau-né comme son Enfant sur les registres à ce destinés, sous le prénom du Saint dont l'Église célébrera la fête le jour de cette naissance ;

Dont Acte fait et passé, à Port-au-Prince, au Consulat général de Libéria où les Notaires ont été requis et où ils ont trouvé le Comparant, le vingt-trois mai mil huit cent quatre-vingt-deux, 79ᵉ année de l'Indépendance d'Haïti ;

Ou bien : Dont Acte fait et passé à Port-au-Prince, en la Demeure du Comparant où les Notaires ont été requis, dans une chambre au rez-de-chaussée, où le Comparant a été trouvé alité, le vingt-trois mai mil huit cent quatre-vingt-deux, 79ᵉ année de l'Indépendance d'Haïti ;

Ou bien encore : Dont Acte fait et passé à Port-au-Prince, à la Conciergerie de la maison d'arrêt où les Notaires ont été requis et où le Comparant est détenu sous la prévention de. . . . . . . etc. . . . . . . *Voir le n° 12,* — le vingt-trois mai mil huit cent quatre-vingt-deux, 79ᵉ année de l'Indépendance d'Haïti ;

Et le Comparant a signé avec le mandataire, la Dame Bonne Justin et les Notaires, après lecture faite. — Pierre Mysore, Bonne Justin, Paul Mysore, Edmond Oriol, Théogène Servincent.

MÊMES NUMÉROS

CONSÉQUENCE DE LA FORMULE 23

Formule 24.

L'An mil huit cent quatre-vingt-deux, 79ᵉ année de l'Indépendance d'Haïti, — nᵒ 13-1ᵒ et 6ᵒ, — et le mardi neuf octobre, à neuf heures et demie du matin,

Par-devant nous Lusincourt-Georges Biamby, officier de l'État Civil de Port-au-Prince, soussigné, — Nᵒˢ 4 à 11.

Est comparu le citoyen Paul Mysore, — nᵒ 10, — propriétaire, majeur, domicilié à Port-au-Prince, — Nᵒˢ 10 à 11 et 325.

Agissant au nom et comme mandataire spécial du citoyen Pierre Mysore, son frère, suivant acte passé en minute, — nᵒ 29, — devant Maître Théogène Servincent et Edmond Oriol, notaires à la résidence de cette ville, le vingt-trois mai de cette année, dûment enregistré, — formule 23, — dont l'Expédition (nᵒ 30) demeure ci-annexée (nᵒ 17), après avoir été par le Comparant certifiée véritable et signée en notre présence ; — ledit citoyen Pierre Mysore, propriétaire, domicilié à Port-au-Prince, étant absent du Pays depuis . . . . mois ; — *ou bien :* ledit citoyen Pierre Mysore, ayant été propriétaire, domicilié à Port-au-Prince, y est décédé le vingt juillet dernier, appert l'Extrait (nᵒ 32) de son acte de décès dressé par nous le même jour, — nᵒˢ 57 à 60 ; — *ou bien encore :* ledit citoyen Pierre Mysore, propriétaire, domicilié à Port-au-Prince, est actuellement détenu dans la Prison de cette ville sous la prévention de. . . . . . ; — (*Voyez le nᵒ 12.*)

Lequel Comparant nous a présenté un Enfant du sexe masculin qu'il nous a déclaré être né à Port-au-Prince le six octobre courant, à . . . . heures du matin *ou* du soir, des œuvres naturelles *ou* des relations intimes du citoyen Pierre Mysore susnommé avec la citoyenne Bonne Justin, son amie, propriétaire, domiciliée à Port-au-Prince, — nᵒ 325, — présente et attestant la présente déclaration, — nᵒ 42 ; — auquel Enfant le Comparant, ès nom qu'il agit, a donné avec la mère le prénom de Bruno, en l'honneur du Saint dont l'Église célébrait la fête le jour de la naissance de l'Enfant ;

Dont Acte fait, en notre Hôtel *ou* Bureau, en présence des citoyens Camille Dyer et Thomas Hérard, propriétaires, domiciliés à Port-au-Prince, — nᵒ 325, — majeurs, témoins choisis et amenés par le Comparant ; — Nᵒ 13-3ᵒ.

Et le Comparant a signé avec la citoyenne Bonne Justin, les dits Témoins et Nous, après lecture par Nous faite. — Nᵒˢ 13-4ᵒ et 5ᵒ et 483-484. — Paul Mysore, Thomas Hérard, Bonne Justin, Camille Dyer, Lusincourt Biamby.

Nota Bene

Si la mère était morte en accouchant, ou deux jours après l'accouchement, l'officier de l'État Civil dirait : « *des œuvres naturelles* ou *des relations intimes du citoyen Pierre Mysore susnommé avec la citoyenne Bonne Justin son amie, décédée après l'accouchement, suivant acte dressé le . . . . .* par l'officier de l'État Civil de Port-au-Prince, de son vivant propriétaire, domiciliée en cette ville ; auquel Enfant le Comparant, ès nom qu'il agit, a donné le prénom de Bruno, en l'honneur du Saint dont l'Église célébrait la fête le jour de la naissance de l'Enfant ; » — Et le Comparant a signé avec lesdits Témoins et Nous, après lecture par Nous faite. — Paul Mysore, Thomas Hérard, Camille Dyer, Lusincourt Biamby.

T. Servincent.

N°s 74 A 80, 10 ET 13, 61 A 67, 1 A 38

ENFANTS LÉGITIMES

Déclaration faite par le Père

Formule 25.

L'An mil huit cent quatre-vingt-deux , 79e année de l'Indépendance d'Haïti, — n° 13-1° et 6° — et le mardi vingt-trois mai, à dix heures du matin,

Par-devant nous, Lusincourt-Georges Biamby, officier de l'État Civil de Port-au-Prince, section Nord, soussigné, — N°s 4 à 11.

Est comparu le citoyen Léon Clinis, — n° 10, — majeur, propriétaire, domicilié à Port-au-Prince ; — N° 325,

Lequel nous a présenté une Enfant du sexe féminin qu'il a déclaré être née jumelle, en son domicile, le. . . . . . . mai courant, à. . . . . . heures de. . . . . . , de son légitime mariage avec la citoyenne Clara Déliade, son épouse, domiciliée avec lui, — n° 330 ; — à laquelle Enfant il a donné les prénoms de Bernardine-Emilie. — N°s 74 à 80 et 61 à 67 ;

Dont acte fait à Port-au-Prince, en notre Bureau *ou* Hôtel, en présence du citoyen Alfred Archin, membre de la Chambre des Comptes, et du citoyen Thrasybule Trouillot, directeur du Bureau Central du Timbre, tous les deux propriétaires, majeurs, domiciliés à Port-au-Prince, — n° 325, — témoins choisis et appelés par le Comparant ; — N° 13-3°.

Et le Comparant a signé avec lesdits Témoins et Nous après lecture par Nous faite. — N^{os}. . . . . — Léon Clinis, Th. Trouillot, Alfred Archin, Lusincourt Biamby.

MÊMES NUMÉROS

DECLARATION FAITE PAR LA MÈRE

Formule 26.

Aujourd'hui le mardi vingt-trois mai mil huit cent quatre-vingt-deux, 79ᵉ année de l'Indépendance d'Haïti, — nᵒ 13-1ᵒ et 6ᵒ, — à dix heures du matin,

Devant nous, Lusincourt-Georges Biamby, officier de l'État Civil de Port-au-Prince, soussigné, — Nᵒˢ 4 à 11.

Est comparue la citoyenne Clara Dèliade, épouse du citoyen Léon Clinis, — nᵒ 10, — majeure, propriétaire, domiciliée avec son mari à Port-au-Prince; — Nᵒ 330-1ᵒ.

Laquelle nous a présenté un Enfant du sexe masculin qu'elle a déclaré être né jumeau, en son domicile, le . . . . . . mai courant à. . . . . . heures de. . . . . ., de son légitime mariage avec le citoyen Léon Clinis, son époux, propriétaire, domicilié en cette ville, — nᵒˢ 325, — auquel enfant elle a donné les prénoms de Bernardin-Emile ; — Nᵒˢ 74 à 80 et 61 à 67.

Dont Acte fait, en notre Hôtel ou Bureau, en présence des citoyens Emile Réné et Prophète Gervais, propriétaires, domiciliés à Port-au-Prince, — nᵒˢ 325, — tous les deux majeurs, témoins choisis et appelés par la Comparante, — nᵒ 13-3ᵒ ; — lesquels ont signé avec la Comparante et nous, après lecture par nous faite. — Nᵒˢ 483-484. — Clara D. Clinis, Prophète Gervais, Émile Réné, Luzincourt Biamby.

Nᵒˢ 74 A 80, 10 ET 13, 61 A 67, 1 A 38

DÉCLARATION FAITE PAR LES PÈRE ET MÈRE

Formule 27.

L'An mil huit cent quatre-vingt-deux, 79ᵉ année de l'Indépendance d'Haïti, le mardi vingt-trois mai, à trois heures de relevée, — Nᵒ 13-1ᵒ et 6ᵒ.

Devant nous, Mistal Joly-Gérard, officier de l'État Civil de Port-au-Prince, soussigné, — Nᵒˢ 4 à 11 ;

Sont comparus le citoyen Léon Clinis et la citoyenne Clara Deliade, son épouse, — nᵒ 10, — majeurs *(s'ils étaient mineurs, il faudrait énoncer leur âge, nᵒ 13 1ᵒ)* — propriétaires, domiciliés ensemble à Port-au-Prince ; — Nᵒ 330.

Lesquels nous ont présenté une Enfant du sexe féminin qu'ils nous ont déclaré être née en leur domicile, le . . . . . . mai de la présente année, à . . . . . heures. . . . . . de leur légitime mariage ; à laquelle Enfant ils ont donné les prénoms de Bernardine-Emilie ; — Nᵒˢ 74 à 80 et 61 à 67.

Dont Acte fait à Port-au-Prince, en notre Bureau ou Hôtel, en présence des citoyens Aristide Chapotin et Fénelon Laforest, propriétaires et majeurs, domiciliés à Port-au-Prince, — n° 325, — témoins choisis et appelés par les Comparants; — N° 13-3°.

Et les Comparants ont signé avec les Témoins et Nous après lecture par Nous faite. — Nos 483-484. — Léon Clinis, Clara-D. Clinis, Fénelon Laforest, Aristide Chapotin, Mystal Joly.

MÊMES NUMÉROS

Accouchement hors du Domicile

Formule 28.

Aujourd'hui le mardi vingt-trois mai mil huit cent quatre-vingt-deux, 79e année de l'Indépendance d'Haïti, — nos 13-1° et 6°, — à cinq heures et demie de l'après-midi,

Par-devant nous, Mystal Joly-Gérard, officier de l'État Civil de la Commune de Port-au-Prince, soussigné, — Nos 4 à 11.

Est comparu le citoyen Théogène Servincent, — n° 10, — propriétaire et notaire, domicilié à Port-au-Prince, — N° 325.

Lequel nous a présenté un Enfant du sexe masculin qu'il a déclaré être né en son domicile, rue. . . . . . , le. . . . . . . , du présent mois, à . . . . . . , de la citoyenne Henriette Code, épouse du citoyen Louis Notoire, propriétaire, domiciliée avec son mari à la Croix-des-Bouquets, — n° 330, — momentanément en voyage et descendue chez le Comparant, auquel Enfant le Comparant, de l'avis de la mère, a donné le prénom de Napoléon; — Nos 74 à 80 et 61 à 67.

Dont acte fait à Port-au-Prince, en la demeure du Comparant, en présence de Madame Louis Notoire, susnommée, et des citoyens Antoine Martin et Charles-Balthasard Guéry, propriétaires, domiciliés à Port-au-Prince, — n° 325, — tous les deux majeurs, témoins choisis et appelés par le Comparant, — n° 13-3°; — lesquels ont signé avec le Comparant, Madame Louis Notoire et nous, après lecture par nous faite. — Nos 483-484. — T. Servincent, A. Martin, Henriette Notoire, Ch. Guéry, M. Joly.

Nos 74 A 80, 63, 10 ET 13, 61 A 67.

DÉCLARATION FAITE APRÈS DISSOLUTION DU MARIAGE

1° APRÈS LA MORT DU PÈRE

Déclaration faite par la Mère

Formule 29.

L'An mil huit cent quatre-vingt-cinq, 82e année de l'Indépendance d'Haïti, le vingt-trois mai, à trois heures de l'après-midi, — N° 13-1° et 6°.

Par-devamt nous, Mystal Joly Gérard, officier de l'État Civil de la Commune de Port-au-Prince, soussigné, — Nᵒˢ 4 à 11.

Est comparue la citoyenne Agatha Colvus, veuve du citoyen Salsus Piscis, — nᵒ 10, — majeure et modiste, domiciliée à Port-au-Prince; — Nᵒˢ 77 et 325.

Laquelle nous a présenté un enfant du sexe masculin, qu'elle nous a déclaré être né en son domicile, rue X. . . . . . , le. . . . . . mai courant à quatre heures de l'après-midi, de son légitime mariage avec le citoyen Salsus Piscis, son époux, décédé en cette ville, le. . . . . . janvier dernier, ainsi qu'il résulte d'un Extrait de l'acte de décès dudit citoyen à nous représenté et à l'instant rendu, — nᵒ 32 ; — auquel Enfant la Comparante a donné les prénoms de Benjamin Posthume; — Nᵒˢ 63 et 74 à 80 ;

Dont Acte fait en notre Bureau *ou* Hôtel, en présence des citoyens Camille Dejean et Léonce Dufort, propriétaires et négociants, majeurs, domiciliés à Port-au-Prince, — nᵒ 325, — témoins choisis et amenés par la Comparante; — Nᵒ 13-3ᵒ.

Et la Comparante a signé avec lesdits témoins et nous, après lecture par nous faite. — Nᵒˢ 483-484. — Veuve S. Piscis, Léonce Dufort, Camille Dejean, Mystal Joly. — (Formule 91.)

MÊMES NUMÉROS

Déclaration faite par la Sage-Femme

Formule 30.

Aujourd'hui le mardi vingt-trois mai mil huit cent quatre-vingt-cinq, 82ᵉ année de l'Indépendance d'Haïti, à trois heures et demie de l'après-midi, — Nᵒˢ 13-4ᵒ et 6ᵒ.

Par-devant nous, Mystal Joly-Gérard, officier de l'État Civil de Port-au-Prince, soussigné, — Nᵒˢ 4 à 11.

Est comparue la citoyenne Rénette-Jean Gilles, sage-femme de la Faculté de Médecine d'Haïti, — nᵒ 10, — majeure, domiciliée à Port-au-Prince; — Nᵒˢ 77 et 325.

Laquelle nous a déclaré qu'il est né un Enfant du sexe masculin le. . . . . . . mai courant, à quatre heures trois quarts de l'après-midi, qu'elle nous a à l'instant présenté, de la citoyenne Agatha Calvus, veuve depuis le. . . . . . janvier dernier du citoyen Salsus Piscis, modiste, à l'accouchement de laquelle elle a assisté, domiciliée à Port-au-Prince — rue X..., — nᵒ 325; — auquel Enfant la Comparante, de l'avis de la mère, ainsi déclaré, a donné les prénoms de Benjamin-Posthume; — nᵒˢ 74 à 80.

Dont Acte fait, en notre Hôtel *ou* Bureau, en présence du citoyen Démosthènes Joubert, artiste, et du citoyen Dorassaint Toussaint, encanteur public, majeurs, domiciliés en cette ville, — n° 325, — témoins requis par la Comparante, — n° 13-3°; — lesquels, après lecture par nous faite, ont signé avec nous et la Comparante. — N°s 13-4° et 5° et 483-484. — Rénette-Jean Gilles, D. Toussaint, Démosthènes Joubert, M. Joly. — (Formule 91).

N°s 74 A 80, 63, 10 ET 13, 61 A 67

DÉCLARATION FAITE APRÈS LA DISSOLUTION DU MARIAGE

APRÈS LE DIVORCE

DÉCLARATION FAITE PAR LE PÈRE

Formule 31.

Aujourd'hui le mardi vingt-trois mai mil huit cent quatre-vingt-cinq, 82e année de l'Indépendance d'Haïti, — n° 13-1° et 6°, — à dix heures et demie du matin,

Par-devant nous, Mystal Joly-Gérard, officier de l'Etat Civil de Port-au-Prince, soussigné, — N°s 4 à 11.

Est comparu le citoyen Salsus Piscis, — n° 10, — propriétaire et majeur, domicilié à Port-au-Prince; — N° 325.

Lequel nous a présenté un Enfant du sexe féminin qu'il nous a déclaré être née le. . . . . . . mai courant, à. . . . . . . heures de l'après-midi, au domicile de la citoyenne Agatha Calvus, modiste, son épouse divorcée, domiciliée à Port-au-Prince, — n° 325, — rue X...; à laquelle Enfant, dont il se reconnaît le père légitime, il a donné le prénom de Francesca;. — N°s 74 à 80.

Dont Acte fait, en notre Bureau *ou* Hôtel, en présence des citoyens Hugo-Duverger Denis et Boyer-Joseph Denis, propriétaires, majeurs, domiciliés à Port-au-Prince, — n° 325, — témoins choisis et amenés par le Comparant; — N° 13-3°.

Et le Comparant a signé avec lesdits témoins et nous, après lecture par nous faite. — N°s 13-4° et 5°, 483-484. — Salsus Piscis, Boyer Denis, Hugo Denis, Mystal, Joly-Gérard. — (Formule 91.)

MÊMES NUMÉROS

DÉCLARATION FAITE PAR LA MÈRE

Formule 32.

L'An mil huit cent quatre-vingt-cinq, 82e année de l'Indépendance d'Haïti, et le mardi vingt-trois mai, à dix heures du matin, — N° 12-1° et 6°.

Devant nous, Mystal Joly-Gérard, officier de l'Etat Civil de Port-au-Prince, section Sud, soussigné, — Nᵒˢ 4 à 11.

Est comparue la citoyenne Agatha Calvus, — nᵒ 10, — modiste et majeure, domiciliée à Port-au-Prince; — Nᵒ 325.

Laquelle nous a présenté une Enfant du sexe féminin, qu'elle nous a déclaré être née, en son domicile rue X..., — nᵒ 325, — le. . . . . . mai courant, à quatre heures de l'après-midi, de son légitime mariage avec le citoyen Salsus Piscis, propriétaire, demeurant en cette ville, — nᵒ 325, — son époux divorcé depuis le. . . . . . janvier dernier, ainsi qu'il résulte d'un Extrait de l'acte authentique de divorce (nᵒ 32), à nous représenté et par nous à l'instant rendu; à laquelle Enfant elle a donné le prénom de Francesca; — Nᵒˢ 74 à 80.

Dont Acte fait, en notre Hôtel *ou* Bureau, en présence du citoyen Joseph Bouchereau, archiviste à la Secrétairerie d'État des Relations Extérieures, et du citoyen Ultimo Boisette, comptable à la Secrétairerie d'État des Finances, tous les deux majeurs et propriétaires, domiciliés en cette ville, — nᵒ 325, — témoins requis et amenés par la Comparante, — nᵒ 13-3ᵒ; — lesquels ont signé avec la Comparante et nous après lecture par nous faite. — Nᵒ 13-4ᵒ et 5ᵒ, 483-484. — Dame Agatha Calvus, Ultimo Boisette, Joseph Bouchereau, Mystal Joly.

MÊMES NUMÉROS

DÉCLARATION FAITE PAR LE MÉDECIN

Formule 33.

L'An mil huit cent quatre-vingt-cinq, 82ᵉ année de l'Indépendance d'Haïti, le. . . . . . etc. — Nᵒ 13-1ᵒ et 6ᵒ.

Par-devant nous, Mystal Joly-Gérard, officier de l'Etat Civil de Port-au-Prince, soussigné, — Nᵒˢ 4 à 11.

Est comparu le citoyen Archimède Désert, — nᵒ 10, — docteur de la Faculté de Médecine de Paris, directeur de l'Ecole de Médecine et de Pharmacie d'Haïti, domicilié à Port-au-Prince; — Nᵒˢ 77 et 325.

Lequel nous a déclaré qu'il est née une Enfant du sexe féminin le. . . . . . mai courant, à. . . . . . heures, qui nous sera ultérieurement présentée de la citoyenne Agatha Calvus, modiste, à l'accouchement de laquelle il a assisté, domiciliée à Port-au-Prince, — nᵒ 325, — rue X..., où elle est accouchée, épouse divorcée le. . . . . . janvier dernier du citoyen Salsus Piscis, propriétaire, domicilié en cette ville, — nᵒ 325, — ainsi qu'il résulte de l'*acte authentique* de divorce, — nᵒ 11, — à nous représenté et par nous rendu à l'instant; à laquelle Enfant, dont la paternité légitime est attribuée au citoyen Salsus Piscis, aux termes des articles *deux cent treize* et *deux cent quatre-vingt-seize* du Code Civil d'Haïti, — nᵒˢ 63 et

64, — le Comparant ès nom qu'il agit a donné des prénoms de Maria-Sophia-Agatha ; — Nᵒˢ 74 à 80.

Dont Acte fait, en Notre Hôtel *ou* Bureau, en présence du citoyen Flavius Baron, chef de bureau au Cabinet particulier du Président d'Haïti, et du citoyen Clorius Toussaint, sous-chef de bureau au Ministère de l'Intérieur, tous deux majeurs, propriétaires, domiciliés à Port-au-Prince, — nᵒ 325, — témoins choisis et appelés par le Comparant,— nᵒ 13-3ᵒ, — lesquels ont signé avec le Comparant et nous, après lecture par nous faite. — Nᵒˢ 13-4ᵒ et 5ᵒ, 483-484. — Dʳ Arch. Désert, Glorius Toussaint, Flavius Baron, Mystal Joly.

(*Voir la formule 91*).

Nᵒˢ 74 A 80, 20, 10 ET 13, 61 A 67

Déclaration de Naissance faite par le Père de l'Enfant, a un Ministre ou Consul d'Haïti a l'Étranger.

Formule 34.

L'An mil huit cent quatre-vingt-deux, 79ᵉ année de l'Indépendance Haïti, — nᵒ 13-1ᵒ et 6ᵒ, — le jeudi premier juin, à onze heures du matin,

Par-devant nous, Jean-Joseph-Otharis Rivière, consul d'Haïti à la résidence du Havre-de-Grâce (France), soussigné, — Nᵒˢ 20 et 328.

Est comparu le citoyen Louis Péra, — nᵒ 10, — négociant Haïtien, demeurant au Havre-de-Grâce, République Française ; — Nᵒ 326.

Lequel nous a présenté une Enfant du sexe féminin, qu'il nous a déclaré être née en sa demeure, rue Bernardin-de-Saint-Pierre, le dimanche.............. à....... heures du soir, de son légitime mariage avec la citoyenne Louise Dumaine, son épouse, sans profession, demeurant avec lui, — nᵒ 330, — à laquelle Enfant il a donné le prénom de Cécile ; — Nᵒˢ 74 à 80.

Dont Acte fait, conformément à l'article *quarante-neuf* du Code civil d'Haïti, — nᵒ 20, — en notre Consulat *ou* Hôtel, en présence du citoyen Sénèque Viard, docteur de la Faculté de Médecine de Paris, Haïtien, et du sieur A. de la Mare de Chêne Varin, docteur de la Faculté de Droit de Paris, Français, tous les deux majeurs, demeurant en cette ville, — nᵒ 325, — témoins choisis et amenés par le Comparant; — Nᵒ 13-3ᵒ.

Et le Comparant a signé avec lesdits témoins et nous, après lecture par nous faite. — Nᵒˢ 13-4ᵒ et 5ᵒ, 483-484. — Louis Péra, A. de la Mare de Chêne Varin, Docteur Sénèque Viard, J.-J.-Otharis Rivière.

N°s 49, 74 A 80, 20, 10 ET 13, 61 A 67

Déclaration de Naissance faite par la Mère de l'Enfant a un Ministre ou Consul d'Haïti a l'Étranger

Formule 35.

Aujourd'hui, le............... août mil huit cent quatre-vingt-cinq, 82e année de l'Indépendance d'Haïti, à........ heures du matin, — N°s 13-1° et 6°.

Par-devant nous, Charles Laforestrie, ministre-résident d'Haïti à Paris (France), rue Montaigne, 9, soussigné, — N°s 4 à 10.

Est comparue la citoyenne Anne-Catherine-Antoinette Mainguet, — n° 10, — Haïtienne et rentière, demeurant et domiciliée avec son mari, — n° 330-1°, — épouse du citoyen Pierre-Élie-Joseph-Samuel Servincent, Haïtien et licencié de la Faculté de Droit de Paris, demeurant à Paris (France) et domicilié à Port-au-Prince (Haïti), — N°s 49 et 326.

En vertu de l'article *quarante-neuf* du Code Civil d'Haïti, — N° 20.

Laquelle nous a présenté un Enfant du sexe masculin, — n° 49, — qu'elle a déclaré être né en sa demeure, le............ de ce mois. à...... heures de............, de son légitime mariage avec le citoyen Pierre-Élie-Joseph-Samuel Servincent, sus-nommé et qualifié ; auquel Enfant la Comparante a donné les prénoms de Joseph-Louis-Pascal-Théogène ; — N°s 74 à 80 et 61 à 67.

Dont Acte fait, à la Légation d'Haïti à Paris, rue Montaigne, 9, en présence des citoyens Justin Dévot et Emmanuel Édouard, Haïtiens, licenciés de la Faculté de Paris, domiciliés à Port-au-Prince (Haïti) et résidant à Paris (France), — n° 326, — tous les deux majeurs, témoins choisis et appelés par la Comparante ; — N° 13-3°.

Et la Comparante a signé avec lesdits témoins, le secrétaire général de la Légation et nous, après lecture par ledit secrétaire-général faite. — N°s 13-4° et 5°, 483-484. — Antoinette Servincent, Emmanuel Édouard, Justin Dévot, Charles Laforestrie, Dantès Dujour.

(Voyez les formules 94 à 98.)

Nota Bene.

Il va sans dire que tous les cas de déclaration et de reconnaissance d'enfant peuvent se présenter à nos Ministres ou Consuls à l'Étranger qui, en conséquence, pourront se servir des actes ci-dessus formulés en y intercalant la clause : « fait conformément à l'article *quarante-neuf* du Code Civil d'Haïti ». — N° 20.

T. Servincent.

Nᵒˢ 81 A 85, 74 A 84, 10 A 13, 1 A 28

ENFANTS TROUVÉS

DÉCLARATION FAITE D'UN ENFANT TROUVÉ ET REMIS AU JUGE DE PAIX

Formule 36.

L'An mil huit cent quatre-vingt-deux, 79ᵉ anniversaire de l'Indépendance d'Haïti, — nᵒ 13-1ᵒ et 6ᵒ, — et le mercredi vingt-quatre mai, à neuf heures un quart du matin,

Par-devant nous Mystal Joly-Gérard, officier de l'État Civil de Port-au-Prince, section Sud, soussigné, — Nᵒˢ 4 à 11.

Est comparu le citoyen ou le sieur Xantus Chéry, — nᵒ 10, — sellier de profession, majeur, — (*s'il était âgé de moins de vingt et un ans, par conséquent mineur, il faudrait énoncer son âge, aux termes du nᵒ 13,-1ᵒ*) — domicilié ou demeurant à Port-au-Prince, — nᵒ 325 ou nᵒ 326, — (*selon qu'il s'agit d'un Haïtien ou d'un étranger. — Nᵒ 81*);

Lequel nous a déclaré que hier . . . . , . ., à neuf heures et demie du soir, étant seul, il a trouvé dans la rue Nihil un Enfant tel qu'il nous le présente, enveloppé de . . . . . (*désigner l'enveloppe*) . . . . . que nous avons visité et reconnu être du sexe masculin, âgé en apparence de . . . . jours (*désigner l'âge apparent, vérifier si l'enfant à quelque marque sur le corps, ou s'il se trouve dans ses vêtements quelque écrit ou marque à le faire reconnaître ; dans un ou dans tous les cas, désigner ce qu'on lui a trouvé*). . . . .

Nous avons de suite inscrit l'Enfant sur les registres de l'État Civil de Port-au-Prince, section Sud, sous le prénom de Délaissé, et avons ordonné qu'il fût remis au citoyen Sincère Desrouleaux, juge de paix de la section Sud de cette Capitale, à ce présent et qui s'en est chargé à toutes les fins de droit, en conformité de l'article *cinquante-sept* du Code Civil d'Haïti. — Nᵒ 85.

De quoi nous avons dressé ce Procès-Verbal en présence du citoyen Alfred Jastram et du citoyen Thimogène Chéry. artistes, domiciliés tous les deux à Port-au-Prince, — nᵒ 325, — qui ont signé avec le Magistrat de la Justice de Paix et nous, après que lecture a été faite du présent procès-verbal. — Nᵒˢ 483-484. — Xantus Chéry, A. Jastram, Thimogène Chéry, S. Desrouleaux, Mystal Joly.

MÊMES NUMÉROS

DÉCLARATION FAITE D'UN ENFANT TROUVÉ PAR LA PERSONNE
QUI S'EN EST CHARGÉE

Formule 37.

Aujourd'hui le mercredi vingt-quatre mai mil huit cent quatre-vingt-deux, 79ᵉ année de l'Indépendance d'Haïti, — nᵒˢ 13-1ᵒ et 6ᵒ, — à . . . . heures de l'après-midi,

Devant nous, Lusincourt-Georges Biamby, officier de l'État Civil de Port-au-Prince, section Nord, soussigné, — Nᵒˢ 4 à 11.

Est comparue la citoyenne Rose-Uranie Jeanton, — nᵒ 10, — propriétaire, majeure *(elle pourrait être mineure, et alors son âge serait énoncé, aux termes du nᵒ 13-1ᵒ)*, domiciliée ou demeurant à Port-au-Prince; — Nᵒ 325.

Laquelle nous a déclaré que ce matin, à cinq heures moins un quart, étant en compagnie de son neveu Clervius-Prelle Jeanton et se rendant à l'église, elle a trouvé sur la place de la Cathédrale, tout près de . . . . . . *(désigner l'endroit)* . . . . . . une Enfant du sexe féminin, qu'elle nous a présentée, vêtue de . . . . . *(désigner le vêtement)* . . . . . que nous avons visitée et reconnue être réellement du sexe féminin, âgée en apparence de . . . . . *(désigner l'âge apparent et toutes les cisconstances du temps et du lieu où l'Enfant a été trouvée)* . . . . .

Nous avons de suite inscrit ladite Enfant aux registres de l'État Civil de Port-au-Prince, section Nord, sous les prénoms de Domina-Auxilia, diminutif de Notre-Dame-Auxiliatrice, dont l'Église célèbre la fête ce jour, et avons ordonné qu'elle restât à la citoyenne Rose-Uranie Jeanton, qui a déclaré, devant le citoyen Marcellus Zéphir, juge de paix de la section Nord de cette Capitale, à ce présent, consentir, à s'en charger comme si la délaissée, recueillie par elle, fût sa propre enfant. — (Code pénal d'Haïti, article 296). — Nᵒ 20-85.

De tout ce que dessus avons dressé Procès-Verbal en présence des citoyens Sémexant Michaud et Gauthier Ménos, propriétaires, domiciliés à Port-au-Prince, — nᵒ 325, — majeurs, témoins requis conformément à la Loi; — Nᵒ 13-3ᵒ.

Et la Comparante a signé avec le juge de paix, lesdits témoins et nous après lecture par nous faite. — Nᵒˢ 483-484. — Uranie Jeanton, G. Ménos, Sémexant Michaud, M. Zéphyre, Lusincourt Biamby.

Nᵒˢ 86 A 89, 74 A 80, 10 ET 13, 1 A 67

ENFANTS NÉS PENDANT UN VOYAGE EN MER, SUR UN BATIMENT DE L'ÉTAT

Formule 38.

Aujourd'hui mercredi, le vingt-quatre mai mil huit cent quatre-vingt-deux, 79ᵉ année de l'Indépendance d'Haïti, — nᵒ 13-1ᵒ et 6ᵒ, — à trois heures de relevée,

Clérius Pierre-Paul, commissaire d'administration de la frégate haïtienne *la Sentinelle*, soussigné,

En vertu de l'article *cinquante-huit* du Code Civil d'Haïti, — Nᵒ 86.

Constate, par ces présentes, qu'il est né hier, à trois heures de l'après-midi, de la citoyenne Climène Craque, rentière et majeure, domiciliée à Port-au-Prince, — nᵒ 325, — se trouvant momentanément comme touriste à bord de la susdite frégate, un Enfant du sexe masculin, auquel elle a donné le prénom de Pointvrai. — Nᵒˢ 86 à 89.

Rédigé en double original à bord de la susdite frégate, en pleine mer des Antilles, de route pour . . . . . , par . . . . . degrés de longitude *ou* de latitude, les jour, mois et an que dessus, en présence du citoyen Théodore Bruce, capitaine de vaisseau, et du citoyen Scévola-Heurtelou Arnoux, mécanicien ; commandant et mécanicien dudit navire, témoins majeurs, — nᵒ 13-3ᵒ ; — lesquels ont signé avec la citoyenne Climène Craque et moi, après lecture par moi faite. — Nᵒˢ 483-484. — Climène Craque, T. Bruce, Scévola Arnoux, Clérius P. Paul.

MÊMES NUMÉROS

SUR UN BATIMENT PARTICULIER

Formule 39.

L'An mil huit cent quatre-vingt-deux, 79ᵉ année de l'Indépendance d'Haïti, — nᵒ 13-1ᵒ et 6ᵒ, — le mercredi vingt-quatre mai, à dix heures du matin,

En pleine Méditerranée, par . . . . . degrés de longitude *ou* de latitude,

Charles-Thomas Francisco, capitaine de la barque haïtienne *l'Hirondelle*, du port de . . . . , tonneaux,

Conformément aux dispositions de l'article *cinquante-huit* du Code Civil d'Haïti, — Nᵒ 86.

Constate, par ces présentes, qu'il est né hier, à dix heures du matin, de la citoyenne Clara Déliade, propriétaire, épouse majeure, *ou* épouse âgée de . . . . ans, du citoyen Léon Clinis, domiciliée à Port-au-Prince avec son mari, — nᵒ 330, — majeur *ou* âgé de. . . . . , ans, et négociant, présent, de passage tous les deux à bord de ladite barque pour Barcelone

(Espagne), un Enfant du sexe masculin, auquel elle et son époux ont donné les prénoms de Bernardin-Émile. — Nos 86 à 89.

Rédigé en double original, à bord de la susdite barque, les jour, mois et an susdits, en présence du citoyen Ernest Toussaint, maître d'équipage, et du citoyen Dorlus Gaspard, subrécargue, tous les deux majeurs, lesquels ont signé avec les père et mère du nouveau-né et moi, après lecture par le subrécargue faite. — Nos 13-4o et 5o et 483-484. — Léon Clinis, Ernest Toussaint, Clara Clinis, Dorlus Gaspard, Thomas Francisco.

Nos 87 A 89

Dépot du Role d'Équipage au Bureau de l'Administràteur des Finances
Formule 40.

Administration de Marine de la Frégate Haïtienne *la Sentinelle*.

L'officier de Marine de la Frégate Haïtienne la Sentinelle *à l'Administrateur principal des Finances de l'Arrondissement de Port-au-Prince.*

Monsieur l'Administrateur,

J'ai l'honneur de déposer en votre Bureau, au vœu de l'article *soixante et un* du Code Civil d'Haïti, — no 89, — le rôle d'Équipage de la Frégate *la Sentinelle*, à la suite duquel, aux termes de l'article *cinquante-huit* du susdit Code, — no 86, — se trouve inscrit l'acte de naissance de l'Enfant que Madame Climène Craque, rentière, domiciliée à Port-au-Prince, a mis au monde sur la dite frégate, le vingt-trois mai dernier. — Formule 37.

Je vous prie d'agréer, Monsieur l'Administrateur, mes bien humbles salutations.

CLÉRIUS P. PAUL
A bord de *la Sentinelle*, sur rade de Port-au-Prince,
le 10 juin 1882, an .....

MÊMES NUMÉROS

Envoi par l'Administrateur d'une Expédition de l'Acte de naissance au Secrétaire d'État de la Justice
Formule 41.

Port-au-Prince, le 11 juin 1882.

L'Administrateur principal des Finances de l'Arrondissement de Port-au-Prince au Secrétaire d'État de la Justice.

Monsieur le Secrétaire d'État,

J'ai l'honneur de vous envoyer à toutes les fins de droit une Expédition (no 30), signée de moi, — no 89, — de l'acte de naissance inscrit à la suite du Rôle d'Équipage de *la Sentinelle*, notre frégate de guerre, de l'Enfant qu'a mis au monde sur ce navire la Dame Climène Craque, rentière, de ce domicile, qui a donné au dit Enfant le prénom de Pointvrai. L'accouchement a eu lieu le vingt-trois mai de la présente année. — N° 89.

Je vous prie, Monsieur le Secrétaire d'État, d'agréer l'assurance nouvelle de mes sentiments respectueux. — Formule 37.

Brenor Prophète

MÊMES NUMÉROS

Copie de l'Acte de naissance parvenue par le Secrétaire d'État de la Justice a l'Officier de l'État Civil

Formule 42.

Port-au-Prince, le 12 juin 1882, an 79e de l'Indépendance.

Section de la Correspondance Générale, Numéro ......

Le Secrétaire d'État de la Justice à l'Officier de l'État Civil de Port-au-Prince, section Nord.

Monsieur l'Officier,

Je vous fais parvenir sous ce couvert une Copie (n° 30) certifiée de l'acte de naissance, que m'a envoyée l'Administrateur principal des Finances de ce ressort, de l'Enfant qu'a accouché sur la frégate Haïtienne *la Sentinelle*, Madame Climène Craque, rentière, de ce domicile, le vingt-trois mai dernier, en vous invitant à inscrire de suite la dite Copie (n° 30) sur les registres de l'État Civil, à ce destinés, aux termes de l'article *soixante* du Code Civil d'Haïti. — N° 88.

Je vous salue, Monsieur l'Officier de l'État Civil, avec une haute considération. Madiou

---

MÊMES NUMÉROS

Procès-Verbal d'Inscriptions d'un Acte de naissance d'un Enfant né pendant un voyage sur mer

Formule 43.

Aujourd'hui, le treize juin mil huit cent quatre-vingt-deux, 79e année de l'Indépendance d'Haïti, — n° 13-1° et 6°, — à trois heures et demie de l'après-midi,

Nous, Lusincourt-Georges Biamby, officier de l'État Civil de Port-au-Prince, Section Nord, soussigné, avons reçu du citoyen Antoine-Bernard-Thomas Madiou, Secrétaire d'État de la Justice, accompagnée de sa dépêche en date d'hier, n° ..... une Expédition de lui certifiée (n° 30) de l'Acte de naissance de Pointvrai, fils né à bord de la frégate Haïtienne *la Sentinelle*, le vingt-trois mai dernier, de la citoyenne Climène Craque, rentière, domiciliée en cette ville. — N° 325.

En conséquence et en conformité de l'article *soixante* du Code Civil d'Haïti, — n° 88, — avons de suite inscrit sur les deux registres, à ce destinés, la dite Expédition (n° 30), qui demeurera annexée (n° 17) au double des registres qui doit être déposé au Greffe du Tribunal Civil de ce ressort, aux termes de l'article *quarante-cinq* du Code Civil d'Haïti, — n° 16. — N°s 87 à 89.

De quoi nous avons dressé le présent Acte que nous avons signé. — Formule 37. — Lusincourt Biamby.

N°s 68 A 73
Acte de Baptême délivré par le Prêtre
Formule 44.

Archevêché de Port-au-Prince. — Paroisse de la Cathédrale de Notre-Dame de l'Assomption. — Extrait des Registres de Baptêmes de la Paroisse de la Cathédrale. — Le mercredi treize janvier mil huit cent quatre-vingt-six, à neuf heures du matin, je, soussigné, ai baptisé Marie-Jeanne-Lorette Anne, fille légitime de Jean-Baptiste-Joseph-Théogène Servincent et de Marie-Antoinette-Acélie Thébaud née, en la paroisse de la Cathédrale de Port-au-Prince le jeudi dix décembre mil huit cent quatre-vingt-cinq, à trois heures de l'après-midi. — Parrain : Jean-Pierre-Démosthène Sylvain ; Marraine : Marie-Jeanne-Cora Liautaud. — C. Vital, *vicaire de Jacmel.*

MÊMES NUMÉROS
Même Cas
Formule 44 Bis.

Évêché de Port-de-Paix. — Paroisse de la Cathédrale de l'Immaculée-Conception de Port-de-Paix. — Registres de Baptêmes de la Cathédrale de Port-de-Paix. — Le Dimanche trente et un mai mil huit cent quatre-vingt-cinq, à. . . . . . , heures de. . . . . . , je, soussigné, Antonio Muños, missionnaire apostolique de la Compagnie du Saint Cœur de Marie, vicaire à la Cathédrale de Port-de-Paix, certifie avoir baptisé, suivant le rite de la Sainte Église Romaine et en la Cathédrale de Port-de-Paix, Marie-Jeanne-Coralie-Thérèse, née en cette Paroisse, le dimanche vingt-quatre des mêmes mois et an, à neuf heures du matin, du légitime mariage de Jean-Pierre Démosthène Sylvain et de Marie-Thérèse-Hélène-Zémire Servincent. — Parrain : Étienne-Siméon Delbeau ; Marraine : Marie-Jeanne-Cérioline-Hosanna Servincent. — Antonio Muños.

LE DÉSAVEU DE PATERNITÉ

CHAPITRE IV

LE DÉSAVEU DE PATERNITÉ

SOMMAIRE

---

90. — Le Désaveu est une action qui tend à dépouiller un Enfant de la qualité de fils ou de fille légitime, que lui donne injustement la présomption légale, celle la plus voisine de la preuve, la présomption qui résulte du mariage (J. A. Rogron, n° 47). — Cette action appartient au mari ou à ses héritiers aux termes du n° 64 de ce Livre.

91. — Le mari peut désavouer l'Enfant dans les trois cas suivants : — 1° En prouvant que, pendant le temps qui a couru depuis le trois centième jusqu'au cent quatre-vingtième jour avant la naissance de cet Enfant, il était, soit par suite d'éloignement, soit par l'effet de quelque accident, dans l'impossibilité physique de cohabiter avec sa femme (Code Civil d'Haïti de 1826, article 293). Mais le mari ne peut, en alléguant son impuissance naturelle, ni son impuissance accidentelle, même antérieure au mariage, désavouer l'Enfant, aux termes de l'article 294 du susdit Code ; — 2° En cas d'adultère de la femme, mais seulement lorsque à la preuve de l'adultère il joint la preuve que la naissance de l'Enfant lui a été cachée (article 294 du Code Civil d'Haïti) ou aux héritiers du mari, si celui-ci est décédé avant l'accouchement (Marcadé, *page* 452, et Cour de Cassation de France du 8 décembre 1851, sur l'article 313 du Code-Napoléon dont l'article 294 du Code Civil d'Haïti est le correspondant) ; auxquels cas le mari, comme ses héritiers, est admis à proposer tous les faits propres à justifier qu'il n'en est pas le père ; — 3° Lorsque l'Enfant est né avant le cent quatre-vingtième jour qui suit le mariage. — N° 98.

92. — Suivant l'opinion de Demolombe, V-188, fortifiée par la Cour de Cassation de France du 24 juillet 1844, — sur l'article 312 du Code Napoléon dont l'article 293 du Code Civil d'Haïti de 1826 est le correspondant, — si le mari est interdit judiciairement ou légalement, l'action en désaveu peut être formée par son tuteur.

93. — La légitimité de l'Enfant, né trois cents jours après la dissolution du mariage, peut en outre être contestée comme le prescrit l'article *deux cent quatre-vingt-seize* du Code Civil d'Haïti ou le numéro *soixante-quatre* de ce Livre.

94. — Le désaveu par le mari doit être fait, aux termes de l'article 297 du Code Civil d'Haïti de 1826, dans le mois s'il se trouve sur le lieu de la naissance de l'Enfant, dans les deux mois après son retour si à la même époque il est absent, dans les deux mois après la découverte de la fraude si on lui a caché la naissance de l'Enfant.

95. — Il peut arriver que le mari meure sans avoir fait sa déclaration, mais étant encore dans le délai utile pour le faire ; alors ses héritiers et ses successeurs universels — (*non la femme qui ne saurait avoir qualité pour exercer l'action contre son enfant*), tels que l'État, les légataires universels ou à titre universel (Duranton, III-80 ; Proudhon et Valette, tome II, page 66, Toullier, t. II, n° 835 ; Richefort, n° 63 ; Mourlon, I-896 ; Demolombe, V-130, et Marcadé, sur l'article 317 du Code Napoléon, dont l'article 298 du Code Civil d'Haïti est le correspondant), — peuvent, dans tous les cas, où la Loi permet le désaveu au mari (Toullier, II-841 ; Duranton, III-73 ; Zachariæ, § 161 ; Valette, t. II, page 56 ; Demolombe, V-121, et Marcadé, sur ledit article français dont notre article 298 est le correspondant), l'exercer à sa place, mais non les légataires particuliers (Duranton, III-80 à 83 ; Proudhon et Valette, t. II, p. 65 et 67 ; Duvergier sur Toullier, II-825 ; Mourlon, I-897 ; Demolombe, V-130, et Marcadé sur le même article) ; à cet effet les susdits héritiers et successeurs, universels ou à titre universel, ont deux mois pour contester la légitimité de l'Enfant, c'est-à-dire pour la désavouer (Marcadé), à compter de l'époque où cet Enfant s'est mis en possession des biens du mari, ou de l'époque où les héritiers sont troublés par l'Enfant dans cette possession (Code Civil d'Haïti de 1826, article 298).

96. — Le désaveu se forme par acte devant notaire ou, simplement, par acte extrajudiciaire contenant désaveu par le mari ou ses successeurs, avec

indication des faits à l'appui ; cet acte est signifié par huissier à l'Enfant ou à son représentant (Duranton, III-95) ; et il est censé non avenu s'il n'est suivi dans le mois de la signification d'une action en justice, devant le Tribunal du domicile du tuteur *ad hoc* donné à l'enfant, dirigée contre ledit tuteur *ad hoc* ou contre l'Enfant lui-même s'il est majeur, et dans les deux cas, dit Marcadé, sur l'article 318 du Code Napoléon correspondant à l'article 299 de notre Code Civil, en présence de la mère, aux termes de l'article 299 du Code Civil d'Haïti de 1826.

97. — Lorsque le Tribunal Civil, sur l'action en désaveu, décide que le mari n'est pas le père (Marcadé, sur l'article 319 du Code Napoléon dont l'article 300 du Code Civil d'Haïti est le correspondant, n° 65), l'Enfant est considéré comme enfant naturel s'il a été conçu hors mariage, et comme adultérin s'il a été conçu pendant le mariage.

98. — L'Enfant né avant le cent quatre-vingtième jour du mariage peut être désavoué par le mari, aux termes de l'article *deux cent quatre-vingt-treize* du Code Civil d'Haïti, n° 91-3° ; toutefois, ce désaveu ne peut avoir lieu (article 295 du Code Civil d'Haïti) — 1° Si le mari a eu connaissance de la grossesse avant le mariage, — à plus forte raison s'il l'a reconnue par un acte devant notaire ou sous seings privés (Rolland de Villargue, n° 43, et Zachariæ, § 161, note 3) ; — 2° S'il a assisté à l'acte de naissance comme témoin ou comme déclarant (Demolombe, V-69, et Zachariæ, § 161), et si cet acte est signé de lui ou contient la déclaration qu'il ne sait ou ne peut signer ; — 3° Si l'Enfant n'est pas né viable.

99. — Si la déclaration faite dans un contrat de mariage devant *notaire*, en vue de légitimer un Enfant naturel, conserve son effet comme reconnaissance de cet enfant, nonobstant la caducité dudit contrat pour non-déclaration devant l'*officier de l'État Civil*, — comme le dispose l'Arrêt du Tribunal de Grenoble (France), en date du 6 août 1861, cette déclaration faite devant *officier de l'État Civil*, en même vue, assure la légitimité de l'Enfant conçu et né un an après le mariage, n° 63, surtout dans le cas d'*in extremis* du père qui serait décédé le jour même du mariage. — Formule 122.

FORMULES

DÉSAVEU DE PATERNITÉ PAR ACTE DEVANT NOTAIRE

Formule 45.

Par-devant Théogène Servincent, notaire public, et son Collègue, à la résidence de Port-au-Prince, soussignés, — Nᵒ 96.

Est comparu Monsieur Salsus Piscis, propriétaire, demeurant et domicilié à Port-au-Prince;

Lequel, préalablement au Désaveu faisant l'objet des présentes, a exposé ce qui suit :

Le seize juin mil huit cent quatre-vingt-deux, à dix heures du matin, muni d'un passeport du Ministère de la Police Générale du . . . . . . du même mois, le Comparant s'est embarqué à Port-au-Prince pour New-York (*Etats-Unis d'Amérique*), sur le paquebot à vapeur *l'Australia*, et a débarqué à New-York le huit juillet suivant, ainsi que le constate une mention apposée sur le Registre de bord de ce paquebot.

Monsieur Salsus Piscis a séjourné à New-York, puis à Philadelphie et à Washington (*Etats-Unis d'Amérique*), — ce qui est constaté par des visa apposés sur son passeport par les Consuls Haïtiens résidant dans ces trois villes.

A la date du huit décembre de la même année, dans la soirée, le Comparant a pris passage à New-York sur le navire à voiles *le Requin*, pour revenir en Haïti, et a débarqué à Miragoane le trois janvier mil huit cent quatre-vingt-trois. — ce qui résulte d'une mention apposée sur le Registre de bord de ce navire, ainsi que du visa apposé sur son passeport par le Général B. Blanchard, commandant de la place et de la commune de Miragoane.

Monsieur Salsus Piscis est arrivé en sa demeure à Port-au-Prince, où avait continué de séjourner Madame Francesca Calvus, son épouse, le cinq du même mois de janvier mil huit cent quatre-vingt-trois, dans la matinée.

Le sept juin courant, conséquemment plus de trois cents jours depuis le départ du Comparant et moins de cent quatre-vingts jours depuis son retour, la Dame Francesca Calvus, son épouse, est accouchée d'un Enfant du sexe masculin dont la conception remonte à une éqoque où le Comparant était absent, de sorte que celui-ci refuse de se reconnaître le père de cet Enfant.

L'Enfant a été néanmoins inscrit à la date du . . . . sur les régistres de l'État Civil de Port-au-Prince, sous le prénom de Coxis, comme étant issu du mariage d'entre Monsieur et Madame Salsus Piscis.

Ceci exposé, le Comparant, usant des dispositions de l'article *deux cent quatre-vingt-treize* du Code Civil d'Haïti, — nº 91, — déclare repousser la paternité de cet Enfant et en conséquence le désavouer formellement;

Dont Acte lu au Comparant,

Fait et passé à Port-au-Prince, en l'Étude, le trente juin mil huit cent quatre-vingt-trois, 80e année de l'Indépendance d'Haïti;

Et le Comparant a signé avec les Notaires. — S. Piscis, Ed. Oriol, T. Servincent.

MÊMES NUMÉROS

AUTRE CAS

Formule 46.

Devant Théogène Servincent et son Collègue, notaires à Port-au-Prince, soussignés, — Nº 96.

Est comparu Monsieur Alexandre Pointvrai, lieutenant d'artillerie, demeurant à Port-au-Prince;

Lequel a déclaré qu'il a eu connaissance que Madame Eudoxie Craque, son épouse, a mis au monde le vingt-sept octobre dernier un Enfant du sexe masculin, qui a été inscrit le trente du même mois sur les registres des actes de l'État Civil de Port-au-Prince sous les noms de « Alter Castus », comme fils du Comparant et de ladite Dame;

Qu'il est cependant constant que, bien avant l'époque de la conception de cet enfant et même après sa naissance, le Comparant était dans l'impossibilité physique de cohabiter avec son épouse;

Qu'en effet il est parti dès le mois d'août mil huit cent quatre-vingt-deux pour le Cap-Haïtien, où il est resté constamment en garnison jusqu'au dix novembre mil huit cent quatre-vingt-trois;

Et qu'en conséquence on ne peut lui attribuer la paternité de cet Enfant;

C'est pourquoi Monsieur Alexandre Pointvrai proteste formellement contre la légitimité dudit Enfant, et il déclare par ces présentes le désavouer conformément au droit qui lui est conféré par l'article 293 du Code Civil d'Haïti. — N° 91.

Pour faire signifier ces présentes, — n° 96, — tous pouvoirs sont donnés au porteur d'une expédition ; — N° 30.

Dont Acte,

Fait et passé en l'Étude, à Port-au-Prince, le quinze novembre mil huit cent quatre-vingt-trois, 80ᵉ année de l'Indépendance d'Haïti ;

Et le Comparant a signé avec les Notaires, après lecture faite. — Alexandre Pointvrai, Edmond Oriol, Théogène Servincent.

Nᵒˢ 90 A 99 ET 325

SIGNIFICATION DE DÉSAVEU DE PATERNITÉ

Formule 47.

Aujourd'hui le . . . . . . juillet mil huit cent quatre-vingt-trois, 80ᵉ année de l'Indépendance d'Haïti, à. . . . . . heures du. . . . . ,

A la requête de Monsieur Salsus Piscis, propriétaire, demeurant et domicilié à Port-au-Prince, je, Émile Lepelletier Labranche, huissier immatriculé au Tribunal Civil de Port-au-Prince, — n° 96, — demeurant et domicilié en cette ville, mon domicile réel, — n° 325, — ai signifié et avec celle du présent Exploit donné Copie (n° 30) à Madame Francesca Calvus, épouse du requérant, propriétaire, demeurant et domicilié à Port-au-Prince, — n° 325, — en son domicile et parlant à sa personne (ou à la personne de. . . . . , *désigner cette personne*), ainsi déclaré, de l'Acte au rapport de Mᵉ Théogène Servincent et son Collègue, notaires à la résidence de cette ville, en date du trente juin dernier et enregistré le. . . . . au droit de. . . . ., — formule 45, — par lequel Monsieur Salsus Piscis, le requérant, repousse la paternité de l'Enfant du sexe masculin dont Madame Francesca Calvus est accouchée le sept juin de la présente année, et qui a été inscrit le. . . . . . du même mois sur les registres de l'État Civil de Port-au-Prince sous le prénom de Coxis, comme étant issu du mariage d'entre Monsieur et Madame Salsus Piscis ;

Et afin qu'elle n'en ignore je lui ai, à domicile et parlant comme dessus, laissé Copie (n° 30) dudit Acte et du présent Exploit, dont le coût est de . . . . . . piastres. — Émile Labranche.

MÊMES NUMÉROS

Formule 48.

L'An mil huit cent quatre-vingt-trois, 80ᵉ année de l'Indépendance d'Haïti, et le quinze novembre à . . . . . . heures de . . . . ,

A la requête de Monsieur Alexandre Pointvrai, lieutenant d'artillerie, demeurant et domicilié à Port-au-Prince, — n° 325 — qui a signé le présent, je, Émile Lepelletier Labranche, huissier immatriculé au Tribunal Civil de Port-au-Prince, soussigné, — n° 96, — demeurant et domicilié en cette ville, mon domicile réel, — n° 325, — ai déclaré à Madame Eudoxie Craque, propriétaire, demeurant et domiciliée de droit avec lui, mais de fait à Port-au-Prince, chez Madame veuve Bagou Craque, sa mère, — nᵒˢ 325 et 330, 419 et 428, — audit domicile provisoire étant et parlant à sa personne, — (*ou* à la personne de M. . . . ., *désigner cette personne*), — ainsi déclaré, que Monsieur Alexandre Pointvrai, le requérant, désavoue, par le présent Acte, l'Enfant du sexe masculin, dont Madame Eudoxie Craque est accouchée le vingt-sept octobre dernier et qui a été inscrit le trente du même mois sur les registres de l'État Civil de Port-au-Prince sous les noms de *Alter Castus*, et comme issu du légitime mariage de ladite dame Eudoxie Craque et du Requérant ;

En ce qu'il est constant que, bien avant l'époque de la conception de cet Enfant et même après sa naissance, le Requérant était dans l'impossibilité physique de cohabiter avec son épouse ;

Qu'en effet il est parti dès le mois d'août mil huit cent quatre-vingt-deux pour le Cap-Haïtien, ville située à plus de soixante lieues de Port-au-Prince, où il est resté constamment en garnison jusqu'au dix novembre mil huit cent quatre-vingt-trois, et qu'en conséquence on ne peut lui attribuer la paternité de cet Enfant.

Déclarant en outre à Madame Eudoxie Craque que Monsieur Alexandre Pointvrai, le requérant, se propose d'intenter en justice son action en désaveu de paternité, dans le délai et conformément aux prescriptions de l'article *deux cent quatre-vingt-dix-neuf* du Code Civil d'Haïti. — N° 96.

Et j'ai, audit domicile, parlant comme ci-dessus, laissé Copie, signée par le Requérant, du présent Acte, dont le coût est de . . . . . piastres. — Alexandre Pointvrai, Émile Labranche.

Nᵒˢ 90 A 99, 379-380, 325

NOMINATION DE TUTEUR AD HOC A L'ENFANT POUR DÉFENDRE AU DÉSAVEU

Formule 49.

Aujourd'hui le . . . . . novembre mil huit cent quatre-vingt-trois,
80ᵉ année de l'Indépendance d'Haïti, à . . . . . heures du . . . . ,

Par-devant nous, Dessources Duplessy, juge de paix de Port-au-Prince,
section Sud, assisté du citoyen Horace-Dorce Alexandre, greffier du siège,
soussignés,

Est comparu le citoyen Alexandre Pointvrai, lieutenant d'artillerie,
demeurant et domicilié à Port-au-Prince; — Nᵒ 325.

Lequel expose que, se proposant d'intenter en justice l'action en désaveu
de paternité, dans le délai et conformément aux prescriptions de l'art. 299
du Code Civil d'Haïti, — nᵒ 96, — contre l'Enfant du sexe masculin dont
Madame Eudoxie Craque, son épouse, est accouchée le vingt-sept octobre
dernier, et qui a été inscrit le trente du même mois sur les registres de
l'État Civil de Port-au-Prince, sous les noms de *Alter Castus*, comme issu
du légitime mariage de la dame Eudoxie Craque et du Comparant, il est
nécessaire de pourvoir ledit Enfant d'un tuteur *ad hoc*, aux termes de
l'article *deux cent quatre-vingt-dix-neuf* du Code Civil d'Haïti, — nᵒ 96; —
qu'à cet effet il a convoqué pour aujourd'hui devant nous, conformément
à notre apostille mise au pied de la Requête à nous présentée, en date
du . . . . . , enregistrée le . . . . . , au droit de . . . . . , les citoyens
désignés dans ladite Requête et dont les noms suivent, nous priant de
vouloir bien les réunir en Conseil de famille, sous notre présidence, à
l'effet de délibérer et faire la nomination dont il s'agit, et a signé après
lecture : — Alexandre Pointvrai.

Se sont ensuite et à l'instant comparus : — 1ᵒ le citoyen Joseph-Just
Craque, pharmacien, frère de Madame Eudoxie Craque; — 2ᵒ le citoyen
Salomon-Achille Servincent, artiste, ami des deux familles Pointvrai et
Craque; — 3ᵒ le citoyen Coriolan Basquiat, négociant, ami; — 4ᵒ le
citoyen Jean-Alexis Pointvrai, horloger, frère de Monsieur Alexandre
Pointvrai; — 5ᵒ le citoyen Doulle de Fort Saint-Clair, écrivain public,
ami des deux susdites familles; — et 6ᵒ le citoyen Henry-Turenne
Michaud, notaire public, ami,

Tous les six membres, majeurs d'âge, propriétaires, demeurant et
domiciliés à Port-au-Prince, — nᵒ 325, — lesquels ont déclaré consentir
à procéder à la nomination dont il s'agit.

Les Comparants se sont en conséquence constitués en Conseil de famille,
sous notre présidence; et le Conseil de famille, après avoir entendu
l'Exposé qui précède et délibéré avec nous sur le choix du tuteur *ad hoc*

à l'enfant Alter Castus, a été d'avis à l'unanimité de déférer la tutelle *ad hoc* au citoyen Joseph-Just Craque, pharmacien, demeurant et domicilié en cette ville, — n° 325, — à ce présent comme membre du Conseil de famille, lequel a déclaré accepter la fonction à lui conférée et a prêté entre nos mains le serment d'usage ; — Nos 379-380.

De tout ce qui précède il a été rédigé le présent Procès-Verbal, clos à . . . . . heures, que les membres du Conseil de famille ont signé avec nous et notre greffier, ainsi que le comparant-requérant, après lecture par le greffier faite, les jour, mois et an que ci-dessus. — Alexandre Pointvrai, T. Michaud, Joseph-Just Craque, Coriolan Basquiat, Alexis Pointvrai, Doulle de Fort Saint-Clair, Achille Servincent, D. Duplessy, Horace Alexandre.

Nos 91 ET 96, 325, 330, 333, 375, 419 ET 428

Assignation en Désaveu de Paternité

Formule 50.

L'An mil huit cent quatre-vingt-trois, 80ᵉ année de l'Indépendance d'Haïti, et le . . . . novembre, à . . . . . heures, — N° 13-1° et 6°,

A la requête de M. Alexandre Pointvrai, lieutenant d'artillerie, demeurant et domicilié à Port-au-Prince, — n° 325, — qui élit domicile en cette ville, au cabinet de Mᵉ Pascher Lespès, avocat, — n° 330, — qu'il constitue et qui occupera pour lui la présente demande, je, Émile-Lepelletier Labranche, huissier immatriculé au Tribunal Civil de ce ressort, demeurant et domicilié à Port-au-Prince, mon domicile réel, — n° 325, — soussigné, ai donné assignation : — 1° à Monsieur Joseph-Just Craque, pharmacien, demeurant et domicilié à Port-au-Prince, — n° 325, — en sa qualité de tuteur *ad hoc* du mineur Alter Castus, nommé en cette qualité, qu'il a acceptée par délibération du Conseil de famille tenu sous la présidence de Monsieur Dessources Duplessy, — formule 49, — juge de paix de la section Sud de cette ville, le . . . . . novembre de la présente année, enregistrée le . . . . . , au droit de . . . . . , audit domicile et parlant à . . . . . ., ainsi déclaré ; — 2° à Madame Eudoxie Craque, épouse Alexandre Pointvrai, propriétaire, demeurant et domiciliée de droit avec le Requérant, son mari, — nos 325 et 330, — et de fait en cette ville, chez Madame veuve Bagou Craque, sa mère, — nos 419 et 428, — audit domicile étant et parlant à . . . . . , ainsi déclaré, à comparaître d'aujourd'hui à huitaine franche, outre un jour par cinq lieues de distance, — n° 375, — à l'Audience et devant Messieurs les Doyen et Juges du Tribunal Civil de Port-au-Prince, au Palais de Justice, à . . . heures du matin, pour : — 1° Attendu que Madame Eudoxie Craque a mis au monde, le vingt-sept octobre dernier, un Enfant du sexe masculin, qui a été inscrit le trente du même mois sur les registres de l'État Civil de Port-au-Prince, sous les noms de Alter Castus, comme fils du Requérant et de la susdite Dame son épouse ; — 2º Attendu qu'il est constant que bien avant l'époque de la conception de cet enfant et même après sa naissance, le Requérant était dans l'impossibilité physique de cohabiter avec son épouse ; — 3º Attendu qu'en effet il est parti dès le mois d'août mil huit cent quatre-vingt-deux pour le Cap-Haïtien, — ville située dans le Nord, à plus de soixante lieues de Port-au-Prince, — où il est resté constamment en garnison jusqu'au dix novembre mil huit cent quatre-vingt-trois, et qu'en conséquence on ne peut lui attribuer la paternité de cet enfant ; — 4º Attendu que par acte extrajudiciaire, signifié à Madame Eudoxie Craque par exploit d'Émile Lepelletier Labranche, huissier immatriculé au Tribunnl Civil de ce ressort, le . . . . . ; , enregistré le . . . . . , — formule 471, — le Requérant a formellement désavoué ledit Enfant, — voir déclarer recevable dans la forme et bien fondé au fond le *Désaveu* formé par le Requérant, ordonner en conséquence que l'Enfant né le vingt-sept octobre mil huit cent quatre-vingt-trois de Madame son épouse ne pourra porter le nom du Requérant, qui n'est pas son père et à la famille duquel il ne peut appartenir, que l'officier de l'État Civil de Port-au-Prince sera tenu d'insérer le jugement à intervenir sur les registres de l'État Civil et de le mentionner en marge de l'acte de naissance dudit Enfant, — duquel acte de naissance aucune Expédition (nº 30) ne pourra être délivrée sans contenir la rectification dont il s'agit, — nºs 467 à 476, — et pour s'entendre en outre condamner aux dépens.

Et j'ai, audit domicile, parlant comme ci-dessus, laissé à chacun des susnommés Copie séparée, (nº 30), tant de la délibération du Conseil de famille ci-dessus énoncée que du présent Acte, dont le coût est de . . . piastres. — Émile Labranche.

NOTA BENE.

Sur cette assignation l'instance suit son cours, comme en matière ordinaire, et aboutit à un jugement toujours susceptible d'appel (Chauveau Adolphe, t. II, p. 741). La décision définitive est irrévocable, continue le même auteur, en ce sens qu'il ne dépend plus du mari, si le désaveu est admis, de restituer à l'Enfant sa qualité d'enfant légitime.

T. SERVINCENT.

LE MARIAGE

CHAPITRE V

LE MARIAGE

SOMMAIRE

Certificat délivré par l'officier de l'État Civil pour les cérémonies religieuses du mariage. — **252.**

Peines contre le ministre du Culte qui procéderait aux cérémonies du mariage sans qu'il lui ait été justifié d'un acte de mariage préalablement reçu par l'officier de l'État Civil. — **252.**

Le mariage d'après l'enseignement catholique est un sacrement. — **252** (1).

Ce qui arrive presque toujours dans un Contrat quelconque par suite de regrettables négligences ou sous la plume du rédacteur inhabile. — **253.**

Formules 51 à 135.

I. Définition.

100. — Le Christianisme considère le Mariage comme une Société qu'Il consacre, en lui attribuant le caractère de Sacrement : *Sacramentum hoc magnum est, ego autem dico in Christo et in Ecclesia ;* « Ce Sacrement est grand, je dis en Jésus-Christ et en l'Église (Saint Paul aux Éphésiens, chapitre V, verset 32) » ; comme un acte essentiellement religieux et dont la validité, comme tel, n'est soumise qu'aux règles de la Sainte Église Catholique, seule dispensatrice des Sacrements de Jésus-Christ. — (*Voyez le (1) du n° 252.*)

101. — Il découle du texte précédent que la bénédiction nuptiale, donnée aux époux par l'évêque ou le prêtre, est essentielle à la formation du mariage religieux, malgré l'enseignement de la Sainte Église Catholique qui considère les contractants au mariage, — par leur consentement mutuel et réciproque de s'unir exprimé devant le ministre du Culte, — comme seuls et uniques ministres de ce Sacrement, à l'exclusion de l'évêque ou du prêtre qui, cependant, bénit l'union des conjoints et en dresse Acte. — Formules 59 et 133.

101 bis. — D'après un docteur en théologie, Monseigneur Gaume, Chevalier de l'Ordre de la Milice-Dorée, le Mariage est un Sacrement institué par Notre Seigneur Jésus-Christ, qui donne à ceux qui le reçoivent dignement la grâce de se sanctifier et d'élever chrétiennement leurs enfants.

102. — Mais la Loi civile ne considère le Mariage que comme un Contrat purement civil qui, bien que soumis à la bénédiction de l'Église aux termes de l'article 160 du Code Pénal d'Haïti, n° 252, reçoit sa perfection du consentement des Parties exprimé sous les conditions et suivant les formes déterminées par la Loi.

103. — Le Mariage civil est la Société de l'homme et de la femme qui

s'unissent pour perpétuer leur espèce et pour s'aider par des secours mu-
tuels à porter le poids de la vie en partageant leur commune destinée.
— Nᵒˢ 242 à 246, 247 et 444.

104. — C'est le contrat le plus important et le plus moral de la vie,
sans les calculs de l'ambition qui, la plupart du temps, lui servent de
base. — Saint-Rémy des Cayes, avocat et historien, *Pétion et Haïti*, premier volume, 1854, page 37. — Nᵒˢ 247 et 444.

105. — Le Mariage intéresse à la fois les deux familles des futurs
conjoints et la Société; il est donc utile qu'avant sa célébration il soit
rendu public, afin que les empêchements, susceptibles de se produire,
puissent être révélés avant le mariage par la voie de l'opposition, aux
termes des articles *cent cinquante-huit* à *cent soixante et un* inclusivement du
Code Civil d'Haïti de 1826.

II. Empêchements.

106. — Il y a empêchement au Mariage pour les causes énumérées
aux nᵒˢ 107 à 115 ci-dessous :

107. — Pour défaut de puberté, en ce qui concerne l'homme, avant
dix-huit ans révolus, et, en ce qui concerne la femme, avant quinze ans
révolus, à moins de dispense d'âge par le Président d'Haïti pour des motifs
graves, aux termes de l'article *cent trente-trois* du Code Civil d'Haïti. —
Formules 88 et 92.

108. — Pour celui qui est dans les liens du mariage, en ce sens qu'on
ne peut contracter un second mariage avant la dissolution du premier
(article *cent trente-cinq* du Code Civil d'Haïti de 1826).

109. — Momentanément pour la femme devenue veuve ou dont le mariage a été déclaré nul (Toullier, II-663 ; Duranton, II-129; Marcadé, article 228; Demolombe, III-124 et Zachariæ, § 128 note 72, sur l'article 228
du Code Napoléon correspondant à l'article 213 du Code Civil d'Haïti),
pendant l'année qui suit la dissolution ou l'annulation du mariage précédent, aux termes des articles *cent soixante-quatorze* et *deux cent treize* du
Code Civil d'Haïti. — Nᵒˢ 457, 458.

110. — Momentanément pour la femme divorcée pour cause déterminée (article *deux cent quatre-vingt-quatre* du Code Civil d'Haïti), pendant
l'année qui suit le prononcé du divorce. — Nᵒ 457.

111. — Momentanément pour l'homme et la femme, divorcés par consentement mutuel, pendant les trois années qui suivent le prononcé du divorce, aux termes de l'article 285 du Code Civil d'Haïti de 1826. — No 458.

112. — Pour celui qui est incapable de donner un consentement, tels que l'interdit, l'individu atteint d'imbécillité, de démence, aux termes des articles 19-6º et 399 du Code Civil d'Haïti.

113. — Pour celui qui est engagé dans les ordres sacrés (Duranton, II-201; Malher de Chassat, nº 175; Marcadé, I-564 et Mourlon, I-564), ou qui a fait des vœux religieux dans une congrégation légalement autorisée. — Nos 261 et 262.

114. — Pour celui qui est en état d'impuissance naturelle ou accidentelle (Code Civil d'Haïti, article *deux cent quatre-vingt-quatorze*). Si le mariage a été célébré, malgré l'état d'impuissance naturelle ou accidentelle, celui des époux qui a été induit en erreur, en croyant son conjoint apte au but du mariage, qui est la procréation, peut demander la nullité du mariage pour cause d'erreur, conformément à l'article *cent soixante-six* du Code Civil d'Haïti de 1826.

115. — Pour l'individu qui a perdu sa qualité de citoyen, par suite de la condamnation contradictoire et définitive à des peines perpétuelles à la fois infamantes, comme le dispose le sixième alinéa de l'article 19 du Code Civil d'Haïti. — No 12.

III. Prohibitions.

116. — Le Mariage est prohibé pour cause de parenté, ainsi qu'il résulte des nos 117 et 118 ci-après :

117. — En ligne directe, entre tous les ascendants et descendants légitimes ou naturels, — (même non reconnus, disent Proudhon, t. II, p. 178, Vazeille; t. I, nº 107; Demolombe, t. III, nº 107, et Marcadé, article 161, nº 2, sur l'article 161 du Code Napoléon correspondant à notre article 149) — et les alliés dans la même ligne, aux termes de l'article *cent quarante-neuf* du Code Civil d'Haïti.

118. — En ligne collatérale, — entre le frère et la sœur, légitimes ou naturels, et les alliés au même degré, c'est-à-dire le beau-frère et la belle-sœur (article 150 du Code Civil d'Haïti de 1826); — entre l'oncle et la nièce, la tante et le neveu (même texte); — entre le grand-oncle et la petite-nièce, la grand'tante et le petit-neveu (Toullier, I-538 ; Valette sur Proudhon, t. I, p. 401 ; Duranton, II-168 ; Demolombe, III-105 ; Marcadé, article 163 et Zachariæ, § 126, note 7, sur l'article 163 du Code Civil Français correspondant à l'article 150 de notre Code Civil), à moins, en ce qui concerne les beaux-frères et les belles-sœurs, de dispenses accordées par le Président d'Haïti, pour des motifs graves, qui lèvent la prohibition, aux termes de la loi du vingt-quatre septembre 1864, n° 120. — Cette dispense ne peut toutefois être accordée par le Chef de l'État, suivant ce dernier texte, que quand le mariage aura été dissous par le *décès* de l'un des époux, et jamais par le *divorce*.

119. — La dispense pour le mariage entre beau-frère et belle-sœur ne peut toutefois être accordée, par le Chef de l'État, que quand le mariage aura été dissous par le décès de l'un des époux, suivant l'article du Code Civil d'Haïti visé au n° 118 ci-dessus (1).

IV. Consentement.

120. — Le Mariage, étant élevé par la Religion à la dignité de Sacrement, est, en droit civil, un contrat assujetti pour sa validité aux règles du consentement, aux termes de l'article *cent trente-quatre* du Code Civil d'Haïti de 1826. — N° 100 et le (1) du n° 252.

121. — Le consentement prescrit est d'abord celui des contractants, puis celui des père et mère ou autres ascendants, ou à défaut d'ascendants, celui du Conseil de famille, ainsi que le prescrit l'article *cent quarante-six* du Code Civil d'Haïti de 1826.

122. — La délibération du Conseil de famille doit être homologuée par le Tribunal Civil, s'il s'agit du mariage de l'enfant d'un interdit, aux termes de l'article *quatre cent vingt* du susdit Code. — Suivant l'article *sept cent soixante-seize* du Code de Procédure Civile d'Haïti, dans tous les cas où il s'agit d'une délibération sujette à homologation, une *expédition* (n° 30) de la délibération est présentée au doyen du Tribunal Civil qui, par or-

(1) Son Excellence le général Jean-Pierre Boyer, alors chef du pouvoir exécutif, en vertu de la dispense accordée en 1830 par Monseigneur l'Archevêque de Santo-Domingo pour le mariage de Domingo Pérez Ramirez avec sa tante, autorisa la célébration religieuse seulement de ce mariage, sans qu'aucun acte authentique en fût rédigé par un fonctionnaire quelconque, parce que ces sortes de mariage sont prohibés par l'article 150 du Code Civil d'Haïti (Linstant Pradine, Code Civil d'Haïti, *note au pied de l'article 150, page 34*). — Le même fait ayant été reproduit en 1878, mais cette fois pour le mariage avec dispense par Monseigneur Antoine Léonard d'un oncle avec sa nièce, — Monsieur Fénelon Faubert et Mademoiselle Amélie Faubert, — Son Excellence le Général Boisrond-Canal, qui tenait les rênes du pouvoir exécutif à cette époque, suivit l'exemple de son prédécesseur de 1830. — T. SERVINCÈNT.

donnance mise au bas de ladite délibération, *ordonne* la communication au ministère public et *commet* un juge pour en faire rapport à jour indiqué. — Le ministère public donne ses conclusions au bas de ladite ordonnance (article *sept cent soixante-dix-sept* du même Code); la *minute* (n° 29) du jugement d'homologation est mise à la suite desdites conclusions sur le même cahier.

123. — Le fils, jusqu'à l'âge de vingt-cinq ans accomplis, la fille, jusqu'à l'âge de vingt et un ans accomplis, ne peuvent contracter mariage *sans le consentement* de leurs père et mère, aux termes de l'article *cent trente-six* du Code Civil d'Haïti, ou du survivant des père et mère si l'un d'eux est mort, ou de celui qui est capable si l'un d'eux est dans l'impossibilité de manifester sa volonté (article *cent trente-sept* du même Code, n° 128); ou, à défaut des père et mère, morts ou dans l'impossibilité de manifester leurs volontés, des aïeuls et aïeules, aux termes de l'article *cent trente-huit* du Code Civil d'Haïti de 1826, n° 128 ; ou enfin, à défaut de ceux-ci, des autres ascendants les plus proches dans chacune des deux lignes : de sorte que, s'il y a un aïeul dans une ligne et seulement un bisaïeul dans l'autre ligne, le consentement de l'un et l'autre est requis selon Demolombe, III-27 et 49 et Marcadé, article 150, sur l'article 150 du Code Napoléon, correspondant à notre susdit article 138, contrairement à Proudhon, t. I, p. 397, qui est d'avis de ne consulter que le plus proche en degré. — S'il y a dissentiment entre ceux dont le consentement est requis, on procédera comme il est prescrit au n° 128 ci-après. — N°s 260-261.

124. — Le consentement des père et mère et autres ascendants doit être réel, justifié comme il est prescrit aux n°s 134 à 139 inclusivement, et non pas constaté seulement par une *simple* déclaration de celui à qui ce consentement est nécessaire (1).

125. — L'officier de l'État Civil qui procéderait à la célébration du mariage, sur la *simple* déclaration dont il est ci-dessus question, n° 124, se rendrait complice d'une infraction commise par l'enfant déclarant, en constatant comme *vrai* un fait *faux* ou en *avouant* un fait qui *ne l'est pas*, et par suite s'assumerait une lourde responsabilité dont les travaux forcés

(1) Ainsi que nous l'avions dit, à la Dédicace de notre Guide de l'officier de l'État Civil, c'est grâce à un mariage célébré en mars 1881 par l'un des officiers de l'État Civil de la Capitale, M. Mystral Joly-Gérard, sans l'exhibition par les Parties des actes dont parle notre numéro 191 et sans la présence ni le consentement de la mère légitime existante et sachant parfaitement lire et écrire du marié, — mineur de vingt ans mais qui s'en était donné vingt-quatre pour avoir l'âge de la mariée, — que nous avions écrit dans le temps notre opuscule et que nous écrivons encore aujourd'hui le présent Livre sur l'État Civil, que nous ne saurions trop recommander à nos compatriotes qui *sans préparation* sont appelés à l'importante charge d'officier de l'État Civil. — T. SERVINCENT.

à perpétuité seraient la conséquence, aux termes de l'article *cent huit* du Code Pénal d'Haïti de 1835.

126. — Dans le cas du numéro précédent, au vœu de l'article *cent dix* du susdit Code, ceux qui auraient fait usage de l'acte faux, les époux, seraient punis des *travaux forcés* à temps.

127. — Les témoins à un pareil acte, produits par les parties, n° 13-3°, ne seraient pas sans reproches, en participant aux faux commis par l'enfant déclarant, dont ils seraient les complices punissables à la peine énoncée en l'article visé au numéro ci-dessus.

128. — Le père ou la mère, ou autre ascendant, est dans l'impossibilité de manifester sa volonté dans le sens des articles 137 et 138 du Code Civil d'Haïti, n° 123: — 1° Lorsqu'il est absent, que son absence ait été déclarée ou qu'elle soit seulement présumée (Marcadé, article 149-2 ; Demolombe, III-44; Massé et Vergé sur Zachariæ, § 127, note 13, sur les articles 148, 149 et 150 du Code Napoléon, dont les articles 136, 137 et 138 du Code Civil d'Haïti sont les correspondants); 2° Lorsqu'il est interdit. (Marcadé, article 149-2); 3° Lorsqu'il est en démence (Marcadé, article 149-3, Toullier, I-540, Rolland de Villargues, n° 16 et que, bien entendu, l'interdiction ait été prononcée); 4° Lorsqu'il est condamné à une peine entraînant l'interdiction légale, aux termes de l'article *vingt-trois* du Code Pénal d'Haïti de 1835. — Cette impossibilité se constate: 1° Pour l'absent, l'interdit et le condamné, par la représentation des jugements d'enquête à fin d'absence, de déclaration d'absence, d'interdiction ou de condamnation; 2° Et pour le présumé absent et le fou, par un acte de notoriété dressé par le Juge de Paix du lieu où l'ascendant a eu son dernier domicile connu, et contenant la déclaration de quatre témoins appelés d'office par le Juge de Paix, aux termes de l'article *cent quarante-trois* du Code Civil d'Haïti.

129. — Ce qui est dit au n° 123 s'applique aussi à l'enfant naturel reconnu, mais seulement en ce qui concerne ses père et mère s'il a été reconnu par les deux, ou celui qui l'a reconnu s'il n'a été reconnu que par l'un d'eux (Code Civil d'Haïti, article *cent quarante-sept,* — n° 54), car l'enfant naturel n'a point civilement d'autre ascendant que ses père et mère. Si l'enfant n'a pas été reconnu, ou si, ayant été reconnu, ses père et mère sont morts ou dans l'impossibilité de manifester leurs volontés, il devra être procédé comme au n° 137.

130. — C'est à la seule qualité de père, mère ou d'ascendant qu'est attaché le droit de consentir au mariage. Il est indifférent que le père, la

mère où l'ascendant, qui donne son consentement, soit ou ne soit pas le tuteur ou la tutrice de l'enfant qui se marie ; ainsi d'après Marcadé, n° 4; Duranton, II-90 ; Demolombe, III-43, et Zachariæ, § 127, note 13, la mère remariée et non maintenue dans la tutelle n'est pas moins apte à consentir au mariage de l'enfant issu de son premier mariage.

131. — Suivant l'opinion de Vazeille, I-180 ; Duranton, II-287; Rief, n° 32; Demante, n° 75; Zachariæ, § II2, note 11; Toullier, I-574, et Coin-De-lisle, sur l'article 75 du Code Napoléon, dont l'article 74 du Code Civil d'Haïti de 1826 est le correspondant, les contractants doivent donner leur consentement *en personne* ; quant aux père et mère et autres ascendants, ils ont la faculté de le donner soit *en personne*, soit *par écrit* (article *soixante-douze* du Code Civil d'Haïti). —La femme mariée en deuxièmes noces peut, —quant aux enfants de son premier mariage (Huteau d'Origny, p. 217 et Rolland de Villargues, n° 9), — donner le consentement sans l'autorisation de son mari. — N° 10.

132. — Le consentement donné par écrit a *toujours lieu* par acte devant notaire assisté réellement d'un second notaire ou de deux témoins instrumentaires, — (article 72 du Code Civil d'Haïti de 1826), — formules 61, 101, 102 ; — acte qui peut être par le notaire délivré en brevet et dont l'*original* (n° 33), ou une *expédition* (n° 30), s'il est en minute (n° 29), demeure annexé ou annexée (n° 17), à l'acte de mariage. — Cet acte peut être révoqué, — suivant Duranton, II-93, Vazeille, n° 121 et Rolland, n° 36, — tant que la célébration de mariage n'a pas eu lieu. — N°s 261 à 263.

133. — L'acte de consentement à mariage doit contenir l'indication ; 1° des noms, prénoms, professions et domiciles des Parties contractantes, ainsi que leur degré de parenté ; 2° des noms, prénoms, professions et domiciles des futurs conjoints, aux termes de l'article *soixante-douze* du Code Civil d'Haïti. — A défaut de l'indication du futur époux de celui auquel le consentement est donné, — (Demolombe, III-53 ; Massé et Vergé sur Zachariæ, § 112, note 8; Marcadé, art. 73; Duranton, II-91 ; Vazeille, n° 116; Mourlon, I-552; Coin-Delisle, art. 73, et Chardon, n° 204, sur l'article 73 du Code Napoléon correspondant à notre susdit article 72, — l'officier de l'État Civil peut refuser de procéder à la célébration du mariage.

134. — Au lieu de donner leur consentement par écrit, n° 131, les parents peuvent constituer un mandataire par acte authentique, c'est-à-dire devant notaire (*argument de l'article 72 du Code Civil d'Haïti, n° 132*) à l'effet de consentir au mariage. — Telle est au surplus l'opinion de Vazeille, n° 117 et Rolland, n° 28, sur l'article 73 du Code Civil Français, dont l'article 72 du Code Civil d'Haïti est le correspondant. — Formules 64, 99, 100.

135. — Suivant Rolland, n° 30, et Vazeille, n° 117, au cas d'une procuration à consentement à mariage, — le mandataire étant le représentant des personnes dont le consentement est requis, — il n'est point indispensable qu'elle contienne l'indication du nom du futur conjoint. — Il est cependant toujours préférable de l'énoncer, disent MM. Defrénois et Vavasseur, n° 50, pour éviter toute difficulté. — Formules 64, 99, 100.

136. — Le mandataire peut lui-même, d'après Huteau d'Origny, p. 229, et Rolland de Villargues, n° 32, se dispenser d'assister *en personne* au mariage, en donnant son consentement par écrit, toujours dans la forme prescrite au n° 132 ci-dessus. — Formules 66 à 68.

137. — A défaut de père et mère ou autres ascendants morts ou dans l'impossibilité de manifester leurs volontés, n° 128, les fils ou filles mineurs de vingt et un ans ne peuvent contracter mariage sans le consentement du Conseil de famille, aux termes de l'article *cent quarante-six* du Code Civil d'Haïti; — lequel Conseil de famille, par délibération prise devant le juge de paix, *délègue* l'un de ses membres, qui peut aussi consentir soit *en personne*, soit par *écrit*, dans la forme indiquée aux n°ˢ 132 à 135 ci-dessus, — n° 136. — Si le mineur de vingt et un ans est enfant naturel non reconnu (article *cent quarante-huit* du Code Civil d'Haïti de 1826), il ne peut contracter mariage qu'après avoir obtenu le consentement du Conseil de famille.

138. — Mais, après l'âge de vingt et un ans accomplis, le fils ou la fille, dont les père et mère et autres ascendants sont morts ou dans l'impossibilité de manifester leur volonté, n° 123, n'ont plus besoin de requérir de consentement pour se marier (Code Civil d'Haïti, article *cent quarante-trois*), à la condition toutefois, au cas d'impossibilité ou d'incapacité, d'en justifier de la manière indiquée au n° 128.

139. — On a vu au n° 123 ci-dessus que, jusqu'à l'âge de vingt et un ans accomplis pour les filles et de vingt-cinq ans accomplis pour les fils, les enfants ne peuvent contracter mariage sans le consentement de leurs père et mère ou autres ascendants.

140. — Il va sans dire que, d'après ce texte, les enfants, après cet âge, ne seraient plus assujettis à ce consentement, si une autre Loi, autre que les Codes des hommes, — la Loi sacrée que Moïse reçut de Dieu sur le Mont-Sinaï, ne prescrivait pas aux enfants, sous peine de n'avoir pas les

jours prolongés sur la terre, des devoirs formels et sans exception vis-à-vis de leurs pères et mères : *Honora patrem tuum et matrem tuam, ut sis longœvus super terram, quam Dominus tuus dabit tibi* (*Exode*, chapitre XX, verset 12) : « Honore ton père et ta mère, afin que tes jours soient prolongés sur la terre que le Seigneur te donne ». — Nos 255 à 262.

141. — C'est pourquoi les enfants *de famille* ou *de bonne éducation*, quel que soit leur âge et eussent-ils même déjà été mariés, devenus veufs ou veuves et devant se marier, doivent, par le respect que Dieu leur impose vis-à-vis de leurs parents, se faire l'obligation de requérir le conseil de leurs pères et mères ou autres ascendants, avant de contracter mariage. Il n'est donc pas étonnant que notre Code Civil de 1826, dans son article *cent trente-neuf*, prescrive que les enfants sont tenus, avant l'accomplissement du mariage, de demander par un *acte respectueux et formel* le conseil de celui ou de ceux dont le consentement est requis. — Nos 144 et 255.

142. — De vingt et un à vingt-cinq ans accomplis pour les filles, et de vingt-cinq à trente ans accomplis pour les fils, l'acte respectueux non suivi de consentement au mariage est renouvelé deux autres fois de mois en mois, et, un mois après le troisième acte, il peut être passé outre à la célébration du mariage, aux termes de l'article *cent quarante* du Code Civil d'Haïti.

143. — Suivant l'article *cent quarante et un* du Code Civil d'Haïti de 1826, après l'âge de vingt-cinq ans accomplis pour les filles et de trente ans accomplis pour les fils, à défaut de consentement au mariage sur un seul acte respectueux, il peut être, par l'officier de l'État Civil, passé outre un mois après à la célébration du mariage. C'est là aussi l'opinion de Toullier, I. 548); Proudhon, t. I, p. 218; Rief, nº 215; Chardon, nº 246, Vazeille, nº 135; Duranton, II-48; Huteau d'Origny, p. 234, sur l'article 153 du Code Napoléon correspondant à l'article 141 du Code Civil d'Haïti.

V. Actes Respectueux.

144. — L'Acte Respectueux doit être reçu dans la forme authentique et en *minute*, nº 29, suivant Huteau d'Origny, p. 38, par deux notaires ou par un notaire assisté réellement de deux témoins, aux termes de article *cent quarante-deux* du Code Civil d'Haïti de 1826. — Nº 149.

145. — Il se divise en deux parties (Huteau d'Origny, p. 38): — 1º Dans la première partie, formant un acte distinct signé de l'enfant, des notaires ou du notaire et des deux témoins (Demolombe, III-75, et Massé et Vergé

sur Zachariæ, § 128, note 22), l'enfant demande *respectueusement* le conseil
sinon le consentement de ses père et mère ou autres ascendants sur le
mariage qu'il se propose de contracter ; — 2º Dans la deuxième partie,
formant un nouvel acte à la suite du premier, les notaires, ou le notaire
assisté de deux témoins, nº 151, font la notification dont il est parlé au
nº 149 ci-après.

146. — L'enfant peut être représenté à l'acte respectueux par un mandataire (Rolland de Villargues, nº 42), porteur d'un pouvoir spécial et
authentique qui peut être en *brevet*, nº 33. — Lorsque trois actes respectueux sont nécessaires, nº 142, la procuration doit être renouvelée pour
chaque acte; autrement l'enfant manifesterait à l'avance et en cela *irrespectueusement* (Chauveau, p. 383 ; Demolombe, III-79, et Rolland, nº 44)
l'intention de ne pas avoir égard aux conseils qui lui seraient donnés. —
Formule 87.

147. — Le défaut d'acte respectueux dans le cas où il est prescrit donne
lieu à une peine, nº 203, contre l'officier de l'État Civil qui a procédé au
mariage, aux termes de l'article *cent quarante-cinq* du Code Civil d'Haïti ;
— mais d'après Bigot de Préaméneau, Toullier I, p. 550; Zachariæ, § 128;
Duranton, II-104 et 115, et Rolland de Villargues, nº 16, sur l'article 157
du Code Civil Français dont l'article 145 du Code Civil d'Haïti est le correspondant, il n'entraîne pas la nullité du mariage.

148. — Si les père et mère ou ascendants sont absents ou dans l'impossibilité de manifester leur volonté et qu'il n'y ait pas d'autres ascendants,
l'acte respectueux n'est plus nécessaire; alors, il peut être, aux termes de
l'article *cent quarante-trois* du Code Civil d'Haïti de 1826, passé outre à la
célébration du mariage, de même que s'il n'y aurait pas d'ascendants. Il
doit être justifié de l'absence ou de l'impossibilité suivant les nºs 128, 138
et 497.

149. — L'acte respectueux est, d'après Rolland, nº 53, Berryat-Saint-
Prix, p. 89, et Demolombe, III-82, notifié à un jour non férié à celui ou à
ceux dont le consentement est requis, nº 123, par deux notaires ou par
un notaire assisté de deux témoins (article *cent quarante-deux* du Code
Civil d'Haïti). — La présence réelle du notaire en second ou des deux
témoins est exigible; bien qu'il n'en soit pas question dans la Loi du
26 août 1862 sur le notariat; mais il n'y a pas rigoureuse nécessité de
mentionner cette présence réelle. — Nº 144.

150. — Lorsque la mère ou autre ascendante est remariée, disent Rolland, nº 8, et Demolombe, III-63, c'est à elle seule que l'acte respectueux

est notifié, et non à son nouveau mari, dont le consentement n'est pas nécessaire.

151. — Suivant l'opinion de Toullier, I-491, Duranton, II-111, Demolombe, III-71, Vazeille, n° 138, Zachariæ, § 128, note 21, et Rolland de Villargues, n° 40, — fortifiée par plusieurs Arrêts et notamment par la Cour de Cassation de France du 4 novembre 1807, — il n'est pas nécessaire que l'enfant ni son mandataire se transporte avec le notaire chez les ascendants, il suffit qu'il ait requis le notaire de faire la notification et que celui-ci la fasse avec la seule assistance du second notaire ou des deux témoins.

152. — La notification est faite à chacun des ascendants *nommément* (Defrénois et Vavasseur, n° 966) ; et, d'après Rolland de Villargues, n° 55, il y aurait nullité si elle n'était faite qu'à l'un d'eux.

153. — C'est un devoir pour l'enfant et les notaires, dit Rolland de Villargues, n° 58, de faire tout ce qui est possible pour que la notification soit faite aux ascendants eux-mêmes, c'est-à-dire en parlant à leur personne ; cependant, pour le cas où les ascendants ne se trouveraient pas en leurs demeures, on procéderait comme il est prescrit au n° 160 ci-après.

154. — Le procès-verbal de notification fait mention des réponses, aux termes de l'article *cent quarante-deux* du Code Civil d'Haïti de 1826. Chacun de ceux à qui on fait la notification doit, suivant Rolland, n° 67, faire une réponse personnelle ; mais les ascendants ne sont pas tenus de répondre, — selon Toullier, t. I, n° 549 et Rolland, n° 66, sur l'article 154 du Code Napoléon, dont l'article 142 du Code Civil d'Haïti est le correspondant ; — alors il suffit de constater leur refus.

155. — Les réponses sont relatées par le notaire d'une manière textuelle (Defrénois et Vavasseur, n° 970) ; cependant, si elles sont injurieuses, ce qui malheureusement arrive parfois, le notaire doit s'abstenir de rapporter ce qu'il y a d'injurieux, et pour lui qui remplit un devoir de sa charge, et pour l'enfant qui use d'un droit légal, l'article *neuf* de la Loi du 26 août 1862 sur le Notariat ayant disposé que les notaires « ne sont pas obligés de recevoir des actes injurieux et diffamatoires contre des tiers » ; — et si l'enfant, *présent*, réplique à la réponse de ses parents, ce doit être, dit Rolland, n° 73, avec tout le respect qui leur est dû. — N°ˢ 140, 141, 255.

156. — Si les ascendants ne se trouvaient pas à leur demeure et que la notification soit faite à domicile, n° 160, il n'y a pas de réponse à rela-

ter, selon MM. Defrénois et Vavasseur, n° 971 ; alors les ascendants ont un mois pour faire leur réponse, s'ils jugent toutefois convenable de le faire.

157. — Les réponses sont signées des ascendants ; s'il ne savent ou ne peuvent signer, n° 13-5°, on en fait mention, à moins qu'ils ne refusent de signer, ce qui doit être constaté (Defrénois et Vavasseur, n° 972). — N° 484.

158. — Copie de l'acte respectueux et de la notification est laissée à chacun des ascendants, à peine de nullité, même lorsque ce sont deux époux (Chauveau, p. 385 ; Vazeille, n° 134 ; Demolombe, III-62 ; Massé et Vergé sur Zachariæ, § 128, note 24, et Rolland, n° 75), ce qui, d'après Huteau d'Origny, p. 40, et Rolland de Villargues, n° 79, — sur l'article 68 du Code de Procédure Civile Français dont l'article 73 du Code de Procédure Civile d'Haïti est le corrrespondant, — est constaté tant sur la *minute* de l'acte de notification que sur les *copies*. — N°s 29-30.

159. — Le procès-verbal de notification est signé du notaire et des témoins ou des deux notaires (Defrénois et Vavasseur, dans le n° 974 de leur premier volume de droit civil). — Il en est de même habituellement des copies remises aux ascendants (Demolombe, t. III, n° 77), quoique, à la rigueur, la signature des témoins ou du second notaire semble superflue sur la copie.

160. — Si l'on était obligé de notifier l'acte respectueux aux parents eux-mêmes, ceux-ci, en s'absentant de leur demeure, pourraient rendre impossible l'accomplissement de la formalité ; aussi, — bien qu'on doive faire tout ce qui est possible pour les rencontrer, n°s 153 et 154, s'ils sont absents de leur demeure, — la notification peut avoir lieu à domicile, conformément aux dispositions de l'article *soixante-dix-huit* du Code de Procédure Civile d'Haïti de 1835. — Telle est, d'ailleurs, l'opinion de Toullier, I-509, Vazeille, n° 136, Duranton, I-549, Valette sur Proudhon, I-378, Chardon, n° 246 et Roche, n° 36, sur l'article 68 du Code de Procédure Civile Français, correspondant à l'article 78 du Code de Procédure Civile d'Haïti de 1835.

161. — Ainsi, lorsqu'un seul des père et mère est trouvé au domicile commun, c'est à lui que la notification est faite (Defrénois et Vavasseur, t. I, n° 976). — Mais on lui laisse deux copies (Defrénois et Vavasseur, n° 977), dont une pour lui et l'autre pour son conjoint.

162. — Si les père et mère sont tous deux absents, on notifie et on

remet les copies à un de leurs parents, s'il s'en trouve à leur domicile. — Si l'on ne trouve ni père, ni mère, ni parents, les copies sont remises à un serviteur. — S'il ne se trouve ni père, ni mère, ni parents, ni serviteur, les copies sont remises à un voisin qui signe la *minute* (n° 29) de la notification. — Si le voisin ne peut ou ne veut signer, le notaire remet les copies au juge de paix ou à l'officier de l'État Civil, qui signe la *minute* de la notification sans frais (article *soixante-dix-huit* du Code de Procédure Civile d'Haïti).

163. — Dans tous les cas de remise des copies à d'autres personnes que les parents, auxquels la notification est faite, l'acte respectueux doit, à peine de nullité, constater la cause de cette remise et, par conséquent, que les ascendants ni aucun parent, serviteur, etc., ne se trouvaient au domicile des ascendants (Defrénois et Vavasseur, n° 981 *bis*).

164. — On a vu au n° 145 ci-dessus que l'Acte Respectueux se divise en deux parties distinctes : 1° la Réquisition, 2° la Notification. C'est ce qui doit avoir lieu, en effet, toutes les fois que l'enfant n'est pas présent à la notification. — Huteau d'Origny, p. 238 ; Chauveau Adolphe, p. 385 et 386, et Rolland de Villargues, n° 33, en conseillant cette division, décident qu'il suffit d'un seul acte portant *réquisition*, signé seulement de l'enfant, puis *notification* hors la présence de l'enfant.

165. — Mais si l'enfant se rend avec les notaires ou avec le notaire et les témoins chez ses parents, disent Huteau d'Origny, Chauveau et Rolland de Villargues, il paraît tout rationnel de ne faire qu'un seul acte, portant la demande de conseil par l'enfant à ses père et mère ou autres ascendants, la réponse des parents et la notification du *tout* à ceux auxquels l'acte respectueux est adressé.

166. — Il a été dit au n° 142 ci-dessus que, jusqu'à l'âge de vingt-cinq ans accomplis pour les filles et de trente ans accomplis pour les fils, l'Acte Respectueux doit être renouvelé jusqu'à deux fois, de mois en mois. On décide presque généralement que le délai d'un mois doit s'entendre de quantième à quantième ; ainsi, un acte respectueux en date du vingt-neuf mai peut être renouvelé le vingt-neuf juin, suivant Vazeille, n° 135, Duranton, I-107, Chauveau, p. 388, Zachariæ, § 128, note 26, Demolombe, III-67, Chardon, n° 246, Souquet, n° 33, contrairement à Defrénois et Vavasseur, qui pensent qu'il est prudent, afin d'éviter toute difficulté, de laisser le mois entièrement s'accomplir. Ainsi, d'après ces derniers auteurs, n° 984, un acte respectueux étant du vingt-neuf mai, il vaut mieux le renouveler, non le vingt-neuf, mais le trente juin.

167. — Les actes de Renouvellement sont assujettis aux mêmes formalités que l'acte primitif (Defrénois et Vavasseur, n° 985).

168. — Nous avons dit aux n°s 121 et 123 ci-dessus quels consentements sont nécessaires pour contracter mariage ; mais ceux dont le consentement est requis peuvent ne pas être d'accord : l'un peut consentir, l'autre refuser, ce qui constitue le *dissentiment*. Lorsque ce dissentiment a lieu entre le père et la mère (article *cent trente-six* du Code Civil d'Haïti), le consentement du père suffit. S'il y a dissentiment entre l'aïeul et l'aïeule de la même ligne (Code Civil d'Haïti de 1826, article *cent trente-huit*), le consentement de l'aïeul suffit ; et si le dissentiment existe entre les deux lignes *(même texte)*, ce partage emporte consentement.

169. — Il ne suffit pas, pour que l'officier de l'État Civil procède au mariage, de lui faire connaître le dissentiment ; il faut lui en faire la justification par la représentation d'un *acte respectueux* fait à la personne qui refuse son consentement, suivant l'opinion de Vazeille, n° 118, Duranton, n° 77, Chardon, n° 164, Huteau d'Origny, page 233, Marcadé et Rolland de Villargues, n° 6, sur les articles 148 et 149 du Code Napoléon correspondant aux articles 136 et 137 du Code Civil d'Haïti.

170. — Suivant l'opinion de Vazeille, n° 34, d'Huteau d'Origny, pages 234 et 235, et de Rolland, n°s 89 et 90, l'Acte Respectueux, dans le cas de dissentiment, ayant pour unique but de constater que l'ascendant a été consulté, il peut être requis même par l'enfant âgé de moins de vingt et un ans, sans qu'il soit nécessaire de le renouveler ni d'observer le délai d'un mois prescrit par les articles 152 et 153 du Code Civil Français, dont les articles 140 et 141 du Code Civil d'Haïti sont les correspondants.

VI. Interdiction.

171. — Il est une restriction naturelle apportée à la capacité du majeur, c'est lorsqu'il est dans un état d'imbécillité, de démence ou de fureur ; alors sa faiblesse est comparable à celle de l'enfant ; il ne peut ni gérer sa fortune, ni donner un consentement éclairé à aucun des actes de la vie civile ; il y a donc nécessité de l'interdire, lors même que son état présente des intervalles lucides (Code Civil d'Haïti de 1826, article *trois cent quatre-vingt-dix-neuf*).

172. — Suivant l'opinion de Marcadé, art. 489, Toullier, II-1314, Duranton, III-716, Proudhon, II, p. 313, Rolland, n°s 5 et 14, Demolombe,

VIII-440, Marchand, p. 415, Zachariæ, § 233, Mourlon, I-1274, Massé, III-146, et Valette, p. 344, — sur l'article 489 du Code Napoléon correspondant à l'article 399 du Code Civil d'Haïti de 1826, — comme l'interdiction a principalement pour but la conservation des biens de l'incapable, et qu'aussitôt sa majorité il pourrait faire un acte contraire à ses intérêts, l'interdiction peut être provoquée pendant sa minorité.

173. — Le droit de provoquer l'interdiction appartient à tout parent, — et non aux alliés (Toullier, II-1317; Demolombe, VIII-175; Zachariæ, § 234, note 2; Duranton, VII-718; Marcadé, art. 494, et Rolland, n° 8, sur l'article 494 du Code Napoléon dont l'article 400 du Code Civil d'Haïti est le correspondant), — au conjoint (article *quatre cent* du Code Civil d'Haïti de 1826), — au tuteur d'un parent mineur (Duranton, III-719; Magnin, n° 832; Zachariæ, § 234, note 3, Toullier, t. II, p. 102; Demolombe, VIII-450, et Rolland, n° 11), — au subrogé tuteur d'enfant mineur, lorsque la personne à interdire est leur père tuteur légal (Cassation de France du 9 février 1863, Sirey, t. I, p. 16); il appartient même au commissaire du Gouvernement, au cas de fureur, à défaut par le conjoint ou ses parents d'agir, et au cas de démence ou d'imbécillité, lorsqu'il n'y a ni parents ni conjoints connus, aux termes de l'article *quatre cent un* du Code Civil d'Haïti de 1826. — N°s 128 et 267.

174. — Suivant Duvergier sur Toullier, II-1373, Valette sur Proudhon, t. II, p. 521, Mourlon, I-1276, Duranton, III-724, Pigeau, t. II, p. 592, Demian, p. 597, Berryat-Saint-Prix, p. 684, Chauveau sur Carré, 3031 *bis*, Zachariæ, t. I, p. 233, Domolombe, VIII-472, Marcadé, art. 491 et Demante, II-263 *bis*, sur l'article 491 du Code Civil Français correspondant à l'article 401 du Code Civil d'Haïti de 1826, l'interdiction ne peut être volontaire, et un individu ne peut provoquer sa propre interdiction.

175. — La demande en interdiction, dans laquelle on énonce article par article les faits d'imbécillité, de démence ou de fureur, et à laquelle on joint les pièces justificatives et l'indication des témoins, est formée par requête présentée au doyen du Tribunal Civil du domicile du défendeur, — (Marcadé, art. 492; Toullier, II-1319; Duranton, III-725; Rolland de Villargues, 17; Carré et Chauveau, n° 3031; Demolombe, VIII-482; Zachariæ, § 234, note 9, sur l'article 492 du Code Napoléon dont l'article 402 du Code Civil d'Haïti est le correspondant), — qui *ordonne* la communication de la requête au ministère public, et *commet* un juge pour faire le rapport à jour indiqué, aux termes des articles *quatre cent deux à quatre cent quatre* inclusivement du Code Civil et *sept cent quatre-vingt-un* du Code de Procédure Civile d'Haïti. — Sur le rapport du juge et les conclusions du ministère public, le Tribunal *ordonne* que le Conseil de famille, composé

ainsi qu'il est dit aux articles 336 à 344 du Code Civil d'Haïti de 1826 (1), se réunira pour donner son avis sur l'état de la personne dont l'interdiction est demandée (article *sept cent quatre-vingt-deux* du Code de Procédure Civile d'Haïti de 1835.)

176. — Ceux qui ont provoqué l'interdiction ne peuvent faire partie de ce Conseil, aux termes de l'article *quatre cent cinq* du Code Civil d'Haïti, à l'exception cependant de l'époux ou de l'épouse et des enfants de la personne dont l'interdiction est provoquée, qui peuvent y être admis, mais sans avoir voix délibérative.

177. — Suivant l'opinion de Valette, p. 350, de Duranton, III-729, de Marcadé, art. 495, de Demante, II-267 *bis*, de Demolombe, VIII-500 et de Toullier II-1322, — sur l'article 495 du Code Napoléon dont l'article 405 du Code Civil d'Haïti est le correspondant, — si le conjoint ou les enfants ne sont pas demandeurs, ils peuvent faire partie du Conseil de famille avec voix délibérative.

178. — La requête et l'avis du Conseil de famille sont signifiés au défendeur ; puis, après avoir reçu l'avis, conforme ou non, du Conseil de famille, le Tribunal *interroge* le défendeur en la chambre du Conseil : s'il ne peut s'y présenter, il *est interrogé* dans sa demeure par l'un des juges à ce commis, assisté du greffier. Dans tous les cas, le commissaire du Gouvernement est présent à l'interrogatoire (article *quatre cent six* du Code Civil et *sept cent quatre-vingt-trois* du Code de Procédure Civile d'Haïti.) —

Art. 336. Tout mineur sans tuteur en sera pourvu par le Conseil de famille. Ce Conseil sera convoqué, à la réquisition des parents du mineur, de ses créanciers, ou d'autres parties intéressées, et même d'office, par le juge de paix du domicile du mineur. Toute personne pourra dénoncer à ce juge de paix le fait qui donne lieu à la nomination du tuteur. — Art. 337. Le conseil de famille sera composé du juge de paix et de six parents ou alliés, pris dans la commune où la tutelle sera ouverte, ou partout ailleurs, si le juge de paix le croit nécessaire, moitié du côté paternel, moitié du côté maternel, et suivant l'ordre de proximité dans chaque ligne. Les frères germains, s'ils sont au nombre de six, ou au delà, composeront le conseil de famille. A défaut des parents, le conseil sera composé d'amis. — Art. 338. Le jour de la composition sera fixé par le juge de paix, de manière qu'il y ait un intervalle de trois jours, au moins, entre celui de la citation et celui de la réunion pour les personnes domiciliées dans la commune, et un jour de plus par cinq lieues pour les personnes d'une autre commune, n° 475. — Art. 339. Les parents, alliés ou amis ainsi convoqués, se rendront en personne ou se feront représenter par un mandataire spécial, qui ne pourra jamais agir pour plus d'une personne. — Art. 340. Tout membre convoqué, qui sans cause légitime ne comparaîtra point, encourra une amende qui ne pourra excéder six piastres et qui sera prononcée sans appel par le juge de paix. — Art. 341. S'il y a excuse suffisante, et qu'il convienne soit d'attendre le membre absent, soit de le remplacer, dans ce cas, comme en tout autre où l'intérêt du mineur semblera l'exiger, le juge de paix pourra ajourner ou proroger l'assemblée. — Art. 342. Cette assemblée se tiendra chez le juge de paix, à moins qu'il ne désigne lui-même un autre local. La présence des trois quarts au moins de ses membres convoqués sera nécessaire pour qu'elle délibère. — Art. 343. Le conseil de famille sera présidé par le juge de paix, qui y aura voix délibérative et prépondérante en cas de partage. — Art. 344. La tutelle est une charge personnelle qui ne passe point aux héritiers du tuteur ; ceux-ci seront seulement responsables de la gestion de leur auteur ; et, s'ils sont majeurs, ils seront tenus de la continuer jusqu'à la nomination d'un nouveau tuteur. — T. Servincent.

Suivant un Arrêt du Tribunal de Nîmes (France), du 20 février 1861, sur les articles 496 du Code Civil et 893 du Code de Procédure Civile Français, dont les articles 406 du Code Civil et 783 du Code de Procédure Civile d'Haïti sont les correspondants, si le défendeur refuse absolument de se présenter à l'interrogatoire ou de répondre, le Tribunal peut passer outre.

179. — Si l'interrogatoire et les pièces produites sont insuffisantes, et si les faits peuvent être justifiés par témoins, le Tribunal *ordonne*, s'il y a lieu, l'enquête, qui se fait en la forme ordinaire (article 783 du Code de Procédure Civile d'Haïti de 1835). Il peut ordonner, si les circonstances l'exigent, que l'enquête sera faite hors la présence du défendeur ; mais dans ce cas son conseil peut le représenter.

180. — Le jugement sur une demande en interdiction ne peut être rendu qu'en audience publique, aux termes des articles *quatre cent huit* et *quatre cent vingt-quatre* du Code Civil d'Haïti, sur les conclusions du ministère public, les parties entendues ou appelées. — Nos 298-299.

181. — L'interdit est assimilé au mineur pour sa personne et pour ses biens (article *quatre cent dix-huit* du Code Civil d'Haïti) ; en conséquence, s'il n'y a pas de pourvoi en cassation du jugement d'interdiction rendu par le Tribunal Civil, — ou s'il est conforme sur le pourvoi (article *quatre cent quatorze* du susdit Code), — il est pourvu à la nomination d'un tuteur et d'un subrogé tuteur à l'interdit, dont les fonctions et les obligations sont les mêmes que celles des tuteurs et subrogés tuteurs de mineurs (article *sept cent quatre-vingt-quatre* du Code de Procédure Civile d'Haïti de 1835. — Nos 48, 267 et 330-3º.

182. — Le mari est de droit le tuteur de sa femme interdite, aux termes de l'article *quatre cent quinze* du Code Civil d'Haïti de 1826. — Nº 267.

183. — Tous autres tuteurs doivent être nommés par le Conseil de famille (article *trois cent trente-six* du Code Civil d'Haïti), qui peut choisir la femme s'il le juge nécessaire, et alors régler la forme et les conditions de l'administration (article *quatre cent seize* du susdit Code), sauf le recours devant les tribunaux de la part de la femme qui se croirait lésée par l'arrêté du Conseil de famille : — la tutelle de l'interdit, sauf celle du mari, est donc toujours dative ; les règles à suivre pour la nomination du tuteur et du subrogé tuteur sont celles indiquées aux articles 336 à 349 du Code Civil d'Haïti. — Nos 267 et 330.

184. — Suivant l'opinion de Duranton, III-751 ; de Toullier, II-1336 ;

de Chardon, n° 230 ; de Marcadé, art. 509 ; de Demante, I-502, de Demolombe, VIII-563 et de Zachariæ, § 235, note 4, sur l'article 509 du Code
Napoléon correspondant à l'article 418 du Code Civil d'Haïti de 1826, le
père tuteur de son fils interdit ne peut lui nommer un tuteur *testamentaire*.
— Nᵒˢ 48, 181 et 267.

VII. Publications.

185. — Les publications, dont il est question au numéro 105, ont lieu
par deux fois, à huit jours d'intervalle, un jour de dimanche, devant la
porte principale de l'Hôtel *ou* du Bureau de l'État Civil, et jamais de la
Demeure privée de l'officier de l'État Civil ; elles énoncent, ainsi que l'acte
qui en est dressé, — 1° les prénoms, noms, professions et domiciles des
futurs époux, leur qualité de majeurs ou de mineurs ; — 2° les prénoms,
noms, professions et domiciles de leurs pères et mères ; — 3° les jours,
lieux et heures où les publications ont été faites. — Cet acte est inscrit
sur un seul registre, qui est coté et paraphé comme il est dit en l'article 41
du Code Civil d'Haïti, n° 14, et déposé à la fin de chaque année au Greffe
du Tribunal Civil du ressort, conformément à ce qui est prescrit en l'article 45 du susdit Code, n° 16, aux termes de l'article *soixante-trois* du Code
Civil d'Haïti, de 1826. — N° 230.

186. — Un Extrait de l'acte de publication est et reste, aux termes de
l'article *soixante-quatre* du Code Civil d'Haïti, affiché à la porte principale
du Bureau de l'État Civil, pendant les huit jours d'intervalle de l'une à
l'autre publication. (*Voyez le numéro 32.*) —Le mariage ne peut être valablement célébré avant le second jour, depuis et non compris celui de la
seconde publication, de sorte que, la première publication ayant été faite
le dimanche *quatre juin* 1882, à *huit* heures du matin, la seconde le dimanche
onze du même mois et à la même heure, le mariage ne peut avoir lieu
avant mardi *treize* juin 1882, à *huit* heures du soir.

187. — Si le mariage n'a pas été célébré dans l'année à compter de
l'expiration du délai des publications, c'est-à-dire dans l'intervalle du
13 juin 1882 au 12 juin 1883 inclusivement, il ne peut plus être célébré
qu'après que de nouvelles publications auront été faites dans les formes et
les délais prescrits au numéro 186 ci-dessus (article *soixante-cinq* du Code
Civil d'Haïti de 1826). — N° 216.

188. — Les futurs conjoints peuvent être par le Président d'Haïti, ou
ceux que le Chef de l'État préposera à cet effet, dispensés pour causes gra-

ves de la seconde publication, aux termes de l'article *cent cinquante-quatre* du Code Civil d'Haïti. — Formules 91 et 122.

189. — Les publications sont faites au Bureau de l'État Civil du lieu où chacun des futurs conjoints a son domicile (Code Civil d'Haïti, article *cent cinquante-deux*). Si le domicile actuel n'est établi que par six mois de résidence (*même article*), les publications sont faites en outre au Bureau de l'État Civil du dernier domicile. De plus, si les futurs conjoints ou l'un d'eux sont, relativement au mariage. sous la puissance d'autrui, c'est-à-dire la femme âgée de moins de vingt et un ans révolus, et l'homme âgé de vingt et un ans révolus, s'il n'a plus aucun ascendant, et de vingt-cinq ans révolus s'il a des ascendants, les publications sont faites en outre au Bureau de l'État Civil du domicile de ceux sous la puissance desquels ils se trouvent (article *cent cinquante-trois* du Code Civil d'Haïti de 1826). — Nº 230.

VIII. Remises de Pièces à l'Officier de l'État Civil

190. — Afin que l'Officier de l'État Civil puisse s'assurer de la régularité des pièces et rédiger en forme l'acte de mariage, il est d'usage de lui-remettre les pièces exigées par la Loi au moins vingt-quatre heures avant la célébration du mariage. — Nº 253.

191. — Les pièces dont il est question au numéro précédent sont :
1º L'Acte de naissance de chacun des futurs époux (article *soixante-dix* du Code Civil d'Haïti de 1826) ; celui des futurs époux qui serait dans l'impossibilité de se le procurer pourra y suppléer (*même texte*), en rapportant un acte de notoriété délivré par le juge de paix du lieu de sa naissance ou par celui de son domicile. — Formule 125.
2º L'acte *authentique* de consentement, nºs 10 et 11. Si ceux qui sont appelés à donner leur consentement au mariage ne comparaissent pas en *personnes*, aux termes des numéros 134 à 139 ci-dessus. — Formules 61, 101, 102.
3º L'acte de décès du dernier conjoint, si l'un des futurs époux est veuf ou veuve, aux fins de s'assurer d'ailleurs, — s'agissant de la future épouse, — si l'année révolue depuis la mort de l'époux et par conséquent de la dissolution du mariage précédent est expirée. — Nºs 63, 109, 248, 249.
· L'acte de divorce pour cause déterminée, dans le cas qu'un des futurs conjoints est divorcé, aux fins de s'assurer d'ailleurs, — s'agissant de la future épouse qui se trouverait dans ce cas, — si l'année révolue depuis le divorce ou la dissolution du mariage précédent est expirée. — Nºs 63, 110, 248, 249.
5º L'acte de divorce par consentement mutuel, dans le cas qu'un des

futurs époux est divorcé, aux fins de s'assurer d'ailleurs, s'agissant du futur époux ou de la future épouse, si les trois années révolues depuis le divorce sont expirées. — Nos 63, 111, 458.

6° La dispense par le Président d'Haïti de la seconde publication, aux
termes de l'article 154 du Code Civil d'Haïti. — N° 188. — Formule 92.

7° Les certificats constatant que les publications ont eu lieu (article
soixante-neuf du Code Civil d'Haïti), et qu'il n'est point survenu d'opposition à la célébration du mariage. — Formules 57 et 128.

8° Les actes respectueux à défaut de consentement ou constatant le dissentiment au mariage. — Numéros 144 à 170. — Formules 80 à 86.

9° La délibération du Conseil de famille dans le cas des numéros 121
et 128.

10° La notoriété publique prescrite par l'article 70 du Code Civil d'Haïti
que représente le numéro 191-1°. — Formule 125.

11° Le certificat du notaire qui a reçu le contrat ou rédigé les conventions matrimoniales du mariage, s'il en a été fait, aux termes de l'article
onze cent quatre-vingt du Code Civil d'Haïti de 1826 (1). — Formules 55 et 129.

192. — L'acte de notoriété dont il est question au numéro précédent
doit contenir, aux termes des l'article *soixante et onze* du Code Civil d'Haïti,
1° la déclaration faite par sept témoins, de l'un ou de l'autre sexe, parents ou non parents, des prénoms, nom, profession et domicile du futur
époux, et de ceux de ses père et mère s'ils sont connus ; 2° le lieu et autant que possible l'époque de sa naissance et les causes qui empêchent
d'en rapporter l'acte ; 3° la signature par les témoins avec le juge de paix,
ou, s'il en est qui ne savent ou ne peuvent signer, leur déclaration à cet
égard.

IX. Erreur dans l'Orthographe des Noms et Prénoms.

193. — Dans le cas où le nom d'un des futurs époux ne serait pas
orthographié dans son acte de naissance comme celui de son père, et dans
celui où l'on aurait omis quelques-uns des prénoms de ses parents, le
témoignage des pères et mères ou aïeuls assistant au mariage, et attestant
l'identité, doit suffire à l'officier de l'État Civil pour procéder à la célébration du mariage (Defrénois et Vavasseur, au n° 998 de leur premier
volume de droit civil) ; mention de l'attestation est faite sur l'acte de
mariage comme aux formules 123 et 124. — Nos 467 à 482.

(1) Art. 1180. Toutes conventions matrimoniales seront réglées avant le mariage par acte devant
notaire.

9

194. — Il doit en être de même, dans le cas d'absence des pères et mères ou aïeuls, disent les mêmes auteurs, au même numéro, s'ils attestent l'identité dans leur consentement au mariage, donné en la forme légale. — Formule 124. — Nos 10-11 et 132-134.

195. — Suivant les susdits auteurs et numéro, en cas de décès des pères et mères ou aïeuls, l'identité est valablement attestée : pour les mineurs, par le conseil de famille ou par le tuteur *ad hoc ;* et, pour les majeurs, par les quatre témoins de l'acte de mariage. — Dans le cas où des erreurs se trouvent dans l'acte de décès des pères ou mères ou aïeuls, continuent les mêmes auteurs, au même numéro, la déclaration sous serment des personnes dont le consentement est nécessaire pour les mineurs, et celles des parties et des témoins pour les majeurs, sont également suffisantes.

196. — Les formalités prescrites aux numéros 193 à 195 ci-dessus ne sont exigibles que lors de l'acte de célébration de mariage (Defrénois et Vavasseur, nº 998), et non pour les publications qui doivent toujours être faites conformément aux notes remises par les Parties aux officiers de l'État Civil. — Nos 467 à 482.

X. Célébration.

197. — Le mariage est célébré publiquement devant l'officier de l'État Civil au domicile de l'un des époux. Ce domicile, quant au mariage, s'établit par six mois d'habitation continue dans la même commune (articles *soixante-treize* et *cent cinquante et un* du Code Civil d'Haïti, — 73 et 151); il est donc distinct du domicile réel, s'il y en a un ailleurs, et c'est au seul domicile de cette résidence continue pendant six mois, — suivant Duranton, II-221, Zachariæ, § 112, Vazeille, I-179, Toullier, II-57, Coin-Delisle et Marcadé, art. 74, Valette sur Proudhon, I-383 et Massé et Vergé, nº 112, note 1, sur l'article 74 du Code Napoléon dont l'article 73 du Code Civil d'Haïti est le correspondant, — que le mariage peut avoir valablement lieu. — Nº 325.

198. — Le jour désigné par les parties, après les délais des publications, nos 185-186, l'officier de l'État Civil, en présence de quatre témoins, parents ou non parents, nº 13-8º, fait lecture aux Parties des pièces mentionnées aux nos 185-186 et 190-191, relatives à leur état et aux formalités du mariage, et du chapitre VI du titre du mariage sur les droits et les devoirs respectifs des époux. Il reçoit de chaque partie, l'une après l'autre, la déclaration qu'elles veulent se prendre pour mari et femme;

Il prononce au Nom de la Loi qu'elles sont unies par le mariage, et il en dresse l'acte sur le champ sur les deux registres à ceux destinés (article soixante-quatorze du Code Civil d'Haïti de 1826). — N° 13-6°.

199. — Bien que le Code Civil d'Haïti prescrive la lecture aux Parties du chapitre VI de la Loi sur le mariage (article 74, — n° 198), il n'est d'usage de lire que les trois premiers articles de ce chapitre qui sont ainsi conçus :

1° « Les époux se doivent mutuellement fidélité, secours et assistance : article 196 ». — N°s 242 à 246;

2° « Le mari doit protection à sa femme, la femme doit obéissance à son mari : article 197 ». — N°s 242 à 246 ;

3° « La femme est obligée d'habiter avec son mari et de le suivre partout où il juge à propos de résider, n° 348; — le mari est obligé de la recevoir et de lui fournir tout ce qui est nécessaire pour les besoins de la vie, selon ses facultés et son état : article 198 » — (1). — N°s 242 à 246.

200. — On énonce dans l'acte de mariage, aux termes de l'article soixante-quinze du Code Civil d'Haïti, — 1° les prénoms, noms, professions, âges, lieux de naissance et domiciles des époux : — 2° s'ils sont majeurs ou mineurs; — 3° les prénoms et noms, professions et domiciles des pères et mères; — 4° le consentement des pères et mères, aïeuls et aïeules, et celui du conseil de famille, dans le cas où ils sont requis; — 5° les actes respectueux, s'il en a été fait; — 6° les publications dans les divers domiciles; — 7° les oppositions, s'il y en a eu ; leur mainlevée; ou la mention qu'il n'y a point eu d'opposition ; — 8° la déclaration des contractants de se prendre pour époux et épouse, et le prononcé de leur union par l'officier public instrumentaire ; — 9° Les prénoms et noms, âges, professions et domiciles des témoins, et leur déclaration qu'ils sont parents ou alliés des parties, de quel côté et à quel degré.

201. — On énonce aussi dans l'acte de mariage l'attestation de l'identité, au cas où l'acte de naissance d'un futur conjoint contient une erreur dans l'orthographe du nom de famille ou l'omission d'un prénom des père et mère, et au cas d'omission d'une lettre ou d'un prénom dans l'acte de décès des père et mère ou aïeuls, aux termes des numéros 193 à 196 ci-dessus. — Formule 123.

202. — Les officiers de l'État Civil qui auraient procédé à la célébra-

(1) Le discours que prononce souvent l'officier de l'État Civil sur ce texte, n° 199, discours qui, d'ailleurs, n'est pas prévu par le Code, serait très déplacé si l'officier de l'État Civil était un concubin ou un mauvais époux. — T. S.

tion des mariages contractés par des fils n'ayant pas atteint l'âge de vingt-cinq ans accomplis, ou par des filles n'ayant pas atteint l'âge de vingt et un ans accomplis, — sans que le consentement des père et mère, celui des aïeuls et aïeules, et celui du conseil de famille, dans le cas où ils sont requis, soient énoncés dans l'acte de mariage, — seront condamnés à une amende qui ne pourra excéder cinquante piastres; P. 50, et, en outre, à un emprisonnement dont la durée ne pourra être moindre de six mois, — aux termes de l'article *cent quarante-quatre* du Code Civil d'Haïti de 1826 combiné avec l'article *deux* de la Loi du dix août 1877, à la diligence des Parties intéressées et du Commissaire du Gouvernement près le Tribunal Civil du lieu où le mariage a été célébré.

203. — Lorsqu'il n'y a pas eu d'actes respectueux, dans le cas où ils sont prescrits (articles 139 à 142 du Code Civil d'Haïti : nos 141 à 143), l'officier de l'État Civil qui a célébré le mariage est condamné à la même amende et à un emprisonnement qui ne peut être moindre d'un mois, aux termes de l'article *cent quarante-cinq* du Code Civil d'Haïti de 1826.

XI. Mariage en Pays étranger.

204. — Suivant les dispositions de l'article *cent cinquante-cinq* du Code Civil d'Haïti de 1826, le mariage, contracté en pays étranger entre Haïtiens ou entre deux individus dont l'un est Haïtien et l'autre Étranger, est valable s'il a été célébré conformément à ce qui est dit à l'article 49 du Code Civil d'Haïti, n° 20, pourvu qu'il ait été précédé des publications prescrites par les articles 63 à 65 et 152 à 154 dudit Code, nos 185 à 189, et que l'Haïtien n'ait point contrevenu aux articles 133 à 150 du Code Civil d'Haïti. — Nos 106 à 119.

205. — Mais, d'après Valette sur Proudhon, I-412; Demolombe, III-222 et suivants; Massé et Vergé sur Zachariæ, § 114, note 3, sur l'article 170 du Code Civil Français, dont l'article 155 du Code Civil Haïtien est le correspondant, n° 204, le défaut de publicité n'est pas une cause de nullité du mariage, à moins qu'il n'ait eu pour but de faire fraude à la Loi et de rendre le mariage clandestin. — Formules 94 à 98.

206. — Suivant l'article *cent cinquante-six* du Code Civil d'Haïti de 1826, dans l'année après le retour de l'Haïtien sur le territoire d'Haïti, l'acte de célébration du mariage contracté à l'Étranger doit être inscrit sur le registre public des mariages du lieu de son domicile. — Cette formalité, qui n'est prescrite pour la France que comme mesure d'ordre et n'est point exigée à peine de nullité. — (Zachariæ, § 114; Demolombe, III-229

et Toullier, IV-579, sur l'article 171 du Code Napoléon correspondant à l'article 156 du Code Civil d'Haïti) — doit être pour Haïti remplie dans l'année après le retour de l'Haïtien sur le territoire de la République, aux termes de l'article *cent cinquante-sept* du Code Civil d'Haïti, qui n'a point de correspondant au Code Napoléon, à peine de ne pouvoir faire valoir l'acte de célébration du mariage qu'en payant, d'après l'ordonnance du juge de paix de la commune, une amende dont le minimum est de deux piastres et demie et le maximum de dix piastres, suivant l'article 157 du Code Civil d'Haïti combiné avec l'article 2 de la Loi du 10 août 1877. — L'acte de célébration du mariage, après l'amende payée, doit être en outre enregistré au Bureau de l'État Civil, avant de produire aucun effet, aux termes de l'article 157 du Code Civil d'Haïti. — Formules 104 à 106 *bis*.

XII Oppositions.

207. — Le droit de former opposition à la célébration du mariage appartient aux personnes ci-après dénommées :

1° A la personne engagée par mariage avec l'un des futurs conjoints, aux termes de l'article *cent cinquante-huit* du Code Civil d'Haïti de 1826 ;

2° Au père et à son défaut à la mère, à défaut de ceux-ci aux aïeuls et aïeules ou autres ascendants, quel que soit l'âge des futurs conjoints ainsi que le dispose l'article *cent cinquante-neuf* du susdit Code ;

3° A défaut d'ascendants, au frère ou à la sœur, à l'oncle ou à la tante, au cousin ou à la cousine germains, majeurs, mais seulement dans deux cas : 1° lorsque le consentement du conseil de famille requis par l'article 146 du Code Civil d'Haïti (n° 137) n'a pas été obtenu ; 2° lorsque l'opposition est fondée sur l'état de démence du futur époux : dans ce dernier cas, le Tribunal Civil, sur la demande en mainlevée de l'opposition, peut la prononcer ou maintenir l'opposition, à la charge par l'opposant de provoquer l'interdiction et d'y faire statuer dans un délai déterminé, aux termes de l'article *cent soixante* du Code Civil d'Haïti. — Quant au tuteur ou au curateur d'un futur conjoint interdit, mineur ou majeur, — (Demolombe, III-148, et Marcadé, art. 175, sur l'article 175 du Code Napoléon correspondant à l'article 161 du Code Civil d'Haïti.) — il peut former opposition au mariage dans les deux cas qui viennent d'être indiqués, pourvu qu'il y ait été autorisé par le Conseil de famille, qu'il peut convoquer (article *cent soixante et un* du Code Civil d'Haïti de 1826) (1).

(1) Il a été décidé par Arrêt de la Cour de Cassation de France, en date du 28 août 1872, que les enfants n'étant pas compris parmi les personnes ayant qualité pour former opposition au mariage, ne peuvent exercer ce droit à l'égard de leurs ascendants, même quand l'opposition serait fondée sur l'état de démence de l'ascendant au mariage duquel ils prétendraient faire obstacle.
Les neveux ne sont pas compris parmi les collatéraux auxquels l'article 174 du Code Napoléon correspondant à l'article 160 du Code Civil d'Haïti accorde la faculté de former opposition au mariage. Ils ne sont pas en conséquence recevables à s'opposer au mariage de leur oncle. (Tribunal de Bourg-en-Bresse (France), le 21 février 1870.) — T. SÉRVINCENT.

208. — Les actes d'opposition au mariage doivent contenir, suivant les dispositions de l'article *cent soixante-deux* du Code Civil d'Haïti : — 1° l'énonciation de la qualité qui donne à l'opposant le droit de former opposition ; — 2° l'élection d'un domicile au lieu où a son domicile quant au mariage celui des futurs époux qui donne lieu à l'opposition, — (Zacharie, § 120, note 7, et Marcadé, art. 176, n° 4, sur l'article 176 du Code Napoléon, dont l'article 162 du Code Civil d'Haïti est le correspondant). — sans que toutefois cette élection de domicile emporte virtuellement attribution de juridiction ; en ce sens que celui au mariage duquel on s'oppose peut, à son choix, assigner l'opposant soit devant le tribunal du domicile de l'opposant (Cassation de France, 8 juillet 1859) ; — 3° et, à moins qu'il ne soit fait à la requête d'un ascendant, les motifs de l'opposition : — le tout à peine de nullité et de l'interdiction de l'officier ministériel qui aurait signé l'acte d'opposition.

209. — Il y a controverse sur la question de savoir si les oppositions à mariage sont du ministère *exclusif* des huissiers, ou si les notaires peuvent aussi y procéder en les confectionnant et les notifiant. — Suivant Mourlon, I-630 et Demolombe, III-153, contrairement à Bioche, n° 20 sur le mariage l'opposition à mariage, est un acte extrajudiciaire du ministère *exclusif* de l'huissier, et les notaires ne peuvent les notifier. — *Voyez cependant les formules 109 et 110.*

210. — Les actes d'opposition au mariage sont, à peine de nullité (Demolombe, III-134 et Vazeille, I-171 sur l'article 66 du Code Napoléon dont l'article 66 du Code Civil d'Haïti est le correspondant) : 1° signés sur l'original et sur la copie par les opposants ou par leurs fondés de procuration spéciale et authentique, n° 40-41 ; — 2° signifiés avec la copie de la procuration spéciale et authentique à la personne ou au domicile des futurs conjoints (Demolombe, III-158 et Zacharie, § 120, note 3), et à l'officier de l'État Civil d'une des communes où les publications ont été faites (Duranton, n° 210 ; Vazeille, I-172 ; Demolombe, III-160 et Massé-Vergé, § 120, note 4, sur le susdit article 66), qui met son visa sur l'original, aux termes de l'article *soixante-six* du Code Civil d'Haïti, et fait sans délai une mention sommaire des oppositions sur le registre des publications, comme le dispose l'article *soixante-sept* du Code susdit. Il faut aussi mention en marge de l'inscription desdites oppositions (art. 67), des jugements ou des actes qui en font mainlevée et dont expédition (n° 30) lui a été remise.

211. — L'opposant peut donner mainlevée de son opposition au mariage, soit sous la forme authentique, c'est-à-dire par acte devant notaire (art. 67 susdit; *formule 112*), soit dans la forme de l'oppo-

sition, c'est-à-dire par une signification revêtue de la signature de l'opposant, soit au moyen du consentement de l'opposant au mariage (Demolombe, III-164 et Marcadé, art. 67 du Code Civil Français correspondant à notre article 67 cité plus haut).

212. — S'il y a lieu à demande en mainlevée judiciaire de l'opposition, à défaut de mainlevée amiable, le Tribunal Civil prononce dans les dix jours, aux termes de l'article *cent soixante-trois* du Code Civil d'Haïti, et, si l'opposition est rejetée (article *cent soixante-quatre* du même Code), les opposants, autres néanmoins que les ascendants, peuvent être condamnés à des dommages-intérêts.

213. — L'officier de l'État Civil, lorsqu'il y a opposition, ne peut célébrer le mariage avant qu'on lui en ait remis la mainlevée, sous peine de cinquante piastres d'amende et de tous dommages-intérêts (article *soixante-huit* du Code Civil d'Haïti de 1826 et *deux* de la Loi du 10 août 1877), quand même l'opposition serait irrégulière (Zachariæ, § 119 ; Duranton, III-203 ; Coin-Delisle et Demolombe, III-163, sur l'article 68 du Code Napoléon dont notre susdit article 68 est le correspondant).

214. — Conformément aux dispositions de l'article *soixante-neuf* du Code Civil d'Haïti, s'il n'y a point d'opposition, il doit en être fait mention dans les certificats de publications délivrés par les officiers de l'État Civil de chacune des communes où elles ont été faites, ainsi que dans l'acte de mariage. — Nᵒˢ 191-7° et 200-7°. — Formules 57 et 128.

XIII. Nullités.

215. — Les mariages peuvent être nuls ou seulement annulables.

216. — Les mariages sont nuls, c'est-à-dire inexistants, lorsqu'il y manque l'une des conditions essentielles exigées pour leur validité, par exemple : s'il n'y a point différence de sexe entre les conjoints, ou s'il y a eu absence de consentement à raison de l'état de démence ou d'interdiction de l'un des conjoints ; — dans ces cas le mariage ne peut être ratifié, ce qui n'existe point n'étant pas susceptible de ratification (Définoi. et Vavasseur, au nᵒ 1014 de leur premier volume de droit civil). — Nᵒ 187.

217. — Les mariages sont seulement annulables, c'est-à-dire peuvent donner lieu à une demande en nullité, lorsqu'ils se trouvent seulement entachés d'un vice susceptible le plus souvent d'être réparé ou couvert

(Defrénois et Vavasseur, n° 1015) ; mais, d'après Marcadé, II-617 et art. 180, n° 4 ; Demolombe, III-240 ; Zachariæ, § 108, note 3, et Mourlon, I-646, sur l'article 180 du Code Napoléon correspondant aux articles 165 et 166 du Code Civil d'Haïti, n° 220, la nullité n'a pas lieu de plein droit et doit toujours être prononcée par les tribunaux compétents. — Formules 114 à 117.

218. — Les nullités sont *relatives* ou *absolues* ; elles sont *relatives*, lorsqu'elles ne peuvent être intentées que par telles personnes déterminées ; elles sont *absolues*, lorsqu'elles peuvent être proposées par tous ceux qui ont intérêt à attaquer le mariage (Defrénois et Vavasseur, tome I, n° 1017).

219. — Les nullités relatives (Defrénois et Vavassseur, tome I, n° 1018) sont au nombre de deux.

220. — *Première Nullité* : Le mariage qui a été contracté sans le consentement libre des deux époux ou de l'un d'eux, c'est-à-dire sous la pression d'une contrainte physique ou morale, ne peut être attaqué que par les époux ou par celui des deux dont le consentement n'a pas été libre, aux termes de l'article *cent soixante-cinq* du Code Civil d'Haïti de 1826. Il en est de même lorsqu'il y a eu erreur sur la personne (article *cent soixante-six* du Code susdit), — c'est-à-dire dans le cas de substitution frauduleuse de personne au moment de la célébration du mariage, ou si l'erreur procède de ce que l'un des époux s'est fait agréer en se présentant comme membre d'une famille qui n'est pas la sienne et s'est attribué des conditions d'origine et de filiation qui ne lui appartiennent point (Cour de Cassation de France du 24 avril 1862, sur l'article 180 du Code Napoléon dont les articles 165 et 166 du Code Civil d'Haïti sont les correspondants) ; le mariage est attaquable de la part de celui seul des deux époux qui a été induit en erreur, aux termes du susdit article *cent soixante-six*. — Dans tous les cas, la demande en nullité cesse d'être recevable : 1° — par la ratification tacite résultant de ce qu'il y a eu cohabitation continue, pendant trois mois, depuis que l'époux a acquis sa pleine liberté ou que l'erreur a été par lui reconnue (article *cent soixante-sept* du Code Civil d'Haïti) ; — 2° par la ratification expresse consentie par l'époux après qu'il a recouvré sa liberté ou découvert l'erreur (Marcadé, art. 181, note 2 ; Demolombe, III-264 ; Zachariæ, § 127 ; Duranton, II-282, et Vazeille, I-261, sur l'article 181 du Code Civil Français, correspondant à l'article 167 du Code Civil d'Haïti) ; — 3° par l'expiration du temps requis par la prescription de l'action en nullité des conventions, soit dix ans, en vertu de l'article *mille quatre-ving-neuf* du Code Civil d'Haïti de 1826.

221. — *Deuxième Nullité* : Le mariage contracté sans le consente-

ment des père et mère, des ascendants ou du conseil de famille, dans le cas où le consentement est nécessaire, n°s 123 et 138, ne peut être attaqué que par ceux dont le consentement était requis ou par celui des deux époux qui aurait besoin de ce consentement aux termes de l'article *cent soixante-huit* du Code Civil d'Haïti ; — mais l'action en nullité ne peut plus être intentée par aucun d'eux, article *cent soixante-neuf* du Code susdit, toutes les fois que le mariage a été approuvé — expressément (*formules 118 et 119*) ou tacitement, — par ceux dont le consentement était nécessaire, ou s'il s'est écoulé une année sans réclamation de leur part depuis qu'ils ont eu connaissance du mariage. Elle ne peut être intentée non plus par l'époux, lorsqu'il a ratifié expressément le mariage par une déclaration formelle, suivant Marcadé, n° 3, sur l'article 183 du Code Napoléon dont l'article 169 du Code Civil d'Haïti est le correspondant, — ou tacitement, en laissant écouler une année sans réclamer depuis qu'il a atteint l'âge compétent pour consentir par lui-même au mariage, conformément à l'article *cent soixante-neuf* du Code Civil d'Haïti : vingt et un ans pour la fille, et vingt-cinq ou vingt et un ans pour le fils, selon qu'il a ou n'a plus d'ascendants, prétendent MM. Defrénois et Vavasseur, n° 1020, contrairement à Duranton, II-307 ; Vazeille, I-274 ; Massé et Vergé sur Zachariæ, § 127, note 30 ; Valette, t. I, p. 436 ; Demolombe, III-284 ; Marcadé, art. 183, note 3 ; Toullier et Duvergier, I-615, qui sont d'avis que l'âge est toujours de vingt et un ans, tant pour la fille que pour le fils.

222. — Les nullités absolues peuvent être invoquées soit par les époux eux-mêmes, soit par tous ceux qui y ont un intérêt pécuniaire ou moral, comme : l'époux au préjudice duquel un second mariage aurait été contracté, n° 225, les ascendants et le conseil de famille qui ont intérêt au maintien des mœurs dans la famille (Proudhon, t. I, p. 430 ; Vazeille, n°s 216 et 246 ; Allemand, n°s 531 et suivants ; Marcadé, art. 184 ; Demolombe, III-301 ; Duranton, II-328, et Toullier, I-663), soit par le ministère public, aux termes des articles *cent soixante-dix* et *cent soixante-dix-sept* du Code Civil d'Haïti. Mais le ministère public ne peut agir que du vivant des deux époux, afin de les faire condamner à se séparer (article *cent soixante-seize* du Code Civil d'Haïti de 1826), et sous les exceptions portées au n° 224 ci-dessous. Quant aux parents collatéraux, ou aux enfants nés d'un autre mariage, ils ne peuvent demander la nullité du mariage du vivant des deux époux, qu'autant qu'ils ont un intérêt pécuniaire né et actuel (Code Civil d'Haïti, articles *cent soixante-treize* et *cent soixante-dix-sept*).

223. — Les *nullités absolues* (Defrénois et Vavasseur, t. I, n° 1024) sont au nombre de cinq.

224. — *Première Nullité* : L'impuberté. Sont impubères : le mari avant

dix-huit ans et la femme avant quinze ans (article 133 du Code Civil d'Haïti, n° 107). Mais la demande ne peut plus être intentée : 1° lorsqu'il s'est écoulé six mois depuis que l'époux ou les époux ont atteint l'âge compétent ; 2° lorsque la femme qui n'avait point cet âge a conçu avant l'échéance de six mois à compter du jour de la célébration du mariage, aux termes de l'article *cent soixante-onze* du Code Civil d'Haïti. — Les père ou mère ou autres ascendants ou le conseil de famille, qui ont consenti au mariage, ne sont point recevables à en demander la nullité (article *cent soixante-douze* du Code Civil d'Haïti de 1826).

225. — *Deuxième Nullité* : Un premier mariage encore existant (article 135 du Code Civil d'Haïti, n° 108). L'époux au préjudice duquel est contracté le second mariage peut en demander la nullité même du vivant de l'époux qui était engagé avec lui (Code Civil d'Haïti de 1826, article *cent soixante-quatorze*) ; — mais si les nouveaux époux opposent la nullité du premier mariage (article *cent soixante-quinze* du susdit Code), la validité ou la nullité de ce mariage doit être préalablement jugée.

226. — *Troisième Nullité* : La parenté des époux au degré prohibé par les n°s 117 à 119 ci-dessus, aux termes de l'article *cent soixante-dix* du Code Civil d'Haïti.

227. — *Quatrième nullité* : Le défaut de publicité ou la clandestinité, aux termes des articles 151 et 177 du Code Civil d'Haïti de 1826. — N°s 197 et 222.

228. — *Cinquième Nullité* : L'incompétence de l'officier public qui a célébré le mariage, aux termes des articles 151 et 177 du Code Civil d'Haïti. — N°s 197 et 222.

229. — Relativement à la quatrième et à la cinquième nullité, n°s 227 et 228, le Tribunal Civil peut déclarer que les contraventions sont insuffisantes pour annuler le mariage et, par conséquent, le maintenir ; mais l'officier de l'État Civil et les parties contractantes, ou ceux sous la puissance desquels elles ont agi sont passibles, suivant l'article *cent soixante-dix-neuf* du Code Civil d'Haïti, de l'amende dont il est parlé au numéro suivant.

230. — Si le mariage n'a point été précédé des deux publications requises aux termes du n° 185, ou s'il n'a pas été obtenu les dispenses permises par la Loi et suivant le n° 188, ou si les intervalles prescrits dans les publications et célébrations n'ont point été observés, comme le dispose le numéro 186, il n'y a pas lieu à nullité du mariage ; mais le

Commissaire du Gouvernement fait prononcer, contre l'officier public instrumentaire, une amende qui ne peut excéder cinquante piastres, et contre les parties contractantes ou ceux sous la puissance desquels elles ont agi, une amende proportionnée à leur fortune, mais qui ne pourra excéder deux cents piastres, aux termes de l'article *cent soixante-dix-huit* du Code Civil d'Haïti de 1826, combiné avec l'article *deux* de la Loi du 10 août 1877.

XIV. Preuves.

231. — La célébration du mariage se prouve : 1° Par la représentation d'un acte inscrit sur les registres de l'État Civil (article *cent quatre-vingt* du Code Civil d'Haïti, de 1826) ; 2° Par les registres et papiers émanés des père et mère décédés ou par témoins, lorsqu'il n'a pas existé de registres ou qu'ils sont perdus ou déchirés, etc., aux termes de l'article 48 du Code Civil d'Haïti, n° 19 ; 3° Par le résultat de l'instruction criminelle, si l'acte a été mis à dessein hors d'état de servir, soit par l'officier de l'État Civil, soit par tout autre, n° 233. — Nul ne peut en dehors de ces trois cas réclamer le titre d'époux et les effets civils du mariage, aux termes de l'article 180 susénoncé. — Ainsi la possession d'état ne peut dispenser les prétendus époux qui l'invoquent respectivement de faire la preuve de la célébration du mariage devant l'officier de l'État Civil (article *cent quatre-vingt-un* du Code Civil d'Haïti de 1826). — Cependant, lorsqu'il y a possession d'état, et que l'acte de célébration du mariage est représenté, — (dût-il être même irrégulier : Defrénois et Vavasseur, n° 1029, sur l'article 196 du Code Civil Français, dont l'article 182 du Code Civil d'Haïti est le correspondant), — les époux sont respectivement non recevables à demander la nullité de l'acte de mariage, (article *cent quatre-vingt-deux* du Code Civil d'Haïti) ; — mais cette nullité, suivant les deux auteurs qui viennent d'être cités, peut toujours être évoquée contre eux par les tiers. — N° 65.

232. — Néanmoins, même au cas où la célébration du mariage ne peut être prouvée, on n'est pas admis à contester la légitimité des enfants issus de deux époux qui ont vécu publiquement comme mari et femme, lorsqu'ils appuient leur qualité d'enfants légitimes sur les trois conditions suivantes : 1° s'il leur est impossible d'obtenir des renseignements de leur père ou mère, parce qu'ils sont ou décédés, ou absents, ou atteints de folie (Toullier, III-887 ; Duranton, II-255 ; Vazeille, I-214 ; Valette sur Proudhon, t. II, p. 75 ; Bonnier, n° 128 ; Allemand, I-440 ; Demolombe, III-396 ; Marcadé, art. 197 ; Massé et Vergé sur Zachariæ, § 116 ; Richefort, I-80, sur l'article 197 du Code Napoléon, correspondant à l'article 183 du Code Civil d'Haïti) ; 2° s'ils jouissent de la possession d'état d'enfants légitimes, non contredite par leurs actes de naissance (Defrénois et Vavasseur, t. I n° 1030) ; 3° si les père et mère ont eu pendant leur vie la possession d'état d'époux (article *cent quatre-vingt-trois* du Code Civil d'Haïti de 1825). — Mais ceux qui contestent la qualité d'enfants légitimes sont admis à prouver, — selon Marcadé, art. 197, note 3 ; Duranton, t. III n° 111 ; Toullier, II-878 ; Demolombe, III-402 ; Zachariæ, § 116, note 10, — que le mariage n'a pas été célébré ou que, s'il a été célébré, il était entaché des nullités prescrites par les numéros 215 à 230 ci-dessus.

(Voyez les numéros 65-66.)

233. — Lorsque l'acte de célébration du mariage a été mis hors d'état de servir, parce qu'il a été biffé, déchiré, lacéré, dénaturé, le coupable du délit, — qu'il soit officier de l'État Civil ou individu privé, — est poursuivi criminellement en Cour d'assises (s'il a été inscrit sur une feuille de papier volante, l'officier de l'État Civil est poursuivi correctionnellement); et si la preuve de la célébration légale du mariage se trouve acquise par le résultat de la procédure criminelle, — que les parties intéressées se soient ou non portées parties civiles : Valette, p. 106 ; Marcadé, art. 198, note 3 ; Massé-Vergé, sur Zachariæ, § 116, note 14, et Demolombe, III-419, sur l'article 198 du Code Civil Français, correspondant à l'article 184 du Code Civil Haïtien, — l'inscription de l'arrêt ou du jugement sur les registres de l'État Civil assure au mariage, à compter du jour de sa célébration, tous les effets civils, tant à l'égard des époux qu'à l'égard des enfants issus de ce mariage, aux termes de l'article *cent quatre-vingt-quatre* du Code Civil d'Haïti. — Si les époux ou l'un d'eux sont décédés, sans avoir découvert la fraude, l'action civile peut être intentée au criminel par tous ceux qui ont intérêt de faire déclarer le mariage valable, et par le Commissaire du Gouvernement, suivant l'article *cent quatre-vingt-cinq* du même Code.

234. — Si l'officier de l'État Civil coupable est décédé lors de la découverte de la fraude, ou lorsque l'action est intentée, elle est dirigée au civil par le Commissaire du Gouvernement, en présence des parties intéressées ou sur leur dénonciation, contre les héritiers de l'officier de l'État Civil décédé, ainsi que le dispose l'article *cent quatre-vingt-six* du Code Civil d'Haïti de 1826.

XV. Putatif.

235. — L'union appelée *mariage putatif* est celle qui, d'après Marcadé, art 201, note 1, et Mourlon, I-356, sur l'article 201 du Code Napoléon dont l'article 187 du Code Civil d'Haïti est le correspondant, ne constitue pas un mariage valable, mais que les parties ou l'une d'elles ont *réputé*, ont cru tel, et que la Loi, en considération de cette bonne foi, veut aussi *réputer* tel en lui donnant les effets civils.

236. — Le mariage qui a été déclaré nul produit néanmoins les effets civils, tant à l'égard des époux qu'à l'égard des enfants, lorsqu'il a été contracté de bonne foi, aux termes de l'article *cent quatre-vingt-sept* du Code Civil d'Haïti de 1826, — c'est-à-dire lorsqu'il a été contracté avec la croyance erronée qu'il était permis, que l'erreur soit de fait ou de droit (Zachariæ, § 125; Demolombe, III-357 et 359, et Marcadé, n° 2, sur l'article 202 du Code Napoléon, correspondant à l'article 188 du Code Civil d'Haïti). — Si la bonne foi n'existe que de la part de l'un des époux (article *cent quatre-vingt-huit* du Code Civil d'Haïti), le mariage ne produit les effets civils qu'en faveur de cet époux et des enfants issus de ce mariage. — Dans les deux cas, il légitime, d'après l'article 302 du Code Civil d'Haïti, n° 238, les enfants naturels reconnus que les conjoints avaient ensemble avant leur union (Duranton, II-356; Zachariæ, § 125; Valette sur Proudhon, t. II, p. 170; Duvergier sur Toullier, I-657; Demolombe, III-365 et 366; Proudhon, t. II, p. 170, sur l'article 202 du Code Civil Français, dont l'article 188 du Code Civil d'Haïti est le correspondant). — Le *mariage putatif* se dissout à partir du jugement prononçant la nullité; ce qui donne lieu, d'après Marcadé, note 4, et Zachariæ, note 4, sur l'article 202 du Code Napoléon correspondant à l'article 188 du Code Civil d'Haïti, au partage de la communauté et à l'exercice des droits des époux.

XVI. Légitimation d'Enfants Naturels.

237. — Nous avons lu quelque part que « la légitimation est une fiction de la Loi introduite en faveur des enfants naturels, dont l'effet est d'effacer le vice de leur naissance et de placer celui qui en est l'objet au rang des enfants légitimes ». — La *légitimation par mariage subséquent* est le seul moyen donné par la Loi d'élever aux honneurs et aux prérogatives de la *légitimité* les enfants qui ne sont point nés sous l'égide du mariage.

238. — Les enfants nés hors mariage, autres que ceux provenant d'un commerce incestueux ou adultérin, n° 51, pourront être légitimés par le mariage subséquent de leurs père et mère, lorsque ceux-ci les auront légalement reconnus avant leur mariage, ou qu'ils les reconnaîtront dans l'acte même de la célébration du mariage (article *trois cent deux* du Code Civil d'Haïti de 1826), — à quelque époque que ce soit et quand même que les deux ou l'un des père et mère auraient, dans l'intervalle de la naissance à ce mariage, contracté mariage avec une autre personne depuis décédée (Toullier, II-923; Richefort, t. II p. 216; Zachariæ, § 163, note 3, et Marcadé, p. 337, note 4, sur l'article 331 du Code Civil Français, dont l'article 302 du Code Civil Haïtien est le correspondant).

239. — La légitimation peut avoir lieu, aux termes de l'article *trois* *cent trois* du Code Civil d'Haïti, même en faveur des enfants décédés qui ont laissé des descendants ; et, dans ce cas, même texte, la légitimation profite à ces descendants.

240. — Les enfants légitimés par le mariage subséquent de leurs auteurs (article *trois cent quatre* du Code susdit) auront les même droits que s'ils étaient nés de ce mariage.

241. — L'article 302 du Code Civil d'Haïti de 1826, que représente la première partie du n° 238 ci-dessus, en accordant la faculté de légitimer par un mariage subséquent de leurs père et mère les enfants naturels légalement reconnus, n'a point entendu que cette légitimation dût avoir lieu lorsque le père ou la mère épouserait une personne étrangère à leur conception, par la seule raison qu'un enfant ne peut être conçu ni provenir de deux pères ou de deux mères, et que la Loi ne permettrait pas de l'arracher inhumainement des bras de l'un de ses auteurs naturels lorsqu'il l'aurait déjà reconnu comme procréé de ses œuvres (Tribunal de Cassation d'Haïti en date du *trois* mars 1828). — La volonté du législateur serait méconnue, s'il en était autrement, et le bienfait de la légitimation deviendrait le fléau de la Société ; le désordre naîtrait de l'introduction des étrangers dans les familles (*même Décision*) ; lesquels enfants, soumis aux Lois de la nature, quoique légitimés, ne cesseraient de reconnaître avec affection leurs vrais père et mère, et par conséquent ils n'auraient aucun naturel et bien peu d'égards pour l'Étranger qui les aurait imprudemment légitimés au détriment des enfants qui pourraient naître pendant le mariage (1).

XVII. Droits et Devoirs respectifs des Époux.

242. — La Loi règle avec une grande sollicitude tout ce qui concerne le Mariage. Elle n'a pas omis de déclarer que les époux se doivent mutuellement fidélité, secours et assistance (article *cent quatre-vingt-seize* du Code Civil d'Haïti de 1826) ; que le mari étant le protecteur naturel de sa femme (Code Civil d'Haïti, article *cent quatre-vingt-dix-sept*), celle-ci lui doit obéissance. Ainsi la femme est obligée d'habiter avec le **mari**, de le

---

(1) Monsieur Prestinat Thomas, de Pestel, sentant sa mort prochaine, en 1852, crut devoir se marier avec la Dame Louise Cadet, sa co-habitante naturelle depuis nombre d'années. Dans l'acte de célébration de mariage dressé par l'officier de l'État Civil de Pestel, dont j'oublie le nom, deux jeunes personnes ont été légitimées, le frère de l'homme et la nièce de la femme, demeurant tous les deux sous leur toit — (déjà reconnus par leurs véritables pères et mères respectifs), — comme ayant été procréés de leurs relations intimes ou de leurs œuvres naturelles avant le mariage. — Quelques mois plus tard, après le décès de M. Prestinat Thomas, ces jeunes gens, que le bienfait de la légitimation avait rendus frère et sœur *de jure*, et qui continuaient à demeurer ensemble sous le toit de la veuve Prestinat Thomas, ne mirent aucun scrupule à s'établir publiquement comme mari et femme naturels. — T. SERVINCENT.

suivre partout où il lui plaît de résider (article *cent quatre-vingt-dix-huit* du Code Civil d'Haïti de 1826), n° 330, — même en pays étranger (Marcadé, article 214, n° 2 ; Proudhon, I-260 ; Duranton, II-435 ; Zachariæ, § 133, note 3 ; Rodière et Pont, I-55, et Demolombe, IV-90, sur l'article 214 du Code Napoléon, correspondant à l'article 198 du Code Civil d'Haïti ; — Tribunal de Cassation d'Haïti du 12 octobre 1863 : n° 348 de ce volume) ; et, suivant Vazeille, II-29 ; Roger, n° 202 ; Demolombe, IV-105 ; Chauveau, p. 673 ; Zachariæ, § 133, note 4 ; Cubain, n° 16 ; Chardon, n° 13, et Marcadé, art. 214, — sur les mêmes articles, — la femme peut être contrainte à l'exécution de cette obligation par la saisie de ses revenus, — même par l'emploi de la force publique (Toullier, XIII-109 ; Vazeille, II-293 ; Coin-Delisle, n° 4 ; Zachariæ, § 133, note 4 ; Odillon Barrot, Valette sur Proudhon, I-453 ; Troplong, *sur la contrainte par corps*, n° 238 ; Demolombe, IV-107 ; Marcadé, art. 214, note 2, et Mourlon, I-758 sur les susdits articles des Codes Napoléon et d'Haïti). — Toutefois, la femme peut être déliée de ce devoir par le juge pour des causes graves, par exemple si le mari n'a pas de résidence fixe (Zachariæ, § 133 ; Demolombe, IV-95, et Marcadé, art. 214, sur l'article 214 du Code Civil Français, dont l'article 198 du Code Civil Haïtien est le correspondant), — ou s'il ne peut offrir à sa femme un logement convenable, c'est-à-dire la recevoir selon son état (Chardon, I-24 ; Vazeille, I-296 ; Zachariæ, § 133, et Demolombe, IV-93) — et compatible avec son état de santé (Rodière et Pont, I-55 ; Demolombe IV-93 ; Marcadé, art. 214, et Zachariæ, § 133, sur les susdits articles 214 et 198). — N° 199.

243. — Quant au mari, ce protecteur naturel de la femme, il est obligé de recevoir sa femme et de la traiter comme maîtresse de la maison (Zachariæ, § 133) et de lui fournir tout ce qui lui est nécessaire pour les besoins de la vie, selon ses facultés et son état (article 198 sus-visé). — Si le mari refuse de recevoir sa femme, — disent Toullier, XIII-110 ; Zachariæ, § 133, et Demolombe, IV-110, sur l'article 214 du Code Napoléon, dont l'article 198 du Code Civil d'Haïti de 1826 est le correspondant, — il n'y a pas de moyen direct pour l'y contraindre ; mais il peut être condamné à servir à sa femme une pension proportionnée à ses moyens de fortune (Zachariæ, § 133), et même à des dommages-intérêts, ajoute Demolombe IV-100. — N° 199.

244. — Après les textes des lois et les opinions des jurisconsultes, ci-dessus cités, il n'est pas sans intérêt de rapporter ici les opinions de deux docteurs, autres que de l'ordre judiciaire, sur les droits et les devoirs respectifs des époux.

245. — Les droits de l'homme et de la femme *sont égaux* par nature

et la civilisation, qui chaque jour développe cette idée, a démontré que, si l'homme est le *roi* des êtres animés, la femme en est l'*aimable reine* (A. Debay.) C'est de cette égalité de droits que doivent naître une subordination réciproque et un parfait équilibre dans la vie conjugale.

246. — Les doux entretiens du coin du feu conjugal ont un charme secret, dit M. Martin; on y jouit d'un abandon facile, qui adoucit les peines de la vie et enduit de miel les bords du vase amer auquel nous nous abreuvons tous.

XVIII. Dissolution du Mariage.

247. — Le mariage se dissout, aux termes de l'article *deux cent douze* du Code Civil d'Haïti de 1826 : 1° par la mort de l'un des époux, 2° par le divorce légalement prononcé, 3° par la condamnation devenue définitive de l'un des époux à une peine perpétuelle à la fois afflictive et infamante. — Nos 12 et 345.

XIX. Seconds Mariages.

248. — La femme ne peut contracter un second mariage qu'après une année révolue depuis la dissolution du mariage précédent (article *deux cent treize* du Code Civil d'Haïti de 1826), — pour empêcher la confusion de part — *confusionem partûs*, — dit J.-A. Rogron, sur l'article 228 du Code Napoléon correspondant à l'article 213 du Code Civil d'Haïti. — Nos 63 et 457.

249. — S'il a été consacré par la Loi que la femme ne peut contracter un second mariage qu'après une année révolue depuis la dissolution du mariage précédent, n° 248; ce temps étant nécessaire comme celui le plus long pour sa gestation et sa purification, n° 63, il n'en devrait certes pas être de même pour l'homme, qui ne conçoit et ne porte pas, mais qui seulement produit l'enfant. — Ce n'est donc pas étonnant qu'au n° 1065 de leur premier volume de droit civil MM. Defrénois et Vavasseur, à défaut d'un texte législatif ou ministériel, disent que « l'homme peut contracter un nouveau mariage aussitôt après la dissolution ou l'annulation du précédent mariage »; — sauf toutefois ce qui est prescrit à notre n° 458 ci-après, que ne pouvaient pas viser les susdits auteurs français, le divorce sous quelque forme que ce soit n'étant pas admis chez eux, depuis la Loi du 8 mai 1816.

250. — L'officier de l'État-Civil sera puni de quatre à seize piastres

d'amende, aux termes des articles *cent cinquante-cinq* du Code Pénal d'Haïti
de 1835 et *un* de la Loi du dix août 1877, lorsqu'il aura reçu avant le
terme prescrit par l'article 213 du Code Civil d'Haïti, nᵒ 248, l'acte de
mariage d'une femme ayant été mariée, lors même que la nullité de son
mariage n'aurait pas été demandée ou aurait été couverte (article *cent
cinquante-six* du Code Pénal d'Haïti), sans préjudice des peines plus fortes
prononcées en cas de collusion, et sans préjudice aussi des autres dispositions pénales sur le mariage. — Nᵒˢ 123 à 128, 147 à 169 et 248.

XX. Précautions.

251. — Lorsque le Président d'Haïti donne son agrément à un mariage,
formules 126-127, l'officier de l'État Civil se transporte à la résidence présidentielle, si le mariage se célèbre à la Capitale, et reçoit la signature de
Son Excellence sur les registres de mariage, après avoir reçu au préalable,
au Bureau de l'État Civil ou au Palais, celle des parties contractantes, de
leurs parents et des témoins ainsi que celle des amis présents. — Si le
mariage se célèbre dans une ville autre que celle de la résidence présidentielle, formules 130-131, l'officier de l'État Civil fait mention dans son acte
de l'agrément par la signature du Chef de l'État, qui sera reçue sur un
acte subséquent d'un notaire de la Capitale, formules 134-135, au vu par
le Président d'Haïti d'une *expédition* (nᵒ 30) de l'acte de mariage qui
demeure annexée (nᵒ 17) à l'acte de réception de signature.

252. — Il arrive souvent que les conjoints fassent procéder aux cérémonies religieuses du mariage le jour même ou le lendemain des cérémonies du mariage civil, et que par conséquent l'officier de l'État Civil n'ait
pas le temps de dresser l'*expédition* (nᵒ 30) de son acte pour être présentée
au ministre du Culte, qui, aux termes de l'article *cent soixante* du Code
Pénal d'Haïti de 1835 combiné avec l'article *un* de la Loi du 10 août 1877,
ne peut procéder aux cérémonies du mariage religieux sans qu'il ait été
justifié d'un acte de mariage préalablement reçu par l'officier de l'État
Civil, à peine de vingt-cinq piastres fortes d'amende pour la première
fois P. 25, et de l'interdiction de ses fonctions: 1ᵒ d'un an à trois ans en
cas de la première récidive et 2ᵒ à perpétuité pour la seconde récidive,
suivant l'article *cent soixante et un* du Code Pénal d'Haïti de 1835. — L'officier de l'État Civil délivre en ce cas un Certificat constatant l'existence
du mariage civil, formules 58 et 132, en vertu duquel Certificat le prêtre
exerce son ministère pastoral conformément au rite de l'Église (1). —

---

(1) D'après l'enseignement catholique, le Mariage, considéré en lui-même, est un Sacrement,
nᵒˢ 100-101, c'est-à-dire un acte essentiellement religieux, et dont la validité, comme tel, n'est soumise qu'aux lois de l'Église, seule dispensatrice des Sacrements de Jésus-Christ, nᵒˢ 72 et 101.

Ce Certificat est d'ordinaire délivré sur une feuille de papier timbré au type de dix centimes ou sur une tête de lettre de l'officier de l'État Civil.

253. — Les officiers de l'État Civil ne sauraient prendre trop de précautions dans l'exercice de leur délicate fonction, notamment pour la célébration de l'acte d'où dépendent le repos et le bonheur des familles, — le mariage, — en l'entourant de tous les éléments constitutifs propres à sa validité; car c'est presque toujours par suite de regrettables négligences ou de fâcheuses omissions produites sous la plume du rédacteur inhabile, dans un contrat quelconque, que les *chicanes* prennent naissance ici comme partout ailleurs. — Nos 185 à 196.

Suivant cette doctrine, et aussi pour arriver à augmenter le nombre des familles constituées conformément aux lois civiles aussi bien qu'aux lois religieuses, Monseigneur Alexis-Jean-Marie Guilloux, archevêque métropolitain de Port-au-Prince, s'appuyant sur le principe de la liberté de conscience consacré par toutes nos Constitutions d'État, notamment par Celle du 18 décembre 1879 dans son article 26, et sur plusieurs articles de notre Pacte Religieux du 1er août 1860, a cru devoir, dans une brochure du 29 septembre 1880, réclamer pour le Clergé la liberté d'exercer son ministère, par rapport au mariage, sans tenir compte des prescriptions de l'article 160 du Code Pénal d'Haïti, n° 252, dans les cas surtout où les Parties vivent dans un état irrégulier au point de vue de la conscience, et n'ont pas le temps ni les moyens *matériels* de remplir les formalités civiles, — (*ce qui arrive souvent dans les vastes sections rurales éloignées des communes dont elles relèvent lors des tournées pastorales*), — sauf à faire connaître dans un bref délai aux officiers de l'État Civil, pour régulariser leur situation devant la Loi, les noms et prénoms des personnes ainsi unies en face de l'Église avant l'acte civil de mariage. — (*Voyez les nos 10 et 131.*) — Un accord sur ce point entre les deux Autorités serait assurément fort désirable. — Dans cet espoir, et en attendant le règlement de cette question, Sa Grandeur Monseigneur l'Archevêque a, dans une circulaire que je n'ai pas en ce moment sous les yeux, grâce aux événements dont Port-au-Prince a été le théâtre les 22 et 23 septembre dernier, engagé ses Prêtres à se conformer *autant que possible* au désir du Gouvernement : la stricte observance par le Clergé de la Loi Civile sur le mariage. — Ce 4 avril 1884. — T. SERVINCENT.

FORMULES D'ACTES DE MARIAGE

FORMULES D'ACTES DE MARIAGE

N°s 185, 189, 196, 13

PUBLICATIONS DE MARIAGE

1° ENTRE MINEURS

Formule 51.

L'An mil huit cent quatre-vingt-deux, 79ᵉ année de l'Indépendance d'Haïti, — n° 13-1° et 6°, — le dimanche quatre juin à huit heures du matin,

Nous, Mystal Joly-Gérard, officier de l'État Civil de Port-au-Prince, section Sud, soussigné, après nous être transporté devant la principale porte d'entrée de notre Bureau *ou* Hôtel, avons publié pour la première *(ou la seconde)* fois qu'il y a promesse de mariage entre :

1° Le citoyen Thomas Harpès, artiste, âgé de vingt ans, né et domicilié à Port-de-Paix avec ses père et mère, — n° 330, — assisté et autorisé de ceux-ci *ou* de ces derniers, à ce présents, fils légitime du citoyen Hirame Harpès, architecte, et de la citoyenne Uranie Cottus, son épouse, sans profession, domiciliés ensemble à Port-de-Paix; — N° 330.

(Ou bien : domicilié à Port-de-Paix avec ses père et mère et autorisé d'eux, ainsi qu'il le déclare, — n° 196, — fils légitime du citoyen . . . . . ., etc. — N° .)

2° La citoyenne Mnémosyne Briarée, sans profession, âgée de dix-sept ans, née et domiciliée à Port-au-Prince avec ses père et mère, — n° 330, — assistée et autorisée d'eux *ou* de ces derniers, à ce présents, fille légitime du citoyen Argès Briarée, négociant, et de la citoyenne Thémis Crios, son épouse, sans profession, domiciliés ensemble à Port-au-Prince; — N° 330.

(Ou bien : domiciliée à Port-au-Prince avec ses père et mère et autorisée de ceux-ci, ainsi qu'elle le déclare, — n° 196, — fille légitime du citoyen . . . etc. . . . . . . — N° 330.)

Laquelle publication, lue à haute et intelligible voix, a été de suite par extrait (n° 32), affichée à la porte principale d'entrée de notre Bureau *ou* Hôtel, aux termes de l'article *soixante-trois* du Code Civil d'Haïti. — N° 185.

Dont Acte fait les jour, mois et an ci-dessus, et signé de nous. — Mystal Joly.

2° ENTRE MAJEURS

Formule 52.

Aujourd'hui dimanche, quatre juin mil huit cent quatre-vingt-deux 79e année de l'Indépendance d'Haïti, à huit heures du matin, — N° 13-1° et 6°,

Nous, Lusincourt-Georges Biamby, officier de l'État Civil de Port-au-Prince, section Nord, soussigné, après nous être transporté devant la porte principale. . . . . . etc., ... ; — Formule 51.

1° Le citoyen Claude Norbert, instituteur, âgé de vingt-sept ans, né et domicilié à Port-au-Prince, — n° 200, — fils légitime du citoyen Félicien Norbert et de la citoyenne Germaine Boniface, propriétaires, domiciliés ensemble à. . . . . . etc., ... ; — Formule 51. — N° 330.

2° Et la citoyenne Clotilde Landry, modiste, âgée de vingt-trois ans, née à Miragoane et domiciliée à Port-au-Prince, — n° 200, — fille légitime du citoyen Barnabé Landry, constructeur de bâtiments, et de la citoyenne Marcelline Basile, son épouse, marchande publique, domiciliés ensemble à. . . . . . etc., ... ; Formule 51. — N° 330.

Laquelle Publication, lue. . . . . . etc., ... aux termes de l'article. . . . . . — N° 185.

Dont Acte, que nous avons signé. — Lusincourt-G. Biamby.

N°ˢ 32 ET 186

AFFICHE DE PUBLICATION DE MARIAGE

Formule 53.

Extrait du Registre des Publications de Mariage.

Il y a promesse de mariage entre : 1° le citoyen Claude Norbert, instituteur, âgé de vingt-sept ans, né et domicilié à Port-au-Prince, — n° 325, — fils du citoyen Félicien Norbert et de la citoyenne Germaine Boniface, d'une part ; et 2° la citoyenne Clotilde Landry, âgée de vingt-trois ans, née à Miragoane et domiciliée à Port-au-Prince, — n° 325, — fille du citoyen Barnabé Landry et de la citoyenne Marcelline Basile, d'autre part.

Affiché pour la première fois (*ou la seconde fois*), ce dimanche quatre juin mil huit cent quatre-vingt-deux, aux termes de l'article *soixante-quatre* du Code Civil d'Haïti. — N° 186. — Lusincourt Biamby.

Nᵒˢ 120-121, 123 A 130, 185 A 189, 197 A 200, 10-11, 13, 214

MARIAGE ENTRE MINEURS AVEC CONSENTEMENT *en personne* DES ASCENDANTS. —
PUBLICATIONS EN DEUX ENDROITS

Formule 54.

L'An mil huit cent quatre-vingt-deux, 79ᵉ année de l'Indépendance
d'Haïti, — nᵒ 13-1ᵒ et 6ᵒ, — le jeudi quinze juin à dix heures du matin,
Par-devant nous, Mystal Joly-Gérard, officier de l'État Civil de Port-au-
Prince, section Sud, soussigné, — Nᵒˢ 4 à 11.
Sont comparus : — Nᵒ 10.
1ᵒ Le citoyen Thomas Harpès, artiste, domicilié à Port-de-Paix chez ses
père et mère, — nᵒ 330, — ci-après nommés, — mineur, étant né à Port-
de-Paix, le vingt juin mil huit cent soixante-deux, du mariage d'entre le
citoyen Hirame Harpès, architecte, et la citoyenne Uranie Cottus, son
épouse, sans profession, domiciliés ensemble à Port-de-Paix, — Nᵒ 330.
Stipulant en son nom personnel, du consentement et avec l'autorisation
de ses père et mère, d'une part ; — Nᵒˢ 120-121, 123 à 130.
2ᵒ Le citoyen Hirame Harpès et la citoyenne Uranie Cottus, son épouse,
de lui autorisée, susnommés, qualifiés et domiciliés,
Stipulant tant pour assister Monsieur leur fils, futur époux, que pour
l'autoriser à mariage à raison de son état de minorité, aussi d'une part ; —
Nᵒˢ 123-124.
3ᵒ La citoyenne Mnémosyne Briarée, sans profession, domiciliée à Port-au-
Prince chez ses père et mère, — nᵒ 330, — ci-après nommés, — mineure,
étant née à Port-au-Prince, le quinze juin mil huit cent soixante-cinq, du
mariage d'entre le citoyen Argès Briarée, négociant, et la citoyenne Thémis
Crios, son épouse, sans profession, domiciliés ensemble à Port-au-Prince,
— Nᵒ 330.
Stipulant en son nom personnel et avec le consentement et l'autorisation
de ses père et mère, d'autre part ; — Nᵒˢ 120 et 121, 123 à 130.
4ᵒ Le citoyen Argès Briarée et la citoyenne Thémis Crios, son épouse,
de lui autorisée, susnommés, qualifiés et domiciliés,
Stipulant tant pour assister Mademoiselle leur fille, future épouse, que
pour l'autoriser à mariage à cause de son état de minorité, aussi d'autre
part ; — Nᵒˢ 123-124.
Lesquels nous ont requis de procéder à la célébration du mariage projeté entre le citoyen Thomas Harpès et la citoyenne Mnémosyne Briarée,
dont les publications ont été faites devant la principale porte d'entrée de
notre Bureau *ou* Hôtel, les dimanches quatre et onze juin courant à huit
heures du matin, et devant la principale porte d'entrée du Bureau *ou* Hôtel

de l'Etat Civil de Port-de-Paix, les mêmes jours et aux mêmes heures. — Nos 185 à 189.

Aucune Opposition audit Mariage ne nous ayant été signifiée, — no 214, — faisant droit à leur réquisition, — après avoir donné lecture aux parties 1o des actes de naissance des futurs époux, 2o des publications ci-dessus énoncées, 3o du certificat du notaire Théogène Servincent de cette ville, qui a rédigé les conventions matrimoniales des futurs époux, 4o des certificats constatant que les publications ont eu lieu tant ici qu'à Port-de-Paix et qu'il n'est point survenu d'opposition, — nos 191-7o et 11o et 214, — formules 55 et 57-5o — et du chapitre *six* de la Loi *numéro six* du Code Civil d'Haïti traitant des droits et devoirs respectifs des époux, — nos 242 à 246, — avons demandé au futur époux et à la future épouse s'ils veulent se prendre *mutuellement* pour mari et pour femme; chacun d'eux ayant répondu séparément et affirmativement, le tout en présence des témoins ci-après nommés et qualifiés, déclarons au Nom de la Loi que le citoyen Thomas Harpès et la citoyenne Mnémosyne Briarée sont unis par le Mariage ; — Nos 197 à 200.

Dont Acte fait en notre Bureau *ou* Hôtel, — *ou* en la Demeure du citoyen Théogène Servincent, (*si la cérémonie a eu lieu en un endroit privé*), — en présence du citoyen Vertus Daniel, artiste, et du citoyen Armand Chabaud, ancien député au Corps Législatif et négociant, alliés de l'époux, — du citoyen Cadet Jérémie, commerçant, et du citoyen Désiré Abellard, directeur de la Fonderie Nationale, parents de l'épouse, tous les quatre majeurs et propriétaires, domiciliés à Port-au-Prince, — no 325, — témoins choisis et appelés par les Parties contractantes; — Nos 13-3o.

Et les Contractants, leurs pères et mères, les témoins et les amis présents ont signé avec nous, après lecture par nous faite. — Nos 13-4o et 5o, 483-484.

Th. Harpès, Mnémosyne Briarée, Dame H. Harpès, A. Briarée, Thémis Briarée née Crios, H. Harpès, D. Abellard, Cadet Jérémie, A. Chanbaud, Vertus Daniel, St Moïse, Emilie Moïse née Labranche, Lodarius Belfort, Hosanna Servincent, Poméro, Acélie Thébaud, Eudovia Moïse, Cécile Thébaud, Nausicaa Abellard, Robert-Ed. Hérard, Joseph-Ducis Viard, Lélio Hudicourt, Frédéric Abellard, Amasile Servincent, Tullia Camille, Antiope-Edmond Légriel, Rosa Déjean, Thélicia Darcelin, Rosella Thébaud, Léon Florian Moïse, Thélisma Thébaud, Esther Moïse, Fleurancia Théhaud, Veuve Benjamin Lallemand, Polynice Thébaud, Émile Lallemand, Aimé Toussaint, Anne-Léger Paul, Mélise Toussaint, Bernard-Léger Paul, Mercie Valmé, Parfait-Léger Paul, Miguel Boom, Jérémie, Jonathas Desgrottes, Alfred Jaquet, Cléophas Belfort, Salvaüs Cajuste, Marie Lallemand, Claire César, Zémire Jacquet, Emmanuel Servincent, Ambroisine Servincent, Cécilia Nau, Maria Chevry, T. Servincent, Mystal Joly. — Nos 13-3o.

CERTIFICAT DU NOTAIRE QUI A REÇU LE CONTRAT OU RÉDIGÉ LES CONVENTIONS
MATRIMONIALES DU MARIAGE

Formule 55.

Maître Théogène Servincent, notaire à Port-au-Prince, soussigné, certifie
que le contrat de mariage d'entre Monsieur Thomas Harpès, artiste, domicilié à Port-de-Paix, et Mademoiselle Mnémosyne Briarée, sans profession,
domiciliée à Port-au-Prince, a été passé devant lui, qui en a gardé minute,
aujourd'hui quatorze juin mil huit cent quatre-vingt-deux, à. . . . . .
heures de. . . . . ;

En foi de quoi il a délivré le présent certificat aux futurs époux pour
être remis, ainsi qu'ils en ont été avertis, à l'officier de l'État Civil avant
la célébratiou de leur mariage par ledit officier, aux termes de l'article
onze cent quatre-vin,t du Code Civil d'Haïti. — N° 191-11°. — Formules
54 et 129. — T. Servincent.

NOTA BENE

Voyez, pour les contrats ou conventions matrimoniales de mariage, les
Formules au *Code-Formulaire du Notariat d'Haïti,* par Théogène Servincent,
notaire à Port-au-Prince.

N°s 120-121, 123 A 130, 185 A 189, 191, 197 A 200, 214

SIMPLIFICATION DE LA FORMULE 54

Formule 56.

Aujourd'hui jeudi quinze juin mil huit cent quatre-vingt-deux, 79e an-
née de l'Indépendance d'Haïti, — n° 13-I° et 6°, — à dix heures du matin,
Par-devant nous, Mystal Joly-Gérard, officier de l'État Civil de Port-au-
Prince, soussigné, — N°s 4 à 11.

Sont comparus : — N° 10.

1° Le citoyen Thomas Harpès, artiste, âgé de vingt ans, né et domicilié à Port-de-Paix, — n° 325, — fils légitime du citoyen Hirame Harpès
et de la citoyenne Uranie Cottus, propriétaires, domiciliés ensemble à Port-
de-Paix, — N° 330.

Stipulant en son nom personnel, du consentement et avec l'autorisation
de ses père et mère, susnommés, qualifiés et domiciliés, à ce présent,
d'une part; — N°s 123 et 124.

2° La citoyenne Mnémosyne Briarée, sans profession, âgée de dix-sept
ans, née et domiciliée à Port-au-Prince, — n° 325, — fille légitime du
citoyen Argès Briarée et de la citoyenne Thémis Crios, propriétaires,
domiciliés ensemble à Port-au-Prince, — N° 330.

Stipulant en son nom personnel, du consentement et avec l'autorisation de ses père et mère, susnommés, qualifiés et domiciliés, à ce présents, d'autre part, — Nᵒˢ 123 et 124.

Lesquels nous ont requis de procéder à la célébration du mariage projeté entre le citoyen Thomas Harpès et la citoyenne Mnémosyne Briarée, dont les publications ont été faites devant la principale porte d'entrée, tant de notre Bureau *ou* Hôtel que de celui de l'État Civil de Port-de-Paix, les dimanches quatre et onze de ce mois, à huit heures du matin. — Nᵒˢ 185 à 189.

Aucune Opposition au dit Mariage ne nous ayant été signifiée, — nᵒ 214, — faisant droit à leur réquisition, après avoir donné aux Parties lecture : 1ᵒ de tous les actes ou pièces exigés par la Loi et 2ᵒ du chapitre *six* de la loi *numéro six* du Code Civil sur le mariage, — avons demandé au futur époux et à la future épouse s'ils veulent se prendre pour mari et femme .....etc.....; — Formule 34.

Dont Acte fait en notre Hôtel *ou* Bureau, en présence du citoyen Joseph-Ducis Viard, arpenteur et journaliste, du citoyen Miguel Boom, ingénieur civil et professeur au Lycée National de cette ville, du citoyen Joseph Jérémie, chef de bureau à la secrétairerie d'État de l'Intérieur, et du citoyen Frédéric Abellard, comptable à la Fonderie Nationale, tous les quatre majeurs et propriétaires, domiciliés en cette ville, — nᵒ 325, — témoins choisis et amenés par les Partis, — nᵒ 13-3ᵒ; — lesquels après lecture par nous faite, ont signé avec les Contractants et nous. — Nᵒˢ 13-4ᵒ et 5ᵒ, 483-484. — Mnémosyne Briarée, Th. Harpès, Dame H. Harpès, A. Briarée, H. Harpès, Thémis Biarée, née Crios, Ducis Viard, M. Boom, Frédéric Abellaru, Jérémie, Mystal Joly.

Nᵒˢ 191-7ᵉ, 214
Certificat attestant qu'il n'existe point d'opposition au Mariage
Formule 57.

Nous, Evariste Box, officier de l'État Civil de Port-de-Paix, soussigné, certifions à tous ceux qu'il appartiendra :

Que le dimanche, quatre juin courant, à huit heures du matin, nous avons fait, devant la principale porte d'entrée de notre Bureau, la première publication du mariage entre : 1ᵒ le citoyen Thomas Harpès, artiste, âgé de vingt ans, domicilié à Port-de-Paix, — nᵒ 325, — fils légitime du citoyen Hirame Harpès et de la citoyenne Uranie Cottus, domiciliés ensemble en la même ville, — nᵒ 330, — et 2ᵒ la citoyenne Mnémosyne Briarée, sans profession, âgée de dix-sept ans, — nᵒ 5, — domiciliée à Port-au-Prince, — nᵒ 325, —

fille légitime du citoyen Argès Briarée et de la citoyenne Thémis Crios, domiciliés ensemble en la même ville ; — N° 330.

Que parcille publication a été faite dans les mêmes formes, pour la seconde fois, le dimanche onze juin, à la même heure, et qu'il n'est survenu aucune opposition au mariage projeté entre le citoyen Thomas Harpès et la citoyenne Mnémosyne Briarée, susnommés et qualifiés ; — N° 214.

En foi de quoi nous avons délivré le présent certificat en notre Bureau rue Capoix, aux termes de l'article *soixante-neuf* du Code Civil d'Haïti, — n° 191-7°, — le ... juin mil huit cent quatre-vingt-deux, et avons signé. — Formule 128. — Évariste Box.

N° 252

CERTIFICAT DÉLIVRÉ SUR TÊTE DE LETTRE PAR L'OFFICIER DE L'ÉTAT CIVIL POUR LES CÉRÉMONIES RELIGIEUSES DU MARIAGE

Formule 58.

LIBÉRTÉ ÉGALITÉ

RÉPUBLIQUE D'HAITI.

Port-au-Prince, le 15 juin 1882.

L'officier de l'État Civil de Port-au-Prince, section Sud, soussigné, certifie que le citoyen Thomas Harpès, de Port-de-Paix, âgé de vingt ans, et la citoyenne Mnémosyne Briarée, de Port-au-Prince, âgée de dix-sept ans, en présence de leurs pères et mères et de quatre témoins, ont contracté mariage entre eux, suivant acte dressé par le soussigné cejourd'hui, à dix heures du matin, en son Bureau *ou* en la Demeure de M...

En foi de quoi le soussigné a délivré le présent Certificat pour servir et valoir au besoin. — N° 252. — Mystal Joly.

N°ˢ 100 A 101 BIS

CÉLÉBRATION DU MARIAGE RELIGIÉUX

Formule 59.

Archevêché de Port-au-Prince, Paroisse de Sainte-Anne de Port-au-Prince. — Extrait des Registres de Mariages de la Paroisse de Sainte-Anne de Port-au-Prince. — Le samedi, dix-sept juin mil huit cent quatre-vingt-deux, à huit heures du matin, je, soussigné, Louis Jaumouillé, chanoine honoraire de la Cathrédrale de Port-au-Prince et curé de Sainte-Anne de Port-au Prince, certifie avoir célébré le mariage de M. Thomas Harpès de Port-de-Paix avec Mademoiselle Mnémosyne Briarée, de Port-au-Prince, selon le rit de la Sainte Église Romaine, devant Monsieur François Toussaint et Madame Turenne Devesin, de la Paroisse de Sainte-Anne, témoins amenés par les Parties, qui ont signé avec les mariés et moi le présent acte. — Th. Harpès, Mnémosyne Briarée, François Toussaint, Veuve Devesin, L. Jaumouillé.

(*Voir la formule 133.*)

Nos 123 A 127, 131-132, 185 A 189, 197 A 200, 214

Mariage avec consentement écrit des Ascendants

Formule 60.

Aujourd'hui jeudi, quinze juin mil huit cent quatre-ving-deux, 79e année de l'Indépendance d'Haïti, à .... heures d...., — Nos 13-1o et 6o.

Devant nous, Mystal Joly-Gérard, officier de l'État Civil de Port-au-Prince, soussigné, — Nos 4 à 11.

Sont comparus : — No 10.

1o Le citoyen Thomas Harpès, artiste, âgé de vingt ans, né et domicilié à Port-de-Paix, — nos 189 et 325, — fils légitime du citoyen Hirame Harpès et de la citoyenne Uranie Cottus, propriétaires, domiciliés ensemble à Port-de-Paix, — No 330.

Stipulant en son nom personnel, du consentement et avec l'autorisation de ses père et mère, susnommés, qualifiés et domiciliés, suivant acte au rapport de M. Jean-Pierre-Démosthène Sylvain et son collègue, notaire à Port-de-Paix, — no 132, — en date du.... mai de la présente année, enregistré, dont le brevet original (no 33) au pied duquel se trouve la légalisation (no 37) par le doyen du Tribunal de Port-de-Paix, de la signature des notaires, à nous représenté, demeure annexé (no 17) au présent acte de mariage, après avoir été du citoyen Thomas Harpès certifié véritable, et que dessus il a été apposé une mention le constatant, signée du citoyen Harpès, (no 17), des témoins ci-après nommés et de nous, d'une part ; — Formules 61-62 et 69.

(*Si l'acte notarié avait été dressé en minute, (no 29), l'officier de l'État Civil dirait :* « dont une expédition (no 30) au pied de laquelle se trouve la légalisation (no 37) par le doyen du Tribunal Civil de Port-de-Paix de la signature de Me Jean-Pierre-Démosthène Sylvain, à nous représentée, demeure annexée (no 17) au présent acte de. . . . . .)

2o La citoyenne Mnémosyne Briarée, sans profession, âgée de dix-sept ans, née et domiciliée à Port-au-Prince, — nos 189 et 325, — fille légitime du citoyen Argès Briarée et de la citoyenne Thémis Crios, propriétaires, domiciliés ensemble à Port-au-Prince, — No 330.

Stipulant en son nom personnel, du consentement et avec l'autorisation de ses père et mère, susnommés, qualifiés et domiciliés, à ce présents, — no 124, — d'autre part ;

Lesquels nous ont requis de procéder à la célébration du Mariage projeté entre. . . . . etc., ... — Formule 56.

Aucune Opposition audit Mariage ne nous ayant été signifiée, — n° 214, — Vu l'acte notarié ci-dessus mentionné, duquel il résulte que les père et mère du futur époux consentent à son mariage, — formule 61, — faisant droit à ladite réquisition, — après avoir donné lecture aux parties contractantes et aux quatre témoins ci-après nommés : 1° des actes de naissance des futurs époux ; 2° des publications ci-dessus énoncées ; 3° du susdit acte de consentement des père et mère du futur époux au mariage de leur fils, et 4° du chapitre *six* de la Loi *numéro six* du Code Civil d'Haïti sur les droits et devoirs respectifs des époux, — n°s 242 à 246, — avons demandé au futur époux et à la future épouse s'ils veulent se prendre *mutuellement* pour mari et femme ; chacun d'eux ayant répondu séparément et affirmativement, en présence de leurs témoins, déclarons au Nom de la Loi que le citoyen Thomas Harpès et la citoyenne Mnémosyne Briarée sont unis par le mariage ; — N°s 197 à 200.

Dont Acte fait en notre Hôtel *ou* Bureau, en présence du citoyen Smith Duplessis, directeur du Lycée Pétion, et du citoyen Joseph-Carméleau Antoine, avocat et conseiller communal, alliés au. . . . . degré de l'époux, — du citoyen Justin-Lélio Dominique, avocat, et du citoyen Horatius Baussan, avocat, parents au. . . . . degré de l'épouse, tous les quatre majeurs, propriétaires, domiciliés à Port-au-Prince, — n° 325, — témoins choisis et appelés par les Parties contractantes ; — N° 13-3°.

Et les Parties contractantes, les père et mère de l'épouse, les témoins et l'Assistance ont signé avec nous, après lecture par nous faite. — N°s 13-4° et 5°, 483-484.

Th. Harpès, Mnémosyne Briarée, A. Briarée, Thémis Briaréc née Crios, H. Baussan, S. Duplessis, J.-C. Antoine, J.-L. Dominique, Alfred Archin, Robert Duplessis, Démosthène Thézan. Thalès Duplessis, Hugo Denis, Arthur Archin, Ch. Nunez, V. Duplessis, Boyer Denis, Odilon Archin, Clausel Pressoir, M. Joly. — N° 13-3°.

N°s 132-133
CONSENTEMENT À MARIAGE PAR DES ASCENDANTS

Formule 61.

Par-devant Jean-Pierre-Démosthène Sylvain et ÉtienneValmord Saint-Aude, notaires à Port-de-Paix, chef-lieu du Département du Nord-Ouest, soussignés,

Sont comparus Monsieur Hirame Harpès et Madame Uranie Cottus, son épouse de lui autorisée, propriétaires, demeurant et domiciliés ensemble à Port-de-Paix, — n° 330, — rue Vincent-Louis ;

Lesquels ont déclaré consentir au mariage que Monsieur Thomas Harpès, leur fils, âgé de vingt ans, artiste, demeurant et domicilié sous leur toit, — n° 330, — se propose de contracter avec Mademoiselle Mnémosyne Briarée, sans profession, âgée de dix-sept ans, demeurant et domiciliée à Port-au-Prince, chez ses père et mère, — n° 330, — Monsieur Argès Briarée et Madame Thémis Crios, son épouse. — N°s 189 et 330.

Ils autorisent en conséquence tous notaires, tous officiers de l'État Civil et tous ministres du Culte à procéder à ce mariage, sur la seule présentation du présent acte ; — Formule 124.

Dont Acte lu aux comparants,

Fait et passé à Port-de-Paix, en l'Étude de M⁰ Sylvain, Rue Saint-Louis, le . . . . . mai mil huit cent quatre-vingt-deux, 79ᵉ année de l'Indépendance d'Haïti ;

Et les comparants ont signé avec les Notaires. — H. Harpès, Dame H. Harpès, Étienne Saint-Aude, D. Sylvain. — Formule 60.

N° 37

LÉGALISATION DE SIGNATURE

Formule 62.

1° Au pied d'un Acte en brevet : n° 33.

Nous, Symphor François, doyen du Tribunal Civil du Département du Nord-Ouest, séant à Port-de-Paix, — n° 329, — certifions à tous ceux qu'il appartiendra que les signatures ci-dessus sont bien celles des notaires Étienne Saint-Aude et Démosthène Sylvain, de Port-de-Paix, et que par conséquent foi doit y être portée ;

Fait au Palais de Justice de Port-de-Paix, Rue Maurepas, le . . . . . mai mil huit cent quatre-vingt-deux, 79ᶜ année de l'Indépendance d'Haïti. — N° 13-6°. — François.

— 2° Au pied d'une Expédition : n° 30.

Nous, Symphor François, doyen du Tribunal Civil de Port-de-Paix, soussigné, certifions que la signature ci-dessus est bien celle de M⁰ Démosthène Sylvain, notaire en cette résidence, et que par conséquent foi doit y être portée ;

Fait en notre Hôtel, à Port-de-Paix, Rue Rébecca, le . . . . . — François.

(Voir la formule 103.)

Nᵒˢ 134, 131-132, 185 A 189, 197 A 200, 214, 483-484

FILS MINEUR ASSISTÉ DU MANDATAIRE DE SES PÈRE ET MÈRE. — FILLE MINEURE
ASSISTÉE DE SES PÈRE ET MÈRE

Formule 63.

L'An mil huit cent quatre-vingt-deux, 79ᵉ année de l'Indépendance d'Haïti,
— nᵒ 13-1ᵒ et 6ᵒ, — le . . . . . juin à . . . . . heures . . . . .,
Par-devant nous Mystal Joly-Gérard, officier de l'État Civil de Port-au-
Prince, soussigné, — Nᵒˢ 4 à 11.

Sont comparus : — Nᵒ 10.

1ᵒ Le citoyen Thomas Harpès, artiste, domicilié à Port-de-Paix chez ses
père et mère ci-après nommés, — nᵒ 330, — mineur, étant né à Port-de-
Paix, le vingt juin mil huit cent soixante-deux, du mariage d'entre . . .
. etc. . . . . . , — Formule 54.

Stipulant en son nom personnel, du consentement avec l'autorisation
de ses père et mère, représenté par le citoyen Louis Auguste, ci-après
qualifié et domicilié, leur mandataire spécial à l'effet du présent mariage.
— Nᵒˢ 131-132 et 134.

2ᵒ Le citoyen Louis Auguste, général de division et sénateur de la République d'Haïti, propriétaire, domicilié à Port-de-Paix, — Nᵒˢ 10-11,
134 et 325.

Stipulant tant pour assister Monsieur le futur époux, fils de ses man-
dants sus nommés, que pour l'autoriser à mariage, à raison de son état
de minorité, suivant acte au rapport de Mᵉ Jean-Pierre-Démosthène Sylvain, notaire à Port-de-Paix, en date du . . . . . . mai dernier, dûment enregistré, dont le *brevet original* (nᵒ 33), — *ou* une *expédition* (nᵒ 30),
— à nous représenté *ou* représentée, — formule 64, — demeure annexé *ou*
annexée au présent acte de mariage, après avoir été par le citoyen Louis
Auguste *ou* par le mandataire certifié *ou* certifiée véritable, — nᵒ 17, — et
que dessus il a été apposé une mention le constatant, signée de lui, des
témoins ci-après nommés et de nous, — nᵒ 17, — aussi d'une part ; — Formule 69.

3ᵒ La citoyenne Mnémosyne Briarée, sans profession, domiciliée à Port-
au-Prince chez ses père et mère ci-après nommés, — nᵒ 330, — mineure,
étant née à Port-au-Prince, le quinze juin mil huit cent soixante-cinq, du
mariage d'entre . . . . . . etc., ... , — Formule 54.

Stipulant en son nom personnel, avec le consentement et l'autorisation
de ses père et mère, d'autre part ; — Nᵒˢ 120-121, 123 à 130.

4ᵒ Le citoyen Argès Briarée et la citoyenne Thémis Crios, son épouse de
lui autorisée, sus nommés, qualifiés et domiciliés, — Nᵒˢ 325 et 330.

Stipulant tant pour assister Mademoiselle la future épouse, leur fille, que pour l'autoriser à mariage, à raison de son état de minorité, aussi d'autre part;

Lesquels nous ont requis de procéder à la célébration du mariage projeté entre. . . . . . etc., ... — Formule 54. — Nos 185 à 189.

Aucune Opposition audit Mariage ne nous ayant été signifiée, — nº 214, — Vu l'acte notarié ci-dessus mentionné, duquel il résulte que le citoyen sénateur Louis Auguste est le mandataire des sieur et dame Hirame Harpès pour assister et autoriser le futur époux à mariage, — formule 64, — faisant droit à ladite réquisition, — après avoir donné lecture aux Parties contractantes et aux témoins ci-après nommés : 1º des actes de naissance des futurs époux; 2º des publications ci-dessus énoncées; 3º du susdit acte notarié; 4º des certificats constatant que les publications ont eu lieu tant à Port-de-Paix (formule 57) qu'ici et qu'il n'est point survenu d'opposition, — nos 189 à 191; — 5º et du chapitre *six* de la Loi *numéro six* du Code Civil d'Haïti traitant des droits et devoirs respectifs des époux, — nos 242 à 246, — avons demandé au futur époux et à la future épouse s'ils veulent se prendre *mutuellement* pour mari et pour femme; chacun d'eux ayant répondu séparément et affirmativement, en présence des témoins ci-après nommés, déclarons au Nom de la Loi que le citoyen Thomas Harpès et la citoyenne Mnémosyne Briarée sont unis par le Mariage. — Nos 197 à 200.

Dont Acte fait à Port-au-Prince, en la Demeure de Madame Veuve Redon Cassagnol (Rosa Riobé), en présence du citoyen Arthur Bourjolly, commissaire du Gouvernement au Tribunal de Cassation de la République, et du citoyen Alix Rossignol, juge au Tribunal de Cassation d'Haïti, parents au . . . . . . degré de l'époux, — du citoyen Horace Beaubrun Liautaud, commerçant, et du citoyen Beaubrun Roux, chef des Pompiers-Libres de cette ville, parents au . . . . . . degré de l'épouse, — tous les quatre majeurs, propriétaires, domiciliés en cette ville, — nº 325, — témoins choisis et appelés par les Parties, — nº 13-3º; — lesquels ont signé avec les Parties, l'Assistance et nous, après lecture par nous faite. — Nos 13-4º et 5º, 483-484,

Mnémosyne Briarée, Th. Harpès, Louis Auguste, A. Briarée, Thémis Briarée née Crios, Horace B. Liautaud, A. Rossignol, Beaubrun Roux, Arthur Bourjolly, Uranie Jeanton, Victor Cassagnol, Veuve Valery Archer, Victoria Rossignol née Riobé, Aline Archer, Sylvia Riobé, Flavie Archer, Hector Riobé, Léda-B. Liautaud, Pierre O'Meara Roux, Louis-B. Roux, Henriette-B. Roux, Régina Bourjolly, Veuve Cassagnol, Clara Bourjolly, Thérèse Rossignol, Louise Bourjolly, Riobé, Rigaud, Maria Rigaud, Bérénice Bourjolly née Riobé, Doulle, Veuve M. Alvarès, Veuve Laure Débrosse, Stephen Archer, Francine Cassagnol née T. Élie, Valery Archer, H. Archer, Gédéon Riobé, M. Joly. — Nº 13-3º (1).

Nᵒˢ 131-132, 10-11

POUVOIR POUR ASSISTER ET CONSENTIR AU MARIAGE

Formule 64.

Devant Jean Pierre Démosthène Sylvain, notaire à Port-de-Paix, sous-signé,

Assisté de Messieurs Léosthène Tiphaine et Lysius Brissette, négociants et propriétaires, demeurant et domiciliés à Port-de-Paix, témoins instrumentaires requis conformément à la Loi, aussi soussignés,

Sont comparus Monsieur Hirame Harpès et Madame Uranie Cottus, son épouse de lui autorisée, propriétaires, demeurant et domiciliés ensemble à Port-de-Paix; — Nᵒˢ 325 et 330.

Lesquels ont par ces présentes constitué pour leur mandataire spécial Monsieur le Général Louis Auguste, sénateur de la République, propriétaire, demeurant et domicilié à Port-de-Paix, — nᵒ 325, — à ce présent et acceptant,

Auquel ils donnent pouvoir de les représenter au mariage que Monsieur Thomas Harpès, leur fils, né à Port-de-Paix le vingt juin mil huit cent soixante-deux, artiste, demeurant et domicilié sous leur toit, — nᵒ 330, — a l'intention de contracter avec Mademoiselle Mnémosyne Briarée, fille légitime de Monsieur Argès Briarée et de Madame Thémis Crios, née à Port-au-Prince le quinze juin mil huit cent soixante-cinq, demeurant et domiciliée à Port-au-Prince sous le toit de ses père et mère; — Nᵒ 330.

En conséquence se présenter devant tous notaires, tous officiers de l'État Civil et tous ministres du Culte; — faire toutes déclarations et affirmations, donner tous consentements et toutes autorisations; — signer tous actes de notaires et tous registres de l'État Civil et de l'Église; — substituer et généralement faire tout ce qui est utile et nécessaire.

Dont Acte fait et passé à Port-de-Paix, rue Beauvoir, en la Demeure des époux Hirame Harpès, où les notaire et témoins ont été requis, le . . . . . . mai mil huit cent quatre-vingt-deux, 79ᵉ année de l'Indépendance d'Haïti; — Nᵒ 13-6ᵒ.

Et les Parties ont signé avec les Témoins et le Notaire, après lecture par celui-ci faite. — Nᵒˢ 13-4ᵒ et 5ᵒ. — H. Harpès, Dame H. Harpès, Louis Auguste, L. Brissette, Léosthène Tiphaine, D. Sylvain, *notaire public*.

(*Voyez la formule 99*).

Nᵒˢ 134, 131-132, 185 A 189, 197 A 200, 214, 325, 330

SIMPLIFICATION DE LA FORMULE 63

Formule 65.

Aujourd'hui le . . . . juin mil huit cent quatre-vingt-deux,

Aucune Opposition audit Mariage ne nous ayant été signifiée, — n° 214, — Vu les actes notariés ci-dessus mentionnés desquels, et surtout de celui de Me Théogène Servincent, il résulte que les sieur et dame Hirame Harpès ont pour mandataire spécial, — comme substituant le citoyen Louis Auguste, — le citoyen Henry-Théodore Granville, à l'effet d'assister et autoriser le futur époux à mariage, faisant droit à ladite réquisition, — après avoir donné lecture aux Parties contractantes et aux témoins ci-après nommés et qualifiés : 1° des actes de naissance des futurs époux ; 2° des publications ci-dessus énoncées ; 3° des susdits actes notariés ci-annexés (n° 17) ; 4° des certificats constatant que les publications ont été faites tant à Port-de-Paix qu'ici et qu'il n'est point survenu d'opposition (n°s 189 à 191-7° et 214) ; 5° et du chapitre *six* de la Loi *numéro six* du Code Civil d'Haïti traitant des droits et devoirs respectifs des époux (n°s 242 à 246), — avons demandé au futur époux et à la future épouse s'ils veulent se prendre *mutuellement* pour mari et pour femme ; chacun d'eux ayant répondu séparément et affirmativement, en présence des témoins ci-après nommés, déclarons au Nom de la Loi que le citoyen Thomas Harpès et la citoyenne Mnémosyne Briarée sont unis par le Mariage ; — N°s 197 à 200.

Dont Acte fait et passé à Port-au-Prince, en la Demeure de Monsieur et Madame Henry-Théodore Granville, rue Vaudreuil ou du Peuple, en présence du citoyen Gabriel-Alexis-Milthiade Bouchereau, ancien député au Corps Législatif, commerçant, du citoyen François-Deus Légitime, ancien ministre de l'Intérieur et de l'Agriculture, sénateur, du citoyen Ulysse Décatrel, ancien fonctionnaire public, artiste, et du citoyen Félix-Alexis Carrié, ancien secrétaire d'État des Finances et des Relations Extérieures, planteur, — tous les quatre majeurs et propriétaires, domiciliés à Port-au-Prince, — n° 325, — témoins choisis et appelés par les Parties ; — N° 13-3° ;

Et les Parties ont signé avec les Témoins, l'Assistance et Nous, après lecture par Nous faite. — N°s 13-4° et 5°, 483-484.

Mnémosyne Briarée, Th. Harpès, Granville, A. Briarée, Thémis Briarée née Crios, M. Bouchereau, F.-D. Légitime, Ulysse Décatrel, F. Carrié, Fortuna Granville née Lespinasse, Félix Armand, Dag. Lespinasse, Alexandre-P. Imbert, Eugène Lespinasse, Célie Granville, Athis Pernier, Louise Carrié, Oscar-P. Imbert, Lozama Décatrel, Joseph Bouchereau, Eugénie Audain, Félix-Anasthase St-Victor, N. Mitton, *avocat*, Dame Félix Carrié, Lucie Curiel, Ultimo Boisette, Gromard, Laurore Nau, Toussine-P. Imbert, Dame A. Bouchereau née Mortès, Léopold Pétion, Solino Gabriel, Catherine Mortès née A. Bouchereau, Louis-J. Boisette, Fernand Duchatellier, Faubert Mortès, Christian Duchatellier, Ph. Curiel, Duterville Duchatellier, Adrienne Curiel, Jonathas Granville, Louis-J. Adam fils, Joseph Décastro, Aristide Bouzy, Arthur Boisette, Lyncée Denis, Edmond Oriol, Ed. Lespinasse, *avocat*, Mystal Joly. — N° 13-3° (1).

Nᵒˢ 136, 11, 30, 33

Substitution de Pouvoir pour assister et autoriser a Mariage

Annexe à la formule 66.

Formule 67.

Par-devant Théogène Servincent, notaire public, et son collègue, à la résidence de Port-au-Prince, soussignés,

Est comparu Monsieur le Général Louis Auguste, sénateur de la République d'Haïti et propriétaire, demeurant à Port-de-Paix, — Nᵒ 325.

En vertu de la faculté de substituer contenue en la procuration que lui a donnée Monsieur Hirame Harpès et Madame Uranie Cottus, son épouse, propriétaires, demeurant et domiciliés ensemble à Port-de-Paix,— nᵒ 330, — par acte passé devant Mᵉ Jean-Pierre-Démosthène Sylvain, notaire à Port-de-Paix, en présence de témoins, le . . . . . . mai dernier, enregistré dans le délai légal au droit fixe de vingt-cinq centimes, dont le *brevet original* (nᵒ 33) est demeuré ci-annexé (nᵒ 17), après avoir été par le Comparant certifié véritable, signé et paraphé en présence des notaires soussignés, — Nᵒ 17.

(*Ou bien :* dont une *expédition* (nᵒ 30) est demeurée ci-annexée (nᵒ 17), après avoir été par le Comparant certifiée véritable, signée et paraphée en présence des notaires soussignés. — Nᵒ 17.)

Lequel Comparant a, par ces présentes, substitué, en son lieu et place, Monsieur Henry-Théodore Granville, ancien sénateur et juge au Tribunal de Cassation d'Haïti, propriétaire, demeurant à Port-au-Prince, à ce présent et acceptant, dans tous les pouvoirs à lui conférés par les dits sieur et dame Hirame Harpès, sans aucune exception, pour qu'il puisse agir en vertu de cette procuration comme le Comparant avait lui-même le droit de le faire, touchant le mariage à contracter par Monsieur Thomas Harpès avec Mademoiselle Mnémosyne Briarée, dont les qualités sont énoncées dans l'acte de Constitution du Comparant; — Formule 64. — Numéro 136.

Dont acte lu aux Parties,

Fait et passé à Port-au-Prince, en l'Étude, Grand'Rue, le . . . . . . juin mil huit cent quatre-vingt-deux, 79ᵉ année de l'Indépendance d'Haïti;

Et les Parties ont signé avec les Notaires. — L. Auguste, Granville, Ed. Oriol, *notaire*, T. Servincent.

Nᵒˢ 123, 131-132, 136, 189 A 191, 197 A 200, 214

Simplification de la Formule 66

Formule 68.

Aujourd'hui, le . . . . . juin mil huit cent quatre-vingt-deux, 79ᵉ an-

née de l'Indépendance d'Haïti, nᵒˢ 13-1ᵒ et 6ᵒ, à . . . . heures
de l'après-midi,

Devant nous, Mystal Joly-Gérard, officier de l'État Civil de . . . . . .,
etc. . . . . . ., — Formule 66.

Sont comparus : — Nᵒ 10.

Le citoyen Thomas Harpès, artiste, âgé de vingt ans, né et domicilié . . . . . ., — formule 56.

Stipulant pour lui et en son nom personnel, du consentement et avec
l'autorisation de ses père et mère, susnommés, qualifiés et domiciliés, —
nᵒ 124, — ayant pour représentant — comme substituant le citoyen Louis
Auguste, sénateur. . . . . , etc.. . . . . ., — formule 66, — en date
du. . . mai dernier, dûment enregistrée — le citoyen Henry Théodore
Granville, sénateur, domicilié à Port-au-Prince, — nᵒ 325, — à ce présent,
suivant acte de substitution de pouvoir. . . . . . etc. . . . ., —
formule 66, — d'une part ;

Et la citoyenne Mnémosyne Briarée, sans profession, âgée de dix-sept
ans, née et domiciliée . . . . . . etc., ..., — Formule 56.

Stipulant pour elle et en son nom personnel, du consentement et avec
l'autorisation de ses père et mère, susnommés, qualifiés et domiciliés, à
ce présents, — nᵒ 124, — d'autre part ;

Lesquels nous ont requis de procéder à la célébration du mariage projeté entre le citoyen Thomas Harpès et la citoyenne Mnémosyne Briarée
. . . . . . etc., ... — Formule 56.

Aucune Opposition ne nous ayant été signifiée, — nᵒ 214, — Vu les actes
notariés ci-dessus mentionnés. . . . . . etc., ... — formule 66
— après avoir donné aux Parties lecture : 1ᵒ de tous les actes exigés par
la Loi ; 2ᵒ des susdits actes notariés et 3ᵒ du chapitre *six* de la Loi *numéro
six* du Code Civil sur le mariage, — avons déclaré au Nom de la Loi que
le citoyen Thomas Harpès et la citoyenne Mnémosyne Briarée sont unis
par le Mariage ; — Nᵒˢ 197 à 200.

Dont Acte fait et passé en notre Bureau *ou* Hôtel, en présence du citoyen
Edmond Lespinasse, avocat, du citoyen Jonathas Granville, comptable à la
Banque Nationale, du citoyen Nemours Mitton, avocat, et du citoyen
Faubert Mortès, négociant consignataire, — tous les quatre majeurs, pro-
priétaires, domiciliés en cette ville, — nᵒ 325, — témoins choisis et amenés
par les contractants ; — Nᵒ 13-3ᵒ.

Et les Parties ont signé avec lesdits Témoins et Nous, après lecture par
Nous faite. — Nᵒˢ 13-4ᵒ et 5ᵒ. — Th. Harpès, Mnémosyne Briarée, Thémis
Briarée, née Crioz, Granville, A. Briarée, Faubert Mortès, N. Mitton,
Jonathas Granville, Ed. Lespinasse, M. Joly. — Nᵒ 13-3ᵒ.

N° 17

MENTIONS D'ANNEXES

Formule 69.

(Voyez les Formules 13, 21, 60, 63, 66.)

1° *Pièce simplement annexée.*

Annexé à la minute (n° 29) de l'Acte de. . . . . . (*naissance* ou *mariage*) . . . . . . reçu par M. Mystal Joly-Gérard, officier de l'État Civil de Port-au-Prince, soussigné, en présence des témoins aussi soussignés, les. . . . . . — (*Signatures.*)

2° *Pièce annexée et certifiée véritable.*

Certifié véritable, signé et annexé à la minute (n° 29) de l'Acte de — (*naissance* ou *mariage*) — reçu par M. Mystal-Joly, officier de l'État Civil de Port-au-Prince, soussigné, en présence des témoins aussi soussignés, le. . . . . . — (*Signatures.*)

Si la Partie ou les Témoins ne savent signer :

1° Annexé à la minute (n° 29) de l'Acte de — (*naissance* ou *mariage*) — reçu par l'officier de l'État Civil, seul soussigné, attendu la déclaration faite par la Partie et les Témoins de ne savoir signer, le. . . . . . — Mystal Joly.

2° Certifié véritable, signé par l'officier de l'État Civil et Messieurs A. . . . . et B. . . . . . seulement, attendu la déclaration faite par Monsieur C. . . . . . de ne savoir signer, et annexé à la minute (n° 29) de l'Acte de. . . . . . — N° 1°. — (*Signatures.*)

N°ˢ 120-121, 123 A 130, 185 A 189, 197 A 200, 214, 325 ET 330

FILS MINEUR ASSISTÉ DE SON PÈRE ET FILLE MINEURE ASSISTÉE DE SA MÈRE

Formule 69 bis.

Aujourd'hui mardi cinq mai mil huit cent soixante-quinze, 72ᵉ année de l'Indépendance d'Haïti, à cinq heures du soir, — N° 13-1° et 6°.

Par-devant Nous, Guillaume Duchâtellier, officier de l'État Civil de Port-au-Prince, section Nord, soussigné, — N°ˢ 4 à 11.

Sont comparus : — N° 10.

Le citoyen Henry Réciprocuse, propriétaire et négociant, âgé de vingt-trois ans, né et domicilié à Port-au-Prince, — n° 330, — fils légitime du citoyen Pierre Réciprocuse, médecin, domicilié à Port-au-Prince, et de la citoyenne Marthe Reymond, sans profession, décédée sous le toit conjugal le......, — Nᵒˢ 325 et 330.

Stipulant pour lui et en son nom personnel, dûment assisté et autorisé de son père susnommé, qualifié et domicilié, à ce *présent*, d'une part ; — Nᵒˢ 123-124.

Et la citoyenne Haydée Mutuuse, sans profession, âgée de vingt ans, née et domiciliée à Port-au-Prince, — nᵒ 330, — fille légitime du citoyen Baptiste Mutuuse, décédé le . . . . . à Port-au-Prince où, de son vivant, il était pharmacien et domicilié, — nᵒ 325, — et de la citoyenne Marguerite Ruffin, sa veuve, propriétaire, domiciliée à Port-au-Prince, — Nᵒ 325.

Stipulant pour elle et en son nom personnel, dûment assistée et autorisée de sa mère susnommée, qualifiée et domiciliée, à ce *présente*, d'autre part ; — Nᵒˢ 123-124.

Lesquels Nous ont requis de procéder à la célébration du mariage projeté entre le citoyen Henry Réciprocuse et la citoyenne Haydée Mutuuse, dont les publications ont été faites devant la principale porte d'entrée de Notre Bureau *ou* Hôtel, les dimanches . . . . . . — Nᵒˢ 185 à 189.

Aucune Opposition audit Mariage ne nous ayant été signifiée, — nᵒ 214, — faisant droit à la susdite réquisition, — après avoir donné aux Parties lecture de toutes les pièces exigées par la Loi, produites par elles, relatives à l'état des Contractants et aux formalités du mariage, — nᵒˢ 185-186 et 190-191, — ainsi que du chapitre *six* de la Loi sur le mariage traitant des droits et devoirs respectifs des époux, — nᵒˢ 242 à 246, — avons demandé au futur époux et à la future épouse s'ils veulent se prendre *mutuellement* pour mari et pour femme ; chacun d'eux ayant répondu séparément et affirmativement, en présence des témoins ci-après nommés et qualifiés, déclarons au Nom de la Loi que le citoyen Henry Réciprocuse et la citoyenne Haydée Mutuuse sont unis par le Mariage ; — Nᵒˢ 197 à 200.

Dont Acte fait, en Notre Bureau, en présence des citoyens Démosthène André et Théogène Servincent, du côté de l'époux, — des citoyens Talma Delatour et Étienne Vallès, du côté de l'épouse, tous les quatre majeurs, propriétaires, domiciliés en cette ville, — nᵒ 325, — témoins choisis et appelés par les Contractants ; — Nᵒ 13-3ᵒ.

Et les Parties ont signé avec les Témoins, l'Assistance et Nous, après lecture par Nous faite. — Nᵒˢ 13-4ᵒ et 5ᵒ, 483-484.

Henri Réciprocuse, Haydée Mutuuse, Pierre Réciprocuse, veuve Baptiste Mutuuse, Théogène Servincent, Démosthène André, Étienne Vallès, Talma Delatour, Thérèse Servincent, née Favier, Émile Vallès, Amélie Servincent, Émile André, Thésila André, Zémire Servincent, Elmina Vallès, Emmanuel Servincent, Balette Delatour, Hébé André, Exilie André, Hosanna Servincent, Vertulie Delatour née Félix Luneau, Esther Delatour, Antillette Hérard, Guillaume Duchatellier. — (*Voir les formules 193 à 202.*)

Nᵒˢ 121 A 123, 171 A 184, 137 A 143, 103 A 119, 130 A 132
199 A 200, 214, 325 ET 330

FILS MINEUR SANS PÈRE NI MÈRE, NI AUTRE ASCENDANT, ASSISTÉ DE SON TUTEUR, ET FILLE MINEURE D'UN INTERDIT ASSISTÉE DE SA MÈRE.

Formule 70.

L'An mil huit cent quatre-vingt-deux, 79ᵒ année de l'Indépendance d'Haïti, — nᵒ 13-1ᵒ et 6ᵒ, — le lundi dix-neuf juin, à quatre heures de l'après-midi,

Par-devant nous, Lusincourt-Georges Biamby, officier de l'État Civil de Port-au-Prince, section Nord, soussigné. — Nᵒˢ 4 à 11.

Sont comparus : — Nᵒ 10.

1ᵒ Le citoyen Charles Mérové, propriétaire et étudiant en médecine, domicilié à Port-au-Prince, chez son tuteur, ci-après nommé, — nᵒ 330, — mineur, étant né à Port-au-Prince, le quinze juin mil huit cent soixante-trois, du mariage d'entre le citoyen César Mérové, général de division, et la citoyenne Arthémise Thirésias, son épouse, tous les deux décédés en cette ville, où, de leur vivant, ils étaient propriétaires et domiciliés ensemble, — Nᵒ 330.

Stipulant pour lui et en son nom personnel, avec l'assistance, — à défaut d'ascendant, — du Délégué de son Conseil de famille, son tuteur, d'une part ; — Nᵒˢ 120-121 et 123 à 130.

2ᵒ Le citoyen Paul-Marmont Flambert, ancien Député au Corps Législatif, négociant, domicilié à Port-au-Prince, — nᵒ 325, — tuteur du citoyen Charles Mérové, futur époux, — Nᵒ 128.

Stipulant et agissant par Délégation du Conseil de famille pour assister et autoriser à mariage Monsieur le futur époux, qu'il autorise, son pupille, — nᵒ 137, — suivant Délibération dudit Conseil prise sous la présidence du citoyen Marcellus Zéphire, juge de paix de la section Nord de cette Capitale, ainsi qu'il résulte du procès-verbal que ce magistrat en a dressé, assisté de son greffier, le . . . . . , — formule 72, — dont une *expédition* (nᵒ 30) est demeurée ci-jointe, après avoir été par le citoyen Paul Marmont Flambert certifiée véritable et signée en notre présence et en celle des Parties et des témoins ci-après nommés, — nᵒ 17, — aussi d'une part ; — Formule 69.

3ᵒ La citoyenne Sylvia Lausus, sans profession, domiciliée à Port-au-Prince, avec Madame sa mère, ci-après nommée, — nᵒ 330-2ᵒ, — mineure, étant née à Port-au-Prince, le vingt mai mil huit cent soixante-cinq, du mariage d'entre le citoyen Hyacinthe Lausus, propriétaire, et la citoyenne Cloris Procas, rentière, domiciliés ensemble à Port-au-Prince, — nᵒ 330-1ᵒ, — le citoyen Hyacinthe Lausus, interdit suivant jugement du Tribunal

Civil de Port-au-Prince, — formule 75, — en date du . . . . , et ayant Madame son épouse pour tutrice, — N° 183.

Stipulant pour elle et en son nom personnel, avec l'assistance et l'autorisation de Madame Hyacinthe Lausus, sa mère, d'autre part ; — N°ˢ 120-121 et 123 à 130.

4° La citoyenne Cloris-Procas Lausus, susnommée, qualifiée et domiciliée,

Stipulant et agissant : 1° tant en sa qualité de mère que pour assister et autoriser à mariage Mademoiselle la future épouse, sa fille, le citoyen Hyacinthe Lausus son mari étant dans l'impossibilité de manifester sa volonté ; 2° qu'en vertu des pouvoirs qui lui ont été conférés par le Conseil de famille du citoyen Hyacinthe Lausus, son mari, interdit suivant délibération dudit Conseil prise sous la présidence du citoyen Dorcé Alexandre, l'un des juges de paix de la section Nord de Port-au-Prince, assisté de son greffier, le . . . . . . , — formule 73, — enregistrée et homologuée par jugement du Tribunal Civil de ce ressort, en date du . . . . . . , — formule 74, — enregistré, dont une *expédition* (n° 30) est demeurée ci-annexée, après avoir été de la Dame Hyacinthe Lausus certifiée véritable, — n° 17, — et que dessus il a été apposé une mention le constatant signée de Madame Hyacinthe Lausus, des témoins ci-après nommés et de nous, aussi d'autre part ; — Formule 69.

Lesquels nous ont requis de procéder à la célébration du mariage projeté entre le citoyen Charles Merové et la citoyenne Sylvia Lausus, dont les publications ont été faites devant la principale porte d'entrée de notre Bureau *ou* Hôtel, les dimanches quatre et onze juin courant, à huit heures du matin. — N°ˢ 185 à 189.

Aucune Opposition audit Mariage ne nous ayant été signifiée, — n° 214, — Vu les actes judiciaires ci-dessus mentionnés, desquels il résulte que toutes les formalités de la Loi ont été légalement remplies pour le présent mariage, faisant droit à ladite réquisition, — après avoir donné aux parties contractantes et aux témoins ci-après nommés lecture : 1° des actes de naissance des futurs époux, 2° des publications ci-dessus énoncées, 3° des susdits actes judiciaires et 4° du chapitre *six* de la Loi *numéro six* du Code Civil d'Haïti, traitant des droits et des devoirs respectifs des époux, — n°ˢ 242 à 246, — avons demandé au futur époux et à la future épouse s'ils veulent se prendre *mutuellement* pour mari et pour femme ; chacun d'eux ayant répondu séparément et affirmativement, en présence de leurs témoins respectifs, déclarons au Nom de la Loi que le citoyen Charles Mérové et la citoyenne Sylvia Lausus sont unis par le Mariage ; — N°ˢ 197 à 200.

Dont Acte fait et passé à Port-au-Prince, en la Demeure de Madame Hyacinthe Lausus, rue *Nihil*, en présence du citoyen Duraciné-Lewis Pouilh, négociant haïtien ; du sieur Louis-Théodore Horelle, négociant français; du citoyen Jean-Edouard Caze, négociant haïtien, et du citoyen Gaston-Raoul de Corvisart, négociant français, domiciliés : le premier et le troisième à Port-au-Prince, le deuxième et le quatrième à Paris, — n° 325, — tous les quatre demeurant à Port-au-Prince, majeurs, témoins choisis et produits par les Parties; — N° 13-3°.

Et les Parties ont signé avec les dits Témoins, l'Assistance et Nous, après lecture par Nous faite, — Nos 13-4° et 5°, 483-484.

Sylvia Lausus, Charles Mérové, Cloris Lausus, née Procas, M. Flambert, Gaston-R. de Corvisart, Édouard Caze, D. Pouilh, Louis Horelle, Dame M. Flambert, Cécile Flambert, Clauzel Pressoir, Vertus Daniel, Fernand Vilmenay, Condorcet Batraville, Georges Flambert, Françoise Pouilh, née Gaveau, Louise Flambert, Délice Lerebours, Adléda Horelle, née Dufrêne, Auguste Auger, Corine Nau, Lewis Pouilh, Julien Breton, Amélie Pouilh, née Huttinot, Roche Grellier, Eugène Lespinasse, Emile Traviéso, Ch. Desravines, Emmanuel Servincent, Émilie Traviéso, Hermann Malval, Ernest Malval fils, Aristhène Berthoumieux, Alcida Grellier, Jules Nau, Damiens Delva, Lusincourt Biamby. — N° 13-3° (1).

MÊMES NUMÉROS

Simplification de la Formule 70

Formule 71.

Aujourd'hui le lundi dix-neuf juin mil huit cent quatre-vingt-deux, 79° année de l'Indépendance d'Haïti, à quatre heures et demie de l'après-midi, — N° 13-1° et 6°.

Devant Lusincourt-Georges Biamby, officier de l'État Civil de Port-au-Prince, soussigné, — Nos 4 à 11.

Sont comparus : — N° 10.

Le citoyen Charles Mérové, propriétaire et étudiant en médecine, âgé de dix-neuf ans, né et domicilié à Port-au-Prince, — nos 200 et 330, — fils légitime du citoyen César Mérové et de la citoyenne Arthémise Thirésias, tous les deux décédés en cette ville, de leur vivant propriétaires, y domiciliés, — Nos 325 et 330.

Stipulant pour lui et en son nom personnel, avec l'assistance, à défaut d'ascendant, du citoyen Paul-Marmont Flambert, ancien Député au Corps Législatif, négociant, domicilié à Port-au-Prince, — n° 325, — son tuteur, à ce présent, — n° 124, — agissant par Délégation du Conseil de famille pour assister et autoriser Monsieur le futur époux, son pupille, qu'il autorise, — n° 137, — suivant délibération dudit Conseil prise sous la présidence de Monsieur le Juge de paix de cette Capitale, section Nord, ainsi qu'il résulte du procès-verbal que ce Magistrat en a dressé, assisté de son greffier, le . . . . . , — formule 72, — enregistré, dont une *grosse* (n° 31) est demeurée ci-annexée, d'une part; — N° 17.

Et la citoyenne Sylvia Lausus, sans profession, âgée de dix-sept ans, née et domiciliée à Port-au-Prince, — n°s 200 et 330, — fille légitime du citoyen Hyacinthe Lausus et de la citoyenne Cloris Procas, propriétaires, domiciliés ensemble à Port-au-Prince, — n° 330, — le citoyen Hyacinthe Lausus interdit, suivant jugement du Tribunal civil ci-après énoncé et ayant Madame son épouse pour tutrice, — N° 183.

Stipulant pour elle et en son nom personnel, avec l'assistance et sous l'autorisation de la citoyenne Cloris-Procas Lausus, susnommée, qualifiée et domiciliée, à ce présente, — n° 124, — agissant : 1° tant en sa qualité de mère pour assister et autoriser Mademoiselle la future épouse, sa fille, le citoyen Hyacinthe Lausus étant dans l'impossibilité de manifester sa volonté, 2° qu'en vertu des pouvoirs qui lui ont été conférés par le Conseil de famille du citoyen Hyacinthe Lausus, son mari, interdit suivant délibération dudit Conseil prise sous la présidence de Monsieur le juge de paix de cette Capitale, section Nord, assisté de son greffier, le. . . . . , — formule 73, — enregistrée et homologuée par jugement du Tribunal Civil de Port-au-Prince, en date du. . . . . , — formule 74, — dont une *grosse* (n° 31) est demeurée ci-jointe, d'autre part; — N° 17.

Lesquels nous ont requis de procéder à la célébration du mariage projeté entre. . . . . etc., . . . — Formule 70.

Aucune Opposition audit Mariage ne nous ayant été signifiée, — n° 214, — Vu les actes judiciaires ci dessus mentionnés, desquels il résulte que toutes les formalités de la Loi ont été remplies pour le présent mariage, faisant droit à la susdite réquisition, — après avoir donné aux Parties lectures de toutes les pièces relatives à leur état et aux formalités du mariage, — n°s 185 à 189 et 191 à 196, — ainsi que du chapitre *six* de la Loi *numéro six* sur le mariage traitant des droits et devoirs respectifs des époux, — n°s 242 à 246, — avons demandé au futur époux et à la future épouse s'ils veulent se prendre pour mari et femme; chacun d'eux ayant répondu séparément et affirmativement, en présence des témoins ci-après nommés et qualifiés, déclarons au Nom de la Loi que le citoyen Charles Mérové et la citoyenne Sylvia Lausus sont unis par le Mariage; — N°s 197 à 200.

Dont Acte fait et passé à Port-au-Prince, en la Demeure de Monsieur et Madame Marmont Flambert, rue du Port ou Pavée, autrefois d'Aunis, en présence du citoyen Roche-Grellier, docteur de la Faculté de Médecine de Paris, du sieur Eugène Lespinasse, négociant-consignataire, du citoyen Joseph-Antoine-Lewis Pouilh, littérateur et rentier, et du sieur Jérôme-Émile Traviéso, négociant-consignataire, tous les quatre majeurs, demeurant en cette ville, — n° 325, — témoins choisis et appelés par les Parties; —

nº 13-3°; — lesquels ont signé avec les Parties, l'Assistance et Nous, après lecture par Nous faite. — Nᵒˢ 13-4° et 5°, 483-484.

Ch. Mérové, Sylvia Lausus, M. Flambert, Cloris Lausus, Lewis Pouilh, Eug. Lespinasse, Dʳ Roche-Grellier, J.-Émile Traviéso, Dame M. Flambert, E. Séjourné fils, Françoise Pouilh, Damiens Delva, Alcida Grellier, C. Batraville, Georges Séjourné, Odilon Séjourné, Corine Nau, Vertus Daniel, Émilie Traviéso, Hermann Malval, Aristhène Berthoumieux, Lélia Liautaud née Grellier, Délice Lerebours, Ernest Malval fils, Hector Riobée, Georges Flambert, Constant Roy, Cécile Flambert, Auguste Auger, Louise Flambert, Duraciné Pouilh, Fernand Duchatellier, Fernand Vilmenay, Adléda Horelle, Léon Séjourné, Marguerite Séjourné, Doulle de Fort Saint-Clair, L. Biamby.

Nᵒˢ 121-122, 171 A 184, 137-138, 325 ET 330

DÉLIBÉRATION DU CONSEIL DE FAMILLE AUTORISANT LE MARIAGE D'UN MINEUR DE 19 ANS SANS PÈRE NI MÈRE NI AÏEULS NI AÏEULES

Formule 72.

Aujourd'hui le . . . . . . mai mil huit cent-quatre-vingt-deux, 79ᵉ année de l'Indépendance d'Haïti, à . . . . . heures de . . . . .

Par-devant Marcellus Zéphire, juge de paix de Port-au-Prince, section Nord, assisté du citoyen Pauléma Millien-Jean-Jacques, greffier en chef du siège, soussignés,

Est comparu le citoyen Charles Mérové, propriétaire et étudiant en médecine, assisté du citoyen Paul-Marmont Flambert, ancien député du peuple à la représentation nationale, négociant, son tuteur, chez lequel à Port-au-Prince il demeure; — Nº 330.

Lequel nous a dit et déclaré que, conformément à notre apostille mise au pied de la requête à nous présentée, en date du . . . . . mai courant, enregistrée le. . . . . — (ou qui sera enregistrée en même temps que le présent procès-verbal), — en outre de sa personne, il a fait comparaître volontairement pour composer un Conseil de famille, aux fins de délibérer sur l'Exposé qu'il va faire audit Conseil: 1° le citoyen Joseph-Asdrubal Courtois, juge au Tribunal de Cassation de la République, son parent au sixième degré, 2° le citoyen Dérissé Abellard, directeur de la Fonderie Nationale, son ami, 3° le citoyen Gustave-Élie Théodore, pharmacien, son allié au. . . . degré, 4° le citoyen Anasthase Régnier, juge au Tribunal de Cassation d'Haïti, son ami, 5° le citoyen Alexandre Riboul, propriétaire-planteur, son allié au sixième degré; 6° et le citoyen Théogène Servincent, notaire et écrivain public, son ami, tous les six membres majeurs d'âge, propriétaires, demeurant et domiciliés à Port-au-Prince. — Nº 325.

Le Conseil étant ainsi composé et réuni en notre salle d'audience, aux jour et heure susdits, le greffier a, sur l'ordre du juge, donné lecture des requête et apostille ci-dessus parlées.

Le Comparant expose par cette requête qu'il est âgé de près de dix-neuf ans, étant né à Port-au-Prince le quinze juin mil huit cent soixante-trois, et ainsi justifié par la représentation de son acte de naissance reçu par le citoyen Philémon Bastien, suppléant de magistrat communal, remplissant les fonctions d'officier de l'État Civil, et qu'il est sur le point de contracter mariage avec la citoyenne Sylvia Lausus; qu'aux termes de l'article *cent quarante-six* du Code Civil d'Haïti, — n° 121, — le mineur de vingt et un ans, — et à plus forte raison de dix-neuf ans, — qui n'a ni père ni mère, ni aïeuls ni aïeules, ne peut contracter mariage sans le consentement d'un Conseil de famille. C'est pourquoi il a convoqué le Conseil de famille aux fins de lui donner son consentement pour le mariage qu'il doit contracter incessamment, et auquel son tuteur, chez lequel il demeure, a donné sa pleine adhésion. — N° 330.

Le Conseil de famille ayant délibéré sous notre présidence,

Considérant que le citoyen Charles Mérové n'est âgé que de dix-neuf ans près et qu'il désire contracter mariage;

Considérant qu'aux termes de l'article *cent quarante-six* du Code civil d'Haïti, — n° 121, — si le mineur de vingt et un ans, et à plus forte raison de dix-neuf ans près, n'a ni père ni mère, ni aïeuls ni aïeules, il ne peut contracter mariage sans le consentement d'un Conseil de famille; — n° 121.

Considérant que le mineur Charles Mérové, de notoriété publique et au dire de son susdit tuteur, à ce présent, possède les qualités morales et physiques pour contracter mariage, — N° 107.

Déclare à l'unanimité consentir au mariage dudit mineur, les formalités de la Loi en pareil cas dûment observées, et délègue en conséquence le citoyen Paul-Marmont Flambert, membre honoraire du Conseil, à ce présent et acceptant, pour assister et autoriser le citoyen Charles Mérové audit mariage, — N° 137.

En foi de quoi nous avons dressé le présent Procès-Verbal les jour, mois et an que dessus et des autres parts, et avons signé avec les membres du Conseil, le Comparant et son tuteur ainsi que le greffier, après lecture par celui-ci faite. — N°s 483-484 — Charles Mérové, M. Flambert, Joseph-A. Courtois, A. Régnier, Riboul aîné, Gustave Théodore, D. Abellard, T. Servincent, M. Zéphyre, Pauléma M.-Jean-Jacques.

Nᵒˢ 121 ET 123, 128, 171 A 184, 325

DÉLIBÉRATION DU CONSEIL DE FAMILLE HOMOLOGUÉE PAR JUGEMENT DU TRIBUNAL
CIVIL POUR AUTORISER A MARIAGE EN CAS D'INTERDICTION

Formule 73.

L'An mil huit-cent-quatre-vingt-deux, 79ᵉ année de l'Indépendance d'Haïti, le. . . . . . . mai à trois heures et demie de l'après-midi,

Par-devant nous, Dorcé Alexandre, juge de paix, suppléant de Port-au-Prince, section Nord, assisté du greffier du siège,

Est comparue la citoyenne Cloris Procas, propriétaire, épouse du citoyen Hyacinthe Lausus, demeurant et domiciliée à Port-au-Prince; — Nᵒ 325.

Laquelle nous a dit et déclaré que, conformément à notre apostille mise au pied de la Requête à nous représentée, sous la date du. . . . . . . mai courant, enregistrée le. . . . . . . — (ou qui sera enregistrée en même temps que le présent acte), — en outre de sa personne, elle a fait comparaître volontairement devant nous, pour composer un Conseil de famille aux fins de délibérer sur l'Exposé qu'elle va faire au dit Conseil:

1ᵒ Le citoyen Joseph-Auguste Vallès, notaire et professeur au Lycée Pétion, son parent au. . . . . . . degré;

2ᵒ Le citoyen Horace Valcin, avocat du Barreau de Port-au-Prince, son ami;

3ᵒ Le citoyen Honorius Mahotière, docteur de la Faculté de Médecine de Paris, son allié au. . . . . . . degré;

4ᵒ Le citoyen Turenne Castagne, avocat du Barreau de la Capitale, son ami;

5ᵒ Le citoyen Émile Vallès, professeur au Lycée Nationale de cette ville, avocat, son parent au. . . . . . . degré;

6ᵒ Le citoyen Pierre-Antoine-Octavius Raymond, professeur au Lycée Pétion et avocat, son ami,

Tous les six majeurs, propriétaires, membres, demeurant et domiciliés en cette ville. — Nᵒ 325.

Le Conseil de famille étant ainsi composé et réuni en notre salle d'audience, aux jour et heure susdits, le greffier, a sur l'ordre du juge, donné lecture des requête et apostille ci-dessus portées.

La Comparante expose par cette requête que sa fille, Sylvia Lausus, âgée de dix-sept ans et demeurant sous son toit, — nᵒ 330, — est sur le point de contracter avec le citoyen Charles Mérové mariage auquel elle donne son plein et entier consentement, sans le concours du citoyen Hyacinthe Lausus son mari qui est dans l'impossibilité de manifester sa volonté, étant frappé d'interdiction suivant jugement du Tribunal Civil de ce ressort, en date du. . . . . . . de la même année, enregistré, — formule 75, — dont une grosse *ou* expédition en forme exécutoire nous a été représentée et par nous rendue à l'instant, — nᵒˢ 31 et 298; — qu'elle supplie en conséquence le Conseil de famille présentement réuni de l'autoriser, aux termes des articles *cent trente-sept et cent trente-huit* du Code Civil d'Haïti, — nᵒˢ 123 et 128, — à assister et autoriser sa susdite fille à contracter le mariage projeté entre elle et le citoyen Charles Mérové.

Le Conseil de famille ayant délibéré sous notre présidence,

Considérant que la citoyenne Sylvia Lausus n'est âgée que de dix-sept ans et qu'elle doit contracter mariage ;

Considérant qu'aux termes des articles *cent trente-sept* et *cent trente-huit* du Code Civil d'Haïti, — nᵒˢ 123 et 128, — si l'un des père et mère est dans l'impossibilité de manifester sa volonté, le consentement de l'autre époux suffit pour autoriser un enfant à mariage. ;

Considérant que le citoyen Hyacinthe Lausus, par le fait de l'interdiction dont il est ci-dessus parlé, est dans l'impossibilité de manifester sa volonté au mariage de sa fille,

Déclare à l'unanimité consentir au mariage que la citoyenne Sylvia Lausus se propose de contracter avec le citoyen Charles Mérové, donner en conséquence à Madame Hyacinthe Lausus tous pouvoirs nécessaires pour assister et autoriser Mademoiselle sa fille aux fins ci-dessus, les formalités voulues par la Loi en matière de mariage dûment observées.

En foi de quoi avons dressé le présent Procès-Verbal les jour, mois, heure et an que dessus;

Et la Comparante a signé avec les membres, nous et le greffier, après lecture par ce dernier faite. — Cloris Lausus née Procas, Dʳ H. Mahotière, Joseph-Aug. Vallès, T. Castagne, Raymond aîné, H. Valcin, Emile Vallès Dorcé Alexandre, Auguste Dantié, greffier.

Nᵒˢ 121, 298, 29, 31, 175, 181, 325

Jugement Homologatif du Conseil de Famille autorisant le mariage de l'Enfant d'un Interdit

Formule 74.

Au Nom de la République,

Le Tribunal Civil de Port-au-Prince, compétemment réuni au Palais de Justice, a rendu en audience publique (nᵒ 298), le Jugement suivant, sur la requête dont la teneur suit : — Nᵒ 175.

A Monsieur le Doyen et Messieurs les Juges composant la Chambre du Conseil du Tribunal Civil de Port-au-Prince.

Magistrats,

La dame Cloris Procas, propriétaire, épouse de Hyacinthe Lausus, demeurant et domiciliée à Port-au-Prince, — n° 325, — agissant au nom et comme tutrice légale de Sylvia Lausus, sa fille mineure, ayant pour avocats constitués Maîtres Joseph Archin et Florian Modé, du Barreau de ce ressort, a l'honneur de vous exposer que, par Délibération du Conseil de famille de ladite mineure, tenu sous la présidence de Monsieur Dorcé Alexandre, l'un des juges de paix de cette ville, section Nord, sous la date du...... mai dernier et enregistrée le......, — formule 73, — sa fille Sylvia Lausus a été autorisée à contracter mariage avec Monsieur Charles Mérové, sans le concours de Monsieur Hyacinthe Lausus, son père, qui est dans l'impossibilité de manifester sa volonté, étant frappé d'interdiction aux termes du jugement de votre Tribunal en date du......, — formule 75. — Il vous plaira, Magistrats, homologuer ladite Délibération du Conseil de famille, aux termes de l'article *quatre cent vingt* du Code Civil d'Haïti (n° 121), pour sortir son plein et entier effet.

Ce sera justice. — Cloris Lausus, F. Modé, Joseph Archin.

Soient la Requête qui précède et le Procès-Verbal de la délibération du Conseil de famille de la mineure Sylvia Lausus communiqués au Ministère Public pour, après ses conclusions et le rapport qui en sera fait le...... par Monsieur le juge Dumésile Marcelin que nous commettons à cet effet, être statué ce que de droit. — Port au Prince, le...... mai mil huit cent quatre-vingt-deux, 79e année de l'Indépendance d'Haïti.

Le Doyen du Tribunal Civil de Port-au-Prince,

Aurélus Dyer.

Vu : La Loi n'empêche. — N° 549.

Le Commissaire du Gouvernement,

Ludovic Panayoty, *substitut.*

Vu : — 1° la Requête qui précède et l'Apostille de M. Ludovic Panayoty, substitut du Commissaire du Gouvernement, portant : « Vu : la Loi n'empêche » ; — 2° la Délibération du Conseil de famille de la mineure Sylvia Lausus sous la présidence de Monsieur Dorcé Alexandre, juge de paix suppléant de la section Nord de Port-au-Prince, en date du...... mai de cette année, enregistrée le......; — Formule 73.

Après avoir entendu Monsieur Dumésil Marcelin, juge, commis pour en faire rapport,

Considérant que, pour parvenir à contracter mariage, il importe d'homologuer ladite Délibération du Conseil de famille de la mineure Sylvia Lausus ;

Considérant que...... etc.,.....

Par ces motifs, le Tribunal, après délibération en la Chambre du Conseil, *homologue*, pour sortir son plein et entier effet, la Délibération du Conseil de famille susénoncée, sous la date du...... mai dernier, par laquelle la mineure Sylvia Lausus est autorisée à contracter mariage avec Monsieur Charles Merové, avec le concours de Madame sa mère et sans celui de Monsieur son père, pour les causes susénoncées. — Formule 73.

Donné de nous, Aurélus Dyer, doyen, Dumésile Marcelin et Édouard Boisson, juges, en Audience Publique du Tribunal Civil de Port au-Prince, le...... mil huit cent quatre-vingt-deux, 79e année de l'Indépendance d'Haïti. — Nos 298-299.

Il est ordonné à tous huissiers sur ce requis de mettre le présent Jugement à exécution, aux officiers du ministère public près les tribunaux civils d'y tenir la main, à tous commandants et autres officiers de la force publique d'y prêter main forte, lorsqu'ils en seront légalement requis;

En foi de quoi la minute du présent jugement a été signée du doyen, des juges et du greffier. — Nos 29 à 31. — Aurélus Dyer, Dumésil Marcelin, Édouard Boisson, Alvarès Lallemand.

Nos 171 A 184, 29 A 31, 298 ET 299

JUGEMENT D'INTERDICTION

Formule 75.

Au Nom de la République,

Le Tribunal Civil de Port-au-Prince, compétemment réuni au Palais de Justice, rue du Centre *ou* Dauphine, a rendu en audience publique (no 180), le Jugement suivant : — Entre :

La citoyenne Cloris Procas, propriétaire, épouse du citoyen Hyacinthe Lausus, demeurant et domiciliée à Port-au-Prince, — no 325, — demanderesse, comparant en personne, — (*ou* comparant par Me William-Gratius Riché, son avocat constitué), — d'une part,

Et le citoyen Hyacinthe Lausus, propriétaire, demeurant et domicilié à Port-au-Prince, — no 325, — défendeur, comparant en personne, — (*ou* comparant par Me Murat Labissière, son conseil, *ou bien* défaillant), — d'autre part,

La cause portée à l'Audience Publique du......, après le rapport de Monsieur le juge Delmas Lameilhe, la Demanderesse — (*ou* Me William-Gratius Riché, pour la Demanderesse), — a pris et déposé les conclusions suivantes...... etc.,......

Le Défendeur — (*ou* Me Murat Labissière pour le Défendeur) — a répondu par celles qui suivent....... etc.,........ — (*ou bien :* Le Défendeur a fait défaut).

Point de Fait : La citoyenne Cloris Procas présenta une demande en

interdiction contre le citoyen Hyacinthe Lausus, son époux, pour......
etc....., *telle cause*. Les formalités voulues par la Loi observées, — n° 175,
— le citoyen Hyacinthe Lausus a été interrogé en la Chambre du Conseil
(*ou par tel juge*), en vertu du jugement du......., — N° 178.

Les Parties renvoyées à l'Audience publique par jugement du.........,
après le Rapport de Monsieur le juge Delmas Lameilhe, les Conclusions
ci-dessus transcrites ont été par Elles prises. — Monsieur Jean-Louis
Vérité, commissaire du Gouvernement, entendu en ses conclusions ver-
bales, le Tribunal a ordonné le dépôt des pièces pour en être délibéré et
le prononcé du jugement à l'une des procha nes audiences. — N° ....

Point de Droit : Le Tribunal doit-il prononcer l'Interdiction du citoyen
Hyacinthe Lausus avec dépens ?

Vu : 1° .... etc., ... *telles pièces,*

Considérant que, par les interrogations (*ou l'enquête*)....... etc.,......,
il est prouvé que le citoyen Hyacinthe Lausus ne peut administrer ses
biens, ni gouverner sa personne, — n° 171, — ni donner un consentement éclairé à aucun des actes de la vie civile ;

Considérant qu'il y a lieu de prononcer son interdiction, aux termes
de l'article *trois cent quatre-vingt-dix-neuf* du Code Civil d'Haïti. — N° 171.

Par ces motifs, le Tribunal, après en avoir délibéré, interdit au citoyen
Hyacinthe Lausus tout acte d'administration de ses biens et de sa personne, — ordonne en conséquence qu'il lui soit nommé un tuteur et un
subrogé tuteur, conformément à l'article *quatre cent quatorze* du Code
Civil d'Haïti, — n° 181, — et le condamne aux dépens, alloués à la somme
de .... piastres, et ce, non compris le coût du présent jugement.

Donné de nous, Hugon Lechaud, juge-doyen, Delmas Lameilhe et Mexilier Romain, juges, en Audience Publique du.......... mai mil huit
cent quatre-vingt-un, 78me année de l'Indépendance d'Haïti. — Nos 298-299.

Il est ordonné à tous huissiers sur ce requis........ etc.,......... —
Formule 74. — Nos 29 à 31. — Hugon Lechaud, Delmas Lameilhe, Mexilier
Romain, Alvarès Lallemand.

Nos 120 A 127, 131, 139 A 141, 189 A 191, 197 A 200, 214

MARIAGE ENTRE MAJEURS AVEC CONSENTEMENT *en personne* DES ASCENDANTS

Formule 76.

L'An mil huit cent quatre-vingt-deux, 79me année de l'Indépendance
d'Haïti, — nos 13-1° et 6°, — le jeudi quinze juin, à quatre heures trois
quarts de l'après-midi,

Par-devant nous, Lusincourt-Georges Biamby, officier de l'État Civil
de Port-au-Prince, section Nord, soussigné, — Nos 4 à 11.

Sont comparus : — N° 10.

Le citoyen Claude Norbert, instituteur, domicilié à Port-au-Prince, — n°s 200 et 325, — majeur, étant né à Port-au-Prince, le quatre mai mil huit cent cinquante-cinq, du mariage d'entre le citoyen Félicien Norbert et de la citoyenne Germaine Boniface, propriétaires, domiciliés ensemble en cette ville, — N° 330.

Stipulant pour lui et en son nom personnel, avec le consentement de ses père et mère, d'une part ; — N°s 120 à 127, 139 à 141 et 255.

2° Le citoyen Félicien Norbert et la citoyenne Germaine Boniface, son épouse de lui autorisée, susnommés, qualifiés et domiciliés,

Stipulant pour assister Monsieur leur fils, futur époux, et consentir à son mariage, aussi d'une part ;

3° La citoyenne Clotilde Landry, modiste, domiciliée à Port-au-Prince, — n°s 200 et 325, — majeure, étant née à Miragoane, le huit avril mil huit cent cinquante-neuf, du mariage d'entre le citoyen Barnabé Landry et la citoyenne Marcelline Basile, propriétaires, domiciliés ensemble en cette Capitale, — N° 330.

Stipulant pour elle et en son nom personnel, avec le consentement de ses père et mère, d'autre part ; — N°s 120 à 127, 139 à 141 et 255.

4° Le citoyen Barnabé Landry et la citoyenne Marcelline Basile, son épouse de lui autorisée, susnommés, qualifiés et domiciliés,

Stipulant pour assister Mademoiselle leur fille, future épouse, et consentir à son mariage, aussi d'autre part ;

Lesquels nous ont requis de procéder à la célébration du mariage projeté entre le citoyen Claude Norbert et la citoyenne Clotilde Landry, dont les publications ont été faites devant la principale porte d'entrée de notre Bureau ou Hôtel, les dimanches quatre et onze juin de la présente année, à huit heures du matin. — N°s 185 à 189.

Aucune Opposition audit Mariage ne nous ayant été signifiée, — n° 214, — faisant droit à ladite réquisition, — après avoir donné aux Parties et aux témoins présents lecture : 1° des actes de naissance des futurs époux ; 2° des publications ci-dessus énoncées et 3° du chapitre six de la Loi numéro six du Code Civil d'Haïti traitant des droits et devoirs respectifs des époux, — n°s 242 à 246, — avons demandé au futur époux et à la future épouse s'ils veulent se prendre mutuellement pour mari et pour femme ; chacun d'eux ayant répondu séparément et affirmativement, en présence des témoins ci-après nommés et qualifiés, déclarons au Nom de la Loi que le citoyen Claude Norbert et la citoyenne Clotilde Landry sont unis par le Mariage ; — N°s 197 à 200.

Dont Acte fait et passé à Port-au-Prince, en la Demeure de Monsieur et Madame Pinganeau Imbert, rue des Miracles, en présence du citoyen Marius-Jean Simon, sénateur de la République, du citoyen Jean-Chrisostome Pinganeau Imbert, chef de division à la Secrétairerie d'État de la Guerre, du citoyen Moléus Germain, député au Corps Législatif, et du citoyen Jean-Chrisostome-Cicéron François, chef de bureau à la Secrétairerie d'État de la Marine, tous les quatre majeurs, propriétaires, domiciliés à Port-au-Prince, — n° 325, — témoins choisis et produits par les parties. — N° 13-3°.

Et les Contractants ont signé avec leurs pères et mères, lesdits témoins, l'Assistance et Nous, après lecture par Nous faite. — Nos 13-4° et 5°, 483-484.

Clotilde Landry, C. Norbert, Germaine Norbert, B. Landry, Félicien Norbert, Dame B. Landry, Cicéron François, M. Germain, M.-Jean Simon, P. Imbert, Ambroisine Servincent, Louis Laforest, Maria Germain, Emmanuel Bance, Dame Marie François, Hosanna Imbert née Frères, François Ducasse, Victoria Germain née Bienaimé, Emmanuel Servincent, Ducatel Ducasse, Victor Germain, Céleste Imbert, Eugène Barthélemy, Dame S. Michaud, Clémence-Amélie Bauduy, Chrysostome François, Régina Germain, Alfred Imbert, Servilie François, Anna In, Toussaint Attis, Fénelon François, Rose Milla Myrthil, Emmanuel Théodore, Amasile Servincent, Casile François, Marie Théodore, Hosanna Servincent, François-Auguste Toussaint, Chariclée Laroche, Joséphine Siryse, Nicolas-Ch. Bauduy, Sémexant Michaud, L.-Biamby. — N° 13-3° (1).

MÊMES NUMÉROS

SIMPLIFICATION DE LA FORMULE 76

Formule 77.

Aujourd'hui jeudi, quinze juin mil huit cent quatre-vingt-deux, 79me année de l'Indépendance d'Haïti, — n° 13-1° et 6°, — à quatre heures trois quarts de l'après-midi,

Devant nous, Lusincourt-Georges Biamby, officier de l'État Civil de Port-au-Prince, soussigné, — Nos 4 à 11.

Sont comparus : — N° 10.

Le citoyen Claude Norbert, instituteur, âgé de vingt-sept ans, né et domicilié à Port-au-Prince, — nos 200 et 325, — fils légitime du citoyen Félicien Norbert et de la citoyenne Germaine Boniface, propriétaires, domiciliés ensemble en cette ville, — N° 330.

Stipulant pour lui et en son nom personnel, du consentement de ses père et mère, susnommés, qualifiés et domiciliés, *à ce présents*, d'une part; — Nos 120 à 127, 139 à 141 et 255.

Et la citoyenne Clotilde Landry, modiste, âgée de vingt-trois ans, née à Miragoane et domiciliée à Port-au-Prince, — nos 200 et 325, — fille légitime du citoyen Barnabé Landry et de la citoyenne Marcelline Basile, propriétaires, domiciliés ensemble en cette Capitale, — N° 330.

Stipulant pour elle et en son nom personnel, du consentement de ses père et mère, susnommés, qualifiés et domiciliés, *à ce présents*, d'autre part ; — Nᵒˢ 120 à 127, 139 à 141 et 255.

Lesquels nous ont requis de procéder à la célébration du mariage projeté entre les Comparants, dont les publications ont été faites. . . . . . . etc., ... — Formule 76.

Aucune Opposition audit Mariage ne nous ayant été signifiée, — nᵒ 214, — faisant droit à ladite réquisition, — après avoir donné aux Parties lecture de toutes les pièces exigées par la Loi relatives à leur état et aux formalités du mariage, — nᵒˢ 185 à 189 et 191 à 196, — ainsi que du chapitre *six* de la Loi sur le mariage traitant des droits et devoirs respectifs des époux, — nᵒˢ 242 à 246, — avons demandé au futur époux et à la future épouse s'ils veulent se prendre pour mari et femme,. . . . . etc., ... — Formule 76.

Dont Acte fait, en notre Bureau *ou* Hôtel, en présence des citoyens Georges Benjamin, Abraham Jean, Lyncée Duroseau et Cicéron Dessables, tous les quatre majeurs, propriétaires, domiciliés en cette ville, — nᵒ 325, — amis des Contractants, témoins choisis et amenés par les Parties, —nᵒ 13-3ᵒ, — lesquelles ont signé avec les parties et nous, après lecture par nous faite. — Nᵒˢ 13-4ᵒ et 5ᵒ, 483-485. — C. Norbert, Clotilde Landry, Dame B. Landry, Félicien Norbert, B. Landry, Germaine Norbert, C. Dessables, Georges Benjamin, L. Duroseau, Abraham Jean, L. Biamby.

Nᵒˢ 138 A 141, 185 A 189, 197 A 200, 214 ET 325

FILS ET FILLE MAJEURS SANS ASCENDANTS

Formule 78.

L'An mil huit cent quatre-vingt-deux, 79ᵉ année de l'Indépéndance d'Haïti, — nᵒ 13-1ᵒ et 6ᵒ, — le. . . . . juin, à trois heures de l'après-midi,

Par-devant nous, Mystal Joly-Gérard, officier de l'État Civil de Port-au-Prince, soussigné, — Nᵒˢ 4 à 11.

Sont comparus : — Nᵒˢ 10.

Le citoyen Salsus Piscis, propriétaire, âgé de trente-deux ans, natif de X. . . . . . et domicilié à Port-au-Prince, — nᵒ 325, — fils du citoyen Henry Piscis et de la citoyenne Soline Michault, décédés tous les deux à X. . . de leur vivant propriétaires y domiciliés, — nᵒ 325, — stipulant pour lui et en son nom personnel, d'une part ; — Nᵒ 138.

Et la citoyenne Agatha-Francesca Calvus, propriétaire, âgée de trente-six ans, native de X. . . . . . et domiciliée à Port-au-Prince, —nᵒ 325,

— fille du citoyen François Calvus et de la citoyenne Louise Ségore, tous les deux décédés à Z. . . . . . . , de leur vivant propriétaires y domiciliés, — nº 325, — stipulant pour elle et en son nom personnel, d'autre part ; — Nº 138.

Lesquels nous ont requis de procéder à la célébration du mariage projeté entre eux, dont les publications ont été faites devant la principale porte d'entrée de notre Bureau les dimanches. . . . . . etc.,. . . . . — Nᵒˢ 185 à 189.

Aucune Opposition au dit Mariage ne nous ayant été signifiée, — nº 214, — faisant droit à la susdite réquisition, — après avoir donné aux futurs conjoints lecture : 1º de leurs actes de naissance : 2º des publications ci-dessus énoncées, et 3º du chapitre *six* de la Loi *numéro six* du Code Civil traitant des droits et devoirs respectifs des époux, — nᵒˢ 242 à 246, — avons demandé au futur époux et à la future épouse s'ils veulent se prendre pour mari et femme ; chacun ayant répondu séparément et affirmativement, en présence des témoins ci-après nommés et qualifiés, déclarons au Nom de la Loi que le citoyen Salsus Piscis et la citoyenne Agatha-Francesca Calvus sont unis par le Mariage ; — Nᵒˢ 197 à 200.

Dont Acte fait en notre Bureau, en présence du citoyen Windsor Terlonge, chef de bureau à la secrétairerie d'État de la Guerre et de la Marine, du citoyen Alcime Espert, professeur à l'institution *Mont-Rosier*, du citoyen Camille Oriol, chef de bureau à la secrétairerie d'État de l'Intérieur, et du citoyen Timothée Saint-Fort Colin, comptable à la secrétairerie d'État de l'Instruction publique, tous les quatre majeurs, propriétaires, domiciliés en cette ville, — nº 325, — témoins choisis et amenés par les Parties. — Nº 13-3º.

Et les Contractants ont signé avec les témoins, l'Assistance et nous, après lecture par nous faite. — Nᵒˢ 13-4º et 5º, 483-484.

Salsus Piscis, Agatha-Francesca Calvus, Alcime Espert, Windsor Terlonge, Camille Oriol, Timothée Saint-Fort Colin, Néiphile Rinchère, Montjoie Fort, Arthur Bordes, Saul Zéphire, Estelle Roux, Darius Lerebours, Lauriston Berthoumieux, Veuve Perceval, Charles Millery, Méséline Isidore, Roxelane Théodore, Uranie Saint-Fort Colin, née Legendre, Alfred Jastram, Dame W. Terlonge, Jules Bordes, Joseph Jastram, Edouard Bordes, Pétion César, Julien Breton, Auguste Auger, Numa Luc, Mystal Joly-Gérard. — Nº 13-3º (1).

MÊMES NUMÉROS

Même Cas

Formule 78 Bis.

Aujourd'hui lundi, douze juin mil huit cent quatre-vingt-deux, 79ᵉ année

de l'Indépendance d'Haïti, à. . . . . heures de. . . . .
— Nº 13-1º et 6º,

Par-devant nous, Lusincourt-Georges Biamby. officier de l'État Civil de Port-au-Prince, section Nord, soussigné, — Nᵒˢ 4 à 11.

Sont comparus : — Nº 10.

Le citoyen Alexandre Pointvrai, artiste, âgé de trente-cinq ans, né et domicilié à Port-au-Prince, — nᵒˢ 200 et 325, — fils du citoyen Jérôme Pointvrai et de la citoyenne Sanite Bagou, décédés en cette ville où, de leur vivant, ils étaient domiciliés, — Nº 325.

Stipulant pour lui et en son nom personnel, en présence des citoyens Marcellus Adam et Mesmin Lavaud, députés au Corps Législatif, propriétaires, domiciliés à Port-au-Prince, témoins choisis et appelés par lui, — nº 13-3º, — d'une part ; — Nº 138.

La citoyenne Eudoxie Craque, propriétaire, âgée de trente ans, née et domiciliée à Port-au-Prince, — nᵒˢ 200 et 325, — fille du citoyen Louis Craque et de la citoyenne Elmire Falsus, décédés en cette ville où, de leur vivant, ils étaient domiciliés, — Nº 325.

Stipulant pour elle et en son nom personnel, en présence des citoyens Arétus Duval et Jean-Joseph Audain, sénateurs de la République, propriétaires, domiciliés à Port-au-Prince, témoins choisis et appelés par elle. — nº 13-3º, — d'autre part ; — Nº 138.

Lesquels Nous ont requis de procéder à la célébration de mariage projeté et arrêté entre eux, dont les publications ont été faites devant la principale porte d'entrée de Notre Bureau les dimanches. . . . . . . etc.,. . . . .
— nᵒˢ 185 à 189.

Aucune Opposition audit Mariage ne Nous ayant été signifiée, — nº 214, — faisant droit à la susdite réquisition, — après avoir donné aux Parties lecture de toutes les pièces exigées par la Loi, relatives à l'état des Contractants et aux formalités du mariage, — nᵒˢ 185-186 et 190-191, — ainsi que du chapitre *six* de la Loi sur le mariage traitant des droits et devoirs respectifs des époux, — nᵒˢ 242 à 246, — avons demandé au futur époux et à la future épouse s'ils veulent se prendre *mutuellement* pour mari et pour femme ; chacun d'eux ayant répondu séparément et affirmativement, en présence des témoins susnommés et qualifiés, déclarons au Nom de la Loi que le citoyen Alexandre Pointvrai et la citoyenne Eudoxie Craque sont unis par le Mariage. — Nᵒˢ 197 à 200.

Dont Acte fait en Notre Bureau les jour, mois, heure et an susdits, que les Contractants ont signé avec leurs témoins et Nous, après lecture par Nous faite. — Nᵒˢ 13-4º et 5º, 483-484. — Alexandre Pointvrai, Eudoxie Craque, Jean-Joseph Audain, Mesmin Lavaud, Arétus Duval, Marcellus Adam, Lusincourt Biamby.

(*Voyez les formules 169 à 192.*)

N°s 140 A 170, 185 A 189, 197 A 200, 214, 242 A 246

Formule 79.

Aujourd'hui le . . . . . , juin mil huit cent quatre-vingt-deux, 79e année de l'Indépendance d'Haïti, à dix heures et demie du matin, — N^o13-1° et 6°.

Par-devant nous, Lusincourt-Georges Biamby, officier de l'État Civil de Port-au-Prince, section Nord, soussigné, — N°s 4 à 11.

Sont comparus : — N° 10.

Le citoyen Antoine Basile, commerçant, âgé de vingt-cinq ans et demi, né à la Croix-des-Bouquets et domicilié à Port-au-Prince, — n°s 200 et 325, — fils légitime du citoyen Théodore Basile et de la citoyenne Germine Germin, propriétaires, domiciliés ensemble à Port-au-Prince, — N°s 325 et 330.

Stipulant en son nom personnel et en vertu, à défaut de consentement de ses père et mère, des *actes respectueux* au rapport de Me Théogène Servincent et son collègue, notaires en cette ville, en dates des. . . . , notifiés les mêmes jours à ses père et mère, — n°s 141 et 149 ; formules 80-81 et 82-83, — dont trois expéditions (n° 30) à nous représentées demeurent ci-annexées, après avoir été du citoyen Antoine Basile certifiées véritables, — n° 17, — et que dessus il a été apposé une mention le constatant, signée dudit citoyen Antoine Basile, des témoins ci-après nommés et de nous, — formule 69, — d'une part ;

Et la citoyenne Félicité Gersvais, sans profession, âgée de vingt et un ans et demi, née à Pétionville et domiciliée à Port-au-Prince, — n°s 200 et 325, — fille légitime du citoyen Aurélien Gersvais et de la citoyenne Marine Sylvère, tous les deux, décédés à Port-au-Prince où, de leur vivant, ils étaient propriétaires et domiciliés ensemble, — N° 330.

Stipulant en son nom personnel et du consentement du citoyen Paulin Gersvais, son aïeul paternel, propriétaire, domicilié en cette ville, *à ce présent*, — n° 124, — d'autre part ;

Lesquels nous ont requis de procéder à la célébration du mariage projeté entre les Comparants, ... etc. . . . . . — Formule 76.

Aucune Opposition audit Mariage ne nous ayant été signifiée, — n° 214, — Vu les actes respectueux ci-dessus mentionnés, desquels il résulte que les formalités requises par la Loi pour ce mariage ont été remplies, et que les délais prescrits au cas présent sont expirés, — n°s 142 et 166, — faisant droit à ladite réquisition, — après avoir donné aux Parties lecture : 1° des actes de naissance des futurs époux ; 2° des publications ci-dessus énoncées ; 3° des actes respectueux dont il est plus haut question, et, 4° du chapitre *six* de la Loi *numéro six* du Code Civil, — n°s 242 à 246 —

traitant des droits et devoirs respectifs des époux, — avons demandé au futur époux et à la future épouse s'ils veulent se prendre *mutuellement* pour mari et pour femme ; chacund'eux ayant répondu séparément et affirmativement en présence des témoins ci-après nommés et qualifiés, déclarons au Nom de la Loi que le citoyen Antoine Basile et la citoyenne Félicité Gersvais sont unis par le Mariage ; — N°s 197 à 200.

Dont Acte fait en la Demeure du citoyen Paulin Gersvais, rue X. . . , en présence du citoyen Philippe Curiel, chef de division à la Secrétairerie d'État de l'Intérieur, du citoyen Octave Pelletier, comptable en chef à la Secrétairerie d'État des Finances, du citoyen Florian Moïse, directeur de l'Imprimerie Nationale de cette ville, et du citoyen Despuzeaux Daumec, chef de division à la Secrétairerie d'État des Finances, tous les quatre majeurs, propriétaires, domiciliés à Port-au-Prince, — n° 325, — témoins choisis et appelés par les Parties ; — N° 13-3°.

Et les Parties ont signé avec lesdits Témoins, l'Assistance et Nous, après lecture par Nous faite, — N°s 13-4° et 5°, 483-484.

A. Basile, Félicité Gersvais, Paulin Gersvais, Ph. Curiel, Octave Pelletier, F. Moïse, Despuzeau Daumec, Vestavieux, Jules Nau, Adrienne Curiel, Viennette Vieux, Dumai Salvodon, Charles Desravines, Adélaïde Curiel, née Vieux, Abel Daumec, Lucie Curiel, Arsace Roux, Dorléans Lamy, Orséna Gervais, T. Servincent, Berzélius Désert, Polluxenne Curiel, née Lorquet, Pétion Détré, Lorville Pelletier, Emilie Moïse, née Labranche, Aurélien fils, Marie Hector, Amilcar Lamy, Eudovia Moïse, Léon Moïse, Carmélite Hector, Dame D. Daumec, Esther Moïse, C. Oriol, Séide François, Ariane Cantave, François Curiel, Némorin Estor fils, Paul Primé, Alexis Rodnez, Mathieu Vieux, Horatius Noël, Dame O. Pelletier, Hortense Pelletier, L. Biamby.

N°s 144 A 170, 30 ET 330

Acte Respectueux a défaut de Consentement a Mariage

Annexe à la formule 79.

Formule 80.

L'An mil huit cent quatre-vingt-deux, 79e année de l'Indépendance d'Haïti, le . . . . . , à neuf heures et demie du matin, — N°s 144-145.

Devant Me Théogène Servincent et Me Edmond Oriol, notaires à Port-au-Prince, soussignés, et en l'étude de celui-là,

Est comparu Monsieur Antoine Basile, commerçant, demeurant à Port-au-Prince, majeur de vingt-cinq ans révolus, étant né à la Croix-des-Bouquets, le . . . . . , du mariage d'entre Monsieur Théodore Basile et Madame Germine Germin, propriétaires, demeurant ensemble à

Port-au-Prince, — nº 330, — ainsi qu'il en a justifié par la représentation d'une *expédition* de son acte de naissance, qui lui a été de suite rendue; — Nº 30.

Lequel a par ces présentes déclaré qu'il demande *respectueusement* à Monsieur et à Madame Théodore Basile, ses père et mère, leur conseil sur le mariage qu'il se propose de contracter avec Mademoiselle Félicité Gersvais, sans profession, demeurant à Port-au-Prince, chez Monsieur Paulin Gersvais, son aïeul paternel, — nº 330, — née à Pétionville, le .., du mariage d'entre Monsieur Aurélien Gersvais et Madame Marine Sylvère, tous les deux décédés à Port-au-Prince, de leur vivant, propriétaires, demeurant ensemble en cette ville, — Nº 145.

Et il a requis les Notaires soussignés de se transporter au domicile de Monsieur et Madame Théodore Basile, ses père et mère, pour leur faire la notification du présent *acte respectueux*, conformément à la Loi,

Fait et passé à Port-au-Prince, les jour, mois et an susdits ;

Et le Comparant, après lecture, a signé avec les Notaires. — A. Basile, Ed. Oriol, T. Servincent.

Nᵒˢ 145, 149, 151 A 155, 157 A 159, 164

NOTIFICATION D'ACTE RESPECTUEUX

Formule 81.

Et le même jour, à trois heures et demie de l'après-midi,

En conséquence de la réquisition contenue en l'Acte de ce jour, dont la minute précède, — Nº 29 ; — formule 80.

Mᵉ Théogène Servincent et Mᵉ Edmond Oriol, notaires à Port-au-Prince, soussignés, se sont transportés au domicile, en cette ville, rue X . . . , de Monsieur et Madame Théodore Basile, père et mère ci-dessus nommés; — Formule 80.

Et ils leur ont notifié, en parlant à leurs personnes, — nº 153, — l'Acte respectueux dont la minute précède, — formule 81, — et par lequel Monsieur Antoine Basile, leur fils, demande *respectueusement* leur conseil sur le mariage qu'il se propose de contracter avec Mademoiselle Félicité Gersvais, — nᵒˢ 145 et 149, — sans profession, demeurant à Port-au-Prince, chez son aïeul paternel, ci-dessus nommé, — Formule 80.

Sur l'interpellation à eux faite par les notaires soussignés, Monsieur et Madame Théodore Basile ont dit, — nº 154, — savoir :

Monsieur Théodore Basile que, par les motifs qu'il a déjà fait connaître à son fils, et qu'il ne croit pas utile de répéter ici, il désapprouve le mariage projeté et persévère dans son refus d'y consentir ; — Nº 154.

Et Madame Théodore Basile que, par les mêmes motifs, elle refuse aussi son consentement : — N° 154.

Et, après lecture, Monsieur et Madame Théodore Basile ont signé, — Théodore Basile, Germine Basile.

De tout ce que dessus il a été dressé le présent Procès-Verbal, au domicile de Monsieur et Madame Théodore Basile, les jour, mois et an susdits,

Et à l'instant, les Notaires soussignés ont laissé à Monsieur et Madame Théodore Basile, séparément, — n° 158, — une Copie signée desdits notaires tant du présent Procès-Verbal que de l'Acte Respectueux qui précède (formule 80) et qui sera enregistré avec les présentes,

Et Monsieur et Madame Théodore Basile ont signé avec les Notaires, après lecture faite du tout. — N° 159. — Germine Basile, Th. Basile, Edmond Oriol, T. Servincent.

N°s 142, 166, 167, 168, 169, 159

Renouvellement d'Acte Respectueux

Formule 82.

L'An mil huit cent quatre-vingt-deux, 79e année de l'Indépendance d'Haïti, le . . . . . ., à neuf heures et demie du matin,

Par-devant Me Théogène Servincent et Me Edmond Oriol, notaires à Port-au-Prince, soussignés, et en l'étude de celui-là,

Est comparu Monsieur Antoine Basile, commerçant. . . , etc. . . . ., — Formule 80.

Renouvelant un premier *acte respectueux*, dressé par Mes Théogène Servincent et Edmond Oriol, notaires soussignés, et notifié le même jour par les mêmes notaires ; — (ou un premier et un deuxième *actes respectueux* dressés par Me Théogène Servincent et Me Edmond Oriol, notaires soussignés, le premier, le . . . . . , et le second, le . . . . . ., notifiés par les mêmes notaires, à la date des mêmes jours,)

Lequel a déclaré que, par ces présentes, il demande de nouveau *respectueusement* à Monsieur et à Madame Théodore Basile, ses père et mère, leur conseil sinon leur consentement sur le mariage qu'il se propose de contracter avec Mademoiselle Félicité Gersvais . . . . , etc. . . . . ., — Formule 80.

Et il a requis les Notaires soussignés de se transporter au domicile de . . . . . , etc. . . . . . . ; — Formule 80.

Et le Comparant a signé avec les Notaires, après lecture faite. — N° 159. — A. Basile, Ed. Oriol, T. Servincent.

MÊMES NUMÉROS

Notification de Renouvellement d'Acte Respectueux

Formule 83.

Et le même jour, à..... heures de l'après-midi,

En conséquence de la Réquisition contenue..... etc., ...; — Formule 81.

Et ils leur ont notifié, en parlant à leurs personnes, — n° 153, — ..... etc., ..., et par lequel Monsieur Antoine Basile, leur fils, demande de nouveau *respectueusement* leur conseil sur le mariage ..... .etc., ... — Formule 81. — Théodore Basile, Germine Basile, Ed. Oriol, T. Servincent.

N⁰ˢ 168, 169, 170, 325, 330

Mariage en cas de Dissentiment

Formule 84.

Aujourd'hui, le jeudi quinze juin mil huit cent quatre-vingt-deux, 79ᵉ année de l'Indépendance d'Haïti, à quatre heures de l'après-midi, — N° 13-1° et 6°.

Par-devant nous, Lusincourt-Georges Biamby, officier de l'État Civil de Port-au-Prince, soussigné, — N°ˢ 4 à 11.

Sont comparus : — N° 10.

Le citoyen Antoine Basile, commerçant, âgé de vingt-cinq ans et demi, né à la Croix-des-Bouquets, domicilié à Port-au-Prince, — n°ˢ 200 et 325, — fils légitime du citoyen Théodore Basile et de la citoyenne Germine Germin, propriétaires, domiciliés ensemble à Port-au-Prince. — N°ˢ 325 et 330,

Stipulant pour lui et en son nom personnel, du consentement de son père seulement, *à ce présent*, — n° 124, — propriétaire, domicilié en cette ville, — n° 325, — sans le consentement ni l'assistance de sa mère, absente, à cause du *dissentiment* entre ces derniers, établissant que le consentement et l'assistance du père suffit pour le présent mariage, aux termes de l'article *cent trente-six* du Code Civil d'Haïti, — n° 168, — ainsi justifié par l'acte au rapport du notaire Théogène Servincent, de cette ville, assisté de témoins, sous la date du six juin courant, dûment enregistré, — n° 169, formules 85-86, — dont une expédition en forme (n° 30) nous a été représentée et est demeurée ci-annexée (n° 17), après avoir été par le Comparant certifiée véritable et signée par lui, des témoins ci-après nommés et qualifiés et de nous, d'une part ; — Formule 69.

Et la citoyenne Félicité Gersvais, sans profession, âgée de vingt et un ans et demi, née à Pétionville, domiciliée à Port-au-Prince, — nos 200 et 325, — fille légitime du citoyen Aurélien Gersvais et de la citoyenne Marine Sylvère, tous les deux décédés à Port-au-Prince, où, de leur vivant, ils étaient propriétaires et domiciliés ensemble, — n° 330.

Stipulant pour elle et en son nom personnel, du consentement et avec l'assistance du citoyen Paulin Gersvais, son aïeul paternel, propriétaire, domicilié en cette ville, — n° 325, — *à ce présent*, — n° 124, — d'autre part;

Lesquels nous ont requis de procéder à la célébration du Mariage projeté entre les Comparants..... etc., ... — Formule 78.

Aucune Opposition audit Mariage ne nous ayant été signifiée, — n° 214, — Vu l'*acte respectueux* ci-dessus mentionné, duquel il résulte que les formalités requises en matière de *dissentiment* ont été remplies, — nos 168 à 170, — faisant droit à ladite réquisition, — après avoir donné aux Parties lecture : 1° des actes de naissance des futurs époux ; 2° des publications ci-dessus énoncées ; 3° de l'acte respectueux dont il est ci-dessus question, et 4° du chapitre *six* de la Loi *numéro six* sur le mariage..... etc.,.....; — Formule 79. — Nos 197 à 200, 242 à 246.

Dont Acte fait en notre Bureau *ou* Hôtel, en présence du citoyen Pétion Détré, employé au Ministère de l'Intérieur, du citoyen Louis Fournier, artiste, du citoyen Berzélius Désert, employé à la secrétairerie d'État de l'Intérieur, et du citoyen Clerjuste Clermont, artiste, tous les quatre majeurs et propriétaires, domiciliés en cette ville, — n° 325, — témoins choisis et amenés par les Parties, — n° 13-3° ; — lesquels ont signé avec les Parties et nous, après lecture par nous faite. — Nos 13-4° et 5°, 483-484. — Félicité Gersvais, A. Basile, Théodore Basile, Paulin Gersvais, P. Détré, Louis Fournier, B. Désert, Clerjuste Clermont, L. Biamby.

MÊMES NUMÉROS

Acte Respectueux constatant le Dissentiment

Formule 85.

RÉQUISITION

L'An mil huit cent quatre-vingt-deux, 79e année de l'Indépendance d'Haïti, à ..... heures,

Par-devant Me Théogène Servincent, notaire à Port-au-Prince, soussigné, assisté de MM. Bocage Victor et Monrose Gervais, propriétaires, demeurant tous les deux à Port-au-Prince, — n° 325, — témoins instrumentaires requis, aussi soussignés, — N° 13-3°.

Est comparu Monsieur Antoine Basile, commerçant, demeurant à Port-au-Prince, — n° 325, — âgé de vingt-cinq ans et demi, né à la Croix-des-Bouquets, le..... du mariage d'entre Monsieur Théodore Basile et Madame Germine Germin, propriétaires, demeurant ensemble à Port-au-Prince; — N° 330.

Lequel a, par ces présentes, dit et déclaré au notaire et aux témoins soussignés :

Qu'un mariage est projeté entre lui et Mademoiselle Félicité Gersvais, sans profession, demeurant en cette ville, chez Monsieur Paulin Gersvais, — n° 330, — son aïeul paternel, âgée de vingt et un ans et demi, née à Pétionville le..... du mariage d'entre Monsieur Aurélien Gersvais et Madame Marine Sylvère, tous les deux décédés à Port-au-Prince où, de leur vivant, ils étaient propriétaires et domiciliés ensemble; — N° 330.

Que pour contracter ce Mariage le consentement de ses père et mère lui est nécessaire, aux termes de l'article *cent trente-six* du Code Civil d'Haïti; — N° 123

Que Monsieur Théodore Basile, son père, consent à ce mariage, mais que Madame Germine Germin-Basile, sa mère, a fait connaître son intention de ne pas y donner son consentement, ce qui constituerait le Dissentiment prévu par l'article *cent trente-six* du Code Civil d'Haïti; — N° 168.

Qu'en conséquence, dans le but de constater ce Dissentiment, s'il y a lieu, il demande *respectueusement* à Madame sa mère ses conseils sur le mariage qu'il se propose de contracter avec Mademoiselle Félicité Gersvais, — N° 145.

Le Comparant requiert à cet effet Me Théogène Servincent, notaire sous-signé, de se transporter avec ses témoins au domicile de Madame sa mère en cette ville, rue X....., pour lui faire la notification du présent *acte respectueux* conformément à l'article *cent quarante-deux* du Code Civil d'Haïti; — N° 149.

Et le Comparant a signé avec les témoins et le Notaire, après lecture par celui-ci faite. — Nos ... — A. Basile, Monrose Gervais, Bocage Victor, T. Servincent.

MÊMES NUMÉROS

SUITE DE LA FORMULE 85

Formule 86

NOTIFICATION

Et le même jour, à quatre heures de l'après-midi,

En conséquence de la Réquisition contenue en l'acte *respectueux* dont la minute précède, — Formule 85, — n° 145.

Me Théogène Servincent, notaire à Port-au-Prince, soussigné, toujours assisté de MM. Bocage Victor et Monrose Gervais, propriétaires, demeurant et domiciliés en cette ville, — n° 325, — témoins instrumentaires requis, — n° 13-3°, — s'est transporté au domicile en cette ville (n°s 325 et 330) de Monsieur et Madame Théodore Basile, père et mère ci-dessus nommés et qualifiés, — Formule 85.

Et il a notifié à Madame Théodore Basile, née Germin, parlant à sa personne, — n° 153, — l'Acte Respectueux dont la minute précède, — n° 29, formule 85, — par lequel Monsieur Antoine Basile demande *respectueusement* à Madame Théodore Basile, sa mère, ses conseils sur le mariage qu'il se propose de contracter avec Mademoiselle Félicité Gersvais, — n° 145, — sans profession, demeurant à Port-au-Prince, chez Monsieur Paulin Gersvais, son aïeul paternel ; — N° 330.

Requise de répondre, Madame Germine Germin-Basile a dit que, par les motifs qu'elle a déjà fait connaître à son fils, elle persévère à refuser son consentement ; — n° 154, — Et Madame Basile a signé après lecture. — N° 159. — Dame T. Basile.

De tout ce que dessus il a été dressé le présent Procès-Verbal, qui a été fait et rédigé au domicile (n°s 325 et 330) de Monsieur et Madame Théodore Basile, père et mère, les jour, heure, mois et an susdits ;

Et à l'instant Me Théogène Servincent a laissé à Madame Théodore Basile une Copie, signée de lui et des témoins susnommés, — n° 158, — tant du présent Procès-Verbal que de l'Acte Respectueux dont la minute précède ; — Formule 85.

Et après lecture, les témoins et le notaire ont signé. — M. Gervais, Bocage Victor, T. Servincent.

Nota Bene

Les Dissentiments prévus entre aïeuls et aïeules, aux termes de l'article *cent trente-huit* du Code Civil d'Haïti, — n° 168, — se constatent à peu près comme aux formules 84 à 86.

N° 146

PROCURATION POUR FAIRE UN ACTE RESPECTUEUX

Formule 87.

Par-devant Me Théogène Servincent, notaire public, et son Collègue, à la résidence de Port-au-Prince, soussignés,

Est comparu Monsieur Louis Tirage, commerçant, demeurant à Port-au-Prince, — n° 325, — majeur de plus de vingt-cinq ans, étant né à l'Arcahaie le ....., ainsi déclaré par le Comparant ;

Lequel a, par ces présentes, constitué pour son mandataire Monsieur

Aurel Bayard, conseiller communal, pharmacien et membre du Jury Médical Central, demeurant aussi à Port-au-Prince, — n° 325, — à ce présent et acceptant,

Auquel il donne pouvoir de pour lui et en son nom demander *respectueusement* (si c'est pour la *deuxième* ou la *troisième* fois *on ajoute :* pour la seconde *ou* pour la troisième fois) — à Monsieur Abraham Tirage et Madame Adéline Ondé, son épouse, propriétaires, demeurant ensemble en cette ville, — n° 330, — ses père et mère, leur conseil sur le mariage qu'il se propose de contracter avec Mademoiselle Lise Péra, mineure, sans profession, demeurant à Port-au-Prince, chez ses père et mère, — n° 330, — née en cette ville le . . . . . du mariage d'entre Monsieur Victor Péra et Madame Orlette Orle ; requérir toutes notifications ; faire toutes déclarations et affirmations, et généralement le nécessaire ;

Dont Acte lu aux Parties,

Fait et passé à Port-au-Prince, en l'Étude, le trois mai mil huit cent quatre-vingt-quatre, 81e année de l'Indépendance d'Haïti ;

Et les Parties ont signé avec les Notaires. — L. Tirage, Aurel Bayard, Ed. Oriol, *notaire*, T. Servincent.

N°s 106-107, 121 A 131, 185 A 189, 197 A 200, 214, 325 ET 330

Mariage avec Dispense accordée par le Président d'Haïti pour défaut de Puberté

Formule 88.

L'An mil huit cent quatre-vingt-trois, 80e année de l'Indépendance d'Haïti, — n° 13-1° et 6°, — le mercredi vingt et un juin, à . . . . . heures de l'après-midi,

Par-devant nous, Mystal Joly-Gérard, officier de l'État Civil de Port-au-Prince, section Sud, soussigné, — N°s 4 à 11.

Sont comparus : — N° 10.

1° Le citoyen Charles Bienvenu, étudiant en médecine, domicilié chez ses père et mère ci-après nommés et qualifiés, — n° 330, — mineur, étant né à Port-au-Prince le. . . . . mai mil huit cent soixante-six, du mariage d'entre le citoyen Édouard Bienvenu, avocat, et la citoyenne Eurimène Eusher, sans profession, domiciliés ensemble en cette ville, — N°s 325 et 330.

Stipulant en son nom personnel et du consentement de ses père et mère, d'une part; --- N°s 121 à 123.

2° Le citoyen Édouard Bienvenu, et la citoyenne Eurimène Eusher, son épouse de lui autorisée, susnommés, qualifiés et domiciliés,

Stipulant, tant pour assister Monsieur le futur époux, leur fils, que pour l'autoriser à mariage, à raison de sa minorité, — n° 124, — aussi d'une part;

3° La citoyenne Cécile Habile, sans profession, domiciliée chez ses père et mère, ci-après nommés et qualifiés, — n° 330, — mineure, étant née à Port-au-Prince, le . . . . mai mil huit cent soixante-neuf, du mariage d'entre le citoyen Just Habile, médecin, et la citoyenne Henriette Prévoyant, sans profession, domiciliés ensemble en cette ville, — N°s 325 et 330.

Stipulant en son nom personnel et du consentement de ses père et mère, d'autre part; — N°s 121 à 123.

4° Le citoyen Just Habile et la citoyenne Henriette Prévoyant, son épouse, de lui autorisée, susnommés, qualifiés et domiciliés,

Stipulant tant pour assister Mademoiselle la future épouse, leur fille, que pour l'autoriser à mariage, à raison de sa minorité, — n° 124, — aussi d'autre part;

En vertu de la dispense d'âge accordée par Son Excellence le Général Salomon, Président d'Haïti, aux termes de l'article *cent trente-trois* du Code Civil d'Haïti, — n° 107, — suivant sa dépêche en date du . . . . juin courant, n° . . . ., à nous représentée et par nous ci-annexée; — N° 17. — Formule 92.

Lesquels nous ont requis de procéder à la célébration du mariage projeté entre le citoyen Charles Bienvenu et la citoyenne Cécile Habile, dont les publications ont été faites devant la principale porte d'entrée de notre Bureau *ou* Hôtel, les dimanches onze et dix-huit juin courant, à huit heures du matin, — N°s 185 à 189.

Aucune Opposition audit Mariage ne nous ayant été signifiée, — n° 214, — Vu la dépêche de Son Excellence, ci-dessus mentionnée, de laquelle il résulte que les formalités prescrites par l'article *cent trente-trois* du Code Civil d'Haïti ont été remplies, — n° 107; — faisant droit à la susdite réquisition, — après avoir donné aux Parties lecture : 1° des actes de naissance des futurs époux; 2° des publications ci-dessus énoncées; 3° de la dépêche présidentielle dont il est ci-devant parlé, et 4° du chapitre *six* de la Loi *numéro six* du Code Civil d'Haïti, traitant des droits et devoirs respectifs des époux, — n°s 242 à 246, — avons demandé au futur époux et à la future épouse s'ils veulent se prendre *mutuellement* pour mari et pour femme; chacun d'eux ayant répondu séparément et affirmativement, en présence des témoins ci-après nommés et qualifiés, déclarons, au Nom de la Loi, que le citoyen Charles Bienvenu et la citoyenne Cécile Habile sont unis par le Mariage; — N°s 197 à 200.

Dont Acte fait à Port-au-Prince, en la Demeure de Monsieur et Madame Habile, rue X. . . . ., en présence du citoyen Dudorfile Nazon, greffier en chef du Tribunal de Cassation de la République, et du citoyen

Alexandre Pasquet, commerçant, alliés de l'époux au . . . . degré, du citoyen Chevreuil Saint-Frère, négociant-consignataire et planteur, et du citoyen Kléber Vilmenay. avocat, parents de l'épouse au . . . . degré, tous les quatre propriétaires, majeurs, domiciliés à Port-au-Prince, témoins choisis et produits par les Contractants ; — N° 13-3°.

Et les Parties ont signé avec lesdits Témoins, l'Assistance et Nous, après lecture par Nous faite. — N°s 13-4° et 5°, 483-484.

Cécile Habile, C. Bienvenu, Just Habile, Dame Bienvenu, Henriette Habile, Ed. Bienvenu, C. Saint-Frère, D. Nazon, K. Vilmenay, A. Pasquet, Félicie Vilmenay née Stork, Saint-Amand Montès, L. Denis, J. Boisette, Marie Stork, S. Bordu, Ida Saint-Frère née Vilmenay, Anasthase Saint-Victor, Alexandre Jackson, Sidonie Keil, Joseph Décastro, Zémire Jacquet, Lodarius Belfort, Alfred Jacquet, Salvaüs Cajuste, Cléophas Belfort, Lélio Hudicourt, Eugène Barthélemy, Veuve Hugo Keil, Anne Bordu née Jackson, Edmond Cauvin, Chariclée Montès née Anselme, Louise Keil, Emmanuel Landais, J. Bouzon, Mystal Joly. — N° 13-3° (1).

MÊMES NUMÉROS

SIMPLIFICATION DE LA FORMULE 88

Formule 89.

Aujourd'hui mercredi vingt et un juin mil huit cent quatre-vingt-deux, 79e année de l'Indépendance d'Haïti, — N°s 13-1° à 6°.

Devant Mystal Joly-Gérard, officier de l'État Civil de Port-au-Prince, soussigné, — N°s 4 à 11,

Sont comparus : — N° 10.

Le citoyen Charles Bienvenu, étudiant en médecine, âgé de dix-sept ans, né et domicilié à Port-au-Prince, — n°s 13-1° et 325, — fils légitime du citoyen Édouard Bienvenu et de la citoyenne Eurimène Eusher, propriétaires, domiciliés ensemble en cette ville, — N°s 325 et 330.

Stipulant en son nom personnel et du consentement de ses père et mère, — n° 123, — susnommés, qualifiés et domiciliés, à ce présents, d'une part; — N° 124,

Et la citoyenne Cécile Habile, sans profession, âgée de quatorze ans, née et domiciliée à Port-au-Prince, — n°s 13-1° et 325, — fille légitime du citoyen Just Habile et de la citoyenne Henriette Prévoyant, propriétaires, domiciliés ensemble en cette ville, — N°s 325 et 330.

Stipulant, en son nom personnel et du consentement de ses père et mère, — n° 123, — susnommés qualifiés et domiciliés, à ce présents, d'autre part; — N° 124,

Lesdits citoyen Charles Bienvenu et citoyenne Cécile Habile, résidant sous les toits respectifs de leurs pères et mères, — N° 330.

En vertu de la dispense d'âge accordée par Son Excellence le Général Salomon, Président d'Haïti, aux termes de l'article *cent trente-trois* du Code Civil d'Haïti, — n° 107, — suivant sa dépêche ci-annexée (n° 17) en date du . . . . . juin courant, — n° . . . . .; — Formule 92.

Lesquels nous ont requis de procéder à la célébration du mariage projeté entre le citoyen Charles Bienvenu et la citoyenne Cécile Habile, dont les publications ont été faites. . . . . etc., ... — Formule 88. — N°s 185 à 189.

Aucune Opposition audit Mariage ne nous ayant été signifiée, — n° 214, — Vu la dépêche Présidentielle ci-dessus mentionnée, de laquelle il résulte . . . . ., — formule 88, — après avoir donné aux Parties lecture de toutes les pièces exigées, — relatives à l'état des Contractants et aux formalités du mariage, — n°s 185-186 et 190-191, — ainsi que du chapitre *six* de la Loi sur le mariage, traitant des droits et devoirs respectifs des époux, — n°s 242 á 246, — avons demandé au futur époux et à la future épouse s'ils veulent se prendre pour mari et femme, ... etc., ...; — Formule 88. — N°s 197 à 200.

Dont Acte fait en notre Bureau *ou* Hôtel, en présence du citoyen Lamartinière Denis, avocat, du citoyen Justin Boisette, commerçant, du citoyen Alexandre Jackson, instituteur, et du citoyen Stephen Bordu, commerçant, tous les quatre majeurs, propriétaires, domiciliés en cette ville, témoins choisis et amenés par les Contractants, — n° 13-3°; — lesquels, après lecture par Nous faite, ont signé avec les Parties et Nous. — N°s 13-4° et 5°, 483-484. — Ch. Bienvenu, Cécile Habile, Ed. Bienvenu, Henriette Habile, Just Habile, Dame Édouard Bienvenu, L. Denis, Justin Boisette, S. Bordu Alexander Jackson, M. Joly.

N°s 116 & 118, 185 A 189, 197 A 200, 214 & 325

Mariage avec Dispense par le Président d'Haïti pour l'union entre Beau-Frère et Belle-Soeur

Formule 90.

L'An mil huit cent quatre-vingt-deux, 79e année de l'Indépendance d'Haïti, — n° 13-1° et 6°, — le . . . juin, à cinq heures et demie de l'après-midi,

Par-devant nous, Lusincourt-Georges Biamby, officier de l'État Civil de Port-au-Prince, soussigné, — N°s 4 à 11.

Sont comparus : — No 10.

Le citoyen Luc Cassez-Camp, propriétaire, âgé de trente-trois ans, né et domicilié à Port-au-Prince, — nos 13-1° et 325, — fils du citoyen Henry Cassez-Camp et de la citoyenne Agathe Sylvestre, décédés tous les deux en cette ville où, de leur vivant, ils étaient propriétaires et domiciliés, — Nos 325 et 330.

Stipulant pour lui et en son nom personnel, en présence du citoyen Jean-Baptiste Cassez-Camp, son frère, et du citoyen Alexis-Charles Dupuy, son ami, tous les deux majeurs, propriétaires et guildiviers, domiciliés en cette ville, — nos 13 et 325, — témoins choisis et appelés par lui, d'une part ; — No 13-3°.

Et la citoyenne Fillette Boncœur, veuve du citoyen Marc Cassez-Camp, propriétaire, âgée de quarante ans, née et domiciliée à Port-au-Prince, — nos 13-1° et 325, — fille du citoyen Jean Boncœur et de la citoyenne Luce Craque, décédés tous les deux en cette ville où, de leur vivant, ils étaient propriétaires et domiciliés, — Nos 325 et 330.

Stipulant pour elle et en son nom personnel, en présence du citoyen Henry Craque, son cousin, et du citoyen Dorgeval Guérin, son ami, tous les deux majeurs, propriétaires et tailleurs, domiciliés en cette ville. — nos 13 et 325, — témoins choisis et appelés par elle, d'autre part, — No 13-3°.

En vertu de la Dispense accordée par Son Excellence le Général Salomon, Président d'Haïti, suivant sa dépêche sous le no X en date du. . . . . . juin courant, — formule 92, — aux termes de la loi du *vingt-quatre* septembre *mil huit cent soixante-quatre*, — no 120, — à cause de l'alliance existant entre le futur époux et la future épouse, comme beau-frère et belle-sœur, ci-annexée ; — No 17.

Lesquels nous ont requis de procéder à la célébration du mariage projeté entre eux, dont les publications ont été faites les dimanches. . . . . etc. . . . . . . — Nos 185 à 189.

Aucune Opposition audit Mariage ne nous ayant été signifiée, — no 214, — Vu la dépêche Présidentielle ci-dessus mentionnée, de laquelle il résulte que la prohibition prescrite par la Loi pour le mariage entre les Comparants a été levée, faisant droit à ladite réquisition,— après avoir donné aux futurs conjoints et aux témoins lecture : 1° des actes de naissance des futurs époux ; 2° des publications ci-dessus énoncées ; 3° de la dépêche Présidentielle ci-devant relatée ; 4° de l'acte de décès du citoyen Marc Cassez-Camp (no 191-3°), et 5° du chapitre *six* de la Loi *numéro six* du Code Civil d'Haïti traitant du mariage, — nos 242 à 246, — avons demandé au futur époux et à la future épouse s'ils veulent se prendre *mutuellement* pour mari et femme ; chacun d'eux ayant répondu séparément et affirmativement, en présence des témoins sus-nommés et qualifiés, déclarons au Nom de la Loi que le citoyen Luc Cassez-Camp et la citoyenne Fillette Boncœur, veuve Marc Cassez-Camp, sont unis par le Mariage ; — Nos 197 à 200.

Dont Acte fait en notre Bureau *ou* Hôtel, les jour, mois et an susdits, et signé par les Contractants, les Témoins, l'Assistance et Nous, après lecture faite. — Nᵒˢ 13-4ᵒ et 5ᵒ, 483-484.

Dame Fillette Boncœur, Luc Cassez-Camp, Alexis Dupuy, Jean-Baptiste Cassez-Camp, Dorgeval Guérin, Henry Craque, Petit-Rimé Lerebours, Elvina Gaspart, Mathurin Hippolyte, Eucarisse Xavier, Emmanuel Servincent, Thérèse Jean, Dame Alexis Dupuy, Théodore Jean, Adelmise-Alexis Dupuy, Euricyle Morisset, Pollux Hippolyte, Rachel-Alexis Dupuy, Licencia Joubert, Rénette-Jean Gilles, Thérésa Servincent, Démosthène Joubert, Camilla-Camille Juste, Théogène Servincent, Lusincourt Biamby.

Nᵒˢ 188, 185 A 189, 197 A 200, 214

MARIAGE AVEC DISPENSE PAR LE CHEF DE L'ÉTAT DE LA DEUXIÈME PUBLICATION

Formule 91.

L'An mil huit cent quatre-vingt-deux, 79ᵉ année de l'Indépendance d'Haïti, — nᵒ 13-1ᵒ et 6ᵒ, — le . . . . . . juin, à trois heures de l'après-midi,

Par-devant nous, Mystal Joly-Gérard, officier de l'État Civil de Port-au-Prince, soussigné, — Nᵒˢ 4 à 11.

Sont comparus : — Nᵒ 10.

Le citoyen Salsus Piscis, propriétaire, âgé de trente-deux ans, natif de X . . . . . et domicilié à Port-au-Prince, — nᵒˢ 200 et 325, — fils du citoyen Henri Piscis et de la citoyenne Saline Michault, décédés tous les deux à X . . . . . où, de leur vivant, ils étaient propriétaires et domiciliés, — nᵒ 325, — stipulant pour lui et en son nom personnel, d'une part; — Nᵒ 138.

La citoyenne Agatha-Francesca Calvus, propriétaire, âgée de trente-six ans, native de Z . . . . . et domiciliée à Port-au-Prince, — nᵒˢ 200 et 325, — fille du citoyen Hilaire Calvus et de la citoyenne Louise Ségore, tous les deux décédés à Z . . . . . où, de leur vivant, ils étaient propriétaires et domiciliés, — nᵒ 325, — stipulant pour elle et en son nom personnel, d'autre part; — Nᵒ 138.

En vertu de la Dispense accordée par Son Excellence le Général Louis-Etienne-Félicité-Lysius Salomon, Président d'Haïti, pour la Seconde Publication du mariage des Comparants, aux termes de l'article *cent cinquante-quatre* du Code Civil d'Haïti, — nᵒ 188, — suivant dépêche de Son Excellence sous le nᵒ . . . . , en date du . . . . , ci-annexée, — Nᵒ 17. — Formule 92.

Lesquels nous ont requis de procéder à la célébration du mariage pro-

jeté entre eux, dont une seule Publication a été faite devant la principale
porte d'entrée de notre Bureau *ou* Hôtel, le dimanche le. . . . . . ., à
huit heures du matin, les Parties ayant obtenu du Chef de l'État la Dispense de la seconde Publication. — Nᵒˢ 185 à 189.

Aucune Opposition audit Mariage ne nous ayant été signifiée, — Nᵒ 214,
— Vu la dépêche Présidentielle ci-dessus mentionnée, de laquelle il résulte que les Comparants ont été dispensés de la Deuxième Publication de
leur mariage, faisant droit à ladite réquisition — après avoir donné aux
Parties lecture : 1ᵒ des pièces relatives à leur état et aux formalités du
mariage ; 2ᵒ de la dépêche Présidentielle sus-relatée, et 3ᵒ du chapitre *six*
de la Loi *numéro six* du Code Civil d'Haïti, traitant des droits et devoirs
respectifs des époux, — nᵒˢ 242 à 246, — avons demandé au futur époux
et à la future épouse s'ils veulent se prendre *mutuellement* pour mari et
pour femme ; chacun d'eux ayant répondu séparément et affirmativement,
en présence des témoins ci-après nommés et qualifiés, déclarons au Nom
de la Loi que le citoyen Salsus Piscis et la citoyenne Agatha-Francesca
Calvus sont unis par le Mariage ; — Nᵒˢ 197 à 200.

Dont Acte fait en notre Bureau, en présence du citoyen Achille Célestin, chef de bureau au Ministère de la Marine, du citoyen Dieudonné
Rameau, avocat, du citoyen Brunevil Vilbrun Chevert, comptable au Ministère de la Guerre, et du citoyen Jean-Jacques Jérôme, chef de bureau
au Ministère de la Justice, tous les quatre majeurs, propriétaires, domiciliés à Port-au-Prince, — nᵒ 325, — témoins choisis et appelés par les
Contractants ; — Nᵒ 13-3ᵒ.

Et les Comparants ont signé avec lesdits Témoins et Nous après lecture
par Nous faite. — Nᵒˢ 13-4ᵒ et 5ᵒ, 483-484. — Agatha Calvus, Salsus Piscis,
Brunevil Vilbrun, Achille Célestin, Jean-Jacques Jérôme, Dieudonné
Rameau, Mystal Joly. — (*Voyez les formules 29 à 33.*)

Le Chef de l'État, en accordant la Dispense, — formules 88 à 91, —
peut charger un des Dignitaires près de Lui, par exemple le Ministre de
de la Justice, à en connaître et à y faire droit. — De là cette légère modification des formules 88 à 91 : « Suivant dépêche du citoyen Thomas
Madiou, Secrétaire d'État de la Justice, préposé à cet effet par Son Excellence le Président, en date du. . . . . . nᵒ. . . . . ci-annexée ; —
3ᵒ la dépêche sus-relatée du Secrétaire d'État de la Justice, de laquelle il
résulte. . . . . . ., et 4ᵒ du chapitre *six* de la Loi *numéro six* du Code
Civil d'Haïti. . . . . .

Nᵒˢ 106-107, 116 ET 118, 187-188

DISPENSES ACCORDÉES PAR LE PRÉSIDENT D'HAITI

Formule 92.

LIBERTÉ — ÉGALITÉ — FRATERNITÉ

RÉPUBLIQUE D'HAITI

Palais national de Port-au-Prince, le. . . . . . etc. . . . . nᵒ. . . . . .

SALOMON

PRÉSIDENT D'HAITI

1ᵒ Numéros 106-107.

Sur la demande collective de Messieurs Edouard Bienvenu et Just Ha-bile, propriétaires, demeurant et domiciliés à Port-au-Prince, — nᵒˢ 325, — en date du . . . . ., — formule 93-1ᵒ, — appréciant les motifs qui y sont exprimés touchant le défaut de puberté de Monsieur Charles Bien-venu et de Mademoiselle Cécile Habile, leurs fils et fille, domiciliés sous leurs toits respectifs, — nᵒ 330, — et la nécessité pour ceux-ci de contracter mariage entre eux ;

Accorde la dispense d'âge demandée pour ce mariage, aux termes de l'article *cent trente-trois* du Code Civil d'Haïti. — Nᵒˢ 106-107, — Formules 88-89.

2ᵒ Numéros 116 et 118.

Prenant en considération l'Exposé collectif de Monsieur Luc Cassez-Camp et de Madame veuve Marc Cassez-Camp, beau-frère et belle-sœur, propriétaires, demeurant et domiciliés en cette ville, — nᵒ 325, — en date du . . . . . — formule 93-2ᵒ, — touchant le mariage qu'ils sont dans l'intention de contracter entre eux.

Lève la prohibition portée en l'article *cent cinquante* du Code Civil d'Haïti à ce mariage, aux termes de la loi du *vingt-quatre* septembre 1864. — Nᵒ 120.

3ᵒ Nᵒˢ 187-188.

Suivant la Demande collective du citoyen Salsus Piscis et de la citoyenne Agatha-Francesca Calvus, propriétaires, demeurant et domiciliés à Port-au-Prince, — nᵒ 325, — sous la date du . . . ., — formule 93-3ᵒ, — relative à la dispense de la Seconde Publication du mariage projeté entre eux, pour des causes motivées, et dont la Première Publication a été *ou sera* faite le dimanche . . . .,

Dispense lesdits citoyen et citoyenne, aux termes de l'article *cent cin-quante-quatre* du Code Civil d'Haïti, — nᵒˢ 187-188, — de cette Seconde Publication de mariage. — Formule 91.

SALOMON.

MÊMES NUMEROS

DEMANDES DE DISPENSES AU PRÉSIDEMT D'HAITI
ANNEXES A LA FORMULE 92

Formule 93.

1° Nᵒˢ 106-107.

Président,

Les citoyens Édouard Bienvenu et Just Habile, propriétaires, demeurant et domiciliés à Port-au-Prince, — nᵒ 325, — soussignés, ont l'honneur d'exposer à Votre Excellence que leurs fils et fille, Charles Bienvenu et Cécile Habile, demeurant et domiciliés sous leurs toits respectifs, — nᵒ 330, — ont l'intention de contracter mariage entre eux; que celui-là est mineur de dix-sept ans et celle-ci mineure de quatorze ans, et que pour la validité de ce mariage, auquel les Exposants ainsi que leurs épouses donnent très volontiers leur consentement, il faut aux futurs Contractants une Dispense d'âge que les Exposants sollicitent humblement de Votre Excellence, aux termes de l'article *cent trente-trois* du Code Civil d'Haïti. — Nᵒˢ 106-107. — Formule 92-1ᵒ.

Et les Exposants se souscrivent, Président, vos très respectueux serviteurs. — Just Habile, Édouard Bienvenu.

2° Nᵒˢ 116 et 118.

Président,

Le citoyen Luc Cassez-Camp et la citoyenne Veuve Marc Cassez-Camp, beau-frère et belle-sœur, soussignés, propriétaires, demeurant et domiciliés en cette ville, — nᵒ 325, — ont l'honneur d'exposer à Votre Excellence qu'ils sont dans l'intention de contracter mariage entre eux, et que pour la validité de ce mariage il est nécessaire que la Prohibition portée en l'article *cent cinquante* du Code Civil d'Haïti soit levée, — nᵒˢ 116 et 118. — Les Exposants supplient en conséquence Votre Excellence de vouloir bien lever cette prohibition, aux termes de la loi du *vingt-quatre* septembre *mil huit cent soixante-quatre*, — nᵒ 120. — la viduité de Madame Marc Cassez-Camp datant de plus de Un an révolu, — nᵒˢ 63, 248, 250, 457, — ainsi qu'il résulte de l'acte de décès de son feu mari que les Exposants Vous envoient en communication sous ce couvert. — Formule 92-2ᵒ.

Et les Exposants Vous assurent, Président, de leurs respectueux hommages. — Veuve Marc Cassez-Camp, Luc Cassez-Camp.

Port-au-Prince, le . . . . 1882.

3° Nᵒˢ 187-188.

Président,

Le citoyen Salsus Piscis et la citoyenne Agatha-Francesca Calvus, propriétaires, demeurant et domiciliés à Port-au-Prince, — nᵒ 325, — soussi-

gnés, ont l'honneur d'exposer à Votre Excellence qu'ils sont dans l'intention de contracter mariage entre eux ; que déjà la Première Publication a été *ou sera* faite le dimanche . . . . ; mais qu'Ils ont intérêt à être dispensés de la Seconde Publication, parce que . . . . . . etc., .
. . . . . *(Énoncer les motifs)*. — Par ces motifs, Président, les Exposants Vous supplient respectueusement de les dispenser, en vertu de l'article *cent cinquante-quatre* du Code Civil d'Haïti, — n°s 187-188, — de la Seconde Publication du mariage projeté et arrêté entre eux. — Formule 92-3°.

Et Ils prient Votre Excellence, Président, d'agréer leurs hommages respectueux. — Agatha-F. Calvus, Salsus Piscis.

N°s 20, 204 A 206, 120-121, 123 A 130, 185 A 189, 197 A 200, 214

MARIAGE CÉLÉBRÉ DEVANT UN MINISTRE OU CONSUL D'HAÏTI A L'ÉTRANGER ENTRE MINEURS AVEC CONSENTEMENT EN PERSONNE DES ASCENDANTS. — PUBLICATIONS EN TROIS ENDROITS

Formule 94.

L'An mil huit cent quatre-vingt-deux, 79e année de l'Indépendance d'Haïti, — n° 13-1° et 6°, — le mercredi vingt et un juin, à dix heures et demie du matin,

Par-devant nous, Charles-Séguy Villevaleix, ministre-résident d'Haïti en France, domicilié à Port-au-Prince (Haïti) et demeurant à Paris (France), soussigné, — n°s 325 et 326, — agissant en vertu de l'article *quarante-neuf* du Code Civil d'Haïti, — N° 20.

Sont comparus : — N° 10.

1° Le citoyen Pierre-Élie-Joseph-Samuel Servincent, Haïtien, étudiant à la Faculté de Droit de Paris (France), résident à Paris, Rue X. . . ., mais domicilié à Port-au-Prince (Haïti) chez son père, ci-après nommé et qualifié, — n° 330, — mineur, étant né à Port-au-Prince, chef-lieu du Département de l'Ouest et Capitale d'Haïti, le seize mars mil huit cent soixante-trois, du mariage d'entre le citoyen Jean-Baptiste-Joseph-Théogène Servincent, propriétaire et notaire, domicilié à Port-au-Prince, — n° 325, — et la citoyenne Marie-Louise-Thérèse Favier, sans profession décédée sous le toit conjugal le vingt-sept novembre mil huit cent soixante-seize. — N° 330.

Stipulant pour lui et en son nom personnel, du consentement et avec l'autorisation de Monsieur son père, d'une part ; — N°s 120-121, 123 à 130.

2° Le citoyen Jean-Baptiste-Joseph-Théogène Servincent, susnommé, qualifié et domicilié,

Stipulant tant pour assister Monsieur son fils, futur époux, que pour l'autoriser à mariage en raison de son état de minorité, aussi d'une part, — N°s 123-124.

3° La citoyenne Anne-Catherine-Antoinette Mainguet, Haïtienne, sans profession, résidant à Paris (France) pour ses études à l'Institution. . . . . rue Z. . . . ., mais domiciliée au Cap-Haïtien (Haïti) chez sa mère, ci-après nommée et qualifiée, — n° 330, — mineure, étant née au Cap-Haïtien, chef-lieu du Département du Nord, le dix-sept juillet mil huit cent soixante-cinq, du mariage d'entre le citoyen Louis-Auguste-Pascal Mainguet, décédé le seize mai mil huit cent soixante et onze au Cap-Haïtien où, de son vivant, il était propriétaire et magistrat et domicilié, et la citoyenne Cécile Marie-Jeanne Celcourt, veuve Louis-Auguste-Pascal Mainguet, rentière, domiciliée au Cap-Haïtien, — N° 325.

Stipulant pour elle et en son nom personnel, du consentement et avec l'autorisation de Madame sa mère, d'autre part ; — Nᵒˢ 120-121, 123 à 130.

4° La citoyenne Cécile-Marie-Jeanne Celcourt, veuve Louis-Auguste-Pascal Mainguet, susnommée, qualifiée et domiciliée,

Stipulant tant pour assister Mademoiselle la future épouse, sa fille, que pour l'autoriser à mariage en raison de son état de minorité, aussi d'autre part ; — Nᵒˢ 123-124.

Lesquels nous ont requis de procéder à la célébration du mariage projeté entre le citoyen Pierre-Élie-Joseph-Samuel Servincent et la citoyenne Anne-Catherine-Antoinette Mainguet, dont les publications ont été faites tant devant les principales portes d'entrée des Bureaux de l'État Civil de Port-au-Prince et du Cap-Haïtien qu'à celle de notre Légation les dimanches . . . . . juin courant, à huit heures du matin. — Nᵒˢ 185 à 189 et 204 à 206.

Aucune Opposition au dit Mariage ne nous ayant été signifiée, — n° 214, — faisant droit à ladite Réquisition, — après avoir donné aux Parties et aux témoins ci-après nommés lecture : 1° des actes de naissance des futurs époux ; 2° des publications ci-dessus énoncées ; 3° du certificat de Mᵉ Frédéric Fovart qui a reçu le contrat de mariage des futurs conjoints ; 4° des certificats constatants que les publications ont eu lien tant à notre Légation qu'à Port-au-Prince et au Cap-Haïtien et qu'il n'est point survenu d'opposition à ce mariage, — n° 191-7° et 11° et 214, 5° — et du chapitre *six* de la Loi *numéro six* du Code Civil d'Haïti traitant des droits et devoirs respectifs des époux, — nᵒˢ 242 à 246, — avons demandé au futur époux et à la future épouse s'ils veulent se prendre pour mari et pour femme ; chacun d'eux ayant répondu séparément et affirmativement, en présence des témoins ci-après nommés et qualifiés, déclarons au Nom de la Loi que le citoyen Pierre-Élie-Joseph-Samuel Servincent et la citoyenne Anne-Catherine-Antoinette Mainguet sont unis par le Mariage. — Nᵒˢ 197 à 200.

Dont Acte fait à la Légation d'Haïti à Paris, rue Montaigne, 9, en présence du citoyen Mousseron Dufort, avocat et négociant, et du citoyen Camille Lacombe, rentier, du côté de l'époux, — du citoyen Eugène Charrier, négociant, et du citoyen Henry Étienne, négociant, du côté de l'épouse,

— tous les quatre majeurs, propriétaires, domiciliés les deux premiers à Port-au-Prince et les deux derniers au Cap-Haïtien, momentanément présents à Paris, — nᵒˢ 325-328, — témoins choisis et amenés à la Légation par les Parties; — Nᵒ 13-3ᵒ.

Et les Contractants, leurs père et mère, les témoins et les amis présents ont signé avec nous et le secrétaire général de la Légation, le citoyen Jacques-Nicolas Léger, après lecture par celui-ci faite, — Nᵒˢ 483-484.

Antoinette Mainguet, Samuel Servincent, Veuve Pascal Mainguet, Théogène Servincent, Henry Étienne, Camille Lacombe, Eugène Charrier, Mousseron Dufort, Veuve Louis Benjamin, Georges Sylvain, Néiphile Dufort, née Chéraquit Sélémon, Malherbe Carré, Émile Rigaud. Docteur D. Sabourin, Hébé Lacombe, née Fatton, Pétion-Roy, Camille Carré, Séphora Rigaud, née Berthaud, Docteur Camille Joseph, François-Joseph Saint-Victor, Clément Denis, Phocion Carré, Emmanuel Édouard, Sagine Carré, née Dupuy, Hérard-Roy, Cécile Saint-Victor, Justin Dévot, Henry Durand, Docteur S. Viard, Charles Villevaleix, Jacques-Nicolas Léger.

MÊMES NUMÉROS

SIMPLIFICATION DE LA FORMULE 94

Formule 95.

Aujourd'hui mercredi vingt et un juin mil huit cent quatre-vingt-deux, 79ᵉ année de l'Indépendance d'Haïti, à dix heures et demie du matin, — Nᵒ 13-1ᵒ et 6ᵒ.

Devant Nous, Charles Villevaleix, ministre d'Haïti en France, résidant à Paris, rue Montaigne, 9, soussigné, agissant aux termes de l'article *quarante-neuf* du Code Civil d'Haïti, — Nᵒ 20.

Sont comparus : — Nᵒ 10.

1ᵒ Monsieur Pierre-Élie-Joseph-Samuel Servincent, Haïtien, étudiant en droit à la Faculté de Paris (France), âgé de dix-neuf ans, né et domicilié à Port-au-Prince (Haïti), — nᵒˢ 200 et 325 — mais résidant pour ses études à Paris, — nᵒ 330 —, fils légitime de Monsieur Jean-Baptiste-Joseph Servincent, propriétaire et notaire, demeurant à Port-au-Prince, — nᵒ 325 —, et de Madame Marie-Lonise-Thérèse Favier, sans profession, décédée sous le toit conjugal. le vingt-sept novembre mil huit cent soixante-seize, — Nᵒ 330.

Stipulant pour lui et en son nom personnel, du consentement et avec l'autorisation de son père susnommé, qualifié et domicilié, *à ce présent.* d'une part; — Nᵒˢ 123-124.

2ᵒ Mademoiselle Anne-Catherine-Antoinette Mainguet, Haïtienne, sans profession, âgée de dix-sept ans, née et domiciliée au Cap-Haïtien (Haïti),

—.n°s 200 et 325, — mais résidant pour ses études à Paris, — n° 330, — fille légitime de Monsieur Louis-Auguste-Pascal Mainguet, décédé le sept mai mil huit cent soixante et onze au Cap-Haïtien où, de son vivant, il était propriétaire et domicilié, — n° 325, — et de Madame Cécile-Marie-Jeanne Celcourt, sa veuve, rentière, demeurant au Cap-Haïtien, — N° 325.

Stipulant pour elle et en son nom personnel, du consentement et avec l'autorisation de sa mère susnommée, qualifiée et domiciliée, *à ce présente* d'autre part ; — N°s 123-124.

Lesquels nous ont requis de procéder à la célébration du mariage projeté . . . . etc. . . . . . . — Formule 94. . . . . . . — N°s 185 et 186, 204 à 206.

Aucune Opposition audit Mariage ne nous ayant été signifiée, — n° 214, — faisant droit à la susdite Réquisition, — après avoir donné aux Parties lecture de tous les actes produits par elles et relatifs à leur état et aux formalités du mariage, ainsi que du chapitre *six* de la loi sur le mariage traitant des droits et devoirs respectif des époux, — n°s 191 et 214, 242 à 246, — avons demandé au futur époux et à la future épouse s'ils veulent. . . . . . . etc. . . . ., — formule 94, — déclarons au Nom de la Loi que Monsieur Pierre-Elie-Joseph-Samuel Servincent et Mademoiselle Anne-Catherine-Antoinette Mainguet sont unis par le Mariage, — N°s 197 à 200.

Dont Acte fait en notre Hôtel, à Paris, en présence de Monsieur Henry Durand, ancien juge au Tribunal de Cassation d'Haïti, de Monsieur Pétion-Roy, propriétaire, de Monsieur Emile Rigaud, commerçant, et de Monsieur Phocion Carré, pharmacien, tous les quatre amis et compatriotes des Contractants, majeurs et négociants, domiciliés à Port-au-Prince, — n° 325, — résidant momentanément à Paris, — n° 326, — témoins choisis et appelés par les Parties *ou* les Contractants, — n° 13-3°, — lesquels ont signé avec les Parties et nous, après lecture par le secrétaire général de la Légation faite, — N°s 13-4° et 5°, 483-484. — Samuel Servincent, Antoinette Mainguet, Théogène Servincent, Veuve Pascal Mainguet, Henry Durand, Pétion-Roy, Emile Rigaud, Phocion Carré, Jacques-Nicolas Léger, Charles Villevaleix.

N°s 20, 204 A 206, 100 A 106, 120 A 143, 185 A 189, 197 A 200, 214

MARIAGE CÉLÉBRÉ DEVANT UN MINISTRE OU CONSUL D'HAITI A L'ÉTRANGER ENTRE MINEURS ASSISTÉS DES MANDATAIRES RESPECTIFS DE LEURS PÈRE ET MÈRE

Formule 96.

L'An mil huit cent quatre-vingt-deux, 79e année de l'Indépendance d'Haïti, — n° 13-1° et 6°, — le mercredi vingt et un juin, à dix heures et demie du matin,

Par-devant Nous, Charles-Séguy Villevaleix, ministre-résident de la République d'Haïti près la République Française, domicilié à Port-au-Prince (Haïti) et demeurant à Paris (France), — n°ˢ 325 et 328, — rue Montaigne, 9, — soussigné, agissant en conformité de l'article *quarante-neuf* du Code Civil, d'Haïti, — N° 20.

Sont comparus : — N° 10.

1° Le citoyen Pierre-Elie-Joseph-Samuel Servincent, Haïtien, étudiant à la Faculté de Droit de Paris, résidant à Paris (France), rue X. . . . . . — n° 326, — mais domicilié à Port-au-Prince (Haïti), chez son père ci-après nommé et qualifié, — N°ˢ 325 et 330.

Mineur, étant né à Port-au-Prince, capitale d'Haïti, le seize mars mil huit cent soixante-trois, issu du mariage d'entre le citoyen Jean-Baptiste-Joseph-Théogène Servincent, propriétaire et notaire, demeurant et domicilié à Port-au-Prince, — n° 325, — et la citoyenne Marie-Louise-Thérèse Favier, sans profession, décédée sous le toit conjugal, — n° 330, — le vingt-sept novembre mil huit cent soixante-seize,

Stipulant pour lui et en son nom personnel, du consentement et avec l'autorisation de son père, — n° 123, — représenté par le citoyen Théogène Lahens, ci-après qualifié, son mandataire spécial à l'effet du présent acte, d'une part ; — N°ˢ 131 à 136.

2° Le citoyen Théogène Lahens, propriétaire et négociant, demeurant et domicilié à Port-au-Prince (Haïti), — N°ˢ 10, 11 et 325.

Stipulant tant pour assister Monsieur le futur époux, fils de son mandant susnommé et qualifié, que pour l'autoriser à mariage en raison de son état de minorité, suivant acte au rapport de Mᵉ Louis-Etienne-Edmond Oriol et son collègue, notaires à Port-au-Prince, sous la date du. . . . . . . enregistré, — formule 99, — dont une *expédition* (n° 30), dûment légalisée (n° 37), à Nous représentée, demeure ci-annexée, — n° 17 et formule 103, — après avoir été par le mandataire certifiée véritable et que dessus il a été apposé une mention le constatant, signée du citoyen Théogène Lahens, des témoins ci-après nommés et qualifiés et de Nous, aussi d'une part ; — N°ˢ 131 à 136.

3° La citoyenne Anne-Catherine-Antoinette Mainguet, Haïtienne, sans profession, résidant à Paris (France) pour ses études, rue Z. . . . . . . — n° 326, — mais domiciliée au Cap-Haïtien (Haïti), chez sa mère, ci-après nommée et qualifiée, — N°ˢ 325 et 330.

Mineure, étant née au Cap-Haïtien, chef-lieu du Département du Nord, le dix-sept juillet mil huit cent soixante-cinq, issue du mariage d'entre le citoyen Louis-Auguste-Pascal Mainguet, décédé le sept mai mil huit cent soixante et onze au Cap-Haïtien où, de son vivant, il était propriétaire et magistrat et domicilié, et la citoyenne Cécile-Marie-Jeanne Celcourt, veuve Louis-Auguste Mainguet, rentière, demeurant et domiciliée au Cap-Haïtien, — N° 325.

Stipulant pour elle et en son nom personnel, du consentement et avec l'autorisation de sa mère, — n° 123, — représentée par le citoyen Seymour Auguste, ci-après qualifié, son mandataire spécial à l'effet du présent acte, d'autre part ; — N°ˢ 131 à 136.

4° Le citoyen Seymour Auguste, propriétaire et négociant, demeurant et domicilié au Cap-Haïtien, — N°ˢ 10-11 et 325.

Stipulant tant pour assister Mademoiselle la future épouse, fille de sa mandante susnommée et qualifiée, que pour l'autoriser à mariage en raison de son état de minorité, suivant acte au rapport de Mᵉ Montézuma Montreuil et son collègue, notaires au Cap-Haïtien, en date du... enregistré — formule 100, — dont une *Expédition* (n° 30). dûment légalisée (n° 37), à nous remise demeure ci-annexée, — n° 17 et formule 103, — après avoir été par le mandataire certifiée véritable et que dessus il a été apposé une mention le constatant, signée du citoyen Seymour Auguste, des témoins ci-après nommés et qualifiés et de Nous, aussi d'autre part ; — n°ˢ 131 à 136.

En présence de leurs amis ci-après nommés et qualifiés, choisis et appelés par eux comme témoins, aux termes de l'article *trente-huit* du Code Civil d'Haïti, — n° 13-3°, — savoir : 1° du côté du futur époux, du citoyen Louis Audain, docteur de la Faculté de Médecine de Paris, Haïtien, et du sieur Alphonse Guyot, négociant français, ses alliés au. . . . . degré ; 2° du côté de la future épouse, du citoyen Cicéron Dauphin, négociant haïtien, et du sieur Jules Roquet, négociant français, ses amis, le premier et le deuxième domiciliés à Haïti, le troisième et le quatrième domiciliés en France, tous les quatre majeurs, résidant à Paris. — N°ˢ 325-326.

Lesquels Comparants nous ont requis de procéder à la célébration du mariage projeté entre le citoyen Pierre-Elie-Joseph-Samuel Servincent et la citoyenne Anne-Catherine Mainguet, dont les publications ont été faites devant la principale porte d'entrée de notre Légation les dimanches. . . . . juin courant, à huit heures du matin, et devant la principale porte d'entrée tant du Bureau de l'État Civil de Port-au-Prince que de celui du Cap-Haïtien (Haïti) les dimanches. . . . . etc. . . . . ., à la même heure. — N°ˢ 185-186 et 204 à 206.

Aucune Opposition audit Mariage ne nous ayant été signifiée, — n° 214, — Vu les actes Notariés dont il est ci-dessus question, desquels il résulte que le père du futur conjoint et la mère de la future conjointe consentent à leur mariage et l'autorisent, faisant droit à ladite réquisition, — après avoir donné aux Contractants, aux mandataires spéciaux et respectifs de leurs père et mère et aux témoins lecture : 1° des actes de naissance des futurs époux ; 2° des publications ci-dessus énoncées (*voir les formules 51 à 53*) ; 3° des susdits actes de consentement et d'autorisation des père et mère des futurs époux au mariage de leurs fils et fille ; 4° des certificats constatant que les publications de promesse de mariage ont été faites tant au Cap-Haïtien qu'à Port-au-Prince et à Paris et qu'il n'est point survenu d'opposition au mariage (n°s 191-7° et 214, *voyez la formule 57*) ; 5° du certificat de M° Frédéric Fovart, notaire, qui a rédigé les conventions matrimo- niales des futurs conjoints (n° 191-10° ; — *voyez les formules 55 et 129*) ; et 6° du chapitre *six* de la loi *numéro six* du Code Civil d'Haïti traitant des droits et devoirs respectifs des époux, — n°s 242 à 246, — avons demandé au futur époux et à la future épouse s'ils veulent se prendre *mutuelle- ment* pour mari et pour femme ; chacun d'eux ayant répondu séparément et affirmativement, en présence des témoins ci-dessus nommés et qualifiés, déclarons au Nom de la Loi que le citoyen Pierre-Elie-Joseph-Samuel Servincent et la citoyenne Anne-Catherine-Antoinette Mainguet sont unis par le mariage ; — N°s 197 à 200.

Dont acte fait et passé à Paris (France), en notre Hôtel *ou* à la Légation Haïtienne, rue Montaigne, 9, les jour, mois, heure et an susdits ;

Et les contractants, les mandataires respectifs de leurs père et mère, les témoins et l'Assistance ont signé avec Nous et le secrétaire général de la Légation, le citoyen Jacques-Nicolas Léger, après lecture par celui-ci faite. — N°s 13-4° et 5°, 483-484.

Samuel Servincent, Antoinette Mainguet, Seymour Auguste, Théagène Lahens, D' Louis Audain, Jules Roquet, Cicéron Dauphin, Alphonse Guyot, Malherbe Carré, Emile Rigaud, D' Dantès Sabourin, Henry Durand, Veuve Louis Benjamin, Justin Dévot, Phocion Carré, D' Senèque Viard, Cécile Carré née Borno, Clément Denis, Hécard-Roy, J.-J. Otharis Rivière, Sagine Carré née Dupuy, Emmanuel Édouard, Séphora Rigaud née Ber- thaud, Camille Carré, Pétion-Roy, Georges Sylvain, Hébé Lacombe née Fatton, D' Camille Joseph, Cécile Saint-Victor née Ducasse, François-Joseph Saint-Victor, Camille Lacombe, Jacques-Nicolas Léger, Charles Villevaleix.

MÊMES NUMÉROS

Simplification de la Formule 96

Formule 97.

Aujourd'hui mercredi, vingt et un juin mil huit cent quatre-vingt-deux, 79° année de l'Indépendance d'Haïti, à dix heures et demie du matin, — N° 13-1° et 6°.

Devant nous, Charles Villevaleix, ministre d'Haïti en France, résidant à Paris, rue Montaigne, 9, soussigné, agissant suivant l'article *quarante- neuf* du Code Civil d'Haïti, — N° 20.

Sont comparus : — N° 10.

Monsieur Pierre-Élie-Joseph-Samuel Servincent, Haïtien, étudiant à la

Faculté de Droit de Paris (France), âgé de dix-neuf ans, né et domicilié
à Port-au-Prince (Haïti), — nos 200 et 325, — mais résidant à Paris à
cause de ses études, — no 326, — fils légitime de Monsieur Jean-Baptiste-
Théogène Servinceut, notaire, demeurant à Port-au-Prince, — no 325, —
et de Madame Marie-Louise-Thérèse Favier, sans profession, décédée sous le
toit conjugal le vingt-sept novembre mil huit cent soixante-seize, — No 330.

Stipulant pour lui et en son nom personnel, et avec l'assistance de Monsieur Théagène Lahens, négociant, demeurant à Port-au-Prince (Haïti),
à ce présent, — nos 10-11 et 123-124, — représentant Monsieur Servincent,
père de Monsieur le futur époux, pour autoriser celui-ci au mariage,
suivant acte au rapport de Me Louis-Etienne-Edmond Oriol et son collègue,
notaires à Port-au-Prince, sous la date du . . . . ., enregistré, dont une
expédition (no 30) est demeurée annexée au présent acte, — formule 99, —
après avoir été par le mandataire certifiée véritable et signée en notre
présence, d'une part ; — Nos 17 et 37, 131 à 136.

Et Mademoiselle Anne-Catherine-Antoinette Mainguet, Haïtienne, sans
profession, âgée de dix-sept ans, née et domiciliée au Cap-Haïtien (Haïti), —
nos 200 et 325, — mais résidant à Paris à cause de ses études, — no 326, —
fille légitime de Monsieur Louis-Auguste-Pascal Mainguet, décédé le sept
mai mil huit cent soixante et onze au Cap-Haïtien où, de son vivant, il
était magistrat et domicilié, et de Madame Cécile-Marie-Jeanne Celcourt,
sa veuve, rentière, demeurant au Cap-Haïtien, — No 325.

Stipulant pour elle et en son nom personnel, avec l'assistance de
Monsieur Seymour Auguste, négociant, demeurant au Cap-Haïtien (Haïti),
à ce présent, — nos 10-11 et 123-124, — représentant Madame Veuve
Mainguet, mère de Mademoiselle la future épouse, pour autoriser celle-ci
au mariage, suivant acte au rapport de Me Montézuma Montreuil et son
collègue, notaires au Cap-Haïtien, sous la date du . . . . ., enregistré, dont
une *expédition* (no 30) est demeurée annexée au présent acte, — formule
100, — après avoir été par le mandataire certifiée véritable et signée en
notre présence, d'autre part ; — Nos 17 et 37, 131 à 136.

Lesquels nous ont requis de procéder à la célébration du mariage
projeté . . . . ., etc., ... — Formule 96.

Aucune Opposition audit Mariage ne nous ayant été signifiée, — no 214,
— Vu les actes notariés dont il est ci-dessus question, ... etc., ...
— formule 96, — après avoir donné aux Parties lecture de tous les actes
produits . . . . . etc., ... — Formule 95.

Dont Acte fait en la Légation, en présence de Messieurs Jacques Catts
Pressoir, Hérard-Roy, Malherbe Carré et Gauthier Ménos, négociants
haïtiens, domiciliés à Port-au-Prince, de passage à Paris, témoins choisis
et amenés par les Contractants ; — No 13-3o.

Et les Parties ont signé avec lesdits Témoins et Nous, après lecture par
Nous faite. — Nos 13-4o et 5o, 483-484. — Antoinette Mainguet, Samuel

14

Servincent, Thégaène Lahens, Seymour Auguste, J. Catts Pressoir, Hérard-Roy, Malherbe Carré, Gauthier Ménos, Charles Villevaleix.

N°s 20, 204 A 206, 120 A 143, 185 A 189, 197 A 200, 214

MARIAGE CÉLÉBRÉ DEVANT UN MINISTRE *ou* CONSUL D'HAITI A L'ÉTRANGER ENTRE FILS ET FILLE, MINEURS MUNIS DES CONSENTEMENTS PAR ÉCRIT DE LEURS PÈRE ET MÈRE

Formule 98.

L'An mil huit cent quatre-vingt-deux, 79e année de l'Indépendance d'Haïti, — no 13-1o et 6o, — le mercredi vingt et un juin, à dix heures et demie du matin,

Par-devant nous, Charles Séguy-Villevaleix, ministre-résident d'Haïti en France, domicilié à Port-au-Prince (Haïti) et demeurant à Paris (France), — nos 325 et 328, — soussigné, agissant en vertu de l'article *quarante-neuf* du Code Civil d'Haïti, — No 20.

Sont comparus : — No 10.

Le citoyen Pierre-Elie-Joseph-Samuel Servincent . . . . . etc., ... ; — Formule 97.

Stipulant en son nom personnel et du consentement de son père susnommé, suivant acte au rapport de Me Louis-Étienne-Edmond Oriol et son collègue, notaires . . . . . etc., ..., — formule 101, — dont une *expédition* (no 30), est demeurée annexée au présent acte de mariage, — no 17, — après avoir été par le Comparant certifiée véritable et signée de lui, d'une part; — Nos 10-11, 37, 131 à 136 ; — Formule 101.

La citoyenne Anne-Catherine-Antoinette Mainguet . . . . . etc.; . . . . . — Formule 97.

Stipulant en son nom personnel et du consentement de sa mère susnommée, suivant acte au rapport de Me Montézuma Montreuil et son collègue, notaires . . . . . etc., ..., — formule 102, — dont une *expédition* (no 30) est demeurée annexée au présent acte de mariage, — no 17, — après avoir été par la Comparante certifiée véritable et signée d'elle, d'autre part; — Nos 10-11, 37, 131 à 136. — Formule 102.

En présence des citoyens Jean-Baptiste Dehoux et Aristide Smester, du côté du futur époux, — des citoyens Nemours Auguste et Anténor Firmin, du côté de la future épouse, — tous les quatre docteurs de la Faculté de Médecine de Paris, Haïtiens, résidant momentanément en cette ville, — no 326, — témoins choisis et amenés par les Contractants; — No 13-3o.

Lesquels Comparants nous ont requis de procéder à la célébration du mariage projeté entre eux, dont les publications ont été faites . . . . . etc.; . . . . . — Formule 96. — Nos 185-186 et 204 à 206.

Aucune Opposition audit Mariage ne nous ayant été signifiée, — no 214;

— . . . . . etc., ..., — formule 96, — après avoir donné lecture aux Parties : 1º . . . . .; 2º . . . . .; 3º . . . . .; 4º . . . . .; 5º . . . . ., et 6º . . . . .;—chacun d'eux ayant répondu séparément et affirmativement, en présence des témoins ci-dessus nommés et qualifiés, déclarons que Monsieur Pierre-Elie-Joseph-Samuel Servincent et Mademoiselle Anne-Catherine-Antoinette Mainguet sont unis par le Mariage; — Nᵒˢ 197 à 200.

Et les Contractants ont signé avec leurs Témoins, l'Assistance, Nous et le secrétaire général de la Légation, Monsieur Jacques-Nicolas Léger, après lecture par celui-ci faite. — Nᵒˢ 13-4º et 5º, 483-484.

Antoinette Mainguet, Samuel Servincent, Anténor Firmin, J.-B. Dehoux, Dʳ Nemours Auguste, Aristide Smester, Séphora Rigaud, née Berthaud, Pélion-Roy, Phocion Carré, Veuve L. Benjamin, Georges Sylvain, Henry Durand, Justin Dévot, Sagine Carré née Dupuy, Dʳ Louis Audain, François-Joseph St-Victor, Clément Denis, Cécile St-Victor née Ducasse, Hérard-Roy, Camille Carré, Cécile Carré née Borno, Dantès Sabourin, Dʳ Camille Joseph, Emmanuël Édouard, Sénèque Viard, Malherbe Carré, Camille Lacombe, Néiphile Dufort, Mousseron Dufort, Jules Roquet, A. de la Mare de Chêne Varin, Hébé Lacombe née Fatton, Pauline Fropo, F. Martineau, Charles Villevaleix, Jacques-Nicolas Léger.

NOTA BENE

Les formules 76 à 78 peuvent servir de modèles aux Ministres ou Consuls d'Haïti à l'Étranger dans les cas de mariage prescrits par ces Formules. — T. SERVINCENT.

Nᵒˢ 10-11,29-30, 131 A 133

EXPÉDITION DE PROCURATION.

Annexe à la Formule 96-97.

Formule 99.

Par-devant Louis-Étienne-Edmond Oriol et son collègue, notaires à Port-au-Prince (Haïti), soussignés, — Nᵒˢ 10-11.

Est comparu Monsieur Jean-Baptiste-Joseph-Théogène Servincent, — nº 10, — propriétaire et notaire, demeurant à Port-au-Prince, Capitale d'Haïti ; — Nº 325.

Lequel a, par ces présentes, constitué pour son mandataire spécial,

M. Théagène Lahens, propriétaire et négociant, demeurant à Port-au-Prince (Haïti), — nº 325, — à ce présent et acceptant,

(*Si le mandataire n'était pas présent, comme cela pourrait arriver, voyez la formule 100.*)

Auquel il donne pouvoir de le représenter au mariage que M. Pierre-Elie-Joseph-Samuel Servincent, son fils, étudiant à la Faculté de Droit de Paris

(France), demeurant à Paris pour ses études, mais domicilié à Port-au-Prince chez son susdit père, — n°s 326 et 330, — né à Port-au-Prince le seize mars mil huit cent soixante-trois de son légitime mariage avec Madame Marie-Louise-Thérèse Favier, décédée sous le toit conjugal le vingt-sept novembre mil huit cent soixante-seize, — n° 330, — a l'intention de contracter avec Mademoiselle Anne-Catherine-Antoinette Mainguet, sans profession, demeurant à Paris et domiciliée au Cap-Haïtien (Haïti) chez sa mère ci-après nommée, — n°s 326 et 330, — née au Cap-Haïtien le dix-sept juillet mil huit cent soixante-cinq du légitime mariage d'entre feu Monsieur Louis-Auguste-Pascal Mainguet et de Madame Cécile-Marie-Jeanne Celcourt, rentière, demeurant au Cap-Haïtien (Haïti); — N°s 131 à 133.

Se présenter en conséquence devant tous notaires, tous officiers de l'État Civil et tous ministres du Culte, faire toutes déclarations et affirmations, donner tous consentements, signer tous actes de notaires et tous registres de l'État Civil et de l'Église, substituer, et généralement faire tout ce qui sera utile et nécessaire ; — Formule 96-97.

Dont Acte lu aux Parties,

(*Si le mandataire n'avait pas concouru à l'Acte, par son absence, voir la formule 100.*)

Fait et passé à Port-au-Prince (Haïti), en l'Étude, le . . . . . avril mil huit cent quatre-vingt-deux, 79e année de l'Indépendance d'Haïti;

Et les Parties ont signé avec les Notaires. — (*Voyez la formule 100 en cas que le mandataire n'aurait pas concouru à l'acte.*)

Signé à la minute (n° 29): « T. Servincent, Théagène Lahens, Joseph-H. Hogarth et Ed. Oriol, notaires », celui-ci dépositaire de la minute au pied de laquelle est écrit :

« Enregistré à Port-au-Prince, ce . . . . . avril mil huit cent quatre-vingt-deux, — formule 100, — voir Case 100 du Registre X des actes civils, perçu pour droit fixe vingt-cinq centimes. Le Directeur principal de l'Enregistrement (*signé*): Héraux. — Vu : par autorisation du Contrôleur (*signé*): P. Narcisse Lafontant ». — Collationné : Ed. Oriol. — (*Voyez la formule 64.*)

MÊMES NUMÉROS

Expédition de Procuration

Annexe à la Formule 96-97.

Formule 100.

Devant Me Montézuma Montreuil, notaire public, et son collègue, à la résidence du Cap-Haïtien (Haïti), soussignés, — N°s 10-11.

Est comparue Mme Cécile-Marie-Jeanne Celcourt, veuve de M. Louis-

Auguste Pascal Mainguet, — n° 10, — propriétaire et rentière, demeurant au Cap-Haïtien, chef-lieu du Département du Nord d'Haïti ; — N° 325,

Laquelle a constitué, pour son mandataire spécial,

Monsieur Seymour Auguste, propriétaire et négociant, demeurant au Cap-Haïtien (Haïti), actuellement à Paris (France), — N° . . . . .

(Si le mandataire était présent et avait par conséquent concouru à l'Acte, voyez la formule 99.)

A l'effet de représenter la Comparante au mariage que Mademoiselle Anne-Catherine-Antoinette Mainguet, sa fille, sans profession, demeurant à Paris pour ses études à l'Institution X. . . . . ., mais domiciliée au Cap-Haïtien chez sa susdite mère, — n°s 326 et 330, — née au Cap-Haïtien le dix-sept juillet mil huit cent soixante-cinq de son légitime mariage avec Monsieur Louis-Auguste-Pascal Mainguet, décédé le sept mai mil huit cent soixante et onze au Cap-Haïtien, où, de son vivant, il était magistrat et domicilié, a l'intention de contracter avec Monsieur Pierre-Elie-Joseph-Samuel Servincent, étudiant à la Faculté de Droit de Paris, demeurant à Paris et domicilié à Port-au-Prince (Haïti) chez son père ci-après nommé, — n°s 326 et 330, — né à Port-au-Prince, le seize mars mil huit cent soixante-trois, du légitime mariage d'entre Monsieur Jean-Baptiste-Joseph-Théogène Servincent, propriétaire et notaire, demeurant à Port-au-Prince, — n° 325, — et la défunte Dame Marie-Louise-Thérèse Favier ; — N°s 131 à 133.

En conséquence se présenter devant tous notaires, tous officiers de l'État Civil et tous ministres du Culte . . . . ., etc., ... — Formule 99. — Formules 96-97.

Dont Acte lu à la Comparante, — *(Si le mandataire avait concouru à l'Acte par sa présence, voir la formule 99.)*

Fait et passé en l'Étude, au Cap-Haïtien, le . . . . . avril mil huit cent quatre-vingt-deux, 79e année de l'Indépendance d'Haïti ; — N° 13-1° et 6°.

Et la Comparante a signé avec les Notaires. — *(Voyez la formule 99, en cas que le mandataire aurait concouru à l'Acte.)*

Signé à la minute (n° 29) : « Veuve P. Mainguet, Joseph Courroir et M. Montreuil, notaires », ce dernier dépositaire de la minute en marge de laquelle est écrit :

« Enregistré au Cap-Haïtien, le . . . . . avril 1882, folio. . . . . ., verso *ou* recto. . . . ., case. . . . . du Registre R des actes civils, perçu pour droit fixe vingt-cinq centimes. Le Directeur Particulier de l'Enregistrement *(signé)*: Florelli Férère. — Vu : Le Contrôleur *(signé)* : G.-W. Carvalho. — Collationné : M. Montreuil.

» *Première expédition* (n° 30) délivrée ce. . . . »

Nᵒˢ 10-11, 29-30, 131 A 133

EXPÉDITION DE PROCURATION

Annexe à la Formule 98.

Formule 101.

Devant Louis-Étienne-Edmond Oriol, notaire public, et son collègue, à la résidence de Port-au-Prince (Haïti), soussignés,

Est comparu Monsieur Jean-Baptiste-Joseph-Théogène Servincent, propriétaire et notaire, demeurant et domicilié à Port-au-Prince, Capitale d'Haïti; — Nᵒ 325.

Lequel a déclaré consentir au mariage que Monsieur Pierre-Élie-Joseph-Samuel Servincent, son fils, âgé de dix-neuf ans, étudiant à la Faculté de Droit de Paris (France), demeurant à Paris pour ses études, mais domicilié à Port-au-Prince chez son susdit père, — nᵒˢ 326 et 330, — né à Port-au-Prince, de son légitime mariage avec Madame Marie-Louise-Thérèse Favier, décédée sous son toit, le vingt-sept novembre mil huit cent soixante-treize, — nᵒ 330, — se propose de contracter avec Mademoiselle Anne-Catherine-Antoinette Mainguet, âgée de dix-sept ans, sans profession, demeurant à Paris et domiciliée au Cap-Haïtien (Haïti), chez sa mère ci-après nommée, — nᵒˢ 326 et 330, — née au Cap-Haïtien du légitime mariage de feu Monsieur Louis-Auguste-Pascal Mainguet et de Madame Cécile-Marie-Jeanne Celcourt, rentière, demeurant au Cap-Haïtien (Haïti), — Nᵒ 325.

Il autorise en conséquence tous notaires, tous officiers de l'État Civil et tous ministres du Culte à procéder à ce Mariage, sur la seule présentation du présent acte; — Formule 98.

Dont Acte lu au Comparant.

Fait et passé en l'Étude, rue du Réservoir, à Port-au-Prince, le. . . . avril mil huit cent quatre-vingt-deux, 79ᵉ année de l'Indépendance d'Haïti;

Et le Comparant a signé avec les Notaires.

Signé à la minute (nᵒ 29) : « Théogène Servincent, Joseph-H. Hogart et Edmond Oriol, notaires », ce dernier dépositaire de la minute en marge de laquelle est écrit :

« Enregistré à Port-au-Prince, le . . . . avril 1882, folio. . . ., Rᵒ *ou* Vᵒ, Case. . . . du Registre X, perçu pour droit fixe vingt-cinq centimes : Le Directeur Principal de l'Enregistrement *(signé)* : Héraux. — Vu : Le Contrôleur *(signé)* : P.-Narcisse Lafontant. — Collationné : Edmond Oriol.

» *Première Expédition* (nᵒ 30), délivrée ce . . . . . . »

(Voyez la formule 61.)

MÊMES NUMÉROS

Annexe à la Formule 98.

Formule 102.

Par-devant M⁰ Montézuma Montreuil et son collègue, notaires au Cap-Haïtien (Haïti), soussignés,

Est comparue Madame Cécile-Marie-Jeanne Celcourt, veuve de Monsieur Louis-Auguste-Pascal Mainguet, propriétaire et rentière, demeurant et domiciliée au Cap-Haïtien, chef-lieu du Département du Nord d'Haïti ; — N° 325.

Laquelle a déclaré consentir au mariage que Mademoiselle Anne-Catherine-Antoinette Mainguet, sa fille, âgée de dix-sept ans, sans profession, demeurant à Paris (France) pour ses études, mais domiciliée au Cap-Haïtien chez sa susdite mère, — n°s 326 et 330, — née au Cap-Haïtien, de son légitime mariage avec Monsieur Louis-Auguste-Pascal Mainguet, décédé au Cap-Haïtien, le sept mai mil huit cent soixante et onze, se propose de contracter avec Monsieur Pierre-Élie-Jeseph-Samuel Servincent, âgé de dix-neuf ans, étudiant à la Faculté de Droit de Paris (France), demeurant à Paris et domicilié à Port-au-Prince (Haïti), chez son père, ci-après nommé, — n°s 326 et 330, — né à Port-au-Prince, du légitime mariage de Monsieur Jean-Baptiste-Joseph-Théogène Servincent, propriétaire et notaire, demeurant à Port-au-Prince, et. de la défunte Dame Marie-Louise-Thérèse-Eugène Favier. — N° 325.

En conséquence, elle autorise tous notaires, tous officiers de l'État Civil et tous ministres du Culte, à procéder à ce Mariage sur la seule présentation du présent acte ; — Formule 98.

Dont Acte, fait et passé au Cap-Haïtien, en l'Étude, rue Vaudreuil, n°. . ., le. . . . . avril mil huit cent quatre-vingt-deux, 79ᵉ année de l'Indépendance d'Haïti ;

Et après lecture la Comparante a signé avec les Notaires.

Signé à la minute (n° 29) : « Veuve P. Mainguet, Adelson Charron et Montézuma Montreuil, notaires », celui-ci dépositaire de la minute (n° 29) au pied de laquelle est écrit :

« Enreg. au Cap-Haïtien, ce. . . . avril 1882, f°. . ., R° *ou* V°, C. . . . . du Registre R des actes civils ; perçu pour droit fixe vingt-cinq centimes. Le Directeur (*signé*) : Florelli Férère, — Vu : Le Contrôleur *(signé)* : Georges-William Carvalho. — Collationné : Montézuma Montreuil.

» *Première Expédition* (n° 30), délivrée ce. . . . . »

———————

LÉGALISATION DE SIGNATURE DE NOTAIRE : Nᵒ 37

Formule 103.

Au pied des Formules 99 et 101.

1ᵒ Vu par nous, Aurélus Dyer, doyen du Tribunal Civil du Ressort de l'Ouest, séant à Port-au-Prince, pour légalisation de la signature ci-dessus apposée de Mᵉ Louis-Étienne-Edmond Oriol, notaire de ce Ressort, à la résidence de Port-au-Prince. — Port-au-Prince, le. . . . avril 1882. — Aurélus Dyer.

(*Voyez la formule 62.*)

2ᵒ Vu pour légalisation de la signature ci-dessus apposée de M. Aurélus Dyer, doyen du Tribunal Civil du Ressort de l'Ouest, séant à Port-au-Prince, le . . . . . avril 1882. — Le Secrétaire d'État de la Justice : — Madiou.

3ᵒ Le Secrétaire d'État des Relations Extérieures, soussigné, certifie véritable la signature ci-dessus apposée de M. Madiou, Secrétaire d'État de la Justice. — Port-au-Prince, le. . . . . avril 1882. — Brutus-Saint-Victor.

4ᵒ Vu pour légalisation de la signature ci-dessus apposée de M. Brutus Saint-Victor, Secrétaire d'État des Relations Extérieures de la République d'Haïti. — Port-au-Prince, le. . . . . avril 1882. — Le Consul Général et chargé d'affaires de la République Française en Haïti : — Ernest Burdel.

NOTA BENE.

La formule 103, faite pour les formules 99 et 101, s'applique aussi aux formules 100 et 102, à l'exception de ce qui suit : — 1ᵒ Vu par Nous, Delord Étienne, doyen du Tribunal Civil du Nord, séant au Cap-Haïtien, pour légalisation de la signature de Mᵉ Montézuma Montreuil, notaire en ce Ressort à la résidence du Cap-Haïtien. — Cap-Haïtien, le. . . . . avril 1882. — Delord Étienne. — 2ᵒ Vu pour légalisation de la signature ci-dessus apposée de M. Delord Étienne, doyen du Tribunal Civil du Ressort du Nord, séant au Cap-Haïtien. — Port-au-Prince, le. . . . avril 1882. — Le Secrétaire d'État de la Justice : — Madiou. — T. SERVINCENT.

N° 206

PROCÈS-VERBAL D'INSCRIPTION D'ACTES DE CÉLÉBRATION DE MARIAGE CONTRACTÉ
ENTRE HAITIENS EN PAYS ÉTRANGER

Formule 104.

Aujourd'hui, le. . . . mai mil huit cent quatre-vingt-quatre, 81e année
de l'Indépendance d'Haïti, à neuf heures du matin, — Nos 13-1° et 6°.

Nous, Théodore Stewart, l'un des officiers de l'État-Civil du Cap-
Haïtien, chef-lieu du Département du Nord, soussigné, — Nos 4 à 11.

Après avoir pris communication et lecture, sur une *expédition* en bonne
forme (n° 30) qui nous a été représentée, d'un Acte de célébration du
mariage contracté entre le citoyen Pierre-Élie-Joseph-Samuel Servincent,
de Port-au-Prince, avec la citoyenne Anne-Catherine-Antoinette Mainguet,
du Cap-Haïtien, devant le citoyen Charles Séguy-Villevaleix, ministre-
résident d'Haïti à Paris (France), le mercredi vingt et un juin mil huit
cent quatre-vingt-deux, — formules 94 à 98, — et dont l'Inscription est
par Madame Pierre-Élie-Joseph-Samuel Servincent requise aux termes de
l'article *cent cinquante-six* du Code Civil d'Haïti, — n° 206, — en l'absence
de son mari que les études pour le doctorat en droit retiennent à Paris,

Avons inscrit sur le registre de l'année courante de mariage de l'État
Civil du Cap-Haïtien ledit acte, — formule 94 à 98, — à toutes les fins
indiquées en l'article *cinquante* du Code Civil d'Haïti (n° 21) et après que
dessus il a été apposé en marge une mention (n° 17) constatant ladite
inscription. — Formule 105.

De quoi avons dressé le présent Acte que Madame Servincent, la requérante, a signé avec Nous après lecture par Nous faite. — Nos 13-4° et 5°,
583-584. — Antoinette Servincent, Théodore Stewart.

N° 21

NOTE MARGINALE

Formule 105.

Suivant Acte dressé par notre ministère, — formule 104, — en date
de ce jour, le présent Acte (formules 94 à 98) a été inscrit, à la réquisition de Madame Antoinette Servincent, sur le registre de l'année courante
de mariage de l'État Civil de cette ville. — Cap-Haïtien, le . . . . .
mai 1884. — Théodore Stewart, *officier de l'État Civil du Cap-Haïtien,*

MÊME NUMÉRO

AVIS PAR L'OFFICIER DE L'ÉTAT CIVIL AU COMMISSAIRE DU GOUVERNEMENT
D'INSCRIPTION SUR SES REGISTRES D'UN ACTE DE MARIAGE CONTRACTÉ ENTRE
HAITIENS A L'ÉTRANGER.

Formule 106

LIBERTÉ — ÉGALITÉ — FRATERNITÉ

RÉPUBLIQUE D'HAITI

Cap-Haïtien, le. . . . mai 1884.

Théodore Stewart, Officier de l'État Civil du Cap-Haïtien, au citoyen Jean-Chrysostome Arteaud, commissaire du Gouvernement près le Tribunal Civil du Nord, séant au Cap-Haïtien.

Monsieur le Commissaire,

J'ai l'honneur de vous donner avis de l'Inscription, sur mes registres de l'année courante de mariage, de l'acte de célébration du mariage contracté entre le citoyen Pierre-Élie-Joseph-Samuel Servincent, de Port-au-Prince, et la citoyenne Anne-Catherine-Antoinette Mainguet, du Cap-Haïtien, devant le citoyen Charles Séguy-Villevaleix, ministre-résident d'Haïti à Paris, le mercredi vingt et un juin mil huit cent quatre-vingt-deux ; laquelle inscription a été requise par Madame Pierre-Élie-Joseph-Samuel Servincent, aux termes de l'article *cent cinquante-six* du Code Civil d'Haïti, — n° 206, — en l'absence de son mari que les études pour le Doctorat en Droit retiennent à Paris.

Vous voudrez bien en expédier une *mention* au Secrétaire d'État de la Justice qui, suivant l'article *cinquante* du Code Civil d'Haïti, la fera inscrire au double placé au Dépôt Central des Archives. — N° 21 ;

Je vous prie d'agréer, Monsieur le Commissaire, mes salutations empressées,   THÉODORE STEWART.

MÊME NUMÉRO

DÉPÊCHE DU COMMISSAIRE DU GOUVERNEMENT AU SECRÉTAIRE D'ÉTAT DE LA
JUSTICE COUVRANT LA MENTION DONT IL EST PARLÉ EN LA FORMULE 106

Formule 106 Bis.

LIBERTÉ — ÉGALITÉ — FRATERNITÉ

RÉPUBLIQUE D'HAITI

Parquet du Tribunal Civil du Cap-Haïtien, Département du Nord. — Section de la Justice n°. . . . . . . — Cap-Haïtien, le. . . . . . mai 1884, 81ᵉ année de l'Indépendance d'Haïti.

Le Commissaire du Gouvernement près le Tribunal Civil de ce Ressort au Secrétaire d'État de la Justice.

Monsieur le Secrétaire d'État,

Je m'empresse de vous expédier sous ce pli, à toutes les fins indiquées aux articles 50 et 156 du Code Civil d'Haïti, — n⁰ˢ 21. et 206, la *mention* de l'inscription qu'a faite sur ses registres de mariage l'officier de l'État Civil du Cap-Haïtien de l'acte de mariage, — formule 104, — célébré devant notre ministre-résident à Paris, du citoyen Pierre-Élie-Joseph-Samuel Servincent et de la citoyenne Anne-Catherine-Antoinette Mainguet, Haïtiens, le mercredi vingt et un juin mil huit cent quatre-vingt-deux. — Formules 94 à 98.

J'ai l'honneur, Monsieur le Secrétaire d'État, de vous saluer respectueusement,   J.-C. Arteaud.

(*Voir les formules 208 et 209.*)

Nota Bene

Il ne serait pas sans intérêt pour les Parties, bien que la Loi ne les ait pas formellement prescrites, de remplir les formalités de la formule 104, — n° 253, — dans le domicile de chacun des deux époux, — n° 325, — et non pas dans le domicile commun prescrit par le n° 330. — T. Servincent.

N⁰ˢ 207 A 214

Mariage a la célébration duquel sera survenue Opposition dont la Mainlevée aura été obtenue

Formule 107.

Aujourd'hui, le. . . . . . juillet mil huit cent quatre-vingt-deux, 79ᵉ année de l'Indépendence d'Haïti, à. . . . . . heures du matin, — n° 13-1° et 6°,

Par-devant nous, Lusincourt-Georges Biamby, officier de l'État Civil de Port-au-Prince, section Nord, soussigné, — N⁰ˢ 4 à 11.

Sont comparus : — N° 10.

Le citoyen Claude Norbert, instituteur, âgé de vingt-sept ans, né et domicilié à Port-au-Prince, fils légitime du citoyen Félicien Norbert et de la citoyenne Germaine Boniface, propriétaires, domiciliés ensemble en cette ville, — N⁰ˢ 325 et 330.

Stipulant en son nom personnel, et en vertu de la mainlevée d'opposition, dont il sera ci-après question, d'une part;

Et la citoyenne Clotilde Landry, modiste, agée de vingt-trois ans,. . . . . etc.,. . . . . . ; — Formules 76-77.

Lesquels nous ont requis de procéder à la célébration du mariage projeté entre eux, dont les publications ont été faites devant la principale porte d'entrée de notre Hôtel les dimanches. . . . . . à huit heures du matin. — N⁰ˢ 185 à 189.

Faisant droit auxdites réquisitions, vu l'Opposition à nous signifiée par

exploit de Monsieur Villius Toussaint, huissier près le Tribunal Civil de ce
ressort, — n°s 208 à 213, — en date du dix-neuf juin dernier, au nom du
père du futur époux, — formule 108, — par laquelle il nous déclare
s'opposer à ce qu'il soit procédé à la célébration du mariage entre Mademoiselle Clotilde Landry et Monsieur Claude Norbert, son fils ; laquelle a
été levée suivant acte au rapport de Me Théogène Servincent, notaire en
cette ville, en date du trente juin de la présente année, — n° 211 et formule 112, — dont une Expédition (n° 30), à nous représentée, demeure
ci-annexée, — n° 17, — et nulle autre opposition n'étant survenue
audit mariage, — n° 214, — après avoir donné lecture aux Parties contractantes, en présence des témoins ci-après nommés, de toutes les pièces
ci-dessus mentionnées, de leurs actes de naissance et du chapitre *six* de la
Loi *numéro six* du Code Civil d'Haïti, traitant des droits et devoirs respectifs des époux, — n°s 242 à 246, — avons demandé au futur époux et à
la future épouse s'ils veulent se prendre *mutuellement* pour mari et femme,
. . . . etc., ... — Formules 76-77. — N°s 197 à 200.

Sont intervenus au présent Acte le citoyen Félicien Norbert et la citoyenne
Germaine Boniface, son épouse, aux fins de signer le contrat de mariage
du citoyen Claude Norbert, leur fils, avec la citoyenne Clotilde Landry
auquel ils donnent leur acquiescement ; — N°s 253 et 255.

(Cette intervention n'est pas de rigueur pour la validité de l'acte ; nous conseil-
lons néanmoins à l'enfant au mariage duquel sera survenue Opposition, dont la
mainlevée aura été obtenue, de requérir et d'obtenir autant que possible l'Inter-
vention de ses père et mère à la signature de l'acte. L'officier de l'État Civil lui-
même, en provoquant l'intervention, ferait acte de fonctionnaire soucieux de ses
devoirs. — N° 253.)

Dont Acte fait en la Demeure de la Veuve Hippolyte Larfargue, à Port-
au-Prince, Grand'Rue, en présence du citoyen Louis-Victor Gilles, docteur
de la Faculté de Médecine d'Haïti, du citoyen Pierre-Joseph Barrau, secrétaire-rédacteur à la Chambre des Représentants du peuple, du citoyen
Jonathas Desgrottes, professeur au Lycée Pétion de cette ville, et du citoyen
Antoine-Pétrus Liautaud, spéculateur en denrées, — tous les quatre propriétaires, majeurs, domiciliés en cette ville, — n° 325, — témoins choisis
et amenés par les Parties, — n° 13-3° ; — lesquels ont signé avec les Contractants, leurs pères et mères, l'Assistance et nous, après lecture par nous
faite, — N°s 13-4° et 5°, 483-484.

Clotilde Landry, C. Norbert, Marcelline Landry, F. Norbert, B. Landry,
Dame F. Norbert, P.-J. Barrau, Antoine-P. Liautaud, Dr Louis-V. Gilles
J. Desgrottes, Ida Gilles, née Delatour, F. Thévenin, Marius Corbier, Veuve
T. Delatour, Roxelane Lafargue, Charles Antoine, Victoire Dieudonné,
J. Ducis Viard, Amélie Boom, née Gratien, Julien Dieudonné, Dame
Celcis fils, Lamartinière Denis, Célia Boom, Rose-Milla Myrthil, Celcis fils,
Antiope Méroyé, Ida Dufort, Auguste Celcis, Mirabeau Corbier, Elie Barrau,

Dorilia Corbier, Cécile Gratien, Emmanuel Servincent, Miguel Boom, Amélie Thévenin, Balette Delatour, Célie Corbier, Marie Barrau, née Bernardin, Émile Barrau, Auguste Lafargue, Claire Dominique, Esther Murat, Lydia Barrau, née Bauduy, Thérésa Murat, Dame R. Bijou, Clotilde Bernardin, Bijou jeune, Lusincourt Biamby.

NOTA BENE

Si l'Opposition a été levée par jugement du Tribunal Civil, et non par acte de la juridiction gracieuse de notaire, l'officier de l'Etat Civil dirait : « a été levée par jugement du Tribunal Civil de ce Ressort en date du . . . . . ., enregistré et à nous signifié le. . . . . par Monsieur Villius Toussaint, huissier près ledit Tribunal, et dont une *grosse* (n° 31), à nous représentée, demeure ci annexée, — n° 17, — et nulle autre opposition n'étant survenue. . . . . . . etc., ... »

MÊMES NUMÉROS

OPPOSITION AU MARIAGE

Formule 108.

L'An mil huit cent quatre-vingt-deux, 79e année de l'Indépendance d'Haïti, — n° 13-6°, — le lundi dix-neuf juin, à neuf heures du matin,

A la requête de Monsieur Félicien Norbert, propriétaire, demeurant à Port-au-Prince, rue X. . . . . . ., où il élit domicile, — n° 325, — agissant tant en son nom qu'en celui de Madame Germaine Boniface, son épouse, sans profession, demeurant avec lui, — Nos 207 et 330.

Je, Villius Toussaint, huissier reçu et immatriculé au Tribunal Civil de ce Ressort, demeurant à Port-au-Prince, — n° 325, — soussigné, ai déclaré aux personnes ci-après nommées :

1° Monsieur Lusincourt-Georges Biamby, officier de l'État Civil de Port-au-Prince, section Nord, en son Hôtel *ou* en son Bureau, où étant et parlant à sa personne, ainsi déclaré, — lequel a visé mon original, — (*ou bien :* où étant et parlant à la personne de Monsieur Hershel-Georges Biamby, son commis, ainsi déclaré, lequel a visé mon original) ;

2° Mademoiselle Clotilde Landry, modiste, demeurant en cette ville, en son domicile, — n° 325, — où étant et parlant à sa personne, — *ou* à la personne de. . . . . . (*désigner l'individu*), — ainsi déclaré ;

3° Monsieur Claude Norbert, instituteur, demeurant à Port-au-Prince, en son domicile, — n° 325, — où étant et parlant à sa personne, — *ou* à la personne de. . . . . ., — ainsi déclaré,

Que mon Requérant s'oppose à ce qu'il soit procédé à la célébration du mariage projeté entre ladite Mademoiselle Clotilde Landry et Monsieur

Claude Norbert, son fils, et ce, pour des motifs de sa femme et de lui connus et qu'il se réserve de déduire et faire valoir en temps convenable, — N° 208.

Et afin qu'ils n'en ignorent j'ai laissé à chacun des susnommés Copie du présent Acte dont le coût est de . . . . . . — Villius Toussaint.

Vu et visé : — Lusincourt Biamby.

N°ˢ 207 A 214, 325 ET 333

Opposition a Mariage par Acte Notarié

Formule 109.

L'An mil huit cent quatre-vingt-deux, 79ᵉ année de l'Indépendance d'Haïti, le . . . . .

Sur la Réquisition de M. Félicien Norbert, propriétaire, demeurant à Port-au-Prince, qui élit domicile en l'étude de Mᵉ Théogène Servincent, notaire, — n° 333, — et agit en qualité de père de Monsieur Claude Norbert, issu de son mariage avec Madame Germaine Boniface, son épouse,

Maître Théogène Servincent, notaire à Port-au-Prince, soussigné,

Assisté de Messieurs Henry Simonise et Charles Robiou, propriétaires, courtiers-agents de change, demeurant et domiciliés à Port-au-Prince, — n° 325, — témoins instrumentaires, requis par ledit Notaire, aussi soussignés,

S'est transporté avec le Requérant et les deux témoins instrumentaires requis : — 1° au Bureau de l'État Civil de la section Nord de Port-au-Prince, où étant et parlant à Monsieur Lusincourt-Georges Biamby, officier de l'État Civil, qui a visé le présent original ; — 2° au Domicile, en cette ville (n° 325) de Monsieur Claude Norbert, instituteur, où étant et parlant à sa personne ; — 3° et à Port-au-Prince, au Domicile (n° 325) de Mademoiselle Clotilde Landry, modiste, où étant et parlant à sa personne, — N° 209.

Et Monsieur Félicien Norbert a déclaré à chacun d'eux, en présence des notaires et témoins soussignés, qu'il s'oppose à la célébration du mariage projeté entre Monsieur Claude Norbert, son fils, et Mademoiselle Clotilde Landry, pour les causes qu'il se réserve de déduire s'il y a lieu ;

(*Si l'Opposition est signée par un collatéral :* « Monsieur X . . . a dé- claré . . . . . qu'il s'oppose à la célébration du mariage . . . . . par le motif . . . . . » (*énoncer les causes de l'Opposition*).— N° 208-3°.)

Et il a requis Acte de cette Opposition que, à l'instant, Mᵉ Théogène Servincent, a notifié aux personnes susnommées.

De tout ce que dessus il a été dressé le présent Procès-Verbal, dans les lieux sus-indiqués, les jour, mois et an susdits.

Une Copie des présentes, signée du requérant, des témoins et du notaire, a été à l'instant remise par Maître Théogène Servincent, notaire sous-signé, à chacun de : Monsieur Lusincourt-Georges Biamby, Mademoiselle Clotilde Landry et Monsieur Claude Norbert ; — N° 210.

Et Monsieur Félicien Norbert a signé, après lecture, avec les témoins et le notaire. — N°s 583-584. — F. Norbert, C. Robiou, H. Simonise, T. Servincent.

Vu et visé : — Lusincourt Biamby, *officier de l'État Civil de Port-au-Prince.*

MÊMES NUMÉROS

Autre Formule

Formule 110.

L'An mil huit cent quatre-vingt-deux, 79e année de l'Indépendance d'Haïti, le lundi dix-neuf juin, à dix heures du matin,

Sur la réquisition de M. Félicien Norbert, propriétaire, demeurant et domicilié à Port-au-Prince, rue . . . . . , — n° 325, — lequel élit domicile en sa susdite demeure, — N° 325.

Maître Théogène Servincent, notaire à Port-au-Prince, soussigné, assisté des témoins ci-après nommés et qualifiés, — n° 13-3°, — s'est expressé-ment transporté avec le Requérant : — N° 209.

1° Au Bureau de l'État Civil de la section Nord de Port-au-Prince, où étant et parlant à Monsieur Lusincourt-Georges Biamby, officier de l'État Civil desdites section et ville, ainsi qu'il l'a déclaré, lequel a visé le pré-sent acte ; — N° 210-2°.

2° A Port-au-Prince, [rue . . . . . , aux demeure et domicile de Made-moiselle Clotilde Landry, — n° 325, — modiste, parlant à sa personne, ainsi qu'elle l'a déclaré ; — N° 210-2°.

3° Et en cette ville, rue . . . . . , aux demeure et domicile de Monsieur Claude Norbert, — n° 325, — instituteur, parlant à sa personne, ainsi qu'il l'a déclaré ; — N° 210-2°.

Et ledit Monsieur Félicien Norbert a déclaré, en présence du notaire et des témoins soussignés, qu'il s'oppose formellement à la célébration du mariage projeté entre ladite Mademoiselle Clotilde Landry et Monsieur Claude Norbert, son fils, — et ce, pour des motifs de lui connus et qu'il se réserve de déduire et faire valoir en temps convenable ; — N° 208.

De laquelle Opposition il a requis Acte, que le Notaire soussigné a, à l'instant, notifié aux personnes susnommées et qualifiées.

Fait et passé à Port-au-Prince, les jour, mois et an susdits, — pour l'officier de l'État Civil au Bureau de l'État Civil, et pour les autres Parties, en leurs demeures respectives, — en présence de Messieurs Charles-

Adolphe Robiou et Henry-Sylvain Simonise, propriétaires, demeurant en cette ville, — n° 325, — témoins instrumentaires requis ; — N° 13-3°.

Et après lecture, le requérant a signé, avec les témoins et le notaire le présent Acte, dont Copie a été laissée par le Notaire tant à l'officier de l'État Civil qu'à chacun des Monsieur Claude Norbert et Mademoiselle Clotilde Landry, conformément à la Loi. — N° 210. — Félicien Norbert, Henry Simonèse, Charles Robiou, Théogène Servincent.

Vu et visé : — Lusincourt Biamby.

N°ˢ 207 A 214

Pouvoir pour s'opposer a Mariage

Formule 111.

Devant M° Théogène Servincent et son collègue, notaires à Port-au-Prince, soussignés,

Est comparu Monsieur Félicien Norbert, propriétaire, demeurant à Port-au-Prince ; — N° 325.

Lequel a par ces présentes constitué pour son mandataire spécial :

Monsieur Harmonière Bayard, propriétaire, comptable au Ministère des Finances, demeurant aussi à Port-au-Prince, — n° 325 ; — à ce présent et acceptant le mandat,

A qui il donne pouvoir de, pour lui et en son nom,

S'opposer au mariage que Monsieur Claude Norbert, son fils, instituteur, demeurant en cette ville, — n° 325, — se propose de contracter avec Mademoiselle Clotilde Landry, modiste, demeurant aussi en cette ville ; — n° 325. — *(Si l'opposant n'était pas un ascendant* — n° 208-3°, — *il faudrait déduire les motifs de son opposition.)*

Faire en conséquence toutes oppositions, les faire signifier à qui il appartiendra, faire toutes déclarations, élire domicile, signer toutes pièces et faire tout ce qui sera nécessaire ; — N°ˢ 207 à 214.

Dont Acte lu aux Parties,

Fait et passé à Port-au-Prince, en l'Étude, le dix-neuf juin mil huit cent quatre-vingt-deux, 79° année de l'Indépendance d'Haïti ;

Et les Parties ont signé avec les Notaires. — F. Norbert, Harmonière Bayard, Ed. Oriol, T. Servincent.

Nᵒˢ 211-212

MAINLEVÉE D'OPPOSITION A MARIAGE

Formule 112.

Par-devant Théogène Servincent, notaire public, et son Collègue, à la résidence de Port-au-Prince, soussignés,

Est comparu Monsieur Félicien Norbert, propriétaire, demeurant à Port-au-Prince ; — Nᵒ 325.

Lequel a déclaré donner mainlevée pure et simple de l'opposition qu'il a formée au mariage de Monsieur Claude Norbert, son fils, instituteur, demeurant en cette ville, — nᵒ 325, — avec Mademoiselle Clotilde Landry, modiste, demeurant aussi en cette ville, — nᵒ 325, — par exploit du ministère de Monsieur Villius Toussaint, huissier au Tribunal Civil de l'Ouest, séant à Port-au-Prince, en date du dix-neuf juin courant . . . . . — (ou par procès-verbal du ministère de Mᵉ Théogène Servincent, notaire en cette ville, assisté de deux témoins, en date du dix-neuf juin courant), — Formules 108 à 110.

Voulant que cette Opposition soit considérée comme nulle et non avenue; — Nᵒ 211.

Dont acte, lu au Comparant,

Fait et passé en l'Étude, à Port-au-Prince, le trente juin mil huit cent quatre-vingt-deux, 79ᵉ année de l'Indépendance d'Haïti ;

Et le Comparant a signé avec les Notaires. — F. Norbert, Ed. Oriol, T. Servincent.

MÊMES NUMÉROS

PROCURATION DE MAINLEVÉE D'OPPOSITION A MARIAGE

Formule 113.

Devant Maître Théogène Servincent, notaire à Port-au-Prince, soussigné, assisté de Monsieur Paul Élie, chef de bureau au Ministère de l'Agriculture, et de Monsieur Justin-Dominique Bouzon, arpenteur public, tous les deux propriétaires, demeurant en cette ville,— nᵒ 325,— témoins requis en conformité de la Loi, — nᵒ 13-3ᵒ, — aussi soussignés,

Est comparu M. Félicien Norbert, propriétaire, demeurant à Port-au-Prince, — Nᵒ 325.

Lequel a constitué par ses présentes, pour son mandataire spécial,

Monsieur Alexis André, propriétaire, chef de division à la Secrétairerie d'État de l'Agriculture, ancien député au Corps Législatif, demeurant aussi à Port-au-Prince, — n° 325, — à ce présent et acceptant ce mandat,

Auquel il donne pouvoir de, pour lui et en son nom,

Donner mainlevée pure et simple de l'opposition qu'il a formée au mariage de Monsieur Claude Norbert, son fils, instituteur, demeurant en cette ville, — n° 325, — avec Mademoiselle Clotilde Landry, modiste, demeurant aussi en cette ville, — n° 325, — par exploit de Monsieur Villius Toussaint, huissier au Tribunal Civil de Port-au-Prince, en date du dix-neuf juin . . . . . — (ou par procès-verbal du ministère de Me Théogène Servincent, l'un des notaires soussignés, en date du dix-neuf juin courant . . . .);— Formules 108 à 110. — N° 211.

Se présenter à tous officiers de l'État Civil, y faire toutes déclarations, signer tous registres et toutes pièces;

Dont Acte,

Fait et passé en l'Étude, à Port-au-Prince, le trente juin mil huit cent quatre-vingt-deux, 79e année de l'Indépendance d'Haïti;

Et les parties ont signé avec les Témoins et le Notaire, après lecture par celui-ci faite, — Nos ... — Félicien Norbert, Alexis André, Justin-D. Bouzon, Paul Élie, Théogène Servincent.

Nota Bene

Il n'est pas nécessaire de donner la Formule du jugement dont il est question au n° 212, jugement qui intervient sur la demande en mainlevée d'opposition à mariage et qui est rendu, à l'Audience Publique, dans la forme ordinaire et dans les dix jours de la demande aux termes de l'article 163 du Code Civil d'Haïti. — N° 212. — T. Servincent.

Nos 217 ET 222, 215 A 230, 125 A 127

Nullité de Mariage

1° — Acte d'Accusation.

Formule 114.

LIBERTÉ — ÉGALITÉ — FRATTERNITÉ

RÉPUBLIQUE D'HAITI

Au Nom de la Loi,

Le Substitut du Commissaire du Gouvernement près le Tribunal Civil de la Juridiction de Port-de-Paix, Département du Nord-Ouest, soussigné, expose que par l'Ordonnance rendue par la Chambre du Conseil du susdit Tribunal, en date du vingt et un juillet dernier, et par Celle de prise de corps qui en émane, sous la même date, il a été déclaré qu'il y avait lieu d'accuser les nommés : 1° Pierre Estienne; 2° Saint-Ange Timothée;

3° Jean Estienne; 4° Damus François; 5° Paul Saint-Hilaire; 6° Dollan Millan, et 7° Joséphine Jacques, tous demeurant et domiciliés en la commune de Saint-Louis-du-Nord, — n° 325, — de faux en écriture authentique, crime prévu et puni par les articles 107 et suivants du Code Pénal d'Haïti; — N°s 125 à 127.

Déclare le Substitut du Commissaire du Gouvernement qu'après avoir fait un nouvel examen de la procédure, notamment de la Lettre de l'Officier de l'État Civil de Saint-Louis-du-Nord, en date du vingt et un mai dernier, au numéro *six*, il résulte ce qui suit : Le vingt-quatre février dernier les nommés Pierre Estienne et Joséphiue Jacques se présentèrent, avec les témoins Jean Estienne, Damus François, Paul Saint-Hilaire et Dollan Millan, devant l'Officier de l'État Civil de leur commune pour contracter mariage. Ils exhibèrent chacun leurs actes de naissance afin de prouver leur identité : la future épouse ayant déclaré se nommer Céline Timothée, ainsi que le comportait l'acte de naissance exhibé.

Après l'accomplissement des formalités légales le Mariage fut consommé.

Quelques mois plus tard Saint-Ange Timothée et Lindinette Lindi, père et mère de la vraie Céline, s'étant présentés à leur tour devant le même officier de l'État Civil, pour contracter mariage et en même temps légitimer leur enfant, ce fonctionnaire remarqua que Céline, qui lui avait déclaré n'avoir ni père ni mère vivants, était fille des futurs conjoints, et, — sur son interpellation, — Saint-Ange Timothée lui a appris que cette Céline, mariée à Pierre Estienne, était une nommée Joséphine Jacques qui n'est point sa fille. L'officier de l'État Civil a donc compris le *faux* et l'a dénoncé au Parquet.

L'affaire fut déférée à l'Instruction, et il en est résulté, sur la déclaration de Saint-Ange Thimothée et de l'aveu même de Pierre Estienne et de Joséphine Jacques, que, — dans le but de faciliter le mariage des derniers, — Saint-Ange Thimothée aurait prêté à Pierre Estienne l'acte de naissance de sa fille Céline pour servir à Joséphine Jacques; et cela sur les instances du dit Pierre Estienne : ce qui expliqua que ce mariage fut fait par supposition de personne. — N°. . . .

La Chambre du Conseil rendit, en conséquence, son Ordonnance en la date sus-parlée, ... etc. . . . . . .,

Fait au Parquet de Port-de-Paix, rue Beauvoir, le dix-neuf août mil huit cent quatre-vingt-deux, 79° année de l'Indépendance d'Haïti.

ALFRED HENRIQUEZ.

2° — *Jugement.*

Formule 115.

Au Nom de la République,

Le Tribunal Civil du ressort de Port-de-Paix, chef-lieu du Département du Nord-Ouest, compétemment réuni au Palais de Justice, a rendu en audience publique le jugement suivant, en ses attributions criminelles, — Nᵒˢ 298-299.

Sur la poursuite de Monsieur Alfred Henríquez, substitut du Commissaire du Gouvernement près ledit Tribunal, agissant en sa dite qualité pour la vindicte publique, d'une part;

Contre les nommés Pierre Estienne et Joséphine Jacques, propriétaires, demeurant et domiciliés à Saint-Louis-du-Nord, accusés de *faux* en écriture authentique, d'autre part;

Vu par le Tribunal : 1° l'Ordonnance de la Chambre du Conseil de ce ressort, en date du vingt et un juillet dernier, portant accusation et renvoi au Tribunal criminel des susdits accusés; 2° l'Acte d'accusation rédigé en exécution de la susdite Ordonnance par le ministère public, — formule 114; — 3° la Notification dudit acte d'accusation aux accusés Pierre Estienne et Joséphine Jacques; 4° enfin la Déclaration solennelle et affirmative du Jury de ce jour, rendue sur les questions posées par le doyen, portant que lesdits accusés sont coupables de *faux* en écriture authentique; — N° 301.

Ouï Maître Zénon Jean-Jacques, avocat, partie civile au procès, agissant pour la morale publique, en ses conclusions écrites tendant à demander . . . . . . etc., ...; — N° 302.

Ouï également Monsieur Alfred Henriquez, substitut du Commissaire du Gouvernement près ce Tribunal, en ses réquisitions écrites et signées, pour l'application des articles 170 du Code Civil et 110 du Code Pénal d'Haïti;

Ouï aussi les susdits accusés en leurs moyens de défense produits tant par eux-mêmes que par leur conseil, — Maître Lalanne fils, et par les citoyens Turenne Sylvain et Hippolyte Petit, leurs amis; — N° 300.

Attendu que les nommés Pierre Estienne et Joséphine Jacques sont déclarés coupables par le Jury des faits à eux imputés : que c'est aux moyens de leurs manœuvres pratiquées que l'acte de l'officier de l'État Civil de Saint-Louis-du-Nord a été rédigé, et qu'il s'ensuit que ledit acte devient et est qualifié *faux* aux yeux de la Loi;

Attendu que ce fait ainsi déclaré constant tombe sous l'application des articles 170 du Code Civil et 110 du Code Pénal d'Haïti ainsi conçus :

« ART. 170. — Tout mariage contracté en contravention aux dispositions contenues aux articles 133, 135, 149 et 150 du Code Civil, — nᵒˢ 107-108 et 117-118, — peut être attaqué soit par les époux eux-mêmes, soit par tous ceux qui y ont intérêt, soit par le ministère public.

» ART. 110. — Dans tous les cas exprimés au présent paragraphe, — n° 126, — celui qui aura fait usage des actes faux sera puni des travaux forcés à temps. »

Dont le Doyen du Tribunal a donné lecture à haute et intelligible voix; — N° 303.

Vu aussi l'article 382, troisième alinéa, de la Loi modificative du Code Pénal du 27 juillet 1878,

Le Tribunal, après en avoir délibéré, faisant droit en partie aux Conclusions du ministère public, *annule* l'acte civil du mariage célébré par-devant l'officier de l'État Civil de Saint-Louis-du-Nord, — le citoyen Démosthènes Poux, — entre les dénommés Pierre Estienne et Joséphine Jacques, majeurs d'âge et propriétaires, demeurant et domiciliés à Saint-Louis-du-Nord, — n° 325, — et les *condamne* en outre à trois années d'emprisonnement pour avoir fait usage de la pièce fausse, — n° 126, — qui a été dénoncée par l'officier de l'État Civil du lieu ci-dessus mentionné, et aux frais et dépens de la procédure liquidés à quinze piastres vingt-cinq centimes; — *ordonne* que le présent Jugement soit transcrit en entier sur le registre de mariage de l'année courante de Saint-Louis-du-Nord, — n° 21, — et que mention en soit faite en marge de l'acte *annulé* conformément à la Loi, — n°s 571 et 581, — et ce, sous toutes les peines de droit;

Donné de nous, Symphor François, doyen, Alfred William et Merzius Jean-Baptiste, juges, assistés du citoyen Levassor Belton Bienaimé, greffier du siège, en audience publique du vingt et un septembre mil huit cent quatre-vingt-deux, 79e année de l'Indépendance d'Haïti. — N°s 298-299.

Il est ordonné à tous huissiers sur ce requis de mettre le présent Jugement à exécution . . . . . . etc., ... — Formule 74. — N°s 29 à 34. — Symphor François, Alfred William, Merzius J.-Baptiste, Levassor B. Bienaimé. — N° 306.

N°s 571, 581, 567, 29

PROCÈS-VERBAL DE TRANSCRIPTION DE JUGEMENT D'ANNULATION D'ACTE DE L'ÉTAT CIVIL

Formule 116.

L'An mil huit cent quatre-vingt-deux, 79e année de l'Indépendance d'Haïti, le . . . . . . octobre à . . . . . . heures d . . . . . .

Nous, Démosthènes Poux, officier de l'État Civil de la commune de Saint-Louis-du-Nord, Département du Nord-Ouest, soussigné,

En vertu de la remise à nous faite par le citoyen Levassor Belton Bienaimé, greffier du Tribunal Civil de la Juridiction du Nord-Ouest, séant à Port-de-Paix, d'une Grosse (n° 34) scellée et de lui signée d'un jugement *d'annul tion* du mariage du citoyen Pierre Estienne et de la citoyenne Joséphine Jacques, célébré par nous le . . . . . . , avec supposition de personne, et dont la Transcription est par le susdit greffier requise aux termes de la Loi sur la matière, — N°s 571 et 58.

Déférant à ladite Réquisition, et en conformité de l'article *cinquante* du Code Civil d'Haïti, — N° 21.

Avons transcrit en entier sur le registre de l'année courante de mariage de l'État Civil de cette commune ladite *grosse*, — formule 115, — qui demeure annexée (n° 17) audit registre et dont Avis sera dans les trois jours (n° 21) donné au Commissaire du Gouvernement près le Tribunal Civil de ce ressort, à toutes les fins indiquées par l'article *cinquante* du Code Civil d'Haïti. — N° 21.

De ce que dessus avons dressé le présent Acte que le susdit Greffier a signé avec nous après lecture par nous faite. — N°ˢ 13-4° et 5°, 483, 484. — Levassor Bienaimé, Démosthènes Poux.

(*Voyez les formules 7-8, 104 à 106.*)

N° 21

NOTE MARGINALE

Formule 117.

Suivant jugement du Tribunal Civil de Port-de-Paix en date du vingt et un septembre mil huit cent quatre-vingt-deux, — formule 115, — dont la transcription est faite à la *ou* aux pages . . . . de ce registre, il est ordonné l'*annulation* du présent acte de mariage de Pierre Estienne et Joséphine Jacques. — Saint-Louis-du-Nord, ce . . . . octobre mil huit cent quatre-vingt-deux, 79ᵉ année de l'Indépendance d'Haïti, — Démosthènes Poux, *officier de l'État Civil de Saint-Louis-du-Nord.*

(*Voyez la formule 213.*)

N° 22

APPROBATION DE MARIAGE

Formule 118.

Devant Mᵉ Théogène Servincent et son Collègue, notaires à Port-au-Prince, soussignés,

Est comparue Madame Véronique-Barbe Désiré, Veuve de Monsieur Jean-Louis Dulaire, propriétaire, demeurant et domiciliée à Port-au-Prince, — N° 325.

Ayant une parfaite connaissance du mariage de Madame Marie-Louise-Agathe Dulaire, son arrière-petite-fille, âgée de dix-neuf ans, domiciliée à X . . . ., avec Monsieur Jules-Louis Cœur, négociant, demeurant en la même ville, célébré au Bureau de l'État Civil de X . . . . . . le . . . ., ainsi que le constate un acte dressé à cette date, sans que le consentement de la Comparante ait été requis comme seule *ascendan*

existant de Madame Louise-Agathe Dulaire, et voulant réparer le vice résultant du défaut de son consentement à ce mariage;

Laquelle a par ces présentes déclaré donner son approbation audit mariage, voulant qu'il soit définitif et produise son effet de même que s'il
avait eu lieu avec son consentement; elle renonce en conséquence à exercer
l'action en nullité qu'elle peut avoir contre ce mariage. — Nº 221.

La Comparante consent que ces présentes soient mentionnées partout où
besoin sera ;

Dont Acte, lu à la Comparante,

Fait et passé en l'Étude, à Port-au-Prince, le . . . . . . juin mil
huit cent quatre-vingt-deux, 79ᵉ année de l'Indépendance d'Haïti ;

Et la Comparante a signé avec les Notaires. — Veuve Jean-Louis Dulaire, Ed. Oriol, T. Servincent.

MÊME NUMÉRO

Même Sujet

Formule 119.

Par-devant Théogène Servincent, notaire public, et son Collègue, à la
résidence de Port-au-Prince, soussignés,

Est comparu Monsieur Théophile Verneuil, propriétaire et officier en retraite, demeurant à Pétionville ; — Nº 325.

Lequel a déclaré approuver et ratifier le Mariage, célébré devant et
par l'officier de l'État Civil de X . . . . . . le . . . ., entre
Monsieur Alexandre Verneuil, son fils, et Mademoiselle Jeanne-Émilie
Jaubert, sans le consentement du Comparant nécessaire à la validité de ce
mariage. — Nº 221.

En conséquence, il déclare renoncer, comme de fait il renonce, au droit
d'en poursuivre la nullité et, par suite, il consent à ce que ce Mariage reçoive son entier effet, de même que s'il y eût assisté et y eût consenti.

Toutes mentions nécessaires sont consenties partout où besoin sera ;

Dont Acte lu au Comparant, — nᵒˢ 483-484, — fait et passé à Port-au-
Prince, en l'Étude, le quatre octobre mil huit cent quatre-vingt-deux,
79ᵉ année de l'Indépendance d'Haïti ;

Et le Comparant a signé avec les Notaires, — Théophile Verneuil,
Joseph-Henry Hogarth, Théogène Servincent.

N^{os} **237, 238, 240**

Formule 120.

Aujourd'hui le lundi vingt juin mil huit cent quatre-vingt-sept, 84e année de l'Indépendance d'Haïti, — n° 13-1° et 6°, — à . . . . heures de l'après-midi,

Par-devant nous, Jeunage-Cincinnatus Laferrière, officier de l'État Civil de Port-au-Prince, section Sud, soussigné, — N°s 4 à 11.

Sont comparus : — N° 10.

Le citoyen Lato Persès, propriétaire, âgé de quarante ans, né et domicilié à Port-au-Prince, — n°s 200 et 325, — fils du citoyen Henry Persès et de la citoyenne Luce Craqué, décédés tous les deux en cette ville, où, de leur vivant, ils étaient propriétaires et domiciliés, — N°s 325 et 330.

Stipulant pour lui et en son nom personnel, en présence du citoyen Alibée Féry, ancien député au Corps législatif, et du citoyen Philamic Mitton, commerçant, tous les deux propriétaires, domiciliés en cette ville, — n° 325, — ses amis, témoins choisis et appelés par lui, d'une part; — N° 13-3°.

Et la citoyenne Astardée Cœos, propriétaire, âgée de trente-six ans, née et domiciliée à Port-au-Prince, — n°s 200 et 325, — fille du citoyen Jean Cœos et de la citoyenne Agathe Pointvrai, tous les deux décédés en cette ville, où, de leur vivant, ils étaient propriétaires et domiciliés, — N° 325 et 330.

Stipulant pour elle et en son nom personnel, en présence du citoyen Chambeau Débrosse, ancien député au Corps Législatif, et du citoyen Auguste Fortunat, commerçant, tous les deux propriétaires, domiciliés en cette ville, — n° 325, — ses amis, témoins choisis et appelés par elle, d'autre part; — N° 13°-3°.

Lesquels nous ont requis de procéder à la célébration du mariage projeté entre eux, ... etc. . . . . . . — N°s 185 à 189.

Aucune Opposition audit Mariage ne nous ayant été signifiée, — n° 214, — . . . . etc. . . . . . . déclarons au Nom de la Loi que le citoyen Lato Persès et la citoyenne Astardée Cœos, sont unis par le Mariage, — N°s 197 à 200.

Au même instant le citoyen Lato Persès et la citoyenne Astardée Cœos, son épouse, nous ont déclaré qu'il est né de leurs relations intimes et en leur domicile commun, le . . . . mai mil huit cent quatre-vingt-deux, un enfant du sexe masculin légalement reconnu d'eux sous le prénom de Hadès, suivant acte au rapport de monsieur Mystal Joly-Gérard, l'un de nos prédécesseurs, en date du vingt-deux mai de la même année, — formules 9 et 11, — dont une expédition (nº 30) en forme nous a été représentée et par nous remise après émargement, — Nº 238.

Voulant et entendant que cet enfant, âgé de cinq ans, qu'ils déclarent légitimer par le présent acte de mariage, ait les mêmes droits que ceux à naître pendant le mariage, comme s'il était lui-même né de ce mariage, aux termes des articles *trois cent deux* et *trois cent quatre* du Code Civil d'Haïti ; — Nºs 238 et 240.

Dont Acte, lu aux Parties;

Fait et passé à Port-au-Prince, en notre Bureau *ou* Hôtel, les jour, heure, mois et an que dessus ;

Et les Contractants ont signé avec les Témoins et Nous, — Nºs 13-4º et 5º, 583-584. — Lato Persès, Astardée Cœos, Auguste-V. Fortunat, Philamie Mitton, Alibée Féry, Chambeau Débrosse, J.-C. Laferrière. — Formule 125.

NOTA BENE

1º Si l'enfant n'était reconnu que par la mère seulement, — formule 10, — l'officier de l'Etat Civil dirait: « Nous ont déclaré qu'il est né de leurs œuvres naturelles, le. . . . . . . un Enfant du sexe masculin reconnu de la mère seulement sous le prénom de Hadès, suivant acte au rapport de Monsieur Lusincourt-Georges Biamby, l'un des officiers de l'État Civil. . . . . . . » — Formule 120.

2º Si l'enfant n'avait pas été reconnu d'aucun des père et mère, et par conséquent n'avait pas été encore inscrit aux registres de l'État Civil, — outre la reconnaissance à laquelle les Parties doivent procéder *illico* et par acte spécial précédant celui du mariage, — on se servirait de la formule suivante : « Nous ont déclaré qu'il est né de leurs relations intimes, en leur domicile commun *ou* au domicile de. . . . . . . un Enfant du sexe masculin qu'ils reconnaissent par le présent acte pour leur fils et auquel ils donnent le prénom de Hadès ; voulant et entendant que cet Enfant âgé de. . . . . . . mois *ou* ans, qu'ils déclarent légitimer par ce mariage, ait les mêmes droits que les enfants à naître du mariage, aux termes des articles. . . . . . . » — Formule 120. — T. SERVINCENT.

Nºs 237 A 240

MARIAGE A LA SUITE DUQUEL EST FAITE LA RECONNAISSANCE D'ENFANT DÉCÉDÉ

Formule 121.

Aujourd'hui le vingt et un juin mil huit cent quatre-vingt-deux, 79º année de l'Indépendance d'Haïti, à cinq heures de l'après-midi, — Nº 13-1º et 6º.

Devant nous Mystal Joly-Gérard, officier de l'État Civil de Port-au-Prince, soussigné, — N°s 4 à 11.

Sont comparus: — N° 10.

Le citoyen Jean Pointvrai, propriétaire, agé de cinquante ans, né à Pétionville et domicilié à Port-au-Prince, — n°s 200 et 325, — fils du citoyen Jacques Pointvrai et de la citoyenne Annette Inexistant, tous les deux décédés à Pétionville, où, de leur vivant, ils étaient propriétaires et domiciliés, — N° 325.

Stipulant pour lui et en son nom personnel, en présence du citoyen Louis Baron, directeur de l'Arsenal de cette ville, et du citoyen Lafargue Michel, docteur-médecin, tous les deux propriétaires, majeurs, domiciliés en cette ville, — n° 325, — ses amis, témoins choisis et appelés par lui, d'une part; — N° 13-3°.

La citoyenne Eudoxie Craque, propriétaire, âgée de quarante-six ans, née à Léogane et domiciliée à Port-au-Prince, — n°s 200 et 325, — fille du citoyen Mathieu Craque et de la citoyenne Rosite Falsus, tous les deux décédés à Gressier, où, de leur vivant, ils étaient propriétaires et domiciliés, — N° 325.

Stipulant pour elle et en son nom personnel, en présence du citoyen Louis-Théogène Valin, commerçant, et du citoyen Jean-P. Chérimon Chéri, juge au Tribunal de Cassation d'Haïti, tous les deux propriétaires, majeurs domiciliés en cette ville, — n° 325, — témoins choisis et appelés par elle, d'autre part; — N° 13-3°.

Lesquels nous ont requis de procéder à la célébration du mariage proieté entre eux, dont les publications ont été faites devant la principale porte d'entrée de notre Bureau les dimanches. . . . . . . etc.
. . . . . . — N°s 185 à 189.

Aucune Opposition audit Mariage ne nous ayant été signifiée, — n° 214, — . . . . etc. . . . . . . déclarons au Nom de la Loi que le citoyen Jean Pointvrai et la citoyenne Eudoxie Craque sont unis par le Mariage. — N°s 197 à 200.

Au même instant le citoyen Jean Pointvrai et la citoyenne Eudoxie Craque, son épouse, nous ont déclaré que de leurs relations naturelles, et en leur domicile, trois enfants ont pris naissance, savoir : « 1° Falsus, âgé de vingt-trois ans ; — 2° Annette, décédée le. . . . . . décembre dernier, à l'âge de vingt et un ans, et laissant pour enfants Rosite et Inexistant, celui-ci à l'âge de huit mois et celle-là à l'âge de deux ans et demi; 3° Jacques, âgé de dix-neuf ans ;

Voulant et entendant que ces enfants qu'ils légitiment par le présent mariage, Falsus et Jacques comme fils et Rosite et Inexistant comme petite-fille et petit-fils par représentation de leur mère décédée, aient les mêmes droits que s'ils étaient nés de ce mariage, aux termes des articles *trois cent deux, trois cent trois* et *trois cent quatre* du Code Civil d'Haïti ; — N°s 238 à 240.

Dont Acte fait et passé, en notre Bureau *ou* Hôtel, les jour, heure, mois et an susdits ;

Et les Contractants ont signé avec les témoins, leurs enfants et nous, après lecture par nous faite, — N°s 13-4° et 5°, 483-484. — Eudoxie Craque, J. Pointvrai, Dr Lafargue Michel, T. Valin, Louis Baron, C. Chéri, Falsus Pointvrai, Jacques Pointvrai, M. Joly.

N°s 99 ET 188

RECONNAISSANCE DE LA PATERNITÉ PAR CONTRAT DE MARIAGE AU CAS D'*in extremis* DU FUTUR ÉPOUX. — DISPENSE DE LA DEUXIÈME PUBLICATION DU MARIAGE

Formule 122.

L'An mil huit cent quatre-vingt-quatre, 81e année de l'Indépendance d'Haïti, — n°s 13-1° et 6°, — et le samedi vingt décembre, à sept heures du matin,

Par-devant nous, Lusincourt-Georges Biamby, officier de l'État Civil de Port-au-Prince, section Nord, soussigné, — N°s 4 à 11.

Sont comparus : — N° 10.

Le citoyen Louis Fauvil, docteur de la Faculté de Médecine de Paris, âgé de vingt-six ans, né et domicilié à Port-au-Prince, — n°s 200 et 325, — fils légitime du citoyen Baptiste Fauvil, pharmacien, et de la citoyenne Marguerite Sulpisse, rentière, domiciliés ensemble en cette ville, — N° 330.

Stipulant en son nom personnel et du consentement de ses père et mère, — n° 123, — susnommés, qualifiés et domiciliés, à ce *personnellement présents*, — n° 124, — d'une part ;

La citoyenne Louise Mariani, sans profession, âgée de vingt ans, née et domiciliée à Port-au-Prince, — n°s 200 et 325, — fille légitime du citoyen Émile Mariani, docteur-médecin, et de la citoyenne Angèle Fauvil, rentière, domiciliés ensemble en cette ville, — N° 330.

Stipulant en son nom personnel et du consentement de ses père et mère, — n° 123, — susnommés, qualifiés et domiciliés, à ce *personnellement présents*, — n° 124, — d'autre part ;

Assistés des citoyens Edmond Roumain et Louis Michel, pharmaciens, du côté du futur époux, et des citoyens Thémistocle Guignard et Massillon Aubry, docteurs médecins, du côté de la future épouse, tous les quatre majeurs, propriétaires, *à ce présents*, domiciliés en cette ville, — n° 325, — témoins choisis et appelés par les Parties ; — N° 13-3°.

En vertu de la Dispense accordée par le Général Salomon, Président d'Haïti, pour la seconde Publication du mariage des Comparants, aux termes de l'article *cent cinquante-quatre* du Code Civil d'Haïti, — n° 188, —

suivant dépêche de Son Excellence en date du. . . . . courant,
— n° . . . . . ., ci annexée; — n° 171, — *(Voyez les formules 92-3° et*
93-3° qui, sont applicables au présent cas.)

Lesquelles Parties nous ont requis de procéder à la célébration du mariage projeté entre le citoyen Louis Fauvil et la citoyenne Louise Mariani, dont une seule Publication a été faite devant la principale porte d'entrée de notre Hôtel *ou* Bureau, le dimanche le. . . . ., à huit heures du matin, les Contractants ayant obtenu du Chef de l'État la Dispense de la deuxième Publication, — Nos 185 à 189.

Le futur Époux déclarant ici reconnaître que l'Enfant dont la future Épouse est enceinte a été conçu de ses œuvres. — N° 99, — N° 57.

Aucune Opposition audit Mariage ne nous ayant été signifiée, — n° 214, — Vu la dépêche Présidentielle ci-dessus mentionnée, de laquelle il résulte que les Contractants ont été dispensés de la Deuxième Publication de leur mariage, faisant droit à la susdite réquisition, — après avoir donné aux Parties et Témoins lecture : 1° des actes de naissance des futurs époux ; 2° de la publication ci-dessus énoncée; 3° de la dépêche Présidentielle sus-relatée et 4° du chapitre *six* de la Loi *numéro six* du Code Civil d'Haïti sur les droits et devoirs respectifs des époux, — nos 242 à 246, — avons demandé au futur époux et à la future épouse s'ils veulent se prendre pour mari et pour femme; chacun d'eux ayant répondu séparément et affirmativement, en présence des témoins ci-dessus nommés et qualifiés et des parents et amis soussignés, déclarons au Nom de la Loi que le citoyen Louis Fauvil et la citoyenne Louise Mariani sont unis par le Mariage. — Nos 197 à 200.

Dont Acte fait en la Demeure de Monsieur et Madame Émile Mariani, père et mère de l'épouse et oncle et tante de l'époux, à Port-au-Prince, rue A. . . . . ., en présence de Monseigneur François-Marie Kersuzan, Évêque d'Hippa, qui a consacré le mariage et administré les derniers Sacrements de la Sainte Église à l'époux, assisté de Messieurs les Abbés Pierre Gentet et Pierre-Marie Kersuzan, curé et vicaire de la Cathédrale, et des parents et amis des Contractants; — N° 13-3°.

Et l'épouse a signé avec ses père et mère, les père et mère de l'époux, les témoins et les parents et amis présents, ainsi que le pontife et les prêtres susnommés et nous, après lecture par nous faite, — nos 583-584, — non l'époux qui, requis de signer, a déclaré ne le pouvoir à cause de faiblesse aux doigts. — Nos 13-4° et 5°, 483-484.

Louise Mariani, B. Fauvil, Angèle Mariani née Fauvil, Marguerite Fauvil, née Sulpisse, Émile Mariani, Aubry D.-M., Edmond Roumain, Dr T. Guignard, Louis Michel, *ph* , Roux, Dr Larencul, † François-Marie, *évêque d'Hippa*, Roland Michel. P. Gentet, *curé*, Dr Roche Grellier, Cora Liautaud, P.-M. Kersuzan, *vicaire*, Cécilia Nau, Justin Mitton, Dr Louis-Victor Gilles. Acélie Servinceat, Dr Arch. Dèsert, Cécile Thébaud, Dr A. Duchatellier,

Amasile Servincent, Élie Montillière, Antiope Légriel, Anna Toussaint, Tullia Camille, Maria Chevry, Léon Mitton, Dʳ Cicéron Bonaventure, Emmanuel Servincent, Clauzel Pressoir, Amélie Fauvil, Jacques Fauvil, Dʳ James Scott, Marie Mariani, Estelle Mariani, Dʳ H. Mahotière, Dʳ Gédéon Baron, Dʳ Victor-Lˢ Michel, T. Servincent, Mélise Toussaint, Vertulie Dessources, Dʳ D. Morno, Mercie Valmé, Parfait Paul, Rosella Thébaud, Fleurencia Thébaud, Odilon Archin, Réséline Liautaud, Polynice Saint-Léger Perrier, Veuve Benjamin Lallemand, Louise Michel, Dame Émile Boisson, *de la Faculté de Médecine de Paris*, Cicéron Blain, Dʳ D. Destouches, Lara Miot, Clément Michel. Arsène Chevry, Dʳ D. Dorsainvil, Amélie Michel, Dʳ Solon Thézan, Alice Roland Michel, Dʳ Phocion Laroche, Edmond Guignard, Ed. Coicou, *ph.*, Félix Armand, Thélisma Thébaud, Claire César, Dʳ Arétus Duval, Victor Fortunat, Nésius Mitton, Dʳ C. Bonny, Léda Camille, Brasidas César, Anne Léger Paul, Clorinde Toussaint, Rénette Jean-Gilles *de la Faculté de Médecine d'Haïti*, Lusincourt Biamby. — N° 13-3° (1).

Nᵒˢ 193 A 196 ET 253

MARIAGE AVEC RECTIFICATION D'ORTHOGRAPHE DE NOM DES PARTIES

Formule 123.

Aujourd'hui jeudi, quinze juin mil huit cent quatre-vingt-deux, 79ᵉ année de l'Indépendance d'Haïti, à dix heures et demie du matin, — N° 13-1° et 6°.

Par-devant nous, Mystal Joly-Gérard, officier de l'État Civil de Port-au-Prince, soussigné, — Nᵒˢ 4 à 11.

(Formule 54.)

Sont comparus. — N° 10.

1° Le citoyen Thomas Harpès, artiste, domicilié à Port-de-Paix, chez ses père et mère, — n° 330, — . . . . . . etc., ...

2° La citoyenne Mnémosyne Briarée, sans profession, domiciliée à Port-au-Prince, chez ses père et mère, — n° 330, — . . . . . . etc., ...

(Continuez ainsi la formule 54 jusqu'à et y compris : « déclarons au Nom de la Loi que le citoyen Thomas Harpès et la citoyenne Mnémosyne Briarée sont unis par le Mariage », *et terminez comme ci-après :)*

Au même instant, le citoyen Hirame Harpès et la citoyenne Uranie Cottus, son épouse, nous déclarent que c'est bien à tort, et par erreur que dans l'acte de naissance de leur fils, susnommé et qualifié, inscrit au Bureau de l'État Civil de Port-de-Paix le. . . . . . ; le nom de famille a été écrit « Hapesse », tandis que la véritable manière de l'écrire est « Harpès » ; et ils attestent qu'il y a parfaite identité entre le citoyen Thomas Harpès, leur fils, et la personne nommée *improprement* Thomas Hapesse dans cet acte de naissance dressé par Monsieur Cadeau J.-Baptiste, alors officier de l'État Civil de Port-de-Paix; — Nos 193 à 196 et 253.

Dont acte fait à Port-au-Prince; en la Demeure du citoyen Théogène Servincent,. . . . . etc.,. . . .. . . — Formule 54.

Th. Harpès, Mnémosyne Briarée, Dame H. Harpès, A. Briarée, Thémis Briarée née Crios, H. Harpès, Cadet Jérémie, A. Chabaud, Vertus Daniel, Dérissé Abellard, F. Moïse, T. Servincent, Émilie Moïse née Labranche, Amasile Servincent, Acélie Thébaud, Émile Lallemand, Hosanna Servincent, Eudovia Moïse, Cécile Thébaud, Tullia Camille, Rosa Déjean, Thélicia Darcelin, Poméro, Rosella Thébaud, Veuve Benjamin Lallemand, Thélisma Thébaud, Antiope-Edmond Légriel, Esther Moïse, Parfait Léger Paul, Fleurancia Thébaud, Marie Lallemand, Polynice Thébaud, Anne Léger Paul, Mélise Toussaint, Antoinette-Mercie Valmé, Emmanuel Servincent, Cécilia Nau, Cariclée Laroche, Aimé Toussaint, Ambroisine Servincent, Bernard Léger Paul, Clorinde Toussaint, François Thébaud, César Toussaint, Léon Moïse, Licencia Joubert, M. Joly-Gérard.

MÊMES NUMÉROS

RECTIFICATION D'ORTHOGRAPHE DE NOM PAR ACTE DE NOTAIRE

Formule 124.

Par-devant Me Jean-Pierre-Démosthène Sylvain, notaire public, et son Collègue, à la résidence de Port-de-Paix, soussignés,

(Formule 64.)

Sont comparus Monsieur Hirame Harpès et Madame Uranie Cottus, son épouse, de lui autorisée, propriétaires, demeurant et domiciliés ensemble à Port-de-Paix; — Nos 325 et 330.

Lesquels ont déclaré consentir au mariage que Monsieur Thomas Harpès, leur fils, âgé de . . . . . . ans, ... etc., ...

(Continuez la formule 64 jusqu'à et non compris « Dont Acte lu aux Comparants », *et poursuivez comme ci-après :)*

Les Comparants déclarent en outre que c'est à tort et par erreur que dans l'acte de naissance de leur fils susnommé et qualifié, inscrit au Bureau de l'État Civil de Port-de-Paix le . . . ., le nom de famille a été écrit « Hapesse », tandis que la véritable manière de l'écrire est « Harpès »; et ils attestent qu'il y a parfaite identité. . . . . etc., ... — Formule 123. — No 194.

Dont Acte lu aux Comparants. . . . . . etc., ... — Formule 64. — Dame H. Harpès, H. Harpès, Étienne Saint-Aude, D. Sylvain.

Nᵒˢ 191-192, 379-380

ACTE DE NOTORIÉTÉ SUPPLÉTIF A CELUI DE NAISSANCE DÉLIVRÉ PAR LE JUGE DE PAIX

Formule 125.

Aujourd'hui, le treize juin mil huit cent quatre-vingt-deux, 79ᵉ année de l'Indépendance d'Haïti, à. . . . . . heures de l'après-midi,

Par-devant nous, Holopherne Constant, juge de paix suppléant de Port-au-Prince, section Sud, soussigné, assisté du citoyen Pétion Eugène Battier, commis-greffier du siège, aussi soussigné,

Est comparue la citoyenne Astardée Cœos, propriétaire, demeurant et domiciliée à Port-au-Prince; — Nᵒ 325.

Laquelle nous a déclaré que, par le fait des incendies qui ont périodiquement promené leurs flammes sur cette Capitale, — (ou des troubles survenus dans le pays, ou de toutes autres causes), — l'Expédition (nᵒ 30) de son acte de naissance est perdue; que ses recherches pour la retrouver dans les Archives de la République ont été vaines; et que, désirant suppléer à cet acte, elle a fait comparaître volontairement devant nous, aux termes de l'article *soixante et onze* du Code Civil d'Haïti, — nᵒ 192, — sept citoyens notables de cette ville pour certifier et attester sous la foi du serment, — nᵒˢ 379-380, — tout ce qu'ils savent touchant l'époque de sa naissance et les noms et prénoms de ses père et mère,

Et la Comparante a ici signé : Astardée Cœos.

En conséquence de ces dire et déclaration, et en conformité de la Requête à nous présentée en date du dix courant, suivie de notre Ordonnance à la même date, dûment enregistrée, fixant à ces jour et lieu la comparution de sept témoins aux fins sus-énoncées, se sont présentés volontairement : 1ᵒ le citoyen Prud'Or Prudent, général de division; 2ᵒ le citoyen Dorcelly Etienne Boissouvent, vice-président du Tribunal de Cassation et membre du Conseil de la Fabrique de Notre-Dame de l'Assomption de Port-au-Prince; — 3ᵒ le citoyen Mauristin Chéry Charles, artiste; 4ᵒ le citoyen Zéphirin Prudent, planteur; 5ᵒ le citoyen Poméro Jean-Jacques, avocat; 6ᵒ le citoyen Doulle de Fort Saint-Clair, écrivain public et 7ᵒ le citoyen Marcellus Bélisaire, commerçant, — tous les sept majeurs d'âge, propriétaires, demeurant et domiciliés en cette ville, — nᵒ 325, — jouissant pleinement et entièrement de leurs droits civils et politiques;

Lesquels Notables amenés par la Comparante comme témoins — certificateurs, — après avoir été par nous avertis des peines édictées par la Loi contre ceux qui commettent de faux témoignages, ont prêté chacun séparément le serment de dire toute la vérité et rien que la vérité (nᵒˢ 378 à 380) et ont, toujours chacun séparément, fait la déclaration : 1ᵒ qu'il est à leur connaissance que la citoyenne Astardée Cœos est née à Port=

au-Prince, le . . . . . . mars mil huit cent quarante-six, sur les
. . . . . . heures du soir, quelques jours après l'avènement du Général
Riché à la présidence du pays ; 2° qu'elle est fille naturelle du citoyen
Jean Cœos et de la citoyenne Agathe Pointvrai, leurs amis, tous les deux
décédés en cette ville où, de leur vivant, ils étaient propriétaires et
domiciliés ; 3° que l'enfant a eu pour parrain le citoyen Doulle de Fort
Saint-Clair, l'un des sept témoins-certificateurs, et pour marraine la
citoyenne Sainte-Hermise Prudent, de cette ville, à ce intervenante et
attestant ; — Formule 120.

Desquelles comparution, prestation de serment et déclaration, Nous,
juge de paix susdit, assisté comme il est ci-dessus dit, avons dressé le présent Acte de notoriété publique, à l'effet de suppléer à l'Acte de naissance
de la citoyenne Astardée Cœos, les jour, mois, heure et an que dessus ;

Et la Comparante a signé avec les témoins-certificateurs, Madame sa
marraine, Nous et notre greffier, après lecture par celui-ci faite. —
Nos 483-484. — Astardée Cœos, Poméro, Sainte-Hermise Prudent, Doulle
de Fort Saint-Clair, Marcellus Bélisaire, Prudent, D. Étienne, Mauristin
Chéry Charles, Zéphirin Prudent, H. Constant, Pétion Battier.

Nota Bene

Il n'est pas nécessaire de formuler la Requête de la partie suivie de
l'Ordonnance du juge de paix dont il est question dans l'acte ci-dessus
qui en contient suffisamment la substance.

N° 251

Agrément au Mariage par le Chef de l'État

1° — Port-au-Prince.

Formule 126.

L'An mil huit cent quatre-vingt-deux, 79e année de l'Indépeudance
d'Haïti, — n° 13-1° et 6°, — le jeudi vingt-deux juin, à dix heures et
demie du matin,

Par-devant nous, Mystal Joly-Gérard, officier de l'Etat Civil de Port-
au-Prince, soussigné, — Nos 4 à 11.

Sont comparus : — N° 10.

1° Le citoyen Louis d'Or d'Amour, artiste et défenseur public, domicilié àP ort-au-Prince, chez ses père et mère ci-après nommés, — Nos 200
et 330,

Mineur, étant né à Port-au-Prince le . . . . . . juillet mil huit cent
soixante-deux, du mariage d'entre le citoyen Charles d'Amour et la ci-

toyenne Clio d'Historia, propriétaires, domiciliés ensemble en cette ville, — N°s 325 et 330.

Stipulant en son nom personnel, du consentement et avec l'autorisation de ses père et mère, d'une part ; — N°s 120-121, 123 à 130.

2° Le citoyen Charles d'Amour et la citoyenne Cléo d'Historia, son épouse qu'il autorise, sus-nommés, qualifiés et domiciliés,

Stipulant tant pour assister Monsieur leur fils, futur époux, que pour l'autoriser à mariage, à raison de son état de minorité, aussi d'une part ; — N°s 123-124.

3° La citoyenne Hélène d'Hippomène, sans profession, domiciliée Port-au-Prince, chez ses père et mère, ci-après nommés, — N°s 200 et 330, Mineure, étant née à Port-au-Prince le. . . . . . juillet mil huit cent soixante-cinq, du mariage d'entre le citoyen Henry d'Hippomène et la citoyenne Atalante Schené, domiciliés ensemble en cette ville, — N°s 325 et 330.

Stipulant en son nom personnel, du consentement et avec l'autorisation de ses père et mère, d'autre part ; — N°s 120-121, 123 à 130.

4° Le citoyen Henry d'Hippomène et la citoyenne Atalante Schené, son épouse de lui autorisée, sus-nommés, qualifiés et domiciliés,

Stipulant tant pour assister Mademoiselle leur fille, future épouse, que pour l'autoriser à mariage, à raison de son état de minorité, aussi d'autre part ; — N°s 123-124.

En présence de Son Excellence le Général Louis-Étienne-Félicité-Lysius Salomon, Président d'Haïti, qui, — comme témoignage et preuve authentique de sa considération pour les familles respectives des futurs conjoints, a donné son agrément au mariage du citoyen Louis d'Or d'Amour avec la citoyenne Hélène d'Hippomène ; — N° 251.

Lesquels Comparants nous ont requis de procéder à la célébration du mariage projeté et arrêté entre le citoyen Louis d'Or d'Amour et la citoyenne Hélène d'Hippomène, dont les publications ont été faites devant la principale Porte d'entrée de notre Bureau ou Hôtel les dimanches. . . . . etc,. . . . . à huit heures du matin. — N°s 185 à 189.

Aucune Opposition audit Mariage ne nous ayant été signifiée, — n° 214, — faisant droit à la susdite réquisition, — après avoir donné aux Contractants et à l'Assistance lecture : 1° des actes de naissance des futurs époux ; 2° des publications ci-dessus énoncées ; 3° du certificat constatant que les publications ont eu lieu et qu'il n'est point survenu d'opposition à la célébration du mariage ; 4° du Certificat du notaire Auguste Vallès qui a rédigé les conventions matrimoniales des futurs conjoints (n°s 191-7° et 11° et 214 — formules 128-129) ; 5° et du chapitre *six* de la Loi numéro *six* du Code Civil d'Haïti traitant des droits et devoirs respectifs des époux, — n°s 242 à 246, — avons demandé au futur époux et à la future épouse s'ils veulent se prendre *mutuellement* pour mari et femme ; chacun d'eux ayant répondu séparément et affirmativement, en présence de leurs parents et des témoins ci-après nommés et qualifiés, déclarons au Nom de la Loi que le citoyen Louis d'Or d'Amour et la citoyenne Hélène d'Hippomène sont unis par le Mariage. — Nos 197 à 200.

Dont Acte fait et passé à Port-au-Prince, au Palais National de la Présidence d'Haïti, en présence du citoyen Émile Pierre, sénateur de la République, du citoyen Alexandre-Ovide Cameau, secrétaire d'État de l'Intérieur, du citoyen Maximilien Momplaisir, député au Corps Législatif, et du citoyen Louis-Philippe-Brutus Saint-Victor, secrétaire d'État des Finances, leurs amis, tous les quatre majeurs, propriétaires, domiciliés en cette ville, — nº 325, — témoins choisis et appelés par les Parties, les deux premiers par l'époux et les deux derniers par l'épouse, — Nº 13-3º.

Et les Contractants, leurs parents, les témoins et les amis présents, nº 13-3º (1), — ont signé avec Son Excellence le Président et nous, après lecture par nous faite. — Nos 13-4º et 5º, 483-484.

Louis d'Or d'Amour, Hélène d'Hippomène, Charles d'Amour, Atalante d'Hippomène née Schené, H. d'Hippomène, Clio d'Amour, Salomon, Brutus Saint-Victor, Émile Pierre, Maximilien Momplaisir, A. Ovide Cameau, Antoinette Momplaisir née Salomon, Marie Potier Salomon, F. Ducasse, Aurélien Jeanty, Irma Pierre née Salomon, Flavius Baron, Constance Salomon, Charles Cameau, Iris Armand née Joseph, N.-S. Lafontant, Argentine Bellegarde, Siméon Salomon, Cornélie H. Vilain née Salomon, Jean-Joseph Chancy, Thibérius Salomon, Ulysse Armand, Antoine Salomon, Handel Vilain, Mystal Joly.

MÊME NUMÉRO

SIMPLIFICATION DE LA FORMULE 126

Formule 127.

Aujourd'hui le vingt-deux juin mil huit cent quatre-vingt-deux, 79e année de l'Indépendance d'Haïti, à dix heures et demie du matin, — Nº 13-1º et 6º.

Devant nous, Mystal Joly-Gérard, officier de l'État Civil de Port-au-Prince, soussigné, — Nos 4 à 11.

Sont comparus : — Nº 10.

Le citoyen Louis d'Or d'Amour, artiste et défenseur public, âgé de vingt ans, domicilié à Port-au-Prince chez ses père et mère, — nos 200 et 330, — fils légitime du citoyen Charles d'Amour et de la citoyenne Cléo d'Historia, propriétaires, domiciliés ensemble en cette ville, — Nos 325 et 330

Stipulant en son nom personnel et avec l'autorisation de ses père et mère, susnommés, qualifiés et domiciliés, à ce *personnellement présents*, d'une part ; — Nᵒˢ 123-124.

La citoyenne Hélène d'Hippomène, sans profession, âgée de dix-sept ans, domiciliée à Port-au-Prince chez ses père et mère, — nᵒˢ 200 et 330, — fille légitime du citoyen Henry d'Hippomène et de la citoyenne Atalante Schené, propriétaires, domiciliés ensemble en cette ville, — Nᵒˢ 325 et 300.

Stipulant en son nom personnel et avec l'autorisation de ses père et mère, susnommés, qualifiés et domiciliés, à ce *personnellement présents*, d'autre part, — Nᵒˢ 123-124.

Assistés du citoyen Loyer Barau, sénateur de la République, du citoyen Édouard Thébaud, avocat, du citoyen Bienaimé Rivière, ancien chef de l'artillerie de la garde présidentielle, et du citoyen Blaise Clerveau Lavache, membre de la Chambre des Comptes de la République, tous les quatre majeurs, propriétaires, *à ce présents*, domiciliés en cette ville, — nᵒ 325, — témoins choisis et amenés par les Parties ; — Nᵒ 13-3ᵒ.

En présence de Son Excellence le Général Salomon, Président d'Haïti, qui a donné son agrément au mariage des futurs conjoints, comme témoignage et preuve authentiques de sa considération pour leurs familles respectives, — Nᵒ 251.

Lesquels Comparants nous ont requis de procéder à la célébration du mariage projeté. . . . . etc., ... — Nᵒˢ 185 à 189.

Aucune Opposition audit Mariage ne nous ayant été signifiée, — nᵒ 214, — faisant droit à la susdite réquisition, — après avoir donné aux Parties lecture de toutes les pièces exigées par la Loi, relatives à l'état des futurs époux et aux formalités du mariage, — nᵒˢ 185 à 189 et 191 à 196, — ainsi que du chapitre *six* de la Loi numéro *six* du Code Civil d'Haïti, traitant des droits et devoirs respectifs des époux, — nᵒˢ 242 à 246, — avons demandé au futur époux et à la future épouse s'ils veulent se prendre pour mari et femme ; . . . . . etc., ... déclarons au Nom de la Loi que le citoyen Louis d'Or d'Amour et la citoyenne Hélène d'Hippomène sont unis par le Mariage. — Nᵒˢ 197 à 200.

Dont Acte fait et passé à Port-au-Prince, à l'égard de Son Excellence le Président d'Haïti au Palais National de la Présidence d'Haïti, et pour les Contractants et les témoins en notre Bureau *ou* en la Demeure de M. . . . . etc., ... , les jour, mois, heure et an que dessus ;

Et les Parties ont signé avec Son Excellence le Président, les Témoins et Nous, après lecture par Nous faite. — Nᵒˢ 13-4ᵒ et 5ᵒ, 483-484. — Hélène d'Hippomène, Louis d'Or d'Amour, Atalante d'Hippomène, Charles d'Amour, Cléo d'Amour, H. d'Hippomène, Salomon, Blaise C. Lavache, B. Rivière, Loyer Barau, Ed. Thébaud, Mystal Joly.

N⁰ˢ 191-7°, 214, 325, 330

CERTIFICAT ATTESTANT QU'IL N'EXISTE POINT D'OPPOSITION

Formule 128.

Nous, Mystal Joly-Gérard, officier de l'État Civil de Port-au-Prince, section Sud, soussigné, certifions que : 1° le dimanche. . . . . juin courant, à huit heures du matin, nous avons fait devant la principale porte d'entrée de notre Hôtel *ou* Bureau, la première publication du mariage entre le citoyen Louis d'Or d'Amour, né à Port-au-Prince le. . . . . juillet mil-huit cent soixante-deux, domicilié sous le toit paternel, — n° 330, — fils légitime du citoyen Charles d'Amour et de la citoyenne Cléo d'Historia, domiciliés ensemble en cette ville, — n° 330, — et la citoyenne Hélène d'Hippomène, née à Port-au-Prince, le. . . . . juillet mil huit cent soixante-cinq, domiciliée sous le toit paternel, — n° 330, — fille légitime du citoyen Henry d'Hippomène et de la citoyenne Schené, domiciliés ensemble en cette ville, — n° 330 ; — que 2° pareille publication a été faite dans les mêmes formes, pour la seconde fois, le dimanche. . . . . juin, à la même heure, et qu'il n'est survenu aucune opposition au mariage projeté entre le citoyen Louis d'Or d'Amour et la citoyenne Hélène d'Hippomène, sus-nommés et qualifiés, — N° 214.

En foi de quoi nous avons délivré le présent Certificat aux termes de l'article *soixante-neuf* du Code Civil d'Haïti, — n° 191-7° — le. . . . . juin mil huit cent quatre-vingt-deux. — Mystal Joly.

(*Voyez la formule* 57.)

Chaque notaire est obligé de *résider* dans le lieu qui lui a été fixé par le Gouvernement et qui est désigné dans sa commission, aux termes de l'article *trois* de la Loi du 26 août 1862 sur le Notariat, avec autorisation toutefois d'instrumenter dans tous les autres villes et lieux du ressort du Tribunal Civil où il a prêté serment, conformément à l'article *quatre* de la Loi susdite, sur réquisition expresse des parties.

Mais si, sans être requis, le Notaire se transporte *habituellement* dans une commune autre que la sienne, bien qu'elle soit de son ressort, s'y installe et provoque les clients à venir passer leurs actes devant lui, il est vrai de dire que, dans ce cas, il ouvre une Étude nouvelle et tient une double résidence au préjudice de ses confrères (Rolland de Villargues, n° 29). — Il y aurait là une de ces tentatives d'usurpation de clientèle flétries jadis sous le nom de *corbinage*.

N° 191-11°

CERTIFICAT DU NOTAIRE QUI A REÇU LE CONTRAT DE MARIAGE DE LOUIS D'OR D'AMOUR ET D'HÉLÈNE D'HIPPOMÈNE

Formule 129.

Nous, Joseph-Auguste Vallès, notaire de la Juridiction du Tribunal Civil de Port-au-Prince, à la résidence de Pétionville, soussigné, certifions que le contrat de mariage d'entre Monsieur Louis d'Or d'Amour et Mademoiselle Hélène d'Hippomène, domiciliés à Port-au-Prince, a été reçu par nous cejourd'hui vingt et un juin mil huit cent quatre-vingt-deux, à six heures et demie du soir.

En foi de quoi nous avons remis aux Parties le présent certificat à toutes fins indiquées en l'article *onze cent quatre-vingt* du Code Civil d'Haïti. — N° 191-11°. — Formule 55. — Joseph-Auguste Vallès.

N° 251

AGRÉMENT AU MARIAGE PAR LE CHEF DE L'ÉTAT

2° Autre ville que la Capitale.

Formule 130.

L'An mil huit cent quatre-vingt-six, 83e année de l'Indépendance d'Haïti, le mardi vingt-deux juin, à cinq heures et demie de l'après-midi, — N° 13-4° et 6°.

Par-devant nous, Évariste Box, officier de l'État Civil de Port-de-Paix, chef-lieu du Département du Nord-Ouest, soussigné, — N°s 4 à 11.

Sont comparus : — N° 10.

1° Le citoyen Louis Rébecca, propriétaire, domicilié à Port-de-Paix, sous le toit paternel, — n°s 200 et 330, — né aux Trois-Pavillons, le. . . . . août mil huit cent soixante, du mariage de Monsieur le général Jacques Rébecca et de Madame Jeanne Clet, propriétaires, domiciliés ensemble en cette ville, — N°s 325 et 330.

Stipulant en son nom personnel, avec le consentement de ses père et mère, — n°s 120 à 124, 139 à 141, — d'une part ;

2° Le citoyen Jacques Rébecca et la citoyenne Jeanne Clet, son épouse, de lui autorisée, susnommés, qualifiés et domiciliés,

Stipulant pour consentir au mariage de Monsieur leur fils, futur époux, — n°s 120 à 124 et 139 à 141, — aussi d'une part ;

3° La citoyenne Emma Anthime, propriétaire, domiciliée à Port-de-Paix sous le toit paternel, — n°s 200 et 330, — née à Saint-Louis-du-Nord le. . . . . juillet mil huit cent soixante-trois, du mariage de Monsieur le colonel Jules Anthime et de Madame Prudence Eutrope, propriétaires, domiciliés ensemble en cette ville, — N⁰ˢ 325 et 330.

Stipulant en son nom personnel, avec le consentement de ses père et mère, — n⁰ˢ 120 à 124, 139 à 141, — d'autre part;

4⁰ Le citoyen Jules Anthime et la citoyenne Prudence Eutrope, son épouse de lui autorisée, susnommés, qualifiés et domiciliés,

Stipulant pour consentir au mariage de Mademoiselle leur fille, future épouse, — n⁰ˢ 120 à 124 et 139 à 141, — aussi d'autre part.

De l'agrément de Son Excellence le Général Louis-Étienne-Félicité-Lysius Salomon, Président d'Haïti, suivant acte qui sera ultérieurement dressé à cette fin par le ministère d'un notaire de la Capitale, ainsi déclaré par les parties; — N⁰ 251.

Lesquels Comparants nous ont requis de procéder à la célébration du mariage projeté et arrêté entre le citoyen Louis Rébecca et la citoyenne Emma Anthime, dont les publications ont été faites devant la principale Porte d'entrée de notre Hôtel les dimanches onze et dix-huit juin courant, à huit heures du matin. — N⁰ˢ 185 à 189.

Aucune Opposition audit Mariage ne nous ayant été signifiée, — n⁰ 214, — faisant droit à la susdite réquisition, — après avoir donné lecture: 1⁰ des actes de naissance des futurs époux; 2⁰ des publications ci-dessus énoncées; 3⁰ du certificat constatant que les publications de ce mariage ont eu lieu et qu'il n'est point survenu d'opposition à sa célébration; 4⁰ du certificat de Mᵉ Léonidas Cassius qui, comme notaire, a reçu le contrat de mariage des futurs conjoints, — n⁰ 191-7⁰ et 11⁰; — 5⁰ et du chapitre *six* de la Loi *numéro six* du Code Civil d'Haïti, ayant trait aux droits et devoirs respectifs des époux, — n⁰ˢ 242 à 246, — avons demandé au futur époux et à la future épouse s'ils veulent se prendre *mutuellement* pour mari et femme; chacun d'eux ayant répondu séparément et affirmativement, en présence de leurs pères et mères et des témoins ci-après nommés et qualifiés, déclarons au Nom de la Loi que le citoyen Louis Rébecca et la citoyenne Emma Anthime sont unis par le Mariage. — N⁰ˢ 197 à 200.

Dont Acte fait et passé à Port-de-Paix, en la Demeure de Madame Veuve Alphonse Henriquez (Georgina Bastien), marraine des mariés, en présence du citoyen Michel Sylvain, négociant-consignataire, du citoyen Diogène Serres, ancien commandant d'arrondissement, du citoyen Démosthènes Sylvain, négociant et membre du Conseil de la Fabrique de l'Immaculée-Conception de Port-de-Paix, et du citoyen Alincar Jean-Pierre, juge au Tribunal Civil du Nord-Ouest, les deux premiers du côté de l'époux et les deux derniers du côté de l'épouse, tous les quatre majeurs et propriétaires, domiciliés à Port-de-Paix, — n⁰ 325, — témoins choisis et appelés par les Parties. — N⁰ 13-3⁰;

Et les Contractants, leurs parents, leurs témoins et amis présents, —

n° 13-3° (1), — ont signé avec nous, après lecture par nous faite. — N°ˢ 13-4° et 5°, 483-484.

Louis Rébecca, Emma Anthime, Dame J. Rébecca, Jules Anthime, Général J. Rébecca, Prudence Anthime née Eutrope, D. Serres, Michel Sylvain, Alincar Jean-Pierre, D. Sylvain, Veuve Alphonse Henriquez, Delbeau père, Joseph Sylvain, Veuve O. Lamothe, Lysius Brisset, Veuve Vassor, Alfred Henriquez, Arélise Sylvain, Henriquez J.-Pierre, Veuve Fragé Lafond, Sylvia Delbeau, Turenne Sylvain, Hosanna Servincent, Victor Poitevien, Dame Télesphore Guerrier, Cornélie Simon, Agathe Sylvain née Henriquez, Marius Henriquez, Zémire Servincent-Sylvain, Corisse Jean Pierre, veuve Gillemisse, Pierre Paul, Eléonore Sylvain née Henriquez, Eugénie Imbert, Marie Sylvain, Henriette Henriquez Saint-Aude, Thélesphore Guerrier, Veuve Benjamin Leblanc, Gabriel Sylvain, Dame Étienne Delbeau, Thérèse Sylvain, Louise Henriquez née Pascal Elie, Cicéron Saint-Aude, Hersilie Simon, Vilfort Beauvoir, Racine Vassor, A. Tiphaine, Béatrix Tovar née Volcé P.-Louis, Louise Guilbaud, Hermance Théophile, Alphonse Henriquez, Mathilde Beauvoir née Bras, Gerson Lamothe, François Imbert, Léosthène Tiphaine, Octavie Joubert, Francine Henriquez, F.-Pascal Élie, Misine Régnier, Harriette Saint-Aude, Dame M. Guilbaud née Régnier, Lilia Sylvain, François Lamothe, Edmond Sylvain, Veuve Civil François, Lucie Lamothe, Onélie Lamothe, Louis Laforest, Emmanuël Saint-Aude, Luc Saint-Aude, T. Servincent, Éva Sylvain, Évariste Box.

MÊME NUMÉRO

SIMPLIFICATION DE LA FORMULE 130

Formule 131.

Aujourd'hui le . . . . juin mil huit cent quatre-vingt-six, 83ᵉ année de l'Indépendance d'Haïti, à cinq heures et demie du soir, — N° 13-1° et 6°.

Devant nous, Évariste Box, officier de l'État Civil de Port-de-Paix, soussigné, — N°ˢ 4 à 11.

Sont comparus : — N° 10.

Le citoyen Louis Rébecca, propriétaire, âgé de vingt-sept ans, né aux Trois-Pavillons et domicilié à Port-de-Paix, — n°ˢ 200 et 325, — fils légitime de Monsieur le Général Jacques Rébecca et de Madame Jeanne Clet, propriétaires, domiciliés ensemble en cette ville, — N°ˢ 325 et 330.

Stipulant en son nom personnel, avec le consentement de ses père et mère, susnommés et qualifiés, à ce *présents*, d'une part; — N°ˢ 120 à 124 et 139 à 141.

La citoyenne Emma Anthime, propriétaire, âgée de vingt-trois ans, née à Saint-Louis-du-Nord et domiciliée à Port-de-Paix, — n°ˢ 200 et 325, — fille légitime de Monsieur le Colonel Jules Anthime et de Madame Prudence Eutrope, propriétaires, domiciliés ensemble en cette ville, — Nᵒˢ 325 et 330.

Stipulant en son nom personnel, avec le consentement de ses père et mère, susnommés et qualifiés, à ce *présents*, d'autre part; — Nᵒˢ 120 à 124 et 139 à 141.

Assistés du citoyen Usma-Marcelin Guilbaud, ancien député au Corps Législatif, et du citoyen Cicéron Desmangles, avocat, du côté du futur époux, — du citoyen Lazare Bastien, ancien sénateur de la République, et du citoyen Guerrier Théophile, ancien administrateur principal des finances du Nord-Ouest, du côté de la future épouse, tous les quatre ma-jeurs et propriétaires, à ce *présents*, domiciliés en cette ville, — nᵒ 325, — témoins choisis et amenés par les Parties, — Nᵒ 13-3ᵒ.

De l'agrément de Son Excellence le Général Salomon, Président d'Haïti, suivant acte qui sera ultérieurement dressé à cette fin par le ministère d'un notaire de la Capitale; — Nᵒ 251.

Lesquels Comparants nous ont requis de procéder à la célébration du mariage projeté. . . . . etc. . . . . — Formule 130, — Nᵒˢ 185 à 189.

Aucune Opposition audit Mariage ne nous ayant été signifiée, — nᵒ 214, — faisant droit à ladite réquisition, après avoir fait lecture aux Parties de toutes les pièces exigées par la Loi et relatives à leur état et aux for-malités du mariage, — nᵒˢ 185 à 189 et 191 à 196, — ainsi que du cha-pitre *six* de la Loi du Code Civil d'Haïti sur le mariage et traitant des droits et devoirs respectifs des époux, — nᵒˢ 242 à 246, — avons demandé au futur époux et à la future épouse s'ils veulent se prendre pour mari et femme; chacun d'eux ayant répondu séparément et affirmativement, en présence de leurs susdits pères et mères et des témoins ci-dessus nom-més et qualifiés, déclarons au Nom de la Loi que le citoyen Louis Rébecca et la citoyennne Emma Anthime sont unis par le Mariage. — Nᵒˢ 197 à 200.

Dont Acte fait et passé en notre Hôtel, *ou* Bureau, les jour, mois, heure et an ci-dessus, que les Parties ont signé avec les témoins et nous, après lecture par nous faite. — Nᵒˢ 13-4ᵒ et 5ᵒ, 483-484. — Emma Anthime, L. Rébecca, Jules Anthime, Dame J. Rébecca, Prudence Anthime née Eutrope, Général J. Rébecca, C. Desmangles Guerrier, Théophile, M. Guilbaud, Lazare Bastien, Évariste Box.

Nº 252

CERTIFICAT DÉLIVRÉ SUR UN TIMBRE DE DIX CENTIMES PAR L'OFFICIER DE L'ÉTAT CIVIL POUR LES CÉRÉMONIES RELIGIEUSES DU MARIAGE

Formule 132.

Nous, Évariste Box, officier de l'État Civil de Port-de-Paix, soussigné, certifions que le citoyen Louis Rébecca, âgé de vingt-six ans, né aux Trois-Pavillons et domicilié à Port-de-Paix, fils légitime de Jaques Rébecca et de Jeanne Clet, et la citoyenne Emma Anthime, âgée de vingt-trois ans, née à Saint-Louis-du-Nord et domiciliée à Port-de-Paix, fille légitime de Jules Anthime et de Prudence Eutrope, ont contracté devant nous mariage entre eux, en la Demeure en cette ville de Madame Veuve Alphonsine Henriquez, aujourd'hui vingt-deux juin mil huit cent quatre-vingt-six, à cinq heures et demie de l'après-midi. — Nº 252. — Évariste Box.

Nᵒˢ 100 A 101 BIS

CÉLÉBRATION DU MARIAGE RELIGIEUX

Formule 133.

Évêché de Port-de-Paix. — Paroisse de la Cathédrale de l'Immaculée-Conception de Port-de-Paix. — Registres de Mariages de la Cathédrale de Port-de-Paix. — Le mercredi vingt-trois juin mil huit cent quatre-vingt-six, à sept heures et demie du matin, Je, soussigné, François-Xavier Rio, missionnaire apostolique de la Compagnie du Saint-Cœur-de-Marie, chanoine honoraire de la cathédrale métropolitaine de Notre-Dame-de-l'Assomption de Port-au-Prince, vicaire général et curé de la Cathédrale de Port-de-Paix, certifie avoir célébré, suivant le rit de la Sainte Église Romaine, et en la Cathédrale de Port-de-Paix, le saint mariage de Monsieur Louis Rébecca, âgé de vingt-six ans, fils légitime de Jacques Rébecca et de Jeanne Clet, né aux Trois-Pavillons et demeurant à Port-de-Paix, avec Mademoiselle Emma Anthime, âgée de vingt-trois ans, fille légitime de Jules Anthime et de Prudence Eutrope, née à Saint-Louis-du-Nord et demeurant à Port-de-Paix, en présence de Monsieur Étienne Delbeau et de Madame Veuve Alphonsine Henriquez, témoins requis, qui ont signé avec les époux et moi le présent acte. — Louis Rébecca, Emma Anthime, Étienne Delbeau, Veuve Alphonsine Henriquez, François-Xavier Rio.

(*Voyez la Formule 59.*)

N° 251

Formule 134.

Par-devant Théogène Servincent, notaire public, et son Collègue, à la résidence de Port-au-Prince, soussignés,

Est comparu Son Excellence le Général Louis-Étienne-Félicité-Lysius Salomon, Président de la République d'Haïti, résidant au Palais National de Port-au-Prince, — (*Article 123 de la Constitution d'Haïti de 1879.*)

Lequel, désirant laisser à la famille de Monsieur Louis Rébecca, ainsi qu'à celle de Madame Emma Anthime, propriétaires, demeurant et domiciliés à Port-de-Paix, — n°ˢ 325 et 330, — un témoignage et une preuve authentique de sa considération, a déclaré donner son agrément au mariage contracté entre Monsieur Louis Rébecca et Madame Emma Anthime, susqualifiés et domiciliés, suivant l'acte de Monsieur Évariste Box, officier de l'État Civil de Port-de-Paix, en date du vingt-deux juin dernier, dont une *Expédition* (n° 30), collationnée et signée par le susdit officier, a été, par les notaires soussignés, représentée à Son Excellence le Président d'Haïti qui, après en avoir pris connaissance par la lecture que Lui en fit le Notaire instrumentaire, l'a à l'instant rendue aux susdits notaires qui le reconnaissent.

Les Notaires soussignés ont en conséquence reçu, au pied du présent acte, la signature de Son Excellence le Président de la République d'Haïti.

Dont Acte lu au Président d'Haïti,.

Fait et passé à Port-au-Prince, au Palais National de la Présidence d'Haïti, le onze juillet mil huit cent quatre-vingt-six, 83ᵉ année de l'Indépendance d'Haïti ;

Et Son Excellence a signé avec les Notaires. — L. Salomon, Ed. Oriol, T. Servincent.

MÊME NUMÉRO

Même Sujet

Formule 135.

Devant Maître Théogène Servincent, notaire à Port-au-Prince, soussigné,

Assisté de Monsieur Eulancé Ambroise, ancien chef de bureau au Ministère de l'Intérieur, et de Monsieur Octave-Francis Jacob, magistrat communal, tous les deux propriétaires, demeurant à Pétionville, témoins instrumentaires requis conformément à la Loi, aussi soussignés,

Son Excellence le Général de Division Louis-Étienne-Félicité-Lysius Salomon, Président de la République d'Haïti, demeurant à Port-au-Prince, actuellement présent à Pétionville en villégiature, — en vue de laisser aux familles Rébecca et Anthime et particulièrement à Monsieur Louis Rébecca et à Madame Emma Anthime, de Port-de-Paix, un témoignage et une preuve authentique de sa considération, — a déclaré par ces présentes donner son agrément au mariage contracté entre ces derniers suivant acte de Monsieur Évariste Box, officier de l'État Civil de Port-de-Paix, sous la date du vingt-deux juin de la présente année, dont une expédition (n°. 30), collationnée et signée par le sus-dit fonctionnaire, a été par ledit notaire, en présence des témoins susnommés et qualifiés, représentée à Son Excellence le Président d'Haïti, qui, après en avoir pris lecture, l'a rendue à l'instant à Maître Théogène Servincent, qui le reconnaît.

Le Notaire soussigné a en conséquence reçu, au pied du présent acte, la signature de Son Excellence le Président d'Haïti.

Dont Acte : — Fait et passé au Palais National de Pétionville, où le notaire et les susdits témoins se sont transportés, l'an mil huit cent quatre-vingt-six, 83e année de l'Indépendance d'Haïti, le onze juillet à dix heures du matin;

Et a Son Excellence signé avec les Témoins et le Notaire après lecture par celui-ci faite. — Salomon, Octave-F. Jacob, Ambroise, T. Servincent.

LA PUISSANCE PATERNELLE

CHAPITRE VI

LA PUISSANCE PATERNELLE

SOMMAIRE

---

254. — La Puissance Paternelle est un droit fondé sur la Nature, dit J.-A. Rogron, et donné par la Loi aux pères et mères sur la personne et les biens de leurs enfants.

§ 1. — Autorité.

255. — L'enfant à tout âge doit honneur et respect à ses père et mère,

aux termes de l'article *trois cent quatorze* du Code Civil d'Haïti de 1826. —
N⁰ˢ 140-141.

256. — Il reste sous leur autorité jusqu'à sa majorité ou son émancipation, et le père seul a l'exercice de cette autorité durant le mariage,
suivant le texte visé au n° 255 ci-dessus; — quant à la mère, disent
Defrénois et Vavasseur au n° 1153 de leur premier volume de droit civil,
elle ne l'exerce qu'après le décès du mari. Toutefois, c'est à la mère que
cet exercice appartient si, durant le mariage, le père vient à être privé de
l'exercice de la puissance paternelle par suite de présomption d'absence,
n⁰ˢ 257 et 489, d'interdiction judiciaire ou légale, aux termes du n° 171 ci-
devant, ou de condamnation correctionnelle pour excitation de ses propres
enfants à la débauche, suivant le texte du Code Pénal cité au n° 258
ci-après.

257. — Si le père a disparu, laissant des enfants mineurs issus d'un
commun mariage, la mère en a la surveillance, et elle exerce tous les
droits du mari, quant à leur éducation et à leurs biens (article *cent trente*
du Code Civil d'Haïti), et a la jouissance légale des biens des enfants
(Duranton, I-521; de Moly, *page* 111; Magnin, I-113; Demolombe, II-248;
Plasman, *page* 305; Talandier, *page* 316 ; Mourlon, I-509; et Marcadé, 2, sur
l'article 141 du Code Napoléon, correspondant à l'article 130 du Code
Civil d'Haïti.

258. — Le père ou la mère qui aura attenté aux mœurs, en excitant,
favorisant ou facilitant habituellement la débauche ou la corruption de
leurs propres enfants, de l'un ou de l'autre sexe, sera, outre d'autres peines,
privé des droits et avantages à lui accordés sur la personne et les biens
de l'enfant, aux termes de l'article *deux cent quatre-vingt-trois* du Code
Pénal d'Haïti.

259. — Comme conséquence de l'autorité dont il vient d'être parlé,
n° 255, l'enfant jusqu'à sa majorité ou son émancipation doit résider chez
ses père et mère, n° 330, quand même il serait pourvu d'un tuteur autre
que son père ou sa mère ; — chez lequel tuteur il ne pourrait avoir que son
domicile et non la *résidence,* suivant l'opinion de Mourlon, I-334; Duranton, I-367; Bugnet sur Pothier, *note* 19, n° 2; Zachariæ, § 89, *note* 6; Demolombe, I-359, et Marcadé, 2, sur l'article 108 du Code Napoléon, dont l'article 95 du Code Civil d'Haïti est le correspondant (1). — Il ne peut quitter
la maison paternelle sans la permission de celui ou celle, père ou mère,

(1) Art. 95. — Le mineur non émancipé aura son domicile chez ses père et mère ou chez son
tuteur.

sous l'autorité duquel ou de laquelle il se trouve (Defrénois et Vavasseur, tome I, n° 1154).

260. — Même après la majorité, ou l'émancipation, l'enfant est encore sous l'autorité de ses parents dans diverses circonstances; ainsi, il ne peut contracter mariage sans le consentement de ses père et mère ou autres ascendants, ou sans avoir requis leur conseil à cette fin; ainsi qu'il résulte du n° 123 au chapitre du Mariage ci-dessus.

261. — De même, l'enfant qui veut se faire ordonner ecclésiastique, et qui est âgé de moins de vingt-cinq ans, ne peut être admis dans les ordres sacrés qu'après avoir justifié du consentement de ses parents (Defrénois et Vavasseur, n° 1157), ainsi que cela est prescrit par les Lois civiles pour le mariage des fils âgés de moins de vingt-cinq ans accomplis, aux termes des n°s 123 à 128 et 130 à 143 au titre du Mariage ci-dessus.

262. — De même encore, les novices des congrégations religieuses sont tenus, pour contracter leurs vœux (Défrenois et Vavasseur, n° 1158), de présenter les consentements demandés, pour contracter mariage, par les articles 148 à 150 et 159 et 160 du Code Civil Français dont les articles 136 à 138 et 146 du Code Civil Haïtien sont les correspondants. — N°s 120-121, 123 à 128, 130 à 143 ci-dessus.

263. — Les consentements, dans les cas prévus aux deux numéros qui précèdent, sont toujours donnés par actes notariés, suivant argumentation de l'article *soixante-douze* du Code Civil d'Haïti. — N° 132.

264. — Tout ce qui vient d'être dit s'applique aux enfants naturels — (*Voyez le n° 281 ci-après.*) — Si un enfant naturel a été reconnu par son père et sa mère, les droits d'autorité, de garde et d'éducation sont égaux entre le père et la mère; mais le père seul a l'exercice de ces droits: c'est chez lui que l'enfant doit résider (Defrénois et Vavasseur, n° 1160); à moins cependant que les tribunaux, sur la demande de la mère, ne décident que l'enfant lui sera confié (Marcadé, 4, sur l'article 383 du Code Civil Français dont l'article 324 du Code Civil Haïtien est le correspondant), n° 439. — Les tribunaux peuvent même ordonner que l'enfant sera confié à un tiers, suivant le Tribunal de Lyon (France), en date du 8 mars 1859, s'il est constaté que son intérêt l'exige.

265. — Le survivant des père et mère, aux termes de l'article *trois cent trente-quatre* du Code Civil d'Haïti de 1826, — même mineur, suivant Zachariæ, § 208 et Demolombe, VII-152, sur l'article 397 du Code Napoléon, dont notre susdit article 334 est le correspondant, — peut choisir à ses

enfants mineurs un tuteur parent ou même étranger, pour le temps où il n'existera plus, — pourvu cependant qu'il conserve cette tutelle jusqu'au jour de son décès et que cette tutelle soit légitime (Defrénois et Vavasseur, n° 1203); car l'époux survivant ne peut exercer cette faculté dans les trois cas suivantes : — 1° S'il est exclu ou destitué de la tutelle (Valette sur Proudhon, t. II, p. 293; Demolombe, VII-158; Marcadé, sur l'article 397; Duranton, III-436; Rolland, n° 43; Chardon, n°s 38 et 39, et Zachariæ, § 208, *note* 7, sur le même article 397 français dont l'article 334 haïtien est le correspondant); — 2° Si, au cas où c'est la femme, elle refuse la tutelle, ou si elle en est excusée (Marcadé, art. 397; Mourlon, I-1101; Demolombe, VII-163; Zachariæ, § 208, *note* 8, et Duranton, III-438, sur les articles français et haïtiens susénoncés); — 3° Si, à raison de déchéance de la tutelle et de nomination par le Conseil de famille, aux termes de l'article *trois cent trente-trois* du Code Civil d'Haïti (1), elle est tutrice (Marcadé, article 397-1°; Demolombe, VII-164, et Zachariæ, § 208, *note* 10, sur le susdit article français correspondant à l'article 334 haïtien).

266. — Il résulte du numéro précédent que la mère remariée, et non maintenue avant son nouveau mariage dans la tutelle légitime des enfants de son premier mariage, ne peut leur choisir un tuteur testamentaire. — N° 267.

267. — La tutelle déférée par le survivant des père et mère s'appelle *tutelle testamentaire* (Marcadé, article 397; Massé et Vergé, sur Zachariæ, § 208, *note* 1, et Mourlon, I-1098, sur l'article 397 du Code Napoléon dont l'article 334 du Code Civil d'Haïti est le correspondant). — Elle ne peut être déférée par le père à son fils *interdit*, suivant Duranton, III-751; Toullier, II-1336; Demante, I-502; Chardon, n° 230; Marcadé, art. 509; Demolombe, VIII-563, et Zachariæ, § 235, *note* 4, sur l'article 509 du Code Napoléon correspondant à l'article 418 du Code Civil d'Haïti de 1826, n° 181. A plus forte raison, elle ne peut être déférée par la mère, la tutelle de l'interdit — sauf celle du mari sur sa femme, art. 415 du Code Civil — devant être toujours dative. — (*Voir les* n^{os} *173, 182, 183.*)

268. — Cette tutelle ne peut être déférée que de l'une des manières suivantes : — 1° Par acte de dernière volonté, c'est-à-dire dans l'une des formes voulues pour les testaments (Defrénois et Vavasseur, n° 1207) : — 2° Par une déclaration faite : ou devant le juge de paix — *du domicile de l'époux :* Zachariæ, § 208, *note* 14) — assisté de son greffier, ou devant

---

(1) ART. 333. — Lorsque le Conseil de famille, dûment convoqué, conserve la tutelle à la mère (remariée), il lui donne nécessairement pour cotuteur le second mari, qui devient solidairement responsable avec sa femme de la gestion postérieure au mariage.

notaires, aux termes du deuxième alinéa de l'article 334 du Code Civil d'Haïti de 1826.

269. — Il va sans dire qu'il s'agit au numéro précédent d'un notaire, assisté d'un de ses collègues ou de deux témoins instrumentaires, — n° 13-3°. — C'est donc par inadvertance que Marcadé, sur l'article 392 du Code Napoléon, dont le deuxième alinéa de l'article 334 du Code Civil d'Haïti est le correspondant, enseigne que cet acte doit être reçu par deux notaires et deux témoins ou un notaire et quatre témoins. — Notre opinion est, d'ailleurs, conforme à celle de MM. Defrénois et Vavasseur, dans le n° 1192 de leur premier volume de droit civil.

§ 2. — Correction

270. — Comme corollaire du droit d'autorité paternelle, — n°s 255 à 269, — la Loi donne à celui qui a l'exercice de cette autorité, — n° 256, — le droit de réprimer les écarts de ses enfants, suivant les distinctions ci-après :

271. — Le père, qui a des sujets de mécontentement très graves sur la conduite d'un enfant a, aux termes de l'article *trois cent quinze* du Code Civil d'Haïti de 1826, les moyens de correction suivants sur cet enfant.

272. — *Premier Cas :* Si l'enfant est âgé de moins de quinze ans commencés, c'est-à-dire n'a pas quatorze ans, — (et qu'en outre : 1° le père ne soit pas actuellement sous les liens d'un autre mariage, 2° si l'enfant n'ait pas de biens personnels ou n'exerce pas d'état : Defrénois et Vavasseur, — n° 1163, — sur l'article 376 du Code Napoléon, correspondant à l'article 316 du Code Civil d'Haïti), — le père peut le faire détenir pendant un temps qui ne peut excéder cinquante jours, aux termes de l'article *trois cent seize* du Code Civil d'Haïti ; et, à cet effet, le Juge de Paix doit, sur sa demande, délivrer l'ordre d'arrestation comme en la formule 142.

273. — Suivant l'opinion de Toullier, II-1058 ; Proudhon, II-246 ; Duranton, III-335 ; Demante, I-375 ; Vazeille, II-425 ; Zachariæ, § 187, *note 16 ;* Taulier, tome I, page 484 ; Demolombe, VI-324, et Marcadé, 2, sur l'article 382 du Code Napoléon dont l'article 323 du Code Civil d'Haïti est le correspondant, — n° 280, — si le père est redevenu veuf, il recouvre la faculté de faire détenir, selon le cas exprimé au numéro précédent, son enfant âgé de moins de quinze ans commencés.

274. — *Deuxième Cas* : Depuis l'âge de quinze ans commencés, c'est-à-dire au-dessus de quatorze ans accomplis, jusqu'à la majorité ou l'émancipation, et même au-dessous de quinze ans si le père est actuellement sous les liens d'un autre mariage que celui dont l'enfant est issu (article 321 du Code Civil d'Haïti), ou si l'enfant a des biens personnels ou exerce un état (article 323 du même Code), le père ne peut agir que par voie de réquisition et demander la détention de son enfant que pendant un temps qui ne peut excéder six mois (article *trois cent dix-sept* du Code Civil d'Haïti de 1826). — Il s'adresse à cet effet au doyen du Tribunal Civil qui, après en avoir conféré avec le ministère public, délivre l'ordre d'arrestation ou le refuse. Le doyen peut, dans le premier cas, aux termes du susdit article 317, abréger le temps de la détention requis par le père. — Formule 143.

275. — Il n'y a dans l'un et l'autre cas aucune écriture ni formalité judiciaire, si ce n'est l'ordre même d'arrestation dans lequel les motifs ne sont pas énoncés (Code Civil d'Haïti de 1826, article *trois cent dix-huit*). Le père est seulement tenu, aux termes de l'article *trois cent dix-neuf* du même Code, de souscrire une soumission de payer tous les frais et de fournir les aliments convenables à l'enfant.

276. — Le père est toujours maître d'abréger la durée de la détention par lui ordonnée ou requise (article *trois cent vingt* du Code Civil d'Haïti de 1826).

277. — Si après sa sortie l'enfant tombe dans de nouveaux écarts, dit le même article 320, la détention peut être de nouveau ordonnée, de la manière prescrite selon celui des deux cas ci-dessus, qui se trouve applicable.

278. — La mère, dans les cas où elle exerce l'autorité paternelle, c'est-à-dire lorsqu'elle est veuve ou lorsque, aux termes du n° 257 ci-dessus, le père-mari est privé de la puissance paternelle, a aussi le droit de correction sur son enfant, mais elle ne peut le faire détenir qu'avec le concours des deux plus proches parents paternels, ou, — à leur défaut, — de deux personnes connues pour avoir eu des relations d'amitié avec le père (Zachariæ, § 187, *note 18;* Valette sur Prudhon, t. II, p. 247; de Belleyme, t. I, p. 14; Demolombe, t. VI, n° 353; Marcadé, 3, et Toullier, t. I, 483, sur l'article 381 du Code Civil Français, correspondant à l'article 322 du Code Civil Haïtien), — et seulement par voie de réquisition comme au n° 274 ci-dessus (article *trois cent vingt-deux* du Code Civil d'Haïti de 1826). — Si elle est remariée, disent Defrénois et Vavasseur, au n° 1169 de leur Droit civil, elle ne peut requérir la détention;

279. — Si le tuteur a des sujets de mécontentement graves sur la conduite du mineur, son papille, il peut porter sa plainte au conseil de famille et, s'il y est autorisé par ce Conseil, provoquer la détention du mineur, ainsi qu'il est prescrit au n° 274 ci-dessus (article *trois cent soixante-dix-huit* du Code Civil de 1826).

280. — Suivant l'article *trois cent vingt-trois* du Code Civil d'Haïti, lorsque l'enfant a des biens personnels, ou lorsqu'il exerce un état, sa détention ne peut, même au-dessous de quinze ans, avoir lieu que par voie de réquisition, en la forme prescrite par l'article 317 du Code Civil d'Haïti. — N° 274.

281. — Tout ce qui est dit au présent paragraphe est commun aux père et mère des enfants naturels légalement reconnus, ainsi que le dispose l'article *trois cent vingt-quatre* du Code Civil d'Haïti, mais avec les distinctions énoncées aux n⁰ˢ 282 et 283 suivants.

282. — Si l'enfant naturel a été reconnu par son père et par sa mère, et que les tribunaux n'aient point confié à la mère l'exercice des droits d'autorité et d'éducation, — n° 264, — c'est au père seul qu'appartient le droit de correction (Demolombe, VI-629; Marcadé, 2, et Duranton, III-360, sur l'article 383 du Code Napoléon, correspondant à l'article 324 du Code Civil d'Haïti de 1826). — N° 281.

283. — Mais c'est à la mère qu'appartient le même droit, suivant l'opinion de Marcadé, 3 et 4, et Demolombe, VI-646 et 647, sur les articles cités au numéro précédent, si, l'enfant ayant été reconnu par les père et mère, le père est mort, absent, interdit ou déchu de la puissance paternelle, ou si l'exercice de la puissance paternelle a été confié à la mère, ou encore si l'enfant n'a été reconnu que par sa mère.

284. — La mère ne peut exercer ce droit, quel que soit l'âge de l'enfant, que par voie de réquisition, avec le concours de deux membres d'un conseil de famille, et sous la condition qu'elle ne soit pas mariée (Marcadé, article 383, 3 et 4, et Demolombe, VI-646 et 647, sur l'article 383 du Code Civil Français, dont l'article 324 du Code Civil Haïtien est le correspondant).

FORMULES

Nᵒˢ 261, 254 A 269, 123 330

CONSENTEMENT A L'ORDINATION

Formules 136.

Par-devant Mᵉ Louis Oriol et son collègue, notaires au Port-au-Prince, soussignés,

Sont comparus Monsieur Jean-Baptiste-Joseph-Théogène Servincent et Madame Marie-Louise-Thérèse Favier, son épouse de lui autorisée, propriétaires, demeurant et domiciliés ensemble au Port-au-Prince; — Nᵒˢ 325 et 330.

Lesquels ont déclaré consentir à ce que Monsieur Faustin-Raymond-Édouard Servincent, leur fils, demeurant sous leur toit, — nᵒ 330, — né au Port-au-Prince, le . . . . ., entre dans les ordres sacrés et qu'il reçoive l'ordination et le titre de prêtre; — Nᵒ 261.

Dont Acte, lu aux comparants;

Fait et passé au Port-au-Prince, en l'Étude, pour les Notaires, et pour les Comparants en leur Demeure, le six octobre mil huit cent soixante-seize, 73ᵉ année de l'Indépendance d'Haïti;

Et les Comparants ont signé avec les Notaires. — Nᵒˢ 483-484.— T. Servincent, Dame T. Servincent, V. Frédérique, not. du Gᵗ., L. Oriol, notaire.

MÊMES NUMÉROS

MÊME SUJET

Formule 137.

Par-devant Mᵉ Louis-Étienne-Edmond Oriol et son collègue, notaires à Port-au-Prince, soussignés,

Est comparu Monsieur Jean-Baptiste-Joseph-Théogène Servincent, propriétaire et notaire, domicilié à Port-au-Prince. — Nᵒ 325;

Lequel a par ces présentes conenti à ce que M. Pierre-Marie-Joseph-Félix Servincent, son fils, — issu de son mariage avec la Dame Marie-Louise-Thérèse Favier, décédée en cette ville, — âgé de dix-huit ans révolus, étudiant en théologie, résidant à Pontchâteau (France), mais domicilié à Port-au-Prince (Haïti), chez son susdit père, — n° 326, — entrât dans les ordres sacrés et que par conséquent il reçût l'ordination et le titre de prêtre. — N° 261 ;

Dont Acte. — Fait et passé en l'étude, à Port-au-Prince, rue du Réservoir, le six octobre mil huit cent quatre-vingt-deux, 79e année de l'Indépendance d'Haïti ;

Et le Comparant a signé avec les Notaires, après lecture faite.— T. Servincent, Joseph-H. Hogarth, Ed. Oriol.

N°s 262, 254, A 269, 123, 330

CONSENTEMENT AU NOVICIAT

Formule 138.

Par-devant Jean-Antoine-Bernard-Thomas Madiou, notaire du Gouvernement, et son Collègue, à la résidence du Port-au-Prince, soussignés,

Sont comparus Monsieur Jean-Baptiste-Robergeau Servincent et Madame Marie-Louise-Suzon-Jean-Louis Desprez, son épouse de lui autorisée, propriétaires, demeurant et domiciliés ensemble au Port-au-Prince ; — N°s 325 et 330.

Lesquels ont déclaré consentir à ce que Mademoiselle Marie-Catherine Servincent, leur petite-fille, demeurant sous leur toit, — n° 330, — née au Port-au-Prince, le. . . . . . du mariage d'entre Monsieur Alexis-Jean-Cassius Servincent, leur fils, et Madame Charlotte-Eucharis-Héloïse Dupaty, tous les deux décédés en cette ville, où, de leur vivant, ils étaient propriétaires et domiciliés, entre au Noviciat dans la Congrégation des Sœurs de Saint-Joseph de Cluny, au Couvent du Port-au-Prince, et qu'elle y soit reçue à faire des vœux comme Sœur Religieuse ; — N° 262.

Dont Acte, lu aux Comparants, — N° 483.

Fait et passé au Port-au-Prince, en l'Étude, rue du Port-au-Pavée, autrefois d'Aunis, le six octobre mil huit cent soixante et un, 58e année de l'Indépendance d'Haïti ;

Et les Comparants ont signé avec les Notaires. .— N° 484. — Jean-B. Servincent, Dame J.-B. Servincent, V. Frédérique, notaire du Gouvernement, A.-B.-Thomas Madiou, notaire du Gouvernement.

MÊMES NUMÉROS

MÊME SUJET

Formule 139.

Par-devant Mᵉ Joseph-Henry Hogarth et son collègue, notaires à Port-au-Prince, soussignés,

Est comparue Madame Bibiane-Laure-Ursuline Destrez, veuve de Monsieur Jean-Baptiste-Alexandre Servincent, propriétaire, demeurant et domiciliée à Port-au-Prince ; — Nᵒ 325.

Laquelle a par ces présentes déclaré consentir à ce que Mademoiselle Marie-Joseph-Elvina Servincent, sa fille mineure, âgée de dix-neuf ans, étant née en cette ville le trois octobre mil huit cent soixante-trois, demeurant avec elle, — nᵒ 330, — entre au Noviciat dans la Congrégation des Filles de la Sagesse, à Port-de-Paix, et qu'elle y fasse ses vœux en qualité de « Bonne-Sœur » ; — Nᵒ 262.

Dont Acte, — Fait et passé à Port-au-Prince, en l'Étude, le six octobre mil huit cent quatre-vingt-deux, 79ᵉ année de l'Indépendance d'Haïti ; — Nᵒ 13-6ᵒ.

En présence de Monsieur Théogène Servincent, oncle de la susdite mineure, — nᵒ 253, — propriétaire et notaire, demeurant en cette ville ; — Nᵒ 325.

Et après lecture la Comparante a signé avec M. Servincent et les Notaires. — Nᵒˢ 483-484. — Veuve A. Servincent, T. Servincent, P. Léopold Lechaud, *notaire public*, Joseph-H. Hogarth, *notaire public*.

Nᵒˢ 265 A 269

NOMINATION DE TUTEUR PAR LE SURVIVANT DES PÈRE ET MÈRE

Formule 140.

Par-devant Mᵉ Théogène Servincent, notaire public, et son Collègue, à la résidence de Port-au-Prince, soussignés,

Est comparue Madame Lucile Antille, veuve de Monsieur le Général Denis Colbert, propriétaire, demeurant et domiciliée à Port-au-Prince, — nᵒ 325, — tutrice légale de Maria Colbert et Xavier Colbert, sa fille et son fils mineurs, demeurant sous son toit, — nᵒ 330, — nés à Port-au-Prince, le. . . . . . , de son mariage avec Monsieur le Général Denis Colbert ;

Laquelle pour le cas où elle viendrait à décéder, avant la majorité de Mademoiselle et Monsieur ses fille et fils, leur a par ces présentes choisi pour tuteur, aux termes de l'article *trois cent trente-quatre* du Code Civil d'Haïti, — nº 265, — Monsieur le Général Jean-François Cauvin, ancien secrétaire d'État de la Guerre, propriétaire, demeurant et domicilié à Port-au-Prince, — nº 325, — à ce présent et acceptant, ami de sa famille, auquel elle confère tous les droits attachés à cette qualité ; — Nᵒˢ 265 à 269.

Dont Acte, lu aux Parties,

Fait et passé en la Demeure de la Veuve Denis Colbert, à Port-au-Prince, rue Pétion, le deux février mil huit cent quatre-vingt-trois, 80ᵉ année de l'Indépendance d'Haïti ;

Et les Parties ont signé avec les Notaires : — Veuve D. Colbert, Général Cauvin, Ed. Oriol, *notaire*, T. Servincent, *notaire*.

MÊMES NUMÉROS

Même Sujet

Formule 141.

Par-devant Mᵉ Théogène Servincent, notaire à Port-au-Prince, soussigné,

Assisté de Monsieur Théobald Lochard, artiste, et de Monsieur Victor-Louis Michel, docteur-médecin, demeurant et domiciliés à Port-au-Prince, — nº 325, — témoins instrumentaires requis conformément à la Loi, — nº 13-3º, — aussi soussignés,

Est comparu Monsieur le Général Denis Colbert, propriétaire, demeurant et domicilié à Port-au-Prince ; — Nº 325.

Lequel usant de la faculté qui lui est accordée par l'article *trois cent trente-quatre* du Code Civil d'Haïti, — nº 265, — a par ces présentes déclaré nommer pour tuteur de Maria Colbert et Xavier Colbert, ses deux enfants mineurs issus de son mariage avec Madame Lucille Antille, décédée, Monsieur le Général Eugène Bourjolly, propriétaire et sénateur, demeurant et domicilié à Port-au-Prince, — nº 325, — à ce présent et acceptant, qu'il prie d'accepter cette charge et auquel il confère tous pouvoirs pour l'exercer, en ses lieu et place et à compter du jour de son décès ; — Nᵒˢ 265 à 269 ;

Dont Acte, lu aux Parties,

Fait et passé en l'Étude, à Port-au-Prince, le deux février mil huit cent quatre-vingt-trois, 80ᵉ année de l'Indépendance d'Haïti ;

Et les Parties ont signé avec les Témoins et le Notaire : — Général D. Colbert, Eug. Bourjolly, Th. Lochard, Dʳ Victor, L. Michel, T. Servincent, *notaire*.

N°s 272, 270 A 283

ORDRE D'ARRESTATION PAR LE JUGE DE PAIX DE L'ENFANT QUI N'A PAS QUINZE
ANS ACCOMPLIS

Formule 142.

Le Juge de Paix de la section Nord-Est de Port-au-Prince, soussigné,
sur la requête de Monsieur Fata, charcutier, demeurant en cette ville,
extra-muros, — n° 325, — et en conformité de l'article *trois cent seize* du
Code Civil d'Haïti, — n° 272, — délivre le présent Ordre d'Arrestation,
par mesure de correction paternelle, pour une détention de cinquante jours
dans la Maison d'Arrêt de Port-au-Prince, de Pierre-Joseph-Tiboni Fata,
sans profession, demeurant avec Monsieur Fata son père ; — N° 330.

Autorisant à cet effet tous officiers de la force publique et tous concierges d'y obtempérer sur la seule présentation du présent Ordre.

Port-au-Prince, le 23 janvier 1882. — Alexandre d'Orsey.

N°s 274, 270 A 283

ORDRE D'ARRESTATION PAR LE DOYEN DU TRIBUNAL CIVIL DE L'ENFANT QUI A
QUINZE ANS ACCOMPLIS

Formule 143.

Le Doyen du Tribunal Civil de Port-au-Prince, soussigné, sur la réquisition de Monsieur Pierre-Joseph Fata, charcutier, demeurant aux Bois-
Caradeux, *extra-muros,* — n° 325, — en conformité de l'article *trois cent
dix-sept* du Code Civil d'Haïti, — n° 274, — et après en avoir conféré avec
le ministère public, — délivre le présent Ordre d'arrestation pour une
détention de six mois, dans la Maison d'Arrêt de Bois-Caradeux, par mesure de correction paternelle, de Pierre-Joseph-Tiboni Fata, son fils, sans
profession, demeurant avec le Requérant son père ; — N° 330.

Autorisant à cet effet tous officiers de la force publique et tous concierges
d'obtempérer à cet Ordre sur sa seule présentation.

Palais de Justice du Tribunal Civil de Port-au-Prince, le 23 janvier 1882,
an 79° de l'Indépendance. — Aurélus Dyer.

NOTA BENE

Je m'abstiens de formuler les Actes résultant des numéros 278 et 279
que les Parties peuvent faire aux termes de ces numéros en se basant sur
les formules 142 et 143. — T. SERVINCENT.

LE DÉCÈS

CHAPITRE VII

LE DÉCÈS

285. — L'Homme en quittant la vie transmet les droits qu'il possédait à ceux qui le remplacent: cet Événement a donc besoin d'être constaté d'une manière solennelle, afin qu'il n'existe pas d'incertitude sur les droits dont il est la conséquence. — J.-A. Rogron.

286. — La Sainte Église Catholique, qui se hâte de bénir l'homme dans son riant berceau, par le ministère de ses prêtres, s'empresse également de le bénir dans sa sombre bière, par le même ministère, à la condition toutefois que le défunt ait de son vivant vécu selon ses enseignements, ou que, avant le décès, il ait manifesté le repentir de ses fautes, car Notre Seigneur Jésus-Christ a dit : *Ita dico vobis, gaudium erit coram Angelis Dei Super uno peccatore pœnitentiam agente*, au dixième verset du chapitre 15 de Luc l'Évangéliste : « *Ainsi, je vous le déclare, il y aura une grande joie, parmi les Anges de Dieu pour un seul pécheur qui fait pénitence.* » — (*Voyez les numéros 317 à 323.*)

287. — L'inhumation des personnes décédées est soumise aux trois conditions suivantes : 1° que vingt-quatre heures se soient écoulées depuis le décès, à moins de cas prévus par les règlements de police, n° 316 ; 2° que l'officier de l'État Civil ait autorisé sur papier libre l'inhumation (article *soixante-seize* du Code Civil d'Haïti de 1826) ; 3° qu'un acte de décès ait été dressé *de suite* sur les registres à ce destinés, aux termes de l'article *quarante-deux* du Code Civil d'Haïti, n° 13-6°, contrairement à Marcadé, n° 3, et Demolombe, I-302, sur l'article 77 du Code Napoléon dont l'article 76 du Code Civil d'Haïti est le correspondant, qui enseignent que l'acte doit être dressé dans les *vingt-quatre heures* du décès. — N° 288.

288. — L'acte de décès est dressé par l'officier de l'État Civil du lieu du décès, sur la déclaration de *deux témoins* qui doivent être autant que possible les plus proches parents ou voisins, ou la personne chez laquelle le décès a eu lieu, et un parent ou autre, aux termes de l'article *soixante-dix-sept* du Code Civil d'Haïti de 1826. — N° 13.

289. — Il énonce : 1° les prénoms, nom, âge, profession et domicile de la personne décédée ; 2° les prénoms et nom de l'autre époux, si elle était mariée ou veuve ; 3° les prénoms, noms, âges, professions, domiciles, et degrés de parenté des déclarants ; 4° et, autant qu'on pourra le savoir, les prénoms, nom, professions et domicile des père et mère du décédé, et le lieu de sa naissance (article *soixante dix-huit* du Code Civil d'Haïti de 1826).

290. — Le cas prévu aux deux numéros précédents est celui qui arrive le plus ordinairement ; mais il existe d'autres cas extraordinaires que la Loi a dû prévoir ; ce sont les suivants :

291. — *Premier Cas : Décès dans les Hôpitaux militaires ou autres Maisons publiques.* Les directeurs, supérieurs, administrateurs et maîtres de ces maisons, ou à leur défaut les chirurgiens et autres employés d'icelles, sont tenus d'en faire de suite la déclaration à l'officier de l'État Civil, qui en dresse l'acte, conformément à ce qui est dit au n° 289 ci-dessus; il est tenu, en outre, dans lesdits hôpitaux et maisons, des registres destinés à inscrire les déclarations de décès. L'officier de l'État Civil envoie copie de l'acte de décès à celui du dernier domicile du décédé, qui l'inscrit sur ses registres (Code Civil d'Haïti de 1826, article *soixante dix-neuf*).

292. — *Deuxième Cas : Décès avec des signes ou indices de mort violente ou d'autres circonstances qui la font soupçonner*. L'inhumation ne peut avoir lien qu'après la visite du cadavre par un officier de police, assisté d'un médecin ou chirurgien, qui dresse procès-verbal et transmet de suite à l'officier de l'État Civil du lieu du décès les renseignements énoncés dans son procès-verbal. L'officier de l'État Civil dresse l'acte de décès sur ces renseignements, et en envoie une copie à celui du domicile de la personne décédée si ce domicile est connu ; cette Copie est inscrite snr les registres. (articles *quatre-vingt* et *quatre-vingt-un* du Code Civil d'Haïti de 1826). — N° 297.

293. — *Troisième Cas : Exécution à mort*. Le greffier au criminel, soit des tribunaux civils soit des commissions militaires, adresse dans les vingt-quatre heures, à l'officier de l'État civil du lieu de l'exécution, les renseignements énoncés au n° 289, d'après lesquels l'acte de décès est rédigé (Code Civil d'Haïti, article *quatre-vingt-deux*). — N° 297.

294. — *Quatrième Cas : Décès dans les Prisons ou Maisons de réclusion et de détention*. Il est donné avis sur-le-champ par les concierges et gardiens à l'officier de l'État Civil qui rédige l'acte de décès, ainsi qu'il est dit au n° 291 ci-dessus (article *quatre-vingt-trois* du Code Civil d'Haïti de 1826). — N° 297.

295. — *Cinquième Cas : Décès pendant un voyage en mer*, L'acte de décès est dressé dans les vingt-quatre heures, en présence de deux témoins pris parmi les hommes de l'équipage : sur les bâtiments de l'État, par l'officier d'administration (commissaire) de la marine, et sur les bâtiments particuliers, par le capitaine, maître ou patron du navire. L'acte de décès est inscrit à la suite du rôle d'équipage, — n°s 86 à 89. — Au premier port où le bâtiment aborde, soit de relâche, soit pour toute autre cause que celle de son désarmement, celui qui a dressé l'acte de décès est tenu d'en déposer deux *expéditions* (n° 30), conformément au n° 87 au chapitre des *Actes de naissance*. — Puis, à l'arrivée du bâtiment dans le port du désarmement, le rôle d'équipage est déposé au bureau de l'administration des finances ou, à son défaut, à celui du préposé d'administration financière du lieu, qui est tenu d'envoyer une *expédition* de l'acte de décès, n° 30, signée de lui, au secrétaire d'État de la Justice qui, à son tour, fait parvenir une Copie, de lui certifiée, de l'acte de décès à l'officier de l'État Civil du domicile du décédé ; ce dernier l'inscrit de suite sur ses registres (Code Civil d'Haïti de 1826, articles *quatre-vingt-cinq* à *quatre-vingt-sept*). — N° 86.

296. — *Sixième Cas : Décès dans les Campagnes.* Les officiers commandant les sections rurales éloignées du siège de la commune peuvent être chargés, aux termes de l'article *quatre* de la Loi du *six* avril 1880 sur les officiers de l'État Civil, de recevoir les déclarations de décès dans l'étendue de leurs circonscriptions respectives pour, tous les samedis, les transmettre aux officiers de l'État Civil des communes dont ils relèvent, sous peine d'être condamnés à vingt piastres d'amende, en cas de négligence, d'omission ou de mauvais vouloir.

297. — Suivant l'article *quatre-vingt-quatre* du Code Civil d'Haïti de 1826, dans les trois cas des n°s 292 à 294 inclusivement, les actes de décès sont simplement rédigés dans les formes prescrites au n° 289 ci-dessus, sans aucune mention des circonstances de mort violente, ou dans les prisons, ou d'exécution à peine capitale. — N°s 292 à 294.

Jugement et Exécution.

298. — Les audiences des tribunaux sont publiques, à moins que cette publicité ne soit dangereuse pour l'ordre public et les bonnes mœurs ; dans ce cas, le Tribunal le déclare par un jugement (article *cent cinquante-deux* de la Constitution d'Haïti du 18 décembre 1879).

299. — Tout arrêt ou jugement est motivé, dit l'article *cent cinquante-trois* de la même Charte. Il est prononcé en audience publique et à haute voix par le doyen ou le juge qui en tient la place (article *cent cinquante-trois* de la susdite Constitution et *trois cent un* du Code d'Instruction criminelle d'Haïti de 1835. — N° 303). Il est en outre rendu et exécuté au Nom de la République, avec mandement aux officiers du ministère public et aux agents de la force publique, suivant l'article *cent cinquante-quatre* de la Constitution du 18 décembre de 1879. — N° 31.

300. — Le doyen du Tribunal Criminel fait comparaître l'accusé (article *deux cent quatre-vingt-neuf* du Code d'Instruction criminelle), qui est interpellé de déclarer le choix qu'il aura fait d'un conseil pour l'aider dans sa défense, sinon le magistrat lui en désigne un sur-le-champ, à peine de nullité de tout ce qui suivra (article *deux cent* du même Code). — L'accusé peut choisir son conseil dans le ressort et hors du ressort du Tribunal Criminel ; il peut également prendre pour son conseil un de ses parents ou amis, tandis que le conseil de l'accusé ne peut être désigné par le juge que parmi les défenseurs publics du ressort (article *deux cent un* du Code d'Instruction criminelle de 1835).

301. — Le greffier du Tribunal Criminel lit en présence de l'accusé la déclaration du Jury, aux termes de l'article *deux cent quatre-vingt-neuf* du susdit Code.

302. — Suivant l'article *deux cent quatre-vingt-quatorze* du Code d'Instruction criminelle d'Haïti de 1835, lorsque l'accusé a été déclaré coupable, le Commissaire du Gouvernement fait sa réquisition au Tribunal pour l'application de la Loi. — La Partie civile fait la sienne pour restitution et dommages-intérêts.

303. — Avant de prononcer le jugement, qui est lu à haute voix par le doyen du Tribunal Criminel, nº 299, celui-ci est tenu de lire en présence du public et de l'accusé le texte de la Loi sur laquelle il est fondé.

304. — Le greffier écrit le jugement; il y insère le texte de la Loi appliquée, sous peine de vingt piastres d'amende, aux termes de l'article 301 du Code d'Instruction criminelle d'Haïti de 1835, combiné avec l'article *un* de la Loi du *dix* août 1877.

305. — La minute du jugement (nº 29) est signée par les juges qui l'auront rendu, à peine de vingt piastres d'amende contre le greffier (articles *trois cent deux* du Code d'Instruction criminelle d'Haïti de 1835 et *premier* de la Loi du *dix* août 1877), et, — s'il y a lieu, — de prise à partie tant contre le greffier du Tribunal Criminel que contre les juges. — Elle est signée dans les vingt-quatre heures de la prononciation du jugement.

306. — Aux termes de l'article *trois cent trois* du Code d'Instruction criminelle d'Haïti de 1835, après avoir prononcé le jugement, le doyen du Tribunal Criminel peut, selon les circonstances, exhorter l'accusé à la fermeté, à la résignation ou à réformer sa conduite. Il l'avertit de la faculté qui lui est accordée de se pourvoir en cassation et du terme dans lequel l'exercice de cette faculté est circonscrit, nº 309. Il l'avertit aussi du droit de grâce réservé au Président d'Haïti par la Constitution de l'État et la Loi du *vingt-sept* octobre 1864. — Nº 315.

307. — Le greffier du Tribunal Criminel dresse un procès-verbal de la séance, à l'effet de constater que les formalités prescrites ont été observées (article *trois cent quatre* du Code d'Instruction Criminelle d'Haïti de 1835).

Il n'est fait mention au procès-verbal ni des réponses des accusés, ni du contenu aux dépositions; sans préjudice toutefois de l'exécution de l'article *deux cent cinquante-deux* du susdit Code, concernant les changements, variations et contradictions dans les déclarations des témoins, dont le doyen du Tribunal Criminel fait tenir note par le greffier.

308. — Le procès-verbal est signé par le doyen et par les juges du Tribunal Criminel ainsi que par le greffier, dispose le susdit article *trois cent quatre*. — Le défaut de procès-verbal est puni de deux cents piastres contre le greffier du Tribunal Criminel, aux termes du susdit article 304 combiné avec l'article *deux* de la Loi du *dix* août 1877.

309. — Le condamné a trois jours francs, après celui où son arrêt lui a été prononcé, pour déclarer au Greffe qu'il se pourvoit en cassation (article *trois cent cinq* du Code d'Instruction criminelle d'Haïti). — Le Commissaire du Gouvernement peut, dans le même délai et en vertu du même texte, déclarer au Greffe qu'il demande la cassation du jugement. — La partie civile a aussi le même délai, mais elle ne peut se pourvoir que quant aux dispositions relatives à ses intérêts civils.

310. — Suivant le texte cité au Numéro précédent, pendant les trois jours dont il est parlé au nº 309 ci-dessus, et s'il y a eu recours en cassation, jusqu'à la réception de l'arrêt du Tribunal de Cassation, il est sursis à l'exécution du jugement du Tribunal Criminel. — Nº 315.

311. — La condamnation est exécutée dans les vingt-quatre heures qui suivent les délais mentionnés aux nᵒˢ 309-310. S'il n'y a point de recours en cassation, aux termes de l'article *trois cent sept* du Code d'Instruction criminelle d'Haïti de 1835, ou, — en cas de recours, — dans les vingt-quatre heures de la réception de l'arrêt du Tribunal de Cassation qui aura rejeté la demande, sans préjudicier toutefois aux dispositions du nº 315 ci-après.

312. — La condamnation est exécutée par les ordres du Commissaire du Gouvernement, suivant l'article *trois cent huit* du Code d'Instruction criminelle d'Haïti : il a le droit de requérir directement, pour cet effet, l'assistance de la force publique.

313. — Aux termes de l'article *trois cent neuf* du Code d'Instruction criminelle d'Haïti de 1835, si le condamné veut faire une déclaration, elle est reçue par un des juges du lieu de l'exécution assisté du greffier.

314. — Le procès-verbal d'exécution est, sous peine de vingt piastres

d'amende, dressé par le greffier du Tribunal Criminel et transcrit par lui, dans les vingt-quatre heures, au pied de la minute (n° 29) du jugement (articles *trois cent dix* du Code d'Instruction criminelle d'Haïti de 1835 et *premier* de la Loi du *dix* août 1877). La transcription est signée par le greffier qui fait mention du tout, sous la même peine, en marge du procès-verbal. Cette mention est également signée et la transcription fait preuve comme le procès-verbal même.

315. — Aucune condamnation à mort ne doit être exécutée, — aux termes du *troisième Considérant* de la Loi du 27 octobre 1864 et de l'article *trois cent huit* du Code d'Instruction criminelle d'Haïti de 1835 modifié par la susdite Loi, — qu'après que le Chef de l'État auquel la Constitution réserve le droit de grâce a manifesté sa volonté sur l'exercice de cette prérogative. — N°s 306, 309, 310, 311.

316. — Tout condamné à mort est fusillé. — L'exécution se fait sur l'une des places publiques du lieu qui est indiqué par l'arrêt de condamnation. — Le corps du supplicié est délivré à sa famille, si elle le réclame, à la charge par elle de le faire inhumer sans aucun appareil (articles *douze* et *treize* du Code Pénal d'Haïti de 1835).

Discipline Ecclésiastique.

317. — On lit dans le *Bulletin religieux d'Haïti* de mai 1887, sous le titre de *la Discipline ecclésiastique au sujet du divorce*, l'article suivant que le retard éprouvé pour la publication de ce Livre nous permet de rapporter ici, et qu'intentionnellement nous chiffrons en articles sous les n°s 318 à à 323 ci-après.

318. — « Monseigneur Boyer, évêque de Clermont, ayant été attaqué par la mauvaise presse, pour avoir refusé la sépulture ecclésiastique à un médecin du Mont-Dore divorcé et remarié légalement, Monsieur Naquet, l'auteur même de la Loi du divorce, un Juif, comme on sait, vient de répondre par la raison du bon sens ».

319. — « On ne peut contester à l'Église le droit de refuser ses cérémonies et ses prières à qui a vécu en dehors de ses lois, ne s'en est pas repenti et est mort en état de péché mortel. De telles prières seraient, dans l'esprit de la Religion, un sacrilège de la part du prêtre, et, à peine d'opprimer les consciences, personne ne peut lui en imposer l'obligation . . . . . . »

320. — « Il est certain que l'Église ne reconnaît pas le mariage civil.

Elle considère le Sacrement comme constituant seul le mariage (n⁰ˢ 100-
101). Pour Elle, l'époux qui n'est marié qu'à la mairie commet le péché
de fornication, et le divorcé qui se remarie sans que son premier mariage
ait été annulé à Rome, et sans avoir pu faire par conséquent bénir le second joint au péché de fornication le péché d'adultère. Aucun prêtre ne
saurait être forcé d'assister à ses obsèques. »

321. — « Il faut que les citoyens sachent ce qu'ils veulent, ce qu'ils
peuvent, et qu'ils s'habituent à supporter la responsabilité de leurs actes. »

322. — « S'ils sont catholiques, s'ils veulent des prêtres à leurs funé-
railles, qu'ils vivent en catholiques, qu'ils ne divorcent pas, ou le moins
qu'ils ne se remarient pas après avoir divorcé . . . . . . »

323. — « Vouloir vivre en libre penseur, mourir en libre penseur, ne
se confessant pas, ne recevant pas l'Extrême-Onction, et prétendre en
même temps à un enterrement religieux catholique, c'est contradictoire et
inadmissible. Des prêtres ne sauraient être tenus d'accompagner, en
priant, la dépouille mortelle de qui a été jusqu'au bout le contempteu
de leur foi. »

FORMULES D'ACTES DE DÉCÈS

FORMULES D'ACTES DE DÉCÈS

Nᵒˢ 289, 285 A 288, 4 A I I, I3

AU DOMICILE

Formule 144.

Aujourd'hui le vingt-deuxième jour de juin mil huit cent quatre-vingt-deux, 79ᵉ année de l'Indépendance d'Haïti, à huit heures et demie du matin, — Nᵒ 13-1ᵒ et 6ᵒ.

Par-devant nous, Lusincourt-Georges Biamby, — nᵒˢ 4 à 11, — officier de l'État Civil de Port-au-Prince, section Nord, soussigné, — Nᵒ 288.

Sont comparus les citoyens Cériphète Pernus et Etna Brothée, — nᵒ 10, — majeurs et propriétaires, domiciliés à Port-au-Prince; — nᵒ 325, — *(mention s'ils sont parents ou simplement voisins du défunt.)*

Lesquels nous ont déclaré que le citoyen Philoctus Cercyon, âgé de . . . . ans, natif de X. . . . . . . , commerçant, fils des feux Palémon Cercyon et Chérisa Phoras, est décédé hier à onze heures du soir en son domicile sis à Port-au-Prince, rue X. . . . . . . — Nᵒ 289.

En foi de quoi nous avons dressé le présent Acte, qui a été transcrit sur les deux registres à ce destinés, et signé par les comparants *ou* déclarants et nous, après lecture par nous faite. — Nᵒˢ 13-4ᵒ et 5ᵒ, 483-484. — Pernus, Etna Brothée, L. Biamby.

MÊMES NUMÉROS

SOUS LE TOIT PATERNEL

Formule 145.

L'An mil huit cent quatre-vingt-deux, 79ᵉ année de l'Indépendance d'Haïti, — nᵒ 13-1ᵒ et 6ᵒ, — le vingt-trois janvier à huit heures du matin,

Devant nous, Mystal Joly-Gérard, officier de l'État Civil de Port-au-Prince, section Sud, soussigné, — nᵒˢ 4 à 11 et 288.

Est comparu le citoyen Vertus Daniel, — nᵒ 10, — propriétaire et artiste, majeur, domicilié à Port-au-Prince; — nᵒ 325.

Lequel nous a déclaré que la citoyenne Anne-Marie-Amélie-Victoire Servincent, mineure de . . . . . . ans, sans profession, demeurant sous

le toit paternel, — n° 330, — fille légitime du citoyen Jean-Baptiste-Joseph-Théogène Servincent, notaire, et de la défunte citoyenne Marie-
Louise-Thérèse Favier, est décédée à Port-au-Prince ce matin, à trois
heures, au domicile paternel, rue Républicaine. — N°s 289, 325, 330.

Dont Acte, lu au Comparant et aux témoins ci-après nommés, — N°s 13-
4° et 5°, 483-484.

Fait et dressé en notre Bureau, à Port-au-Prince, Grand'Rue, en présence du citoyen Aristide Bristoll, docteur-médecin, et du citoyen Nelvi
Saurel, pharmacien, majeurs, domiciliés en cette ville, — n° 325, — témoins requis conformément à la Loi ; — N° 13-3°.

Et le Comparant a signé avec lesdits Témoins et Nous. — N°s 13-4° et 5°,
483-484. — Vertus Daniel, Nelvil Saurel, Docteur A. Bristoll, Mystal Joly.

N°s 289, 285 A 288, 4 A 13, 325

Hors du Domicile

Formule 146.

Aujourd'hui le vingt-deux juin mil huit cent quatre-vingt-deux, 79e année
de l'Indépendance d'Haïti, — n°13-4° et 6°, — à . . . . . heures de . . . . .

Par-devant nous, Mystal Joly-Gérard, — n°s 4 à 11, — officier de l'État
Civil de Port-au-Prince, soussigné, — N° 288.

Est comparu le citoyen Théogène Servincent, — n° 10, — propriétaire
et notaire, domicilié à Port-au-Prince ; — N° 325.

Lequel nous a déclaré que la citoyenne Marie-Catherine-Zémire Berson,
sa cousine, épouse du citoyen Jean-Louis-Choisi Desprez, native de Léogane,
âgée de quarante ans, domiciliée avec son mari à Saint-Marc, — n° 330, —
(*énoncer s'il est possible les noms et prénoms des père et mère de la défunte*),—
est décédée à Port-au-Prince ce matin, à six heures, au domicile du
Déclarant *ou* du Comparant où elle était descendue ;— N°s 289 et 325.

Dont Acte dressé en notre Bureau *ou* Hôtel, en présence des citoyens
Salomon-Achille Servincent et Stephen Jean-Baptiste, majeurs et propriétaires, domiciliés à Port-au-Prince, — n° 325, — témoins requis en conformité de la Loi, — n° 13-3° ; — lesquels ont signé avec le Comparant et
Nous, après lecture par Nous faite. — N°s 13-4° et 5°, 483-484 — T. Servincent, Stephen J.-Baptiste, Achille Servincent, M. Joly.

MÊMES NUMÉROS

Dans un Pensionnat-Collège

Formule 147.

L'An mil huit cent quatre-vingt-deux, 79e année de l'Indépendance
d'Haïti, à cinq heures du soir, — N° 13-1° et 6°.

Devant nous, Lusincourt-Georges Biamby, officier de l'Etat Civil de Port-au-Prince, soussigné, — N°s 4 à 11.

Sont comparus les citoyens Tribonien Saint-Justé et Sauveur Daguerre, — n° 10, — majeurs et professeurs au Collège Henri-Grégoire de Port-au-Prince, domiciliés en cette ville ; — N° 325.

Lesquels nous ont déclaré que le citoyen Triptolème Céléus, mineur de . . . . . . ans et étudiant au Collège Henri-Grégoire de Port-au-Prince, résidant pour ses études à Port-au-Prince chez le citoyen Faublas Thévenin, directeur du susdit Collège, mais domicilié à Barodère chez le citoyen Céléus, son père, — n°s 326 et 330. — est décédé à Port-au-Prince cet après-midi, à trois heures, au domicile du susdit Directeur, sis rue de la Réunion ou Condé. — N° 325.

En foi de quoi nous avons dressé le présent Acte, qui a été transcrit sur les deux Registres à ce destinés, et signé par les Comparants *ou* Déclarants et Nous, après lecture par Nous faite. — N°s 13-4° et 5°, 483-484. — Sauveur Daguerre, Tribonien Saint-Justé, Lusincourt Biamby.

N° 291

DÉCÈS DANS UN HOPITAL

Formule 148.

Aujourd'hui le vingt-trois juin mil huit cent quatre-vingt-deux, 79e année de l'Indépendance d'Haïti, à . . . . . heures de . . . . . — N° 13-1° et 6°.

Nous, Tialfe Rasca, officier de l'État Civil de Port-au-Prince, section Nord-Est, soussigné, — N°s 4 à 11.

Sur l'Avis qui nous a été donné par le directeur de l'Hôpital militaire de Port-au-Prince que le nommé Tiboni Fata, âgé de . . . . . ans, savetier, né au Trou-d'Enfer et demeurant aux Bois-Caradeux, *extra muros*, — n° 325, — déposé à l'Hôpital Militaire de Port-au-Prince depuis le . . . . . ., pour raison de santé, y est décédé ce jour à . . . . . heures du matin, — N° 291.

Avons à l'instant et en conformité de l'article *soixante-dix-neuf* du Code Civil d'Haïti, — n° 291, — dressé et transcrit sur les deux registres de décès de l'État Civil de cette Section le présent Acte, en présence des citoyens Chiron et Loke, propriétaires et majeurs, domiciliés en cette ville, — n° 325, — témoins requis conformément à la Loi, — n° 13-3° ; — lesquels ont signé avec nous après lecture par nous faite. — N°s 13-4° et 5°, 483-484. — Loke, Chiron, Tialfe.

MÊME NUMÉRO

Formule 149.

L'An mil huit cent quatre-vingt-deux, 79ᵉ année de l'Indépendance d'Haïti, le vingt-troisième jour de Juin, à . . . . . heures d . . . . . ., — Nᵒ 13-1ᵒ et 6ᵒ.

Devant nous Tialfe, officier de l'État Civil de Port-au-Prince, section Nord-Est, soussigné, — Nᵒˢ 4 à 11.

Sont comparus les citoyens Chiron et Loke, — nᵒ 10, — employés à l'Hôpital Militaire de Port-au-Prince, majeurs, domiciliés en cette ville;— Nᵒ 325.

Lesquels nous ont déclaré que le nommé Pierre-Joseph Tiboni Fata savetier, âgé de . . . . . ans, né au Trou-d'Enfer et demeurant aux Bois-Caradeux. — nᵒˢ 289 et 325, — qui avait été par le commandant de la Commune déposé à l'Hôpital Militaire depuis le vingt-trois janvier dernier, — formule 151, — pour raison de santé, est décédé audit Hôpital ce jour à . . . . . heures de . . . . . .; — Nᵒ 291.

Dont Acte dressé en notre Bureau, en présence des Comparants *ou* Déclarants qui, après lecture par nous faite, — nᵒ 13-4ᵒ et 5ᵒ, — l'ont signé avec nous. — Chiron, Loke, Tialfe.

MÊME NUMÉRO

Formule 150.

Aujourd'hui le vingt-trois juin mil huit cent quatre-vingt-deux, 79ᵉ année de l'Indépendance d'Haïti, à . . . . . heures d . . . . . .,

Nous, R . . . . . ., directeur de l'Hôpital Militaire de Port-au-Prince, soussigné,

En conformité de l'article *soixante-dix-neuf* du Code Civil d'Haïti, — Nᵒ 291.

Avons inscrit sur les Registres à ce destinés le décès, en cet Hôpital, du nommé Pierre-Joseph-Tiboni Fata, âgé de . . . . . ans, savetier, né au Trou-d'Enfer et demeurant aux Bois-Caradeux, *extra muros*, cejourd'hui à . . . . . heures d'. . . . .,— lequel y avait été déposé pour raison de santé, suivant le Billet délivré par le Commandant de cette Commune le vingt-trois janvier dernier. — Formule 151. — R . . . . . ., *directeur*.

MÊME NUMÉRO

BILLET D'HOPITAL

Formule 151.

Port-au-Prince, le 23 janvier 1882.

Le Général de Division des Armées de la République, etc., ...,
commandant la Place et la commune de Port-au-Prince, invite le Directeur
de l'Hôpital Militaire de cette ville à recevoir le nommé Tiboni Fata,
savetier, pour être traité à l'Hôpital où il doit être tenu en un endroit
tout spécial, à cause du mal dont il est atteint par sa vie vagabonde, —
et ce, en vue de préserver les serviteurs de la Patrie qui sont à refaire
leur santé à l'Hôpital de la contagion du mal de ce savetier.

Salut en la Patrie !

D'ordre du Commandant de la Place et de la Commune de Port-au-
Prince. — Ferula, *secrétaire*.

Nᵒˢ 292 ET 297

DÉCÈS AVEC DES SIGNES OU INDICES DE MORT VIOLENTE

Formule 152.

L'An mil huit cent quatre-vingt-deux, 79ᵉ année de l'Indépendance
d'Haïti, — nᵒ 13-1ᵒ et 6ᵒ, — et le vingt-trois juin à . . . . . heures du . . . . .,
Par-devant Tialfe Rasca, officier de l'État Civil de Port-au-Prince, section
Nord-Est, soussigné, — Nᵒˢ 4 à 11 et 288.

Sont comparus le citoyen Romulus Sulamore, commissaire principal de
Police, et le citoyen Pierre-Louis Blague, employé à la Secrétairerie d'État
de la Police Générale, — nᵒ 10, — majeurs, domiciliés à Port-au-Prince ;
— Nᵒˢ 289 et 325.

Lesquels nous ont déclaré que le nommé Pierre-Joseph-Tiboni Fata,
savetier, âgé de . . . . . ans, né au Trou-d'Enfer et demeurant aux Bois-
Caradeux, *extra muros*, — nᵒˢ 289 et 325, — est décédé en cette ville
cejourd'hui à . . . . . heures de . . . . .; — Nᵒˢ 292 et 297.

Dont Acte fait et inscrit sur les deux registres, à ce destinés, en présence
des Comparants *ou* Déclarants ;

Et les Comparants *ou* Déclarants ont signé avec Nous après lecture par
Nous faite. — Nᵒˢ 13-4ᵒ et 5ᵒ, 483-484. — Pierre-Louis Blague, Romulus
Sulamore, Tialfe Rasca.

MÊMES NUMÉROS

Procès-Verbal de la visite d'un Cadavre par un Officier de Police assisté d'un Médecin-Chirurgien

Formule 153.

Aujourd'hui le vingt-trois juin mil huit cent quatre-vingt-deux, 79e année de l'Indépendance d'Haïti, à . . . . . . heures du matin,

Nous, Romulus Sulamore le Phraseur, commissaire principal de Police à Port-au-Prince, soussigné, — sur l'avis du Commissaire d'Ilet, n° . . . . . de cette ville, — nous sommes expressément transporté à la rue Z . . . . . ., à l'effet de constater le cadavre d'un individu trouvé sur ces lieux.

S'étant rendu sur lesdits lieux, à . . . . . heures du matin, nous avons vu ledit cadavre gisant à terre, la tête donnant à . . . . . ., le corps vêtu d'une chemise et d'un pantalon de toile bleue, *etc.*; lequel cadavre, examiné par nous, a été reconnu pour celui d'un nommé Pierre-Joseph-Tiboni Fata, savetier . . . . . ., — célèbre comme grand criminel, dangereux comme l'aspic de Cléopâtre d'Égypte, nouveau monstre comme Macandal du Limbé dont la Justice délivra la terre en 1758, ..., né au Trou-d'Enfer et demeurant aux Bois-Caradeux, *extra muros*, — N° 325.

Ici nous avons requis aux termes de l'article *quatre-vingt* du Code Civil d'Haïti, — n° 292, — Monsieur Louis-Victor Gilles, docteur en médecine et en chirurgie, qui, — arrivé sur les lieux et après examen du cadavre, — a déclaré que « la mort était inévitable pour le cas présent, à la suite du grand épanchement de sang qui eut lieu par les trois grandes et larges blessures faites, au moyen d'un instrument tranchant, au bras et à l'avant-bras gauche et lésant les gros vaisseaux du membre du défunt, les secours de la science médicale et chirurgicale ne lui ayant pas été donnés à temps ».

Et le Docteur s'est retiré après avoir signé sa déclaration. — Dr Victor-L. Gilles.

Et attendu qu'il est parvenu à notre connaissance que le défunt n'a pas de parent, ni personne pour le réclamer, le Juge de paix de la section Nord-Est de cette Capitale, à ce intervenu d'office, a ordonné que le cadavre soit transporté à l'hôpital Militaire de cette ville pour, après les formalités d'usage en pareil cas, être inhumé dans le cimetière des criminels au Carrefour-Drouillard !

« *Ah! traître, scélérat, âme double et sans foi!* »

. . . .

(*Si le défunt possédait un parent qui le réclamait*):

Et attendu que la citoyenne Mélusine Caterina, dite l'Astrologue de la rue d'Orléans, nous a déclaré être l'alliée au . . . . degré du défunt, et comme telle le réclamait, le Juge de paix de la section Nord-Est de cette Capitale, à ce intervenu, a ordonné que le cadavre soit remis à ladite Astrologue pour, par elle, être inhumé dans le cimetière des criminels au Carrefour-Drouillard ! — Nº 316.

« *Ah! traître, scélérat, âme double et sans foi !* »

. . . .

En foi de quoi nous avons dressé le présent procès-verbal, pour servir et valoir ce que de droit, les jour, heure, mois et an susdits ; — et l'avons signé : — Romulus Sulamore.

NOTA BENE

Le Limbé (1) a été le théâtre des forfaits de l'africain Macandal, dont le nom est devenu de nos jours un terme légal qui sert à qualifier tout individu qui s'occupe à duper les crédules par l'emploi des *fétiches* et autres *sortilèges,* dont le but ne serait point d'effectuer des crimes ni même de simples délits. Mais anciennement on entendait par *macandals* ceux qui, comme celui du Limbé, employaient les *poisons* pour donner la *mort* aux hommes. — Macandal fut longtemps errant dans les bois, et enfin arrêté, condamné et brûlé vif en 1758 dans la ville du Cap-Haïtien. — (Beaubrun Ardouin, *Géographie de l'île d'Haïti*, 1832, *Limbé*, page 70). — T. SERYINCENT.

Nᵒˢ **293, 297, 325**

EXÉCUTION À MORT

Formule 154.

Aujourd'hui le vingt et un juillet mil huit cent quatre-vingt-deux, 79ᵉ année de l'Indépendance d'Haïti, — nº 13-1º et 6º, — à dix heures et demi du matin,

Devant nous, Tialfe Rasca, officier de l'Etat Civil de Port-au-Prince, soussigné, — Nᵒˢ 4 à 11 et 288.

Est comparu le citoyen V. . . . . . . greffier du Tribunal Civil de ce ressort, Section Criminelle, — nº 10, — demeurant à Port-au-Prince; — Nº 325.

Lequel nous a déclaré que le nommé Pierre-Joseph-Tiboni Fata, savetier, âgé de. . . . . . . ans, né au Trou-d'Enfer, demeurant aux Bois-Caradeux, — nº 325, — est décédé en cette ville, ce matin à huit heures et demie; — Nᵒˢ 293 et 297.

Dont Acte dressé en notre Bureau *ou* Hôtel les jour, mois et an susdits, en présence des citoyens docteur Posse et Ravana Raca, employés pu-

(1) Ville située dans le Nord d'Haïti.

blics, demeurant aux Bois-Caradeux, — n° 325, — majeurs, témoins amenés par le Comparant ; — N° 13-3°.

Et le Comparant a signé avec les dits Témoins et Nous après lecture par Nous faite, — N°s 13-4° et 5°, 483-484, — Ravana Raca, V. . ., *greffier*, docteur Posse, Tialfe Rasca.

N°s 298 A 316

Jugement a peine de Mort

Formule 155.

Au Nom de la République,

Le Tribunal civil de Port-au-Prince, compétemment réuni au Palais de Justice, rue du Centre, a rendu en audience publique le Jugement suivant, en ses attributions criminelles, — N°s 298-299.

Vu : 1° L'Ordonnance de la chambre du Conseil d'Instruction de ce ressort dans laquelle est insérée celle de prise de corps rendue le . . . . juin mil huit cent quatre-vingt-deux, contre le nommé Pierre-Joseph-Tiboni Fata, accusé de meurtre avec préméditation sur la personne de la Demoiselle A. . . . . . . S. . . . . ; 2° l'Acte d'accusation rédigé en exécution de la susdite Ordonnance par M. Pétion Chassagne, subsistut du Commissaire du Gouvernement près ce Tribunal ; 3° différentes autres pièces de la procédure ; 4° enfin la déclaration solennelle et affirmative du Jury de ce jour, dont le greffier du siège a donné lecture, — n° 301, — portant que l'accusé Pierre-Joseph-Tiboni Fata est coupable d'*homicide volontaire avec préméditation* sur la personne de Mademoiselle A. . . . . . . S. . . . . ;

Ouï M° Alfred Henriquez, avocat du citoyen S. . . . ., père de la victime et partie civile au procès, en ses conclusions écrites tendant à demander. . . . . . . etc. . . . . . . de dommages-intérêts en faveur des héritiers de la défunte A. . . . . S. . . . . — N° 302.

(Ouï, aussi, le citoyen Tertullien Guilbaud, étudiant en droit et cousin de la victime, en sa logique et pathétique allocution sur l'énormité du crime de l'accusé ;)

Ouï Monsieur Pétion Chassagne, substitut du Commissaire du Gouvernement près ce Tribunal, en ses réquisitions écrites et signées, pour l'application des articles 240, 244 et 247 du Code pénal d'Haïti ; — N° 302.

Ouï également le susdit Accusé en ses moyens de défense produits tant par lui même que par son Conseil, M° Petit-Jean des Plaideurs, et par le nommé André-Jean-Joseph-Motalambert-d'Haïti-Félix-Posse-Séna, barbouilleur, son intime ami, — N° 300.

Attendu que, par la déclaration du Jury de ce jour, — n° 301, — l'accusé Pierre-Joseph-Tiboni Fata a été reconnu coupable d'*homicide volontaire avec préméditation*, sur la personne de la Demoiselle A. . . . . . . S. . . . . . . ;

Attendu que ce fait ainsi déclaré constant tombe sous l'application des articles *deux cent quarante, deux cent quarante-un* et *deux cent quarante-sept* du Code Pénal d'Haïti, lesquels sont ainsi conçus : — « Article 240. L'homicide commis volontairement est qualifié *meurtre*. — Article 241. Tout meurtre commis avec préméditation ou de guet-à-pens est qualifié *assassinat*. — Article 247. Tout auteur ou complice d'assassinat, de parricide, d'infanticide ou d'empoisonnement, sera puni *de mort* », dont lecture a été donnée à haute et intelligible voix par le Doyen du Tribunal Criminel, — N°s 299 et 303.

Par ces motifs, le Tribunal, après en avoir délibéré, condamne le nommé Pierre-Joseph-Tiboni Fata, âgé de. . . . . . . ans, savetier, né au Trou-d'Enfer, *extra-muros*, ayant demeuré aux Bois-Caradeux, à la peine de mort et aux frais envers l'État, alloués au greffe, à. . . . . . piastres, et ce, nom compris le coût du présent Jugement, le tout, pour avoir commis un homicide volontaire, avec préméditation, sur la personne de Mademoiselle A. . . . . . . S. . . . . . . ;

Et vu l'article *treize* du Code pénal d'Haïti, — n° 316, — dit que l'exécution du condamné aura lieu sur la place des Bois-Caradeux. — N° 316.

Statuant sur les dommages-intérêts réclamés par les héritiers de la défunte Demoiselle A. . . . . . . S. . . . . . . : — Attendu que, pour avoir commis le meurtre qui lui est reproché, le nommé Pierre-Joseph-Tiboni Fata a causé aux héritiers de sa victime un préjudice qui doit être réparé, aux termes des articles *onze cent soixante-huit* et *onze cent soixante-neuf* du Code Civil d'Haïti (1), — le Tribunal Criminel, après délibération, condamne le dit Pierre-Joseph-Tiboni Fata à. . . . . . . etc. . . . . . . de dommages-intérêts en faveur des héritiers de Mademoiselle A. . . . . . . S. . . . . . .

Donné de nous, Aurélus Dyer, doyen, Hugond Lechaud et Édouard Boisson, juges, en Audience Publique du. . . . . . . juillet mil huit cent quatre-vingt-deux, 79e année de l'Indépendance d'Haïti. — N° 298-299.

Il est ordonné à tous huissiers sur ce requis de mettre le présent Jugement à exécution, aux officiers du ministère public près les Tribunaux Civils d'y tenir la main, à tous commandants et autres officiers de la force

---

(1) CODE CIVIL D'HAÏTI DE 1826. — ARTICLE 1168. — Tout fait quelconque de l'homme, qui cause à autrui un dommage, oblige celui par la faute duquel il est arrivé à le réparer.
ARTICLE 1169. — Chacun est responsable du dommage qu'il a causé, non seulement par son fait, mais encore par sa négligence ou par son imprudence.

publique d'y prêter main forte, lorsqu'ils en seront légalement requis. — Nᵒˢ 31 et 299.

En foi de quoi la minute (nº 29) du présent jugement est signée du doyen, des juges et du greffier du siège. — Nᵒˢ 305 et 308, — Aurélus Dyer, Hugond Lechaud, Édouard Boisson, V. . . . . . . , *greffier*.

Nº 315

Missive du Ministère Public par laquelle remise est faite au Secrétaire d'État de la Justice du Dossier de condamnation a mort pour être communiqué au Président d'Haiti auquel la Constitution de l'État réserve le droit de grace

Formule 156,

Liberté — Égalité — Fraternité

RÉPUBLIQUE D'HAITI

Nᵉ . . . . — Parquet du Tribunal civil de Port-au-Prince,
le . . . . . . juillet 1882, an 79ᵉ de l'Indépendance.

Le Commissaire du Gouvernement près le Tribunal Civil de Port-au-Prince au Secrétaire d'État de la Justice, etc., ...

Monsieur le Secrétaire d'État,

Je vous remets le jugement portant condamnation à mort du nommé Pierre-Joseph-Tiboni Fata, ainsi que toutes les pièces de procédure y relatives, que je vous prie de communiquer à Son Excellence le Président d'Haïti, aux fins indiquées en l'article 308 du Code d'Instruction criminelle d'Haïti de 1835, modifié par la Loi du 27 octobre 1864. — Nº 315.

J'ai l'honneur, Monsieur le Secrétaire d'État, de vous saluer respectueusement. — Pétion Chassagne, *substitut.*

MÊME NUMÉRO

Ordre du Président d'Haiti d'exécuter un jugement a peine capitale selon sa forme et teneur

Formule 157.

Le Président de la République d'Haïti, de l'avis du Secrétaire d'État de la Justice, le Conseil des Secrétaires d'État consulté, *ordonne* que le Jugement du Tribunal Criminel de Port-au-Prince, en date du . . . . . .

juillet de cette année, — formule 155, — portant condamnation à mort du nommé Pierre-Joseph-Tiboni Fata, soit exécuté selon sa forme et teneur.

Palais National de Port-au-Prince, le . . . . . . juillet 1882, an 79ᵉ de l'Indépendance d'Haïti. ·   SALOMON.

Par le Président d'Haïti :
Le Secrétaire d'État de la Justice et des Cultes,
MADIOU.

Nᵒˢ 314, 311, 312, 313, 316

PROCÈS-VERBAL D'EXÉCUTION

Formule 158.

LIBERTÉ — ÉGALITÉ — FRATERNITÉ

RÉPUBLIQUE D'HAÏTI

L'An mil huit cent quatre-vingt-deux, 79ᵉ année de l'Indépendance d'Haïti, et le . . . . . juillet, à . . . . heures du matin,

Sur la réquisition du Commissaire du Gouvernement près le Tribunal Civil de Port-au-Prince, par sa dépêche au numéro . . . . . . en date du . . . . . . juillet courant, à l'effet ci-après,

Nous, Émile Robin, juge-instructeur au Tribunal civil de ce ressort, et Pétion Chassagne, substitut du Commissaire du Gouvernement, assistés du citoyen V. . . . . , l'un des greffiers du siège,

Nous sommes transportés sur la place des Bois-Caradeux, *extra muros*, destinée à l'exécution à mort des criminels, et là, — en notre présence, — le condamné Pierre-Joseph-Tiboni Fata, dont l'exécution à peine de mort avait été ordonnée sur la place des Bois-Caradeux, par Jugement du Tribunal Criminel de ce ressort en date du . . . . . . juillet courant, — formule 155, — attaché par une corde au bras, escorté de la force armée et entouré de tout l'appareil militaire dirigé par les principales autorités de la Place, a été par nous interpellé en présence du greffier à savoir s'il voulait faire une déclaration, — nᵒ 313. — à laquelle interpellation il a répondu n'avoir rien à dire.

Et après que lecture du Jugement ait été donnée à haute voix, par le greffier, — nᵒ 13-4ᵒ, — ledit condamné a subi son sort par la mise à mort exécutée par une fusillade, aux termes de l'article *douze* du Code Pénal d'Haïti, — nᵒ 316, — et n'avons désemparé qu'après la déclaration à nous faite, par M. Posse, officier de santé, requis à cet effet, que mort s'en était suivie.

De tout quoi, Nous, greffier du Tribunal Criminel de ce ressort, soussisigné, — en exécution de l'article *trois cent dix* du Code d'Instruction criminelle d'Haïti, — n° 314, — avons dressé le présent Procès-Verbal signé de nous et qui sera, dans les vingt-quatre heures, par nous transcrit au pied de la *minute* (n° 29) dudit jugement de condamnation, pour être en transcription aussi signée par nous, — et du tout fait mention en marge de notre procès-verbal pour, ladite mention, être également signée par nous et sortir plein et entier effet, — n° 314. — En foi de quoi avons signé avec le juge-instructeur, le Commissaire du Gouvernement et l'Officier de santé, sur la place des Bois-Caradeux, après lecture par nous faite. — N°s 483-484. — Émile Robin, Pétion Chassage, Posse, V. . . . . . ., *greffier*.

N°s 294 ET 297

Décès dans les Prisons

Formule 159.

L'An mil huit cent quatre-vingt-deux, 79e année de l'Indépendance d'Haïti, — n° 13-1° et 6°, — et le vingt et un juillet, à. . . . . . heures de l'après--midi,

Par-devant nous, Tialfe Rasca, officier de l'État Civil de la section Nord-Est de Port-au-Prince, soussigné, — N°s 4 à 11 et 288.

Sont comparus le citoyen Joseph Sicomare, secrétaire et adjoint du concierge de la Maison d'Arrêt de cette ville, et le citoyen Louis Blague, employé à la Secrétairerie d'État de la Police Générale, — n° 10, — majeurs, domiciliés à Port-au-Prince; — N° 325.

Lesquels nous ont déclaré que le nommé Tiboni Fata, savetier, âgé de . . . . . . ans, né au Trou-d'Enfer et demeurant aux Bois-Caradeux, *extra muros*, — n° 289, — est décédé cejourd'hui à . . . . . . heures du matin; — N° 297.

Dont Acte fait et passé en notre Bureau *ou* Hôtel, en présence des Comparants *ou* Déclarants, lesquels ont signé avec nous après lecture par nous faite. — N°. 13-4° et 5°, 483-484. — Sicomare, Blague, Tialfe.

MÊMES NUMÉROS

L'Ordre d'Écrou inscrit au Registre de la Conciergerie

Formule 160.

Liberté — Égalité — Fraternité
RÉPUBLIQUE D'HAITI

Port-au-Prince, le 23 janvier 1882, 79e année de l'Indépendance d'Haïti.

Le Commissaire du Gouvernement près le Tribunal Civil de ce Ressort, soussigné, requiert le Concierge de la Maison d'Arrêt de cette Capitale de recevoir, — au cachot, aux fers et au secret, — le nommé Pierre-Joseph-Tiboni Fata, savetier, demeurant aux Bois-Caradeux en cette commune, *extra muros*, prévenu d'assassinat avec préméditation sur la personne de Mademoiselle A . . . . . . S . . . . . de cette ville. — Frédéric G. Angammare, *substitut*.

N° 295

Décès sur Mer

1° Bâtiments de l'État.

Formule 161.

L'An mil huit cent quatre-vingt-sept, 84ᵉ année de l'Indépendance d'Haïti, et le vingt janvier, à trois heures de l'après-midi,

En pleine Mer des Antilles, par . . . . . . degrés de longitude *ou* de latitude,

Pierre Fontin, commissaire d'administration de la frégate haïtienne *le Dessalines*,

Conformément aux dispositions de l'article *quatre-vingt-cinq* du Code Civil d'Haïti, — N° 295.

Constate par ces présentes le Décès, à bord de cette frégate, du nommé André-Jean-Joseph-Montalembert-Félix Raca, barbouilleur, hier à trois heures de l'après-midi, dans la salle d'Infirmerie.

Rédigé en double original à bord de ce navire, en notre Bureau, en présence du sieur J. Cooper, capitaine de vaisseau, et du citoyen Destin Chéri, docteur-médecin, commandant et médecin de la susdite frégate, majeurs, témoins, — n° 295, — les jour, heure, mois et an susdits;

Et après lecture, lesdits témoins ont signé avec moi. — N°. 13-4° et 5°, 483-484. — Destin Chéri, doct.-méd., J. Cooper, Pierre Fontin.

MÊME NUMÉRO

2° Bâtiment particulier.

Formule 162.

Aujourd'hui le vingt et un juillet mil huit cent quatre-vingt-deux, 79ᵉ année de l'Indépendance d'Haïti, à dix heures du matin,

Charles Thomas de Francisco, capitaine de la barque haïtienne *l'Hirondelle*, du port de . . . . . . tonneaux,

En vertu de l'article *quatre-vingt-cinq* du Code Civil d'Haïti, — N° 295.

Constate par ces présentes le Décès à bord de ce navire du citoyen Paul

Remole, négociant à Miragoane, passager à bord de ladite barque pour
Barcelone (Espagne), hier à six heures du matin, dans sa chambre
nº X. . . . . . .

Rédigé en double original à bord de ce navire, en pleine Méditerranée,
par. . . . . degrés de longitude — *ou* de latitude, — en présence du citoyen Ernest Toussaint, maître d'équipage, et du citoyen Louis Ségore,
cambusier, tous les deux au service du navire, majeurs, témoins requis
en conformité de la Loi, — nº 295 ; — lesquels, après lecture faite ont signé
avec moi les jour, heure, mois et an susdits. — Nºs 13-4º et 5º, 483-484,
— L. Ségore, Ernest Toussaint, C.-T. Francisco.

(Les Formules 40 à 43 inclusivement touchant la naissance d'un Enfant en mer
sont applicables au décès d'un Individu en mer.)

Nº 296

DÉCLARATION DE DÉCÈS PAR L'OFFICIER RURAL

Formule 163.

Aujourd'hui le trois février mil huit cent quatre-vingt-trois, 80º année
de l'Indépendance d'Haïti, — Nº 13-1º et 6º.

Par-devant nous, Brutus Adam, officier de l'État Civil de Pétionville,
soussigné, — Nºs 4 à 11 et 296.

Est comparu le citoyen Colonel Georges Canière, commandant la section
« Courtois » commune de Pétionville, demeurant sur l'habitation *Régnier*,
en cette section : — Nº 325.

Lequel nous a transmis la déclaration à lui faite, le. . . . . . janvier
dernier, par les citoyens A.. . . . . . et B. . . . . . ., cultivateurs, domiciliés sur l'habitation *Servincent*, en la susdite section, — du décès de
la citoyenne Rosite Sansnom, propriétaire, âgée de . . . . . . ans,
le . . . . . janvier dernier, à onze heures du soir, en son domicile
sur ladite habitation *Servincent;* — Nº 296.

Dont Acte dressé à Pétionville, en notre Bureau *ou* Hôtel, en présence
des citoyens Eulancé Ambroise, et Eugène Boom, majeurs et propriétaires,
domiciliés en cette ville, — nº 325, — témoins choisis et appelés par le
Comparant ; — Nº 13-3º.

Et le Comparant a signé avec lesdits Témoins et Nous, après lecture par
Nous faite. — nºs 13-4º et 5º, 483-484. — Georges Canière, Eugène Boom,
Eulancé Ambroise, Brutus Adam.

NOTA BENE

Le Code Napoléon n'ayant pas étendu sa sollicitude sur les cas touchant le Décès : 1° d'un Enfant avant que sa naissance ait été enregistrée ; 2° des Employés aux mines pendant leurs travaux sans qu'on ait pu retrouver leurs corps ; 3° d'Individus consumés dans un incendie ou engloutis dans les flots sans qu'on ait pu retrouver leurs cadavres, le Ministère Français, Marcadé, Richelot et Demolombe n'ont pas manqué de régler ces cas comme suit :

Premier Cas. Le cadavre est présenté à l'officier de l'État Civil, qui n'exprime pas qu'un tel enfant est décédé, mais seulement qu'il lui a été présenté *sans vie ;* il reçoit de plus la déclaration des témoins touchant les noms, prénoms, qualités et demeure des père et mère, et l'indication des an, jour et heure auxquels l'enfant est sorti du sein de sa mère. — Cet acte est inscrit à sa date sur les registres de décès, sans qu'il préjuge la question de savoir si l'enfant a eu vie ou non (Décret du 14 juillet 1806).

Deuxième Cas. Les directeurs des mines font dresser un procès-verbal par le maire (*magistrat communal*) ou autre officier public ; ce procès-verbal est transmis au procureur impérial (*commissaire du gouvernement*), qui, sur l'autorisation du tribunal, le fait annexer aux registres de décès (Décret du 3 janvier 1813).

Troisième Cas. Les parties intéressées à faire constater le décès font dresser un procès-verbal comme au cas précédent ; ce procès-verbal est également transmis au procureur impérial (*commissaire du gouvernement*) qui, sur l'autorisation du tribunal, le fait annexer aux registres de décès : Marcadé, n° 4 ; Richelot, 1-488, et Demolombe, I-308, sur l'article 87 du Code Napoléon dont les articles 86 et 87 du Code Civil d'Haïti sont les correspondants. — N. 295.

Il n'en est point ainsi de la République d'Haïti, dont le Code Civil, comme le Code Napoléon, garde un profond et absolu silence sur les cas susénoncés. — Le Ministère Haïtien n'en dit rien non plus. C'est que nos Hommes d'État, avec raison, il me semble, ont compris que :

Pour le premier Cas, l'entrée de l'enfant sur le seuil *ou* au banquet de la vie n'ayant pas été constatée, par aucun acte public, sa sortie de ce banquet devrait avoir lieu inaperçue, c'est-à-dire sans qu'aucun acte l'ait constatée ;

Pour les deux autres Cas, on pourrait, sans qu'il pût en résulter aucun inconvénient, procéder comme au décès avec des signes ou indices de mort violente, suivant les nᵒˢ 292 et 297 de la formule 152. — T. SERVINCENT.

LE DOMICILE

CHAPITRE VIII

LE DOMICILE

SOMMAIRE

---

324. — Pour faire exécuter les conventions arrêtées, les engagements contractés, il est nécessaire de connaître la demeure fixe, officielle, de celui avec qui on traite : c'est cette Demeure qui est le siège du domicile (Defrénois et Vavasseur, t. I, n° 872). — Le Domicile est ou *Réel* ou *Élu*.

§ 1. — Domicile Réel.

325. — Le domicile réel est celui qui est déterminé par la Loi; il est fixé pour tout Haïtien, quant à l'exercice de ses droits civils, au lieu où il a son principal établissement (article 91 du Code Civil d'Haïti de 1826). Outre ce domicile civil, on distingue encore le domicile quant au mariage (article 73 du susdit Code), qui s'établit par six mois d'habitation continue dans la même commune. — N° 197.

326. — Lorsqu'on a un domicile acquis dans une commune, on le conserve tant que l'on n'a pas manifesté l'intention contraire, et que l'on n'a pas fixé ailleurs son principal établissement (Code Civil d'Haïti, article 92). Ainsi un jeune homme majeur, ayant son domicile chez ses parents, va dans une ville étudier le droit ou apprendre un état; pendant tout le temps qu'il reste dans la ville, s'il n'y fixe pas son établissement par un mariage ou autrement, il n'y a qu'une simple résidence et il conserve son domicile d'origine (Duranton, I-370; Zachariæ, § 87, *note 1*; Demolombe, I-354, et Marcadé, art. 103, sur l'article 103 du Code Napoléon correspondant à l'article 92 du Code Civil d'Haïti), c'est-à-dire le domicile du lieu d'où il est parti et où l'on présume qu'il a l'espoir de revenir. Formule 164-5°. — Il en est de même de ce qui concerne les soldats sous les drapeaux et les marins à bord de leurs navires, disent Mourre, t. IV, p. 416; Boncenne, t. II, p. 205; Carré et Chauveau, 351 et 352. Formule 164-6°. — Il en est de même aussi des condamnés pendant qu'ils subissent leur peine, à moins qu'ils ne soient interdits légalement, auquel cas ils ont leur domicile chez leur tuteur (Duranton, I-372 et 373; Boncenne, t. II, p. 204; Massé et Vergé sur Zachariæ, § 87, *note 1*).

327. — Le changement de domicile s'opère et résulte d'une déclaration faite, tant à la Justice de Paix du lieu que l'on quitte qu'à Celle du lieu où l'on transfère son domicile aux termes de l'article 92 du Code Civil d'Haïti de 1826. — Il ne suffit pas de la double déclaration faite à la Justice de Paix pour opérer le changement de domicile (Defrénois et Vavasseur, n° 876); il faut de plus une habitation réelle dans le lieu où l'on veut établir son nouveau domicile; or, comme on ne peut pas juridiquement être sans domicile (Toullier, I-371, Proudhon, t. I, p. 243; Duranton, I-360; Richelot, I-224, et Demolombe, I-348), on garde le domicile du lieu qu'on a quitté, lors même qu'on aurait cessé de l'habiter depuis quelque temps, jusqu'à ce qu'on soit allé habiter le lieu du nouveau domicile, de sorte que si dans l'intervalle la personne meurt (Marcadé, art. 105-2; Demolombe, I-352, et Mourlon, 1-326, sur l'article 105 du Code Civil Français dont l'article 92 du Code Civil Haïtien est le correspondant), sa succession est ouverte selon l'article *quatre-vingt-dix-sept* du Code Civil d'Haïti au lieu du domicile qu'elle a quitté. — N°s 332 et 334.

328. — Le citoyen appelé à une fonction publique temporaire ou révocable, ou à une fonction à vie mais révocable, conserve le domicile qu'il avait auparavant s'il n'a pas fait de déclaration contraire, n° 327, aux termes de l'article 93 du Code Civil d'Haïti de 1826. — Formule 164-2° et 7°.

329. — L'acceptation de fonctions conférées à vie et irrévocables — (par le moyen de la prestationde serment, disent Marcadé, art. 107-1 et 2, et Demolombe, I-364, sur l'article 107 du Code Napoléon correspondant à l'article 94 du Code Civil d'Haïti), — emporte translation immédiate du domicile du fonctionnaire dans le lieu où il doit exercer ses fonctions (article 94 du Code Civil d'Haïti de 1826).

330. — Ceux qui sont dans un état d'incapacité civile ou sous la puissance d'autres personnes n'ont pas de domicile propre ; ils ont le même domicile que la personne sous la puissance de laquelle ils se trouvent. — Ainsi :

1° La femme mariée n'a point d'autre domicile que celui de son mari, aux termes de l'article 95 du Code Civil d'Haïti, formule 164-3°, sauf les deux exceptions suivantes :—*Première Exception.* Si elle est tutrice de son mari interdit, elle a son domicile propre, et c'est le mari qui a le domicile chez sa femme (Marcadé, article 108-1, Demolombe, I-363; Mourlon, I-336; Rolland de Villargues, n° 116; Duranton, I-366, et Zachariæ, § 89, *note 7*, sur l'article 108 du Code Napoléon correspondant à l'article 95 du Code Civil d'Haïti); mais si le mari interdit avait un tuteur autre que sa femme, disent Richefort, t. I, n° 244; Aubry et Rau, t. I, p. 513, et les auteurs sus-cités, il aurait son domicile chez son tuteur et sa femme aurait le même domicile. — *Deuxième Exception.* Si la femme interdite a pour tuteur une autre personne que son mari (Mourlon, I-335), elle a son domicile chez son tuteur et n'a que sa résidence avec son mari. — N° 242.

2° Le mineur non émancipé a son domicile chez ses père et mère ou chez son tuteur, aux termes de l'article 95 du Code Civil d'Haïti de 1826; si le mineur a un tuteur autre que ses père et mère, parce que ceux-ci ont été excusés, exclus ou destitués de la tutelle, il a son domicile chez son tuteur et n'a que sa résidence chez ses père et mère (Mourlon, I-334; Marcadé, article 108-2; Duranton, I-367; Bugnet sur Pothier, *note 19-2*; Zachariæ, § 89, *note 6*, et Demolombe I-359), n° 259, formule 164-4°. — L'enfant naturel mineur non émancipé a son domicile chez son père, s'il l'a reconnu; à défaut, chez sa mère; à défaut de père et mère, chez la personne qui l'a pris à sa charge (Marcadé, 108-2; Duranton, I-368; Demolombe, I-361; Massé et Vergé, sur Zachariæ, *note 5*, sur l'article 108 du Code Napoléon correspondant à l'article 95 du Code Civil d'Haiti). — N° 85.

3° Le majeur interdit, soit légalement, soit judiciairement, a son domicile chez son curateur, aux termes de l'article 95 du Code Civil d'Haïti de 1826.

331. — Les majeurs qui servent ou travaillent habituellement chez autrui ont le même domicile que la personne qu'ils servent ou chez laquelle ils travaillent, lorsqu'ils demeurent avec elle dans la même maison (article 96 du Code Civil d'Haïti). — (Il en est de même des mineurs émancipés, dit Mourlon, I-337, sur l'article 109 du Code Napoléon dont l'article 96 susvisé est le correspondant), — parce que, alors, les uns et les autres y ont leur principal établissement, formule 164-8°; mais le serviteur ou l'employé, quoique demeurant chez autrui, a son domicile de droit chez un autre, par exemple, la femme chez son mari, l'interdit chez son tuteur, il conserve ce domicile (Massé et Vergé sur Zachariæ, t. I, p. 123; Demante, I-133; Mourlon, t. I, n° 337, et Demolombe, I-368, sur l'article 109 du Code Civil Français correspondant à l'article 96 du Code Civil Haïtien susvisés.

332. — Le lieu où une succession s'ouvre est déterminé par le domicile du défunt (article 97 du Code Civil d'Haïti de 1826). — N° 327.

§ 2. — Domicile élu.

333. — Le domicile élu est celui choisi par une personne dans un lieu qui n'est pas celui de son domicile légal, et où elle accepte juridiction pour l'exécution d'un acte; on peut donc lui faire à ce domicile, — (ainsi qu'à ses héritiers ou représentants : Toullier, I-368 ; Duranton, I-381 ; Demante, I-115; Nouguier, t. II, p. 399 ; Carré et Chauveau, n° 273; Boncenne, t. II, p. 218 ; Marcadé, art. 111 ; Demolombe, I-480, et Zachariæ, § 92, sur l'article 111 du Code Napoléon, dont l'article 98 du Code Civil d'Haïti est le correspondant), — toutes les significations et poursuites relatives à cet acte, et les assigner devant le Tribunal du lieu de ce domicile (articles 98 du Code Civil et 59 du Code de Procédure civile d'Haïti), avec citation préalable en conciliation devant le juge de paix du même lieu (Cassation de France du 9 décembre 1851). — Formule 165.

334. — Lorsque différents jugements ont déclaré le domicile d'une partie dans tel lieu, si plus tard beaucoup d'actes extrajudiciaires, tels que constitution d'avocat, acte d'opposition à un jugement par défaut, et plusieurs jugements qui ont acquis l'autorité de la chose jugée, ont établi ce domicile ailleurs, cette succession d'actes signifiés à la partie adverse et indiquant ce nouveau domicile suffit pour établir la présomption légale que l'autre partie avait tacitement reconnu ce nouveau domicile, en ce que la question l'intéressant il pouvait et devait, dès les premiers actes qui lui avaient été signifiés, révoquer en doute ce nouveau domicile, en excipant des dispositions de l'article 92 du Code Civil d'Haïti. — N° 327 — (Tribunal de Cassation d'Haïti du 17 juillet 1848).

335. — Suivant l'opinion de Massé et Vergé sur Zachariæ, § 92, *Note 20* ; Marcadé, article 111 ; Nouguier, t. II, p. 395 ; Mourlon, t. I, n° 314, et Rolland, n° 14, — sur l'article 111 du Code Civil Français, dont l'article 98 du Code Civil Haïtien est le correspondant, — lorsque les Parties ont élu domicile en leurs demeures respectives, ce domicile se conserve pour l'exécution de l'acte au lieu où elles demeuraient lors de sa passation, nonobstant tout changement ultérieur.

336. — Le domicile élu dans l'Étude d'un officier ministériel, considéré plutôt comme fonctionnaire que comme individu, subsiste malgré son décès ou sa démission ; en ce cas, l'élection de domicile se transmet à son successeur (Duranton, I-384 ; Rolland de Villargues, n° 16 ; Marcadé, 111-4, et Demolombe, I-372, sur l'article 111 Français et l'article 98 Haïtien susvisé). — Formule 165.

337. — Si le domicile est élu chez une personne privée, et qu'elle vienne à mourir, son mandat expire, et il y a lieu à une nouvelle élection de domicile chez une autre personne dans le même endroit ; mais à défaut de cette nouvelle élection, et jusqu'à sa notification régulière, les significations et ajournements pourraient être faits valablement au domicile primitivement élu (Aubry et Rau, t. I, n° 528 ; Massé et Vergé, t. I, p. 130 ; Demolombe, t. I, n° 372, et Mourlon, t. I, p. 350 ; *argument de l'article 2156 du Code Napoléon, correspondant à l'article 1923 du Code Civil d'Haïti*). — (1).

338. — L'élection de domicile peut être faite soit par l'acte même qui renferme la convention (article 98 du Code Civil d'Haïti de 1826), soit après coup et par un second acte (Valette sur Proudhon, t. I. p. 241 ; Mourlon, I-343 ; Zachariæ, § 92, *note 3* ; Demolombe, t. I, n° 373, et Cour de Cassation de France du 25 novembre 1840, sur l'article 111 français et l'article 98 haïtien susvisés). — N° 333.

339. — L'élection de domicile a lieu habituellement dans l'acte même ; si ce domicile est élu dans l'intérêt réciproque des Contractants, ou de l'un d'eux, les Parties liées par cette clause ne peuvent, à moins de consentement contraire, faire les significations au domicile réel, ni assigner devant le juge du domicile réel (Proudhon, I-382 ; Rolland, n°s 6 et 7 ; Pigeau, t. I, p. 170-171 ; Thomine, t. I, p. 148: Boitard, t. I, p. 230 ; Carré et Chauveau, II, 554 ; Marcadé, article 111 ; Nouguier, t. II, p. 298 ; Demo-

(1) Art. 1923. — Les actions auxquelles les inscriptions peuvent donner lieu contre les créanciers seront intentées, devant le tribunal compétent, par exploits faits à leur personne, ou au dernier des domiciles élus sur leur registre, et ce, nonobstant le décès soit des créanciers, soit de ceux chez lesquels ils auront fait élection de domicile.

lombe, I-376, et Massé et Vergé, sur Zachariæ, § 88, *note 8*, sur les article 111 et 98 déjà cités). — N° 333.

340. — Mais une seule des Parties peut, pour l'exécution d'un acte ne contenant par élection de domicile, élire domicile postérieurement par un acte *unilatéral* (Defrénois et Vavasseur, I-889), — formule 167 ; — alors l'autre partie a l'option pour les significations, demandes et poursuites entre le domicile réel et le domicile élu.

341. — Le domicile élu par une Partie dans l'acte même qui renferme les conventions peut être transporté chez une autre personne de la même commune, — formule 168 ; — et ce changement est obligatoire pour l'autre Partie contractante du jour où il lui est notifié (Duranton, I-381 ; Mourlon, I-349 ; Boncenne, t. II, p. 217 ; Nouguier, t. II, p. 398 ; Zachariæ, § 92 : Demolombe, I-372 : Rolland, n° 17 et Cassation de France du 19 janvier 1814) ; mais si le domicile primitif n'a été élu que dans un acte *unilatéral* postérieur, dit Demolombe, au n° 376 de son premier tome, l'autre Partie conserve l'option entre le domicile réel et le nouveau domicile élu.

342. — Lorsque le notaire ou autre officier ministériel, dans l'Étude duquel il a été fait une élection de domicile, reçoit copie d'une signification adressée à l'une des Parties, il est tenu à peine de responsabilité de lui faire parvenir cette copie (Demolombe, I-372 ; Boileux, article 111, et Cassation de France, 9 mars 1837, sur l'article 111 du Code Civil Français, correspondant à l'article 98 du Code Civil Haïtien, — n° 333) ; — toutefois, l'élection de domicile étant un véritable mandat entre celui qui l'a faite et la personne chez laquelle le domicile est élu (Defrénois et Vavasseur, I-891), la responsabilité ne serait encourue qu'en cas d'acceptation du mandat. — Mais une acceptation tacite étant suffisante et pouvant se présumer assez facilement, continuent ces derniers Auteurs au même numéro, tout notaire recevant une signification à domicile élu fera bien d'appeler la personne à qui elle est adressée et de lui en faire la remise sous récépissé consigné sur un registre spécial ; et si la Partie ne peut, à cause de son éloignement, se rendre à l'Étude, le notaire doit lui envoyer la signification par la poste, en y joignant une lettre d'envoi dont il conserve mention sur le même registre spécial.

343. — Il a été jugé par le Tribunal de Paris (France), en date du 18 juin 1855, que, lorsque le notaire affirme avoir envoyé par la poste à la Partie intéressée un acte signifié en son Étude, il n'est pas tenu de prouver l'envoi, surtout si les documents de la cause donnent à supposer qu'il a fait cet envoi.

FORMULES

INDICATIONS DE DOMICILES RÉELS

Formule 164.

1º Monsieur Jean-Pierre-Démosthène Sylvain, propriétaire et négociant, et Madame Marie-Thérèse-Hélène-Zémire Servincent, son épouse, sans profession, de lui autorisée, demeurant et domiciliés *ensemble* à Port-de-Paix ; — N° 330-1º.

2º Monsieur Rosalva Célestin, de Port-au-Prince, administrateur principal des Finances des Gonaïves, demeurant aux Gonaïves et domicilié à Port-au-Prince ; — N° 328.

3º Madame Marie-Thérèse-Hélène-Zémire Servincent, propriétaire, épouse assistée et autorisée de Monsieur Jean-Pierre-Démosthène Sylvain, notaire, avec lequel elle est domiciliée à Port-de-Paix ; — *ou* demeurant et domiciliée avec son mari à Port-de-Paix ; — N° 330-1º.

4º Monsieur Philippe Bonfils, sans profession, mineur, domicilié de droit chez Monsieur le Général Rouanez Bijou, son tuteur, propriétaire, demeurant et domicilié à Port-au-Prince, mais résidant de fait chez Madame Denise Philippe, sa mère, veuve Louis Bonfils, demeurant et domiciliée à la Croix-des-Bouquets ; — N° 330-2º.

5º Monsieur Pierre-Joseph-Élie-Samuel Servincent, majeur de . . . . ans, *ou* mineur de . . . . . ans, étudiant en droit, résidant à Paris (France), rue X..., mais domicilié à Port-au-Prince (Haïti) chez Monsieur Jean-Baptiste-Joseph-Théogène Servincent, notaire, son père, rue du Centre ; — N° 326.

6º Monsieur Ernest-Henry Bonhomme, des Gonaïves, juge au Tribunal Civil de Port-au-Prince, demeurant et domicilié à Port-au-Prince; — N° 329.

7º Monsieur l'officier de santé Louis-Coligni Franck Légitime, médecin au . . . . . régiment de ligne, de Port-au-Prince, en garnison au Cap-Haïtien, demeurant et domicilié à Port-au-Prince ; — N° 326.

8º Monsieur Paul Humilise, de la Croix-des-Bouquets, valet de chambre au service de Monsieur Jean-François-Fénelon Duplessis, propriétaire et président du Conseil supérieur de l'Instruction Publique, à Port-au-Prince, où Monsieur Humilise est domicilié ; — Nº 331.

9º Monsieur Raguse Brignol, lieutenant de marine, capitaine en second de la corvette de guerre *la Sentinelle*, de Port-au-Prince, en station sur rade des Cayes, domicilié à Port-au-Prince, — nº 326. — Février 1884.

Nᵒˢ 333 ET 336

Élection de Domicile contenue dans un Acte

1º En l'Étude d'un Notaire.

Formule 165.

Pour l'exécution du présent acte, les Parties élisent domicile à Port-au-Prince, en l'Étude de Mᵉ Théogène Servincent, l'un des notaire soussignés, et par suite en Celle de ses successeurs. — Nᵒˢ 333 et 336.

Ou bien : Telles sont les conventions des Parties qui, pour l'exécution des présentes, élisent domicile à Port-au-Prince, en l'Étude de Mᵉ Théogène Servincent, l'un des notaires soussignés, et par suite. . . . . — Nᵒˢ 333 et 336.

2º En Divers Lieux.

Formule 166.

Pour l'exécution des présentes les Parties élisent domicile, savoir : Monsieur A. . . . ., à Port-au-Prince, en l'Étude de Mᶜ Théogène Servinvent, l'un des notaires soussignés, et par suite en Celle de ses successeurs ; et Monsieur B. . . . . ., à Léogane, en l'Étude de Mᶜ Ignace-Louis-Tibère Kernisan, notaire à la résidence de Léogane, et par suite en Celle de ses successeurs. — Nᵒˢ 333 et 336.

Ou bien : Telles sont les conventions des Parties qui, pour l'exécution des présentes, élisent domicile, savoir : 1º Monsieur A. . . . ., à Port-au-Prince, en l'Étude de Mᵉ Théogène Servincent, ... etc., ... : 2º et Monsieur B. . . . ., à Léogane, en l'Étude de Mᶜ Ignace-Louis-Tibère Kernisan, ... etc., ... — Nᵒˢ 333 et 336.

N° 340

ACTE D'ÉLECTION DE DOMICILE

Formule 167.

Par-devant Théogène Servincent, notaire public, et son Collègue, à la résidence de Port-au-Prince, soussignés,

Est comparu Monsieur Arthur de Pivert, négociant, demeurant à Saint-Marc, — N° 325.

Pour l'exécution d'un Acte passé devant Me Théogène Servincent, qui en a gardé minute, et l'un de ses Collègues, notaires à Port-au-Prince, le. . . ., contenant diverses conventions entre le Comparant et Monsieur Horace Pétrus Liautaud, négociant, demeurant à Port-au-Prince ; — N° 325.

Lequel Comparant a déclaré élire domicile à Port-au-Prince, au Cabinet de Monsieur Salomon Pope, agent d'affaires, à ce intervenu et acceptant. — N° 340.

Il consent en conséquence que toutes demandes, significations, sommations et poursuites, à raison des dites conventions, — s'il y a lieu, — lui soient faites au domicile qu'il vient d'élire, et produisent le même effet que si elles avaient lieu à son domicile réel. — Nos 325 et 340.

Pour faire notifier ces présentes, à qui besoin sera, tout pouvoir est donné au porteur d'une expédition ; — N° 30.

Dont Acte, lu au Comparant et à l'Intervenant,

Fait et passé à Port-au-Prince, en l'Étude, le. . . . . . mil huit cent quatre-vingt-quatre, 81me année de l'Indépendance d'Haïti ;

Et le Comparant a signé avec M. Salomon Pope et les Notaires. — A. Pivert, Salomon Pope, Ed. Oriol, T. Servincent.

———————————

N° 341

CHANGEMENT DE DOMICILE

Formule 168.

Devant Me Théogène Servincent, et son Collègue, notaires à Port-au-Prince, soussignés,

Est comparu Monsieur Arthur de Pivert, négociant, demeurant à Saint-Marc ; — N° 325.

Lequel, pour arriver au changement d'élection de domicile faisant l'objet du présent acte, a exposé ce qui suit :

Par acte passé devant Me Théogène Servincent, qui en a gardé minute, et l'un de ses Collègues, notaires à Port-au-Prince, le. . . . ., Monsieur Arthur de Pivert, négociant, demeurant à Saint-Marc, — n° 325, — et Monsieur Horace Pétrus Liautaud, négociant, demeurant à Port-au-Prince, — n° 325, — ont arrêté entre eux diverses conventions commerciales.

Suivant autre acte passé aussi devant Me Théogène Servincent, l'un des notaires soussignés, qui en a gardé minute, le. . . . . février courant, — formule 167, — Monsieur Arthur de Pivert, pour l'exécution de l'acte qui vient d'être énoncé, a déclaré élire domicile à Port-au-Prince, au Cabinet de Monsieur Salomon Pope, agent d'affaires.

Ceci exposé, Monsieur Arthur de Pivert déclare révoquer l'élection de domicile ci-dessus mentionnée, et élire domicile, pour l'exécution du même acte, à Port-au-Prince, au Cabinet de Monsieur Jean-Michel Poitevien, agent d'affaires, à ce intervenant et acceptant. — N° 341.

Il consent en conséquence que toutes demandes, significations, somma-tions et poursuites, à raison desdites conventions, — s'il y a lieu, — lui soient faites au nouveau domicile qu'il vient d'élire et produisent le même effet que si elles avaient lieu à son domicile réel. — N°s 325 et 341.

Pour faire notifier ces présentes, à qui besoin sera, tout pouvoir est donné au porteur d'une expédition ; — N° 30.

Dont Acte, lu aux Comparant et Intervenant,

Fait et passé en l'Étude, à Port-au-Prince, le vingt-neuf février mil huit cent quatre-vingt-quatre, 81me année de l'Indépendance d'Haïti ;

Et le Comparant a signé avec M. Jean-Michel Poitevien et les Notaires. — A. Pivert, J.-M. Poitevien, Ed. Oriol, *notaire*, T. Servincent.

LE DIVORCE

CHAPITRE IX

LE DIVORCE

SOMMAIRE

La femme divorcée pour cause déterminée ne peut se remarier qu'un an après le prononcé du Divorce. — **457**.

Aucun des époux ne pourra contracter un autre mariage, dans le cas de Divorce par consentement mutuel, que trois ans après la prononciation du Divorce. — **458**.

L'époux coupable d'adultère peut-il se marier avec son complice? — **459**.

Condamnation de la femme adultère. — **460**.

Avantage ou Désavantage survenu à l'un ou à l'autre époux par suite du Divorce hors le cas du consentement mutuel. — **461-462**.

Surveillance des père et mère divorcés sur leurs enfants, quelle que soit la personne à laquelle ceux-ci seraient confiés. — **464**.

Droits des enfants en cas de Divorce de leurs père et mère. — **465-466**.

Formules 169 à 202.

I. — Définition.

344. — Le Divorce est la rupture légale du Mariage *Civil*, c'est-à-dire la dissolution par *voie judiciaire* de la Société définie aux n°ˢ 102 à 105 au *Chapitre du Mariage*.

II. — Causes.

345. — Les causes de la *dissolution du mariage* sont définies par les trois cas du n° 247 au *Chapitre du Mariage*.

346. — Le mari peut demander le divorce pour cause d'adultère de sa femme, aux termes de l'article *deux cent quinze* du Code Civil d'Haïti de 1826 ; cet adultère ne peut être dénoncé que par le mari, suivant l'article *deux cent quatre* du Code Pénal d'Haïti de 1835 ; cette faculté même cesse si le mari est dans le cas prévu au n° 349 ci-dessous.

347. — La femme peut demander le divorce pour cause d'adultère de son mari, lorsque celui-ci aura entretenu sa concubine dans la maison commune (article *deux cent seize* du Code Civil d'Haïti).

348. — Suivant une décision du Tribunal de Cassation d'Haïti, en date du 12 octobre 1863, l'expression *maison commune*, insérée dans l'article 216 susvisé, — n° 347, — n'est employée là que pour désigner la *maison conjugale*, celle où réside le mari et qui est le domicile légal de la femme : n°ˢ 242 à 246 et 300. — Le séjour forcé du mari sur la terre étrangère ne peut détruire l'effet de la Loi, qui consacre que la *maison commune* est celle où réside le mari, n° 300. — Peu importe l'absence de la femme, puisque le mari a le droit de la contraindre à venir l'habiter, n°s 242 à 246, et qu'à son tour la femme a le droit de s'y faire recevoir. — N° 199-3°.

349. — Le mari qui aura entretenu une concubine dans la maison conjugale, et qui aura été convaincu sur la plainte de sa femme, sera puni d'une amende de vingt-cinq à cent piastres, aux termes des articles combinés *deux cent quatre-vingt-sept* du Code Pénal d'Haïti de 1835 et *deux* de la Loi du *dix* août 1874, qui règle en monnaies fortes les amendes, dépôts, consignations, dommages-intérêts, consacrés dans les différents Codes de la République.

350. — Les époux peuvent réciproquement demander le divorce pour excès, sévices ou injures graves et publiques de l'un d'eux envers l'autre (article *deux cent dix-sept* du Code Civil d'Haïti de 1826).

351. — L'un des époux peut demander le divorce pour cause de la condamnation contradictoire et définitive de l'autre époux à une peine temporaire et à la fois afflictive et infamante (article *deux cent dix-huit* du Code Civil d'Haïti). — N° 12. — *(Voir le n° 421.)*

352. — La condamnation par contumace de l'un des époux à une peine emportant la suspension des droits civils (article *deux cent dix-neuf* du Code Civil d'Haïti de 1826) peut être pour l'autre époux une cause de divorce, lorsque le jugement n'aura pas été anéanti après cinq années de sa date. — *(Voyez le n° 422.)*

353. — Suivant l'article *deux cent vingt* du Code Civil d'Haïti de 1826, le consentement mutuel et persévérant des époux exprimé de la manière prescrite par la Loi, sous les conditions et après les épreuves qu'elle détermine, prouve suffisamment que la vie commune leur est insupportable et qu'il existe par rapport à eux une cause péremptoire de divorce. — N°s 433 à 455.

III. — Cause déterminée.

354. — Quelle que soit la nature des faits ou délits qui donnent lieu à la demande en divorce pour cause déterminée (article *deux cent vingt et un* du Code Civil d'Haïti), cette demande ne peut être formée qu'au Tribunal Civil dans le ressort duquel les époux ont leur domicile. — N° 325.

355. — Si quelques-uns des faits allégués par l'époux demandeur

donnent lieu à une poursuite criminelle, de la part du ministère public, l'action en divorce reste suspendue jusqu'après le jugement criminel, aux termes de l'article *deux cent vingt-deux* du susdit Code : alors elle pourra être reprise, sans qu'il soit permis d'inférer du jugement criminel aucune fin de non-recevoir, ou exception préjudiciable, contre l'époux demandeur.

356. — Toute demande en divorce détaillera les faits ; elle est remise avec les pièces à l'appui, s'il y en a, au doyen du Tribunal Civil, ou au juge qui en fait les fonctions, par l'époux demandeur *en personne* (article *deux cent vingt-trois* du Code Civil d'Haïti de 1826).

357. — Aux termes de l'article *deux cent vingt-quatre* du Code Civil d'Haïti, après avoir entendu le demandeur et lui avoir fait les observations qu'il croira convenables, le doyen paraphe la demande et les pièces et dresse procès-verbal de la remise du tout en ses mains.

358. — Ce procès-verbal est signé par le doyen et par le demandeur (article *deux cent vingt-cinq* du Code Civil d'Haïti), à moins que le demandeur ne sache ou ne puisse signer, auquel cas il en est fait mention. - Nº 484.

359. — Le doyen ordonne au bas de son procès-verbal que les Parties comparaîtront *en personne* devant lui, au jour et à l'heure qu'il indiquera (article *deux cent vingt-six* du Code Civil d'Haïti), et qu'à cet effet copie de son ordonnance sera par lui adressée à la Partie contre laquelle le divorce est demandé.

360. — Suivant l'article *deux cent vingt-sept* du Code Civil d'Haïti de 1826, au jour indiqué, le doyen fait aux deux époux, s'ils se présentent, ou à l'époux demandeur, s'il est seul comparant, les représentations qu'il croira propres à opérer entre eux un rapprochement. — S'il ne peut y parvenir, dit le même article, il en dresse procès-verbal, en ordonne la communication de la demande et des pièces au Ministère Public, et le référé du tout au Tribunal.

361. — Aux termes de l'article *deux cent vingt-huit* du Code Civil d'Haïti, dans les trois jours qui suivent, le Tribunal, sur le rapport du doyen ou du juge qui en fait les fonctions, et sur les conclusions du Ministère Public, accorde ou suspend la permission de citer. — La suspension ne peut excéder le terme de vingt jours.

362. — Le demandeur, en vertu de la permission du Tribunal, fait

citer le défendeur, dans la forme ordinaire, à comparaître *en personne* à l'audience à huis clos, dans le délai de la Loi ; il fait donner copie, en tête de la citation, de la demande en divorce et des pièces à l'appui, aux termes de l'article *deux cent vingt-neuf* du Code Civil d'Haïti. — Nº 366.

363. — A l'échéance du délai, soit que le défendeur comparaisse ou non, le demandeur *en personne,* assisté d'un conseil, s'il le juge à propos, expose ou fait exposer les motifs de sa demande; il représente les pièces qui l'appuient et nomme les témoins qu'il se propose de faire entendre (article *deux cent trente* du Code Civil d'Haïti de 1826).

364. — Suivant l'article *deux cent trente-un* du Code Civil d'Haïti, si le défendeur comparaît en personne ou par un fondé de pouvoir, il pourra proposer ou faire proposer ses observations, tant sur les motifs de la demande que sur les pièces produites par le demandeur et sur les témoins par lui nommés. — Le défendeur nomme de son côté les témoins qu'il se propose de faire entendre, et sur lesquels le demandeur fera réciproquement ses observations.

365. — Il est dressé procès-verbal des comparutions, dires et observations des parties, ainsi que des aveux que l'une ou l'autre peut faire (article *deux cent trente-deux* du Code Civil d'Haïti de 1826). — Lecture de ce procès-verbal est donnée aux dites Parties, qui seront requises de le signer : nᵒˢ 483-484; et il est fait mention expresse de leur signature, ou de leur déclaration de ne savoir, pouvoir ou ne vouloir signer. — Nº 484.

366. — Le Tribunal renvoie les parties à l'audience publique dont il fixe le jour et l'heure; il ordonne la communication de la procédure au Ministère Public et commet un rapporteur (article *deux cent trente-trois* du Code Civil d'Haïti de 1826). — Dans le cas où le défendeur n'aurait pas comparu (même texte) le demandeur sera tenu de lui faire signifier l'Ordonnance du Tribunal, dans le délai que ladite Ordonnance aura déterminé. — Nº 362.

367. — Au jour et à l'heure indiqués, sur le rapport du juge commis, le Ministère Public entendu, le Tribunal statue d'abord sur les fins de non-recevoir s'il en a été proposé (article *deux cent trente-quatre* du susdit Code). En cas qu'elles soient trouvées concluantes, la demande en divorce est rejetée; dans le cas contraire, ou s'il n'a pas été proposé de fin de non-recevoir, la demande en divorce est admise.

368. — Immédiatement après l'admission de la demande en divorce,

sur le rapport du juge commis, le Ministère Public entendu, le Tribunal
statue au fond, aux termes de l'article *deux cent trente-cinq* du Code Civil
d'Haïti. — Il fait droit à la demande, si elle lui paraît en état d'être
jugée ; sinon il admet le demandeur à la preuve des faits pertinents par
lui allégués, et le défendeur à la preuve contraire.

369. — Aux termes de l'article 234 combiné avec l'article 235 du
Code Civil d'Haïti de 1826, — n°s 367 et 368, — la demande en divorce
ne doit être accordée qu'au préalable un jugement ne l'ait admise,
quoique aucune fin de non-recevoir n'ait été proposée contre la demande
Or, le Tribunal Civil, qui, sur la demande en divorce formée par l'un
des époux contre l'autre, a prononcé sur le tout, a expressément contrevenu aux articles ci-dessus qui veulent que deux jugements séparés et
distincts soient rendus dans cette matière (Tribunal de Cassation d'Haïti,
du 5 septembre 1835).

370. — Suivant l'article *deux cent trente-six* du Code Civil d'Haïti de
1826, à chaque acte de la cause, les Parties peuvent, après le rapport
du juge et avant que le Ministère Public ait pris la parole, proposer ou
faire proposer leurs moyens respectifs, d'abord sur les fins de non-recevoir, et ensuite sur le fond ; mais en aucun cas le conseil du demandeur
n'est admis, si le demandeur n'est pas comparant *en personne*.

371. — Le greffier du Tribunal, aussitôt après la prononciation du
jugement qui ordonne les enquêtes, donne lecture de la partie du procès-
verbal qui contient la nomination, déjà faite, des témoins que les Parties
se proposent de faire entendre (article *deux cent trente-sept* du Code Civil
d'Haïti de 1826). Elles sont averties par le doyen qu'elles peuvent
encore en désigner d'autres, mais qu'après ce moment elles n'y seront
pas reçues.

372. — Les parties proposent de suite leurs reproches respectifs contre
les témoins qu'elles voudront écarter, et le Tribunal statue sur les
reproches après avoir entendu le Ministère Public (article *deux cent trente-
huit* du Code Civil d'Haïti).

373. — Les parents des parties, à l'exception de leurs enfants et descendants, ne sont pas reprochables du chef de la parenté, non plus que
les domestiques des époux, en raison de cette qualité, aux termes de l'article *deux cent trente-neuf* du Code Civil d'Haïti de 1826.

374. — Tout jugement qui admet une preuve testimoniale dénomme
les témoins qui seront entendus et détermine le jour et l'heure auxquels

les parties doivent les représenter (article *deux cent quarante* du Code Civil
d'Haïti).

375. — Les témoins sont assignés à personne ou à domicile, aux
termes de l'article *deux cent soixante et un* du Code de Procédure Civile
d'Haïti de 1835 ; ceux domiciliés dans l'étendue de cinq lieues de l'endroit où siège le Tribunal le sont du moins un jour avant l'audition, et
il est ajouté un jour par cinq lieues pour ceux domiciliés à une plus
grande distance, suivant le texte susvisé.

376. — Il est donné copie à chaque témoin du dispositif du jugement,
seulement en ce qui concerne les faits admis, et de l'ordonnance du juge-
commissaire ; le tout à peine de nullité des dépositions des témoins
envers lesquels les formalités n'auraient pas été observées, ainsi que le
dispose le texte visé au n° 375 ci-dessus.

377. — La partie est assignée pour être présente à l'enquête au domicile de son défenseur *ou* avocat, si elle en a constitué, sinon à son domicile, trois jours au moins avant l'audition : les noms, professions et
demeures des témoins à produire contre elle lui sont notifiés, le tout à
peine de nullité comme ci-dessus (article *deux cent soixante-deux* du Code
de Procédure Civile d'Haïti de 1835).

378. — Les témoins sont entendus séparément, tant en présence qu'en
l'absence des parties, aux termes de l'article *deux cent soixante-trois* du
susdit Code. Chaque témoin, avant d'être entendu, déclare ses noms,
profession, âge et demeure, s'il est parent ou allié de l'une des parties et
à quel degré, s'il est serviteur ou domestique de l'une d'elles ; il fait
serment de dire la vérité : le tout à peine de nullité, dit le texte sus-
énoncé.

379. — Le serment est à la fois un acte civil et religieux par lequel une
personne prend *Dieu* à témoin de la vérité de sa déclaration ou de la sincé-
rité de sa promesse ; il s'opère en tenant la main levée vers le Ciel, les
yeux fixés sur l'image du *Christ* et en disant, après la formule dite à
haute voix par celui qui demande le serment : « Je le jure », sans cependant déroger aux dispositions de l'article *cent vingt-huit* du Code de Procédure Civile d'Haïti prescrivant que celui auquel le serment sera déféré le
prêtera conformément aux rits particuliers de sa religion et d'après les
formes qu'elle prescrit.

380. — Le serment judiciaire est de deux espèces : — 1° celui qu'une
partie défère à l'autre pour en faire dépendre le jugement de la cause ; il

est appelée *décisoire* ; — 2° celui qui est déféré d'office par le juge à l'une ou l'autre des parties ; il est appelé *complétoire* (article *onze cent quarante-trois* du Code Civil d'Haïti de 1826).

381. — Les témoins défaillants sont condamnés par ordonnances du juge-commissaire qui sont exécutoires, nonobstant opposition, à une somme qui ne peut être moindre d'une piastre au profit de la partie à titre de dommages et intérêts, aux termes des articles *deux cent soixante-quatre* du Code de Procédure Civile d'Haïti de 1835 et *deux* de la Loi du 10 août 1877 : ils peuvent de plus être condamnés par la même Ordonnance à une amende qui ne peut excéder la somme de dix piastres. — Les témoins défaillants sont réassignés à leurs frais.

382. — Suivant l'article *deux cent soixante-cinq* du Code de Procédure Civile d'Haïti de 1835, si les témoins réassignés sont encore défaillants, ils sont condamnés et par corps à une amende de quinze piastres fortes. (article *deux* de la Loi du *dix* août 1877) ; — le juge-commissaire peut même, suivant le premier texte cité en ce numéro, décerner contre eux un mandat d'amener.

383. — Aux termes de l'article *deux cent soixante-six* du Code de Procédure Civile d'Haïti de 1835, si le témoin justifie qu'il n'a pu se présenter au jour indiqué, le juge-commissaire le décharge, après sa déposition, tant des dommages-intérêts que de l'amende et des frais de la réassignation.

384. — Si le témoin justifie qu'il est dans l'impossibilité de se présenter, au jour indiqué, le juge-commissaire lui accorde un délai suffisant, qui, néanmoins, ne peut excéder celui fixé pour l'enquête, ou se transporte pour recevoir la déposition (article *deux cent soixante-sept* du Code de Procédure Civile d'Haïti). Si le témoin est éloigné, continue le même texte, le juge-commissaire renvoie devant le doyen du Tribunal du lieu, qui entend le témoin ou commet un juge à cette fin : le greffier de ce Tribunal fait parvenir de suite la minute (n° 29) du procès-verbal au Greffe du Tribunal où le procès est pendant, sauf à lui à prendre exécutoire pour les frais contre la partie à la requête de qui le témoin a été entendu.

385. — Si les témoins ne peuvent être entendus le même jour, enseigne l'article *deux cent soixante-huit* du susdit Code, le juge-commissaire remet à jour et heure certains ; et il n'est donné nouvelle assignation ni aux témoins, ni à la partie, encore que celle-ci n'ait pas comparu.

386. — Nul ne peut être assigné comme témoin, s'il est parent ou allié

en ligne directe de l'une des parties, ou son conjoint, même divorcé (article *deux cent soixante-neuf* du Code de Procédure Civile d'Haïti de 1835).

387. — Les procès-verbaux d'enquête contiennent la date des jour et heure, les comparutions ou défauts des parties et témoins, à peine de nullité ; ils contiennent également la représentation des assignations, les remises à autres jour et heure, si elles sont ordonnées (article *deux cent soixante-dix* du Code de Procédure Civile d'Haïti).

388. — Les reproches sont proposés par la Partie ou par son défenseur-avocat, avant la déposition du témoin qui est tenu de s'expliquer sur iceux ; ils sont circonstanciés et pertinents, et non en termes vagues et généraux. Les reproches et les explications du témoin sont consignés dans le procès-verbal (article *deux cent soixante-onze* du susdit Code).

389. — Le témoin dépose sans qu'il lui soit permis de lire aucun projet écrit, enseigne l'article *deux cent soixante-douze* du susdit Code. — Sa déposition est consignée sur le procès-verbal ; elle lui est lue, et il lui est demandé s'il y persiste, — le tout à peine de nullité, aux termes du même texte qui, en outre, prescrit qu'il lui est aussi demandé s'il requiert taxe.

390. — Suivant l'article *deux cent soixante-treize* du Code de Procédure Civile d'Haïti, lors de la lecture de sa déposition, le témoin peut faire tels changements et additions que bon lui semblera ; ils sont écrits à la suite ou à la marge de sa déposition : il lui en est donné lecture, ainsi que de la déposition, et mention en est faite ; le tout à peine de nullité.

391. — Le juge-commissaire peut, soit d'office, soit sur la réquisition des Parties ou de l'une d'elles, faire au témoin les interpellations qu'il croira convenables pour éclaircir sa déposition, aux termes de l'article *deux cent soixante-quatorze* du Code de Procédure Civile d'Haïti de 1835.— Les réponses du témoin sont signées de lui, après lui avoir été lues, ou mention est faite s'il ne veut pas, ne sait ou ne peut signer nos 13-4º et 5º, 483-484 ; elles sont également signées du juge et du greffier ; — le tout à peine de nullité, suivant l'article susvisé.

392. — La déposition du témoin ainsi que les changements et additions qu'il pourra y faire sont signés par lui, le juge et le greffier ; et si le témoin ne veut, ne sait ou ne peut signer, il en est fait mention, nº 13-4º et 5º, — le tout à peine de nullité. Il est fait mention de la taxe s'il la requiert ou de son refus (article *deux cent soixante-quinze* du Code de Procédure Civile d'Haïti).

393. — Les procès-verbaux font mention de l'observation des formalités prescrites par les articles 262-263 et 270 à 275 du Code de Procédure Civile d'Haïti, — n°s 377-378 et 387 à 392 de ce Livre ; ils sont signés à la fin par le juge et le greffier et par les parties si elles le veulent, le savent ou le peuvent; en cas de refus, il en est fait mention, n°s 13-4° et 5°, 483-484; le tout à peine de nullité (article *deux cent soixante-seize* du Code de Procédure Civile d'Haïti de 1835).

394. — La partie ne peut ni interrompre le témoin dans sa déposition, ni lui faire aucune interpellation directe, mais est tenue de s'adresser au juge-commissaire, à peine d'une piastre d'amende, — et de cinq piastres d'amende, même d'exclusion en cas de récidive —(articles *deux cent soixante-dix-sept* du Code de Procédure Civile d'Haïti de 1835 et *deux* de la Loi du 10 août 1877): ce qui est prononcé par le juge-commissaire. — Ses ordonnances sont exécutoires nonobstant opposition.

395. — Aux termes de l'article *deux cent soixante-dix-huit* du Code de Procédure Civile d'Haïti, si le témoin requiert taxe, elle est faite par le juge-commissaire sur la Copie de l'assignation, et elle vaudra exécutoire ; le juge fait mention de la taxe sur son procès-verbal.

396. — L'enquête est respectivement parachevée dans la huitaine de l'audition des premiers témoins, à peine de nullité des dépositions postérieures, si le jugement qui l'a ordonnée n'a fixé un plus long délai (article *deux cent soixante-dix-neuf* du Code de Procédure Civile d'Haïti de 1835).

397. — Si, néanmoins, l'une des parties, dans le délai fixé pour la confection de l'enquête, demande prorogation, le Tribunal peut l'accorder (article *deux cent quatre-vingt* du susdit Code).

398. — La prorogation est demandée sur le procès-verbal du juge-commissaire et ordonnée sur le référé qu'il en fait à l'audience, au jour indiqué par son procès-verbal, sans sommation ni avenir si les parties ou leurs défenseurs-avocats ont été présents : il n'est accordé qu'une seule prorogation, à peine de nullité (article *deux cent quatre-vingt-un* du Code de Procédure Civile d'Haïti).

399. — La partie qui a fait entendre plus de cinq témoins, sur un même fait, ne peut répéter les frais des autres dépositions, aux termes de l'article *deux cent quatre-vingt-deux* du Code de Procédure Civile d'Haïti de 1835.

400. — Aucun reproche n'est proposé, après la déposition, s'il n'est justifié par écrit, dit l'article *deux cent quatre-vingt-trois* du susdit Code.

401. — L'article *deux cent quatre-vingt-quatre* du même Code dispose que peuvent être reprochés : — 1° les parents ou alliés de l'une ou de l'autre partie, jusqu'au degré de cousin germain inclusivement ; — 2° les parents ou alliés des conjoints au degré ci-dessus, si le conjoint est vivant ou si la partie ou le témoin en a des enfants vivants ; — 3° les parents et alliés en ligne directe, les frères, les beaux-frères, sœurs et belles-sœurs, en cas que le conjoint soit décédé et qu'il n'ait pas laissé de descendants.

402. — Peuvent être aussi reprochés, aux termes de l'article visé au numéro précédent : — 1° le témoin héritier présomptif ou donataire ; — 2° celui qui aura bu et mangé avec la partie et à ses frais depuis la prononciation du jugement qui a ordonné l'enquête ; — 3° celui qui aura donné des certificats sur les frais relatifs au procès ; — 4° celui qui aura été condamné à une peine afflictive ou infamante.

403. — Le témoin reproché est, suivant l'article *deux cent quatre-vingt-cinq* du Code de Procédure Civile d'Haïti, entendu dans sa déposition.

404. — Les individus âgés de moins de quinze ans révolus peuvent être entendus, sauf à avoir à leurs dépositions tel égard que de raison, aux termes de l'article *deux cent quatre-vingt-six* du Code de Procédure Civile d'Haïti.

405. — Suivant l'article *deux cent quatre-vingt-sept* du Code de Procédure Civile d'Haïti, le délai des enquêtes étant expiré, la partie la plus intelligente fait signifier à la partie adverse, ou à son défenseur-avocat, copie des procès-verbaux d'enquête et de contre-enquête et poursuit l'audience sur un simple acte.

406. — Il est statué sans instruction écrite sur les reproches, aux termes de l'article *deux cent quatre-vingt-huit* du Code de Procédure Civile d'Haïti.

407. — Aux termes de l'article *deux cent quatre-vingt-neuf* du Code susdit, si néanmoins le fond de la cause était en état, il peut être prononcé sur le tout par un seul jugement.

408. — Suivant l'article *deux cent quatre-vingt-dix* du Code de Procédure Civile d'Haïti de 1835, si les reproches proposés avant la déposition ne sont pas justifiés par écrit, la partie est tenue d'en offrir la preuve et de désigner les témoins, autrement elle n'y est plus reçue : le tout sans préjudice des réparations, dommages et intérêts qui pourraient être dus au témoin reproché.

409. — La preuve, s'il y échet, est ordonnée par le Tribunal, sauf la preuve contraire, et est faite dans la forme ci-après réglée pour les enquêtes sommaires. — Aucun reproche ne peut être proposé s'il n'est justifié par écrit (article *deux cent quatre-vingt-onze* du Code de Procédure Civile d'Haïti).

410. — La déposition du témoin reproché n'est point lue, dit l'article *deux cent quatre-vingt-douze* du Code susdit, si les reproches sont admis.

411. — L'enquête ou la déposition déclarée nulle par la faute du juge-commissaire est recommencée à ses frais ; les délais de la nouvelle enquête ou de la nouvelle audition de témoins courent du jour de la signification du jugement qui l'aura ordonnée (article *deux cent quatre-vingt-treize* du Code de Procédure Civile d'Haïti) : — la partie pourra faire entendre les mêmes témoins ; et si quelques-uns ne peuvent être entendus, *même texte*, les juges auront tel égard que de raison aux dépositions par eux faites dans la première enquête.

412. — L'enquête déclarée nulle par la faute de l'avocat ou par celle de l'huissier n'est pas recommencée, dit l'article *deux cent quatre-vingt-quatorze* du Code de Procédure Civile d'Haïti de 1835 ; mais la partie peut en répéter les frais contre eux, même des dommages-intérêts en cas de manifeste négligence, continue le même article ; ce qui est laissé à l'arbitrage du juge.

413 — La nullité d'une ou de plusieurs dépositions n'entraîne pas celle de l'enquête (article *deux cent quatre-vingt-quinze* du Code de Procédure Civile d'Haïti).

414. — Les parties, par elles ou par leurs conseils, peuvent faire aux témoins telles observations et interpellations qu'elles jugeront à propos, sans pouvoir néanmoins les interrompre dans le cours de leurs dépositions (article *deux cent quarante-deux* du Code Civil d'Haïti de 1826) ;

415. — Chaque déposition est rédigée par écrit ainsi que les dires et observations auxquels elle aura donné lieu. Le procès-verbal d'enquête est lu tant aux témoins qu'aux parties ; les uns et les autres sont requis de le signer ; et il est fait mention de leur signature ou de leur déclaration qu'ils ne savent, ne peuvent ou ne veulent signer (article *deux cent quarante-trois* du Code Civil d'Haïti de 1826). — (Nᵒˢ 13-4ᵒ et 5ᵒ et 483-484.

416. — Après la clôture des deux enquêtes ou de celle du demandeur, si le défendeur n'a pas produit de témoins, le Tribunal renvoie les Parties à l'audience publique, dont il indique le jour et l'heure; il ordonne la communication au Ministère Public, et commet un Rapporteur. Cette ordonnance est signifiée au Défendeur, à la requête du Demandeur, dans le délai qu'elle aura déterminé (article *deux cent quarante-quatre* du Code Civil d'Haïti).

417. — Suivant l'article *deux cent quarante-cinq* du Code Civil d'Haïti de 1826, au jour fixé pour le jugement définitif, le Rapport est fait par le juge commis; les Parties peuvent ensuite faire, par elles-mêmes ou par l'organe de leurs conseils, telles observations qu'elles jugeront utiles à leur cause; après quoi le Ministère Public donne ses conclusions.

418. — Le jugement définitif est prononcé publiquement (nos 298-299); le demandeur est autorisé, lorsque le jugement admet le divorce, à se présenter devant l'officier de l'État Civil pour le faire prononcer (article *deux cent quarante-six* du Code Civil d'Haïti).

419. — Aux termes de l'article *deux cent quarante-sept* du Code susdit, lorsque la demande en divorce a été formée pour causes d'excès, de sévices ou d'injures graves et publiques, encore qu'elle soit bien établie, les juges peuvent ne pas admettre immédiatement le divorce. Dans ce cas, avant de faire droit, ils autorisent la femme à quitter la compagnie de son mari, sans être tenue de le recevoir si elle ne le juge pas à propos; et ils condamnent le mari à lui payer une pension alimentaire proportionnelle à ses facultés, si la femme n'a pas elle-même des revenus suffisants pour fournir à ses besoins. — No 427.

420. — L'article *deux cent quarante-huit* du Code Civil d'Haïti enseigne que, si après une année d'épreuve les parties ne sont pas réunies, l'époux demandeur pourra faire citer l'autre époux à comparaître au Tribunal dans le délai de la Loi (no 375), pour y entendre prononcer le jugement définitif qui, pour lors, admettra le divorce.

421. — Lorsque le divorce est demandé par la raison qu'un des époux est condamné, par suite d'un jugement contradictoire et définitif, à une peine temporaire et à la fois afflictive et infamante, les seules formalités à observer consisteront à présenter au Tribunal Civil une *expédition* (nos 30-31) en bonne forme du jugement de condamnation, avec un certificat du greffier du Tribunal qui a prononcé la condamnation, portant que ce même jugement n'est plus susceptible d'être réformé par aucune voie légale (article *deux cent quarante-neuf* du Code Civil d'Haïti). — No 351.

422 — Suivant l'article *deux cent cinquante* du Code Civil d'Haïti de 1826, lorsque le divorce est demandé en vertu de l'article 249 du Code Civil d'Haïti (n° 352), les seules formalités à observer consistent à présenter au Tribunal une *expédition*, en bonne forme (n°s 30-31), du jugement de condamnation par contumace, portant que ce même jugement n'a été réformé par aucune voie légale.

423. — La demande en cassation du jugement d'admission ou du jugement définitif n'est admise qu'autant qu'elle aura été faite dans les quatre mois à compter du jour de la signification du jugement rendu contradictoirement ou par défaut. Ce pourvoi est suspensif (article *deux cent cinquante et un* du Code Civil d'Haïti de 1826).

424. — En vertu de tout jugement définitif, ou passé en force de chose jugée, qui autorise le divorce, l'époux qui l'aura obtenu est obligé de se présenter, dans le délai de deux mois, devant l'officier de l'État Civil, l'autre partie dûment appelée, pour faire prononcer le divorce (article *deux cent cinquante-deux* du Code Civil d'Haïti). — Ces deux mois ne commencent à courir, à l'égard des jugements rendus par défaut, qu'après l'expiration du délai d'opposition, et, à l'égard des jugements contradictoires, qu'après l'expiration du délai du pourvoi en cassation, aux termes de l'article *deux cent cinquante-trois* du susdit Code.

425. — L'époux demandeur qui a laissé passer le délai de deux mois ci-dessus déterminé sans appeler l'autre époux devant l'officier de l'État Civil est, aux termes de l'article *deux cent cinquante-quatre* du Code Civil d'Haïti de 1826, déchu du bénéfice du jugement qu'il avait obtenu et ne peut reprendre son action en divorce sinon pour cause nouvelle, — auquel cas il peut néanmoins faire valoir les anciennes causes.

IV. — **Mesures provisoires auxquelles peut donner lieu la demande en Divorce pour cause déterminée.**

426. — L'administration provisoire des enfants reste au mari demandeur ou défendeur en divorce, à moins qu'il n'en soit autrement ordonné par le Tribunal, sur la demande soit de la mère, soit de la famille ou du Ministère Public, pour le plus grand avantage des enfants (article *deux cent cinquante-cinq* du Code Civil d'Haïti de 1826). — N°s 428 et 463.

427. — La femme demanderesse ou défenderesse en divorce peut quitter le domicile de son mari pendant la poursuite, n° 330, et demander une pension alimentaire proportionnée aux facultés du mari (article *deux cent*

cinquante-six du Code Civil d'Haïti de 1826), — nᵒˢ 199-3° et 242 à 246.
— Le Tribunal indique la maison dans laquelle la femme est tenue de
résider et fixe, s'il y a lieu, la provision alimentaire que le mari est obligé
de lui payer. — Nᵒˢ 419, 426 à 429, 439.

428. — La femme est tenue de justifier de sa résidence dans la maison
indiquée toutes les fois qu'elle en est requise, aux termes de l'article *deux
cent cinquante-sept* du Code susdit; à défaut de cette justification, ajoute le
même texte, le mari peut refuser la provision alimentaire et faire déclarer
la femme, si elle est demanderesse en divorce, non recevable à continuer
ses poursuites.

429. — La femme commune en biens, demanderesse ou défenderesse en
divorce, peut en tout état de cause, à partir de la date de l'Ordonnance
dont il est fait mention en l'article 226 du Code Civil d'Haïti, n° 359,
requérir pour la conservation de ses droits l'apposition des scellés sur les
effets mobiliers de la communauté. Ces scellés ne sont levés qu'en faisant
inventaire avec prisée et à la charge, par le mari, de représenter les choses
inventoriées ou de répondre de leur valeur comme gardien judiciaire
(article *deux cent cinquante-huit* du susdit Code. — N° 438.

430. — Toute obligation contractée par le mari à la charge de la communauté, toute aliénation par lui faite des immeubles qui en dépendent
postérieurement à la date de l'ordonnance dont il est fait mention au
n° 359 ci-dessus, est déclarée nulle, s'il est prouvé d'ailleurs qu'elle
ait été faite ou contractée en fraude des droits de la femme (article *deux
cent cinquante-neuf* du Code Civil d'Haïti de 1826).

V. — Extinction de l'Action en Divorce pour cause déterminée.

431. — L'action en divorce est éteinte par la réconciliation des époux
survenue, soit depuis les faits qui auraient pu autoriser cette action, soit
depuis la demande en divorce (article *deux cent soixante* du Code Civil
d'Haïti). — Dans l'un ou l'autre cas, dit l'article *deux cent soixante et un*
du même Code, le demandeur est déclaré non recevable dans son action;
il peut néanmoins en intenter une nouvelle, pour cause survenue depuis
la réconciliation, et alors faire usage des anciennes causes pour appuyer
sa nouvelle demande.

432. — Aux termes de l'article *deux cent soixante-deux* du Code Civil
d'Haïti, si le demandeur en divorce nie qu'il ait eu réconciliation, ce défendeur en fait preuve soit par écrit, soit par témoins, dans la forme
prescrite aux Nᵒˢ 354 à 392 inclusivement.

VI. — Consentement Mutuel.

433. — Le divorce par consentement mutuel des époux est celui qui n'a d'autre fondement, ainsi qu'il est dit au n° 353 ci-dessus, que leur consentement *mutuel* et persévérant exprimé de la manière prescrite par la Loi, sous les conditions et après les épreuves qu'Elle détermine. C'est alors une preuve suffisante que la vie commune leur est insupportable, et qu'il existe par rapport à eux une cause péremptoire de divorce. — N° 353.

434. — Le consentement mutuel des époux n'est point admis, aux termes de l'article *deux cent soixante-trois* du Code Civil d'Haïti de 1826, si le mari a moins de vingt-cinq ans, ou si la femme n'a pas vingt et un ans. — Ainsi, — d'après A.-J. Massé dans son troisième tome de *Parfait Notaire*, page 226, *cinquième édition*, sur l'article 275 du Code Napoléon correspondant à notre susdit article 263, — tout acte qui suppose nécessairement de leur part ce consentement mutuel au divorce n'est pas valable, s'il est fait avant que le mari et la femme aient atteint l'âge prescrit; ils ne peuvent donc commencer l'inventaire ni régler leurs droits respectifs avant cet âge.

435. — Pareillement, leur consentement mutuel n'est admis qu'après deux années de mariage, suivant l'article *deux cent soixante-quatre* du Code Civil d'Haïti. — Appliquez à la nécessité de l'expiration de ces deux années, dit A.-J. Massé, ce qui est dit au Numéro précédent de la nécessité d'avoir atteint l'âge prescrit pour pouvoir commencer l'inventaire.

436. — Le consentement mutuel au divorce ne peut plus être admis après vingt ans de mariage, ni lorsque la femme a quarante-cinq ans d'âge (article *deux cent soixante-cinq* du Code Civil d'Haïti de 1826).

437. — L'article *deux cent quatre-vingt-un* du Code Civil d'Haïti veut qu'en vertu du jugement qui a admis le divorce, et dans les vingt jours de sa date, les Parties se présentent *ensemble et en personne* devant l'officier de l'État Civil pour faire prononcer le divorce, n° 453, et que passé ce délai le jugement demeure comme non avenu. — « Cette disposition de la Loi suppose la nécessité de la persévérance des époux dans leur consentement mutuel jusqu'au moment de la prononciation du divorce par l'officier de l'État Civil, dit A.-J. Massé sur l'article 294 du Code Napoléon dont l'article 281 du Code Civil d'Haïti susvisé est le correspondant. — Il suit de là que le consentement mutuel ne pouvant plus être admis après vingt années de mariage, si ces vingt années sont expirées avant la prononciation du divorce par l'officier de l'État Civil, le divorce ne pourra plus être prononcé par consentement mutuel ». — N° 453.

438. — Les époux déterminés à opérer le divorce par consentement mutuel sont tenus, aux termes de l'article *deux cent soixante-six* du Code Civil d'Haïti, de faire préalablement inventaire et estimation de tous leurs biens meubles et immeubles, et de régler leurs droits respectifs sur lesquels il leur sera néanmoins libre de transiger. — N° 429.

439. — Ils sont pareillement tenus de constater par écrit leurs conventions sur les trois points qui suivent : — 1° A qui les enfants nés de leur union seront confiés, soit pendant le temps des épreuves, soit après le divorce prononcé; — 2° Dans quelle maison la femme devra se retirer pendant le temps des épreuves; — 3° Quelle somme le mari devra payer à sa femme pendant le même temps, si elle n'a pas des revenus suffisants pour fournir à ses besoins (article *deux cent soixante-sept* du Code Civil d'Haïti de 1826). — Nos 419, 426 à 429.

440. — Ces conventions peuvent être faites et sont ordinairement faites par le même acte qui contient le règlement et la transaction sur leurs droits respectifs (A.-J. Massé, tome III, page 227) — Formule 195.

441. — Les époux se présentent *ensemble et en personne* devant le doyen du Tribunal Civil du ressort de leur domicile, ou devant le juge qui en fait les fonctions, et lui font la déclaration de leur volonté en présence de deux notaires amenés *par eux* (article *deux cent soixante-huit* du Code Civil d'Haïti de 1826). — N° 429.

442. — Le doyen fait aux deux époux *réunis* et à chacun d'eux *en particulier*, en présence des deux notaires, telles représentations et exhortations qu'il croit convenables (article *deux cent soixante-neuf* du susdit Code); il leur donne lecture des articles 283 à 292 inclusivement du Code Civil d'Haïti, nos 456 à 466 inclusivement, qui règlent les *effets du divorce*; le magistrat leur développe en outre toutes les conséquences de leur démarche

443. — Suivant l'article *deux cent soixante-dix* du Code Civil d'Haïti, si les époux persistent dans leur résolution, il leur est donné acte par le doyen de ce qu'ils demandent le divorce et y consentent mutuellement; et ils sont tenus de produire et déposer à l'instant entre les mains des notaires, outre les actes mentionnés aux articles 266 et 267 du Code Civil d'Haïti, nos 438 et 439 : 1° leurs actes de naissance et de mariage; 2° les actes de naissance et de décès de tous les enfants nés de leur union.

444. — Les notaires dressent procès-verbal détaillé de tout ce qui a été· dit ·et· fait ·en· exécution des articles ou numéros précédents; la *minute* (n° 29) en reste au plus âgé des deux notaires, ainsi que les pièces produites qui demeurent annexées (n° 17) au procès-verbal, dans lequel il est fait mention de l'avertissement qui est donné à la femme de se retirer dans les vingt-quatre heures en la maison convenue entre elle et son mari et d'y résider jusqu'au divorce prononcé (aticle *deux cent soixante et onze* du Code Civil d'Haïti de 1826).

445. — La déclaration ainsi faite doit être renouvelée dans la première quinzaine de chacun des quatrième, septième et dixième mois qui suivent la première comparution, en observant les mêmes formalités (article *deux cent soixante-douze* du Code Civil d'Haïti).

446. — Dans la quinzaine du jour où est révolue l'année, à compter de la première déclaration, les Époux assistés chacun de deux amis, personnes notables dans l'arrondissement, âgés de quarante ans au· moins, se présentent *ensemble et en personne* devant le doyen du Tribunal Civil ou le juge qui en fait les fonctions, lui remettent les *expéditions* en bonne forme (n° 30) des quatre procès-verbaux contenant leur consentement mutuel et de tous les actes qui y ont été annexés (n° 17), et requièrent du magistrat, chacun séparément, en présence néanmoins l'un de l'autre et des quatre notables, l'admission du divorce (article *deux cent soixante-treize* du Code susdit).

447. — Aux termes de l'article *deux cent soixante-quatorze* du Code Civil d'Haïti de 1826, après que le juge-doyen et les assistants ont fait leurs observations aux époux, si ceux-ci persévèrent, il leur est donné acte de leur réquisition et de la remise par eux faite des pièces à l'appui. — Le greffier du Tribunal Civil dresse procès-verbal qui est signé tant par les parties (à moins qu'elles ne déclarent ne savoir ou ne pouvoir signer, auquel cas il en est fait mention), que par les quatre assistants, le juge-doyen et le greffier. — N°s 13-4° et 5°, 483-484.

448. — Le doyen met de suite au bas du procès-verbal son ordonnance portant que, dans les trois jours, il sera par lui référé du *tout* au Tribunal, en la chambre du Conseil, sur les conclusions par écrit du ministère public, auquel les pièces seront à cet effet communiquées par le greffier (article *deux cent soixante-quinze* du Code Civil d'Haïti).

449. — Suivant l'article *deux cent soixante-seize* du Code Civil d'Haïti de 1826, si le ministère public trouve dans les pièces la preuve : 1° que les deux époux étaient âgés, le mari de vingt-cinq ans et la femme de

vingt et un ans, lorsqu'ils ont fait la première déclaration; 2° qu'à cette
époque ils étaient mariés depuis deux ans; 3° que le mariage ne remontait
pas à plus de vingt ans; 4° que la femme avait moins de quarante-cinq ans;
5° que toutes les formalités requises pour le divorce par consentement mutuel
ont été observées, il donnera ses conclusions en ces termes : « *la Loi permet* ».
Dans le cas contraire ses conclusions seront en ces termes : « *la Loi empêche* ».

450. — Le Tribunal ne peut faire sur le référé d'autres vérifications
que celles indiquées par l'article précédent, n° 449. S'il en résulte que
dans l'opinion du Tribunal les parties ont satisfait aux conditions et rempli
les formalités déterminées par la Loi (article *deux cent soixante-dix-sept*
du Code Civil d'Haïti), il admettra le divorce et renverra les Parties devant
l'officier de l'État Civil pour le faire prononcer. Dans le cas contraire, le
Tribunal déclarera qu'il n'y a pas lieu à admettre le divorce et déduira
les motifs de la décision.

451. — Le pourvoi en cassation du jugement qui a déclaré ne pas y
avoir lieu à admettre le divorce n'est recevable qu'autant qu'il est fait par
les deux parties, dit l'article *deux cent soixante-dix-huit* du Code Civil
d'Haïti, et néanmoins par actes séparés dans les dix jours au plus tôt et
au plus tard dans les vingt-cinq jours de la date du jugement du Tribúnal
Civil. — Les actes du pourvoi en cassation sont signifiés par chaque époux,
tant à l'autre époux qu'au ministère public près le Tribunal Civil, aux termes de l'article *deux cent soixante-dix-neuf* du Code Civil d'Haïti de 1826.

452. — Dans les dix jours, à compter de la signification qui lui a été
faite du second acte de pourvoi, le ministère public près le Tribunal Civil
fait passer au ministère public près le Tribunal de Cassation l'*expédition*
(n° 30) du jugement et les pièces sur lesquelles il est intervenu. Le ministère public près le Tribunal de Cassation donne ses conclusions par écrit
dans les dix jours qui suivent la réception des pièces. Le président ou le
juge qui le suppléera fait son rapport au Tribunal de Cassation en la
chambre du Conseil; et il est statué définitivement dans les dix jours qui
suivront la remise des conclusions du ministère public, (article *deux cent
quatre-vingt* du Code Civil d'Haïti).

453. — Suivant l'article *deux cent quatre-vingt-un* du Code Civil d'Haïti
de 1826, si l'arrêt maintient le jugement qui admet le divorce, les Parties
doivent dans les vingt jours de sa date se présenter, *ensemble et en personne*,
devant l'officier de l'État Civil pour faire prononcer le divorce. — N° 437.

454. — Tout acte de divorce est inscrit à sa date sur le registre de
l'État Civil, aux termes de l'article *deux cent quatre-vingt-deux* du Code Civil,

d'Haïti, et mention en est faite en marge de l'acte de mariage. — L'officier de l'État Civil qui a prononcé le divorce est tenu, suivant le même texte, de remplir cette formalité lorsque le mariage a été célébré dans sa commune, sinon d'en requérir l'accomplissement de l'officier de l'État Civil rétenteur de l'acte de mariage.

455. — Les autorisations par les pères et mères ou autres ascendants des époux à l'effet de demander le divorce et d'y consentir, dont A.-J. Massé a fourni des formules dans son neuvième livre du *Parfait Notaire*, tome III, *cinquième édition*, sont motivées par l'article 278 du Code Civil Français qui n'a pas de correspondant au Code Civil Haïtien (1). — Nous ne devons pas par conséquent suivre notre bon vieux maître A.-J. Massé à l'égard desdites autorisations qui n'ont pas leur raison d'être, pour nous, aucun texte de nos Codes ou de nos Lois quelconques ne les ayant prescrites.

VII. — Effets du Divorce.

456. — Les époux qui divorcent pour quelque cause que ce soit ne peuvent plus se réunir, dit l'article *deux cent quatre-vingt-trois* du Code Civil d'Haïti de 1826.

457. — Suivant l'article *deux cent quatre-vingt-quatre* du Code susdit, dans le cas de divorce prononcé pour cause déterminée, la femme divorcée ne pourra contracter un autre mariage qu'un an après le divorce prononcé. — Nos 63 et 248.

458. — Aux termes de l'article *deux cent quatre-vingt-cinq* du Code Civil d'Haïti de 1826, dans le cas de divorce par consentement mutuel, aucun des époux ne pourra contracter un autre mariage que trois ans après la prononciation du divorce. — Nos 63 et 249.

459. — Dans le cas de divorce admis en justice pour cause d'adultère, dit l'article *deux cent quatre-vingt-six* du Code Civil d'Haïti, l'époux coupable ne pourra jamais se marier avec son complice.

460. — La femme adultère sera condamnée par le même jugement, et sur la réquisition du ministère public, à une détention qui ne pourra être moindre de trois mois ni excéder une année, aux termes de l'article *deux cent quatre-vingt-six*, visé au numéro précédent.

---

(1). ART. 278 FRANÇAIS. — « Dans aucun cas le consentement mutuel des époux ne suffira pas, s'il n'est autorisé par leurs pères et mères, ou par leurs autres ascendants vivants, suivant les règle prescrites par l'article 150 au titre du mariage. »

L'article 150 du Code Civil Français est textuellement le même qne l'article 138 du Code Civil Haïtien représenté par une partie de notre n° 123. — T. SERVINCENT.

461. — Pour quelque cause que le divorce ait lieu, hors le cas du consentement mutuel, l'époux contre lequel le divorce a été admis perd tous les avantages que l'autre époux lui avait faits, soit par leur contrat de mariage, soit depuis le mariage contracté (article *deux cent quatre-vingt-sept* du Code Civil d'Haïti).

462. — L'époux qui a obtenu le divorce conserve les avantages à lui faits par l'autre époux, aux termes de l'article *deux cent quatre vingt-huit* du Code Civil d'Haïti de 1826, encore qu'ils aient été stipulés réciproques et que la réciprocité n'ait pas lieu. .

463. — Les enfants sont confiés à l'époux qui a obtenu le divorce, à moins que le Tribunal, sur la demande de la famille ou du ministère public, n'ordonne pour le plus grand avantage des enfants que tous, ou quelques-uns d'eux, seront confiés aux soins soit de l'autre époux, soit d'une tierce personne (article *deux cent quatre-vingt-neuf* du Code Civil d'Haïti de 1826). — Nᵒ 426.

464. — Aux termes de l'article *deux cent quatre-vingt-dix* du Code Civil d'Haïti de 1826, quelle que soit la personne à laquelle les enfants sont confiés, les père et mère conservent respectivement le droit de surveiller l'entretien et l'éducation de leurs enfants, et sont tenus d'y contribuer à proportion de leurs facultés.

465. — La dissolution du mariage par le divorce admis en justice ne prive les enfants nés de ce mariage d'aucun des avantages qui leur étaient assurés par les lois ou par les conventions matrimoniales de leurs père et mère, aux termes de l'article *deux cent quatre-vingt-onze* du Code Civil d'Haïti ; mais il n'y a d'ouverture aux droits des enfants que de la manière et dans les mêmes circonstances où ils se seraient ouverts s'il n'y avait eu de divorce.

466. — Suivant l'article *deux cent quatre-vingt-douze* du Code Civil d'Haïti de 1826, dans le cas de divorce par consentement mutuel, la propriété de la moitié des biens de chacun des deux époux est acquise de plein droit, du jour de leur première déclaration, aux enfants nés de leur mariage. — Les père et mère conservent néanmoins la jouissance de cette moitié jusqu'à la majorité de leurs enfants, à la charge de pourvoir à leur nourriture, entretien et éducation, conformément à leur fortune et à leur état; — le tout sans préjudice des autres avantages qui peuvent avoir été assurés aux dits enfants par les conventions matrimoniales de leurs père et mère. — Nᵒ 438 à 440.

FORMULES D'ACTES DE DIVORCE

FORMULES D'ACTES DE DIVORCE

Nᵘˢ 418, 424, 454, 344, 346, 10, 13, 325

§ 1. — CAUSE D'ADULTÈRE

Prononcé de l'Officier de l'État Civil

Formule 169.

L'An mil huit cent quatre-vingt-trois, 80ᵉ année de l'Indépendance d'Haïti, — nº 13-1º et 6º, — et le. . . . . août, à dix heures du matin,

Par-devant nous, Lusincourt-Georges Biamby, officier de l'État Civil de Port-au-Prince, section Nord, soussigné, — Nᵒˢ 4 à 11.

Est comparu le citoyen Alexandre Pointvrai, artiste, demeurant et domicilié à Port-au-Prince, — Nº 325.

Lequel nous a dit et déclaré en présence des témoins ci-après nommés et qualifiés,

Que par jugement contradictoire du Tribunal Civil de Port-au-Prince, rendu le. . . . . . avril dernier, il a été autorisé à se présenter par-devant Nous pour faire prononcer le divorce et la dissolution du mariage d'entre lui et la citoyenne Eudoxie Craque, son épouse, — formule 175 ; — duquel jugement Expédition en forme (nº 30), signée et scellée, a été signifiée à la citoyenne Eudoxie Craque, son épouse, au domicile de Madame Joseph Cric, sa sœur, où elle s'est retirée volontairement depuis le. . . . . . , par exploit de Monsieur Villius Toussaint, huissier assermenté au Tribunal Civil de ce ressort, en date du. . . . . . avril de cette année; — (*Voir la formule 191 applicable au cas.*)

Que n'ayant point eu de recours contre ledit jugement, dans les quatre mois depuis ladite signification, — nº 423, — il lui a fait faire par exploit de Monsieur Georges Dupoux, huissier audiencier au susdit Tribunal, en date du. . . . . . août courant, sommation et même commandement de comparaître aujourd'hui par-devant Nous et en notre Bureau, à dix heures du matin, pour voir prononcer lesdits divorce et dissolution du mariage ; — (*Voyez la formule 192 applicable au cas.*)

Et le Comparant nous a exhibé l'Original desdits sommation et commandement dûment enregistrés ; — *(Voir les formules 191 et 192 applicables au cas.)*

Et le comparant a signé : — A. Pointvrai.

Sur quoi Nous, officier de l'État Civil de Port-au-Prince, section Nord, soussigné, vu l'Expédition (n°s 30-31) du jugement sus-énoncé, la signification d'icelui et la sommation à ladite citoyenne Eudoxie Craque, — lesquelles sont demeurées annéxées (n° 17) au présent acte, — ladite citoyenne Eudoxie Craque n'étant point comparue, quoique attendue jusqu'à l'heure de. . . . . . heures, avons contre la citoyenne Eudoxie Craque donné défaut et, — pour le profit, procédant en exécution du susdit jugement, — avons, en vertu du pouvoir à nous conféré par la Loi, — n° 418, — prononcé que le mariage subsistant entre le citoyen Alexandre Pointvrai et la citoyenne Eudoxie Craque est dissous par le Divorce ; — N° 424.

Dont Acte fait, en notre Bureau *ou* Hôtel, les jour, mois et an susdits, en présence du citoyen Charles-Ernest Audigé, suppléant-juge au Tribunal de Paix de la section Sud et écrivain public, et du citoyen Joseph-Alexandre Bordes, avocat, demeurant et domiciliés tous les deux en cette ville, — n° 325, — majeurs et propriétaires, témoins choisis et appelés par le Comparant, — n° 13-3° ; — lesquels ont signé avec le Comparant et Nous, après lecture par Nous faite. — N° 13-4° et 5°, 483-484. — A. Pointvrai, J.-A. Bordes, Charles E. Audigé, L. Biamby.

(Voyez le Nota Bene *au pied de la formule 193).*

ACTES PRÉPARATOIRES A CELUI DE LA FORMULE 169

Formules 170 à 175.

Il est constant que les griefs contenus en la formule 170 ci-après ne sont pas toujours ceux que le mari a à reprocher à sa femme pour lui intenter le divorce pour cause d'adultère !. . . . . . . Il en existe certainement beaucoup d'autres dans cette scène affligeante de la vie de tous les peuples . . . . . . ! — J'offre ces griefs et ceux des formules 171 à 174 et 177 à 192 à la méditation de mes compatriotes, hommes et femmes, persuadé que les uns et les autres en tireront de précieux enseignements pour bien vivre conjugalement. — Je pense que, si on envisageait toutes les *misères* à éprouver avant d'arriver à la dissolution du mariage, — n° 103, — on réformerait très volontiers sa conduite !. . . . . Et c'est en cette vue que je recommande aux époux et aux gens des deux sexes la lecture des susdites formules. — A Sparte, pour prémunir les jeunes gens contre l'ivrognerie, on exposait devant eux un homme ivre. — T. SERVINCENT.

Nᵒˢ 345 A 349, 325, 356 A 359

Exposé des Faits et Requête en Divorce

Formule 170.

A Monsieur le Doyen du Tribunal Civil de Port-au-Prince,

Magistrat,

Le citoyen Alexandre Pointvrai, artiste, demeurant et domicilié à Port-au-Prince, — nᵒ 325, — soussigné, ayant pour avocats constitués Maîtres Martin Dévot et Auguste Bonamy, a l'honneur de vous exposer très humblement que le douze juin. . . . . . ., devant Monsieur Lusincourt-Georges Biamby, l'un des officiers de l'État Civil de cette ville, il s'unit en mariage avec Mademoiselle Eudoxie Craque, — formule 78 *bis* ; — que dès les premiers jours de cette union, dans laquelle l'espoir des époux de bien vivre s'était confondu, l'Exposant ne tarda pas à augurer, de la désobéissance outrée de son épouse, *l'impossibilité d'une vie commune.*

En effet, Honorable Magistrat, d'un caractère violent qui ne convient pas à son sexe, et qui surtout est propre à lui enlever la sympathie et l'affection de son époux, la Dame Eudoxie Craque Pointvrai, marchant de désobéissance en désobéissance, consacra par malheur pour elle, pour son époux et pour la Société, des causes péremptoires de divorce comme il va être ci-après prouvé :

L'abandon du toit conjugal répété plusieurs fois par l'épouse éclaire non seulement l'époux, mais lui suggère les plus légitimes résolutions au point de vue du divorce qui en est une conséquence naturelle.

Premier Cas : L'abandon du toit congugal eut lieu par suite d'une réprimande plus que nécessaire : L'Exposant après ses courses aux affaires de sa profession, entré chez lui, trouve les pieds de son épouse dans les bottines d'un ami auquel il venait de donner hospitalité. Il somme la femme de les retirer en exhalant son indignation.

Deuxième Cas : C'est par rapport à l'interdiction de certaines fréquentations, suspectes à la fidélité d'une épouse, que Madame Eudoxie Craque Pointvrai, ne voulant donner aucun signe d'obéissance conjugale, quitta le toit commun à une heure indue et pendant le sommeil de son mari. Dans cette occasion, Magistrat, l'influence des mauvais conseils partis des individus qu'il n'était plus facultatif à Madame Pointvrai de fréquenter au su de son mari qui avait formellement condamné ces fréquentations, exerça sa malignité ; et la Renommée, l'indiscrète Renommée embouchant sa trompette, parla. . . . . . d'*amant*.

Troisième Cas : C'est le lendemain du bal, auquel assista la Dame Eudoxie Craque, qu'elle quitta le toit conjugal. Son assistance et sa participation à ce plaisir, contre le vœu formellement manifeste de son époux, la firent marcher rapidement à sa perte. L'autorité de l'Exposant comme mari est devenue une lettre morte : Madame Pointvrai ne suivra plus que l'impulsion de ses pernicieuses conseillères qui, plus tard, révèleront ses moindres gestes, hélas !. . . . . bien peu favorables à la fidélité d'une épouse.

Quatrième Cas : La Dame Eudoxie Craque s'était choisi un ami qui venait la voir à la maison conjugale quand l'Exposant en était sorti, et qui s'en allait un moment avant l'entrée de celui-ci, lorsqu'il arrivait à Madame Alexandre Pointvrai, au sortir de la demeure de sa sœur où elle s'amusait à jouer aux cartes avec son ami, de se faire accompagner par ce dernier pour ne s'en séparer qu'à l'entrée de la maison maritale. Cette fois, Madame Eudoxie Craque s'éloigna du toit conjugal pour son bon plaisir.

Cinquième Cas : Un jour que l'Exposant causait avec un de ses confrères de profession, dans son cabinet, Madame son épouse, — parce qu'il s'était agi de Monsieur Joseph Cric, son beau-frère, pour le prix d'un portrait, — quitta brusquement la pièce voisine où elle se trouvait pour passer à la nôtre et invectiver cet ami auquel elle devait les convenances de sa maison. Cette conduite motiva de l'Exposant une réprimande qui porta Madame Eudoxie Craque à abandonner froidement le toit commun.

Sixième Cas : Le premier du mois de . . . ., entre sept et huit heures du soir, Madame Alexandre Pointvrai fit des injures graves et publiques à son mari, en l'arrêtant à cette heure dans les rues et en lui faisant une scène insensée, dans laquelle des personnalités très pures ont été tachées par ses injures les plus brutales et les plus grossières.

L'Exposant borne ici l'énumération des faits regrettables à la charge de son épouse, Honorable Magistrat, laissant aux témoins qui seront ultérieurement entendus par le Tribunal la pénible tâche de vous en dire plus au long.

De tout ce qui précède, Magistrat, les causes de divorce sont plus que suffisantes pour décider un mari à le provoquer.

Ce considéré, Monsieur le Doyen, qu'il Vous plaise, attendu qu'aux termes de l'article 215 du Code Civil d'Haïti, — n° 346, — le mari peut demander le divorce pour cause d'adultère de sa femme, donner acte à l'Exposant de ce qu'il forme par ces présentes sa demande en divorce contre son épouse, ordonner en conséquence que l'Exposant et son épouse comparaîtront en personne devant Vous, — n° 359, — en la Chambre du Conseil, aux jour et heure qu'il Vous plaira d'indiquer pour y être entendus respectivement. — Ce sera Justice !

Port-au-Prince, le 22 novembre 1882. — A. Pointvrai, Aug. Bonamy, M. Dévot.

(Voyez les Actes des Formules 179 à 191.)

Nᵒˢ 356 A 359

Première Comparution

Formule 171.

Aujourd'hui le . . . . . . novembre mil huit cent quatre-vingt-deux, 79ᵉ année de l'Indépendance d'Haïti, à dix heures du matin,

Par-devant nous, Aurélus Dyer, doyen du Tribunal Civil de Port-au-Prince, assisté de Monsieur Alvarès Lallemand, commis-greffier du Siège,

Est comparu à la Chambre du Conseil dudit Tribunal le citoyen Alexandre Pointvrai, artiste, demeurant et domicilié à Port-au-Prince, — Nᵒ 325.

Lequel nous a remis : 1ᵒ une Requête portant demande en divorce contre Madame Eudoxie Craque, son épouse, — formule 170 ; — 2ᵒ l'Expédition (nᵒ 30) d'un acte en date du douze juin . . . ., dressé par Monsieur Lusincourt-Georges Biamby, l'un des officiers de l'État Civil de cette ville, constatant la célébration du mariage desdits époux, — formule 78 *bis* ; — 3ᵒ l'Original (nᵒ 29) d'une sommation de réintégrer le toit conjugal faite par le compararant à son épouse, exploit de l'huissier Émile Labranche, de ce Tribunal, en date du . . . . . . octobre dernier, dûment enregistré. — Nᵒ 356.

Après avoir paraphé lesdites pièces, — nᵒ 357, — nous avons donné acte au Comparant de la remise de ces pièces en nos mains ; — Nᵒˢ 356 à 359.

Et après lecture faite par le commis-greffier, le Comparant a signé avec nous et le commis-greffier. — Nᵒˢ 483-484. — Al. Pointvrai, A. Dyer, Al. Lallemand.

Nᵒ 359

Ordonnance

Formule 172.

Ordonnons que les Parties comparaîtront en *personne*, devant Nous, le mardi que l'on comptera . . . . . . novembre courant, à neuf heures du matin, et qu'à cet effet Copie de notre Ordonnance sera par Nous adressée à l'épouse. — Nᵒ 359.

Et avons signé avec le greffier, après lecture par celui-ci faite au Comparant. — Nᵒˢ 483-484. — A. Dyer, A. Lallemand.

(Voir les Formules 179 et 180 ci-après applicables au présent cas.)

N° 360

Deuxième Comparution

Formule 173.

Aujourd'hui le . . . . . . novembre mil huit cent quatre-vingt-deux, 79ᵉ année de l'Indépendance d'Haïti, à . . . . . . heures du matin,

Par-devant Nous, Aurélus Dyer, doyen du Tribunal Civil de Port-au--Prince, assisté du commis-greffier, soussigné,

Conformément à notre Ordonnance en date du . . . . . . novembre courant, — Formule 172.

Est comparu le citoyen Alexandre Pointvrai, artiste, demeurant et domicilié à Port-au-Prince, — n° 325, — demandeur en divorce,

Attendu que la citoyenne Eudoxie Craque, épouse d'Alexandre Pointvrai, n'a pas comparu et que le demandeur, malgré nos représentations propres à opérer un rapprochement entre lui et son épouse, persiste dans sa demande;

Ordonnons la communication de ladite demande (formule 170) et des pièces au ministère public, — n° 360, — pour qu'il en soit référé par Nous à l'audience dans les trois jours.

En foi de quoi Nous avons dressé le présent Procès-Verbal que Nous avons signé avec le Comparant et le commis-greffier, après lecture par celui-ci faite. — Nᵒˢ 483-484. — Al. Pointvrai, A. Dyer, Al. Lallemand.

(Voir les formules 189 à 191.)

Nᵒˢ 374 A 376, 325, 378 A 380

Dépositions des Témoins

Formule 174.

L'An mil huit cent quatre-vingt-trois, 80ᵉ année de l'Indépendance d'Haïti, et le quatre avril à dix heures du matin,

Par-devant Nous, Aurélus Dyer, Hugon Lechaud et François Nazon, doyen et juges du Tribunal Civil de Port-au-Prince, assistés du citoyen Monguy aîné, greffier en chef du siège, et en présence du citoyen Pétion Chassagne, substitut du Commissaire du Gouvernement,

Est comparu à l'Audience le citoyen Alexandre Pointvrai, artiste, demeurant et domicilié à Port-au-Prince, — n° 325, — assisté de Maîtres Martin-Émilcar Dévot et Auguste-Dumai Bonamy, ses avocats constitués;

Lequel Nous a dit que pour obéir aux jugements rendus par ce Tribunal en dates des . . . ., entre lui et Madame Eudoxie Craque, son épouse, — le premier ordonnant l'Enquête et la Contre-Enquête dont il va être ci-après parlé et le second fixant l'Audience de ce jour, — il a fait assigner par acte du ministère de l'huissier Antoine-Georges Dupoux, en date du . . . . . ., 1° le citoyen A. . . . . . et 2° le citoyen B. . . . . . à comparaître à l'Audience à huis clos, fixée à ces jour et heure, à l'effet de déposer ce qui est à leur connaissance dans l'action en divorce intentée par le Comparant contre sa dite épouse, et qu'il Nous requerrait de procéder auxdites Enquête et Contre-Enquête, vu que l'heure fixée à ces fins est arrivée ;

Et, déférant à cette réquisition, avons donné acte, au citoyen Alexandre Pointvrai, de ses comparution et dire.

Immédiatement, avons fait évacuer la salle par le Public, et le Tribunal, passant à huis clos, a accordé la parole au citoyen Alexandre Pointvrai, qui l'a requise,

Lequel a présenté l'Original (n° 29) de la citation donnée aux témoins à sa requête. — (*Voir la formule 188 applicable au cas.*) — Sur l'appel des témoins fait par l'huissier audiencier, sur l'ordre du doyen, est comparu un seul qui a été entendu comme suit :

Il a prêté le serment de dire toute la vérité et rien que la verité, — N°s 378 à 380. — Après avoir déclaré n'être ni parent ou allié, ni serviteur d'aucune des parties, il a dit se nommer B. . . . . . ., médecin, âgé de . . . . . . ans, demeurant à Port-au-Prince. — N° 325.

Le témoin sus-nommé et qualifié, interpellé par le Doyen à savoir s'il est à sa connaissance que la dame Alexandre Pointvrai a abandonné le toit marital, a répondu : « *Oui* ».

Interpellé par le Doyen à savoir s'il peut dire le motif qui a porté Madame Alexandre Pointvrai à laisser le toit conjugal ? Il a répondu qu'il l'ignore.

Interpellé : « Veuillez Nous dire ce que vous connaissez relativement à la séparation des époux Alexandre Pointvrai »,

A répondu : « Je connais par exemple ce fait : Un jour sur les dix heures du soir, venant des bords de la mer et passant du côté des époux Joseph Cric, je fus témoin d'une scène publique que faisait Madame Joseph Cric à Madame Alexandre Pointvrai, sa sœur, à laquelle elle disait ces terribles paroles : « Je vous ai surprise avec mon mari dans des relations intimes ».

Interpellé : « Est-il à votre connaissance que, après l'abandon du toit conjugal, Madame Alexandre Pointvrai s'est trouvée une fois, jusqu'à neuf heures du soir, dans une maison voisine à celle de l'établissement public que dirigeait Monsieur Q. . . . . . ? »,

Le témoin a répondu : « *Oui* ; j'ai vu venir Madame Alexandre Pointvrai, plusieurs fois dans cette maison, causant avec Madame Adnarime. — Elle y venait toujours à neuf heures et même à neuf heures et demie du soir ».

Interpellé : « Est-il à votre connaissance que Monsieur Coxis faisait la cour à Mademoiselle Eudoxie Craque, devenue plus tard épouse de Monsieur Alexandre Pointvrai ? »,

A répondu : « *Oui*, le fait est à ma connaissance ».

Interpellé : « Est-il à votre connaissance que Mademoiselle Eudoxie Craque, devenue épouse Alexandre Pointvrai, a continué à avoir des relations avec Monsieur Coxis ? »,

Le témoin a répondu : « *Oui*, il est à ma connaissance que Madame Alexandre Pointvrai se rendait souvent chez sa sœur, Madame Joseph Cric, où Monsieur Coxis venait la trouver et jouer aux cartes avec elle jusqu'à . . . . . . heures du soir »..

Interpellé : « Est-il aussi à votre connaissance que c'est Monsieur Coxis qui accompagnait Madame Alexandre Pointvrai chez elle et ne se séparait d'elle qu'arrivés à la barrière de la maison ? ».

A répondu : « *Oui*, ce fait est à ma connaissance ».

Interpellé : « Est-il à votre connaissance que, peu avant le mariage de Monsieur Vermis, on a vu sortir de chez lui, de nuit, Madame Alexandre Pointvrai ? »,

Le témoin a répondu : « *Oui* ; j'étais dans une maison voisine à celle de Monsieur Vermis, qui vivait alors en garçon ; j'ai vu sortir de chez lui, une nuit, Madame Alexandre Pointvrai ».

Plus n'a été interrogé. Lecture de sa Déclaration à lui faite, par le greffier, le témoin B. . . . . . . affirme qu'elle contient vérité et y persiste.

Requis de signer, il l'a fait avec le Comparant, Nous et le greffier : — A. Pointvrai, B. . . . . . A. Dyer, H. Lechaud, F. Nazon, Monguy aîné.

Et vu les dispositions de l'article *deux cent quarante-quatre* du Code Civil d'Haïti, — n° 416, — renvoyons les Parties à l'Audience publique de jeudi que l'on comptera. . . . . . . du courant, à neuf heures du matin, ordonnons la communication de la procédure au Ministère Public, et commettons le juge Hugon Lechaud pour en faire rapport, ordonnons en outre que la présente Ordonnance soit signifiée à l'épouse dans le délai de. . . . . . . jours, — N° 516.

Dont Acte que Nous avons signé avec le greffier après lecture faite. — A. Dyer, Hugon Lechaud, F. Nazon, Monguy aîné.

Nᵒˢ 417-418, 298-299, 29-31

ADMISSION DE DIVORCE

Formule 175.

Au Nom de la République,

Le Tribunal Civil de Port-au-Prince, compétemment réuni au Palais

de Justice, a rendu en audience publique le Jugement suivant : —
Nos 298-299.

Entre Monsieur Alexandre Pointvrai, artiste, demeurant et domicilié à
Port-au-Prince, — no 325, — demandeur en divorce, comparant en personne, — no 10, — assisté de maîtres Martin Dévot et Auguste Bonamy,
ses avocats constitués, d'une part ; et Madame Eudoxie Craque, épouse
Alexandre Pointvrai, propriétaire, demeurant et domiciliée aussi à Port-
au-Prince, — no 325, — défenderesse en divorce, défaillante, d'autre
part.

La cause reproduite à l'Audience du. . . . ., après le Rapport de
Monsieur le juge Hugon Lechaud, Maîtres Martin Dévot et Auguste Bonamy, pour le demandeur, ont pris et déposé les conclusions suivantes :

Attendu : 1o que par Jugement de ce Tribunal, en date du. . . . .
la demande en divorce du Concluant a été admise ; 2o qu'avant de statuer
au fond, ce Tribunal a cependant ordonné une Enquête qui a été faite
à l'audience à huis clos du. . . . ., — formule 174 ; — 3o que la
cause est aujourd'hui en état d'être jugée au fond,

Qu'il plaise au Tribunal admettre le divorce du Concluant contre son
épouse, l'autoriser à se présenter devant l'officier de l'Etat Civil de la section Nord de cette ville pour faire prononcer ledit divorce. et condamner
Madame Eudoxie Craque, son épouse, aux dépens. Ce sera justice. — Auguste
Bonamy, Martin Dévot.

La défenderesse a fait défaut.

Point de Fait : Le douze juin. . . . . . . Monsieur Alexandre Pointvrai épousa la Demoiselle Eudoxie Craque, et le vingt-deux novembre
mil huit cent quatre-vingt-deux M. Alexandre Pointvrai forma, contre
son épouse, une demande en divorce pour cause d'adultère. Après l'accomplissement de toutes les formalités voulues par la Loi, en matière de
divorce, le Tribunal, par son Jugement en date du. . . . ., a admis la demande, — formule. . . . . . — Le. . . . . . . de l'année
courante sortit Jugement, avant faire droit, qui a ordonné la preuve du
fait allégué par le demandeur, — formule. . . . . . . — C'est en exécution de ce dernier jugement que le demandeur a fait comparaître les
témoins dont un seul a été entendu à l'Audience à huis clos du. . . .
. . . — Formule 174.

L'affaire portée de nouveau à l'Audience Publique du. . . . . . courant, — formule. . . . . . ., le Tribunal, après avoir entendu le rapport
de Monsieur le juge Hugon Lechaud et les conclusions de Maîtres Martin
Dévot et Auguste Bonamy pour le demandeur, a donné défaut contre
la défenderesse pour n'avoir pas comparu ni personne pour elle, quoique
dûment appelée, et a ordonné le dépôt des pièces pour en être délibéré
et le prononcé du Jugement à l'une des prochaines Audiences.

Point de Droit : Le Tribunal doit-il donner défaut contre la défenderesse non comparante? Doit-il admettre le divorce du demandeur contre la défenderesse, son épouse, avec dépens?

Ouï, Monsieur Ludovic Panayoty, substitut du Commissaire du Gouvernement près ce Tribunal, en ses conclusions verbales;

Vu : 1° l'acte civil de mariage des époux Alexandre Pointvrai, en date du douze juin. . . . . — formule 78 *bis*; — 2° la demande en divorce présentée par l'époux sous la date du vingt-deux novembre mil huit cent quatre-vingt-deux, — formule 170; — 3° les procès-verbaux des première et seconde comparutions en dates des. . . . . , — formules 171 et 173 ; — 4° le jugement de ce Tribunal sous la date du. . . . . , enregistré et signifié, — formule. . . . . ; — 5° Le procès-verbal de l'Audience à huis clos en date du. . . . . , — formule 174; — 6° le jugement de ce Tribunal sous la date du. . . . . . . , admettant la demande en divorce, — formule. . . . . . ; — 7° . . . . ; — 8° . . . . , enregistré et signifié le. . . . . . . du même mois, avec assignation à la défenderesse par exploit de l'huissier X. . . . . ; — 9° les conclusions du demandeur;

Considérant qu'aux termes de l'article 215 du Code Civil d'Haïti, — n° 346, — le mari peut demander le divorce pour cause d'adultère de sa femme;

Considérant qu'il résulte de l'Enquête faite à l'Audience à huis clos du. . . . . . . et du Procès-verbal, dressé à cet effet, la preuve du fait d'adultère reproché à la défenderesse; — Formules 170 et 174.

Considérant que ladite défenderesse a été légalement appelée, qu'elle n'a point comparu ni personne pour elle, et que les conclusions du demandeur sont trouvées justes et bien vérifiées.

Par ces motifs, le Tribunal, après en avoir délibéré, *donne* défaut contre la Dame Eudoxie Craque, épouse d'Alexandre Pointvrai, pour n'avoir point comparu ni personne pour elle, et pour le profit *admet* le Divorce du demandeur contre la défenderesse, *autorise* en conséquence le demandeur à se présenter devant l'officier de l'État Civil de la section Nord de Port-au-Prince pour le faire prononcer, *condamne* ladite défenderesse aux dépens alloués à Maîtres Martin Dévot et Auguste Bonamy à la somme de . . . . . . piastres, et ce non compris le coût du présent Jugement pour la signification duquel l'huissier Antoine-Georges Dupoux est commis.

Donné de Nous, Aurélus Dyer, doyen, Hugon Lechaud et François Nazon, juges, en Audience Publique du. . . . . . . avril mil huit cent quatre vingt-trois, 80e année de l'Indépendance d'Haïti ; — Nos 298-299.

Il est ordonné à tous huissiers sur ce requis de mettre le présent Jugement à exécution, aux officiers du ministère public près les Tribunaux Civils d'y tenir la main, à tous commandants et autres officiers de la force publique d'y prêter main forte, lorsqu'ils en seront légalement requis. — N° 31.

En foi de quoi la minute (n° 29) du présent Jugement est signée du Doyen, des Juges et du Greffier. — Nos 29 à 31. — Aurélus Dyer, Hugon Lechaud, François Nazon, Numa Lafond, *greffier*. — (*Voyez la Formule 169.*)

(*Les Formules 178 à 192 ci-après sont applicables au Cas de la Formule 169 ci-dessus.*)

Nos 418, 424, 454, 344, 350 A 430, 4 A 13, 325

§ 2. — CAUSE DÉTERMINÉE

Prononcé de l'Officier de l'État Civil

Formule 176.

L'An mil huit cent quatre-vingt-trois, 80e année de l'Indépendance d'Haïti, — Nos 13-1° et 6°, — et le vingt-cinq août, à dix heures et demie du matin,

Par-devant nous, Lusincourt-Georges Biamby, officier de l'État Civil de Port-au-Prince, soussigné, — Nos 4 à 11.

Est comparue la citoyenne Eudoxie Craque, — n° 10, — propriétaire, épouse du citoyen Alexandre Pointvrai, artiste, demeurant et domiciliée à Port-au-Prince ; — N° 325.

Laquelle Nous a dit et déclaré, en présence des deux témoins ci-après nommés et qualifiés :

Que, par jugement contradictoire du Tribunal Civil de ce ressort, rendu le quatre avril de la présente année, — formule 190, — elle a été autorisée à se présenter par-devant Nous pour faire prononcer le divorce et la dissolution du mariage d'entre elle et ledit citoyen son mari ; duquel jugement, *expédition* dûment en forme, — n° 30, — signée et scellée, a été signifiée au citoyen Alexandre Pointvrai, à son domicile,—n° 325,—et par *exploit* de Monsieur Villius de Toussaint, huissier assermenté au Tribunal Civil de Port-au-Prince, en date du ...... avril dernier; — Formule 191.

Que n'ayant point eu de recours contre ledit jugement, dans les quatre mois de sa signification, — n° 523, — elle lui a fait faire par *exploit* de M. Georges Dupoux, huissier audiencier au susdit Tribunal, en date du vingt-deux août courant, sommation et même commandement de comparaître aujourd'hui par-devant Nous et en Notre Bureau *ou* Hôtel, à neuf heures du matin, pour voir et entendre prononcer les dits divorce et dissolution du mariage ; — Formule 192.

Et la Comparante, après Nous avoir exhibé l'Original desdits sommation et commandement, dûment enregistrés, a requis de Nous défaut contre le citoyen Alexandre Pointvrai, son époux, en cas de non-comparution, et que pour le profit il soit passé outre à la prononciation dudit divorce, aux termes du jugement sus-énoncé; et Elle a signé : Eudoxie Craque.

Sur quoi Nous, officier de l'État Civil soussigné, vu l'*expédition* du jugegement sus-visé, — n°s 30-31 et formule 190, — la *signification* d'icelui et la *sommation* audit citoyen Alexandre Pointvrai,—formule 192,—lesquelles demeurent annexées à ces présentes, — n° 17, — ledit citoyen Alexandre Pointvrai n'étant point comparu, quoique attendu jusqu'à l'heure de . . . . . . heures, avons contre lui donné défaut et, pour le profit, procédant en exécution du susdit jugement et en vertu de l'article *deux cent quarante-six* du Code Civil d'Haïti, — n° 418, — avons prononcé que le Mariage subsistant entre la citoyenne Eudoxie Craque et le citoyen Alexandre Pointvrai est dissous par le Divorce. — N° 424.

Dont Acte fait, en Notre Hôtel *ou* Bureau, en présence du citoyen Pollux Grangé, artiste et magistrat, et du citoyen Francin Thézan, avocat et député au Corps Législatif, tous les deux propriétaires, majeurs, demeurant et domiciliés en cette ville, — n° 325, — témoins choisis et amenés par la Comparante. — N° 13-3°.

Et la Comparante a signé avec lesdits Témoins et Nous après lecture par Nous faite. — N°s 13-4° et 5°, 483-484. — Eudoxie Craque, Francin Thézan, Pollux Grangé, Lusincourt Biamby.

(Voyez le Nota Bene *précédant la formule 194.)*

Actes préparatoires a Celui de la Formule 176

Formules 177 à 192.

La Formule 177 ci-après est le tableau *vivant* de la conduite de l'homme qui, au lieu de constituer en s'unissant à la femme la Société dont il est question au n° 103 ci-dessus, se marie dans l'unique but des calculs dont parle le n° 104.— Il va sans dire que les Griefs proposés par la femme demanderesse en divorce, pour cause déterminée, ne sont pas toujours les mêmes que ceux énoncés en cette formule; mais ils sont bien, à peu de différence, ceux qu'on a presque toujours à reprocher ici, comme partout ailleurs, à nos spéculateurs en mariage. — T. S.

N°s 350 A 356

Exposé des Faits et Requête en Divorce

Formule 177.

A Monsieur le Doyen et Messieurs les Juges du Tribunal civil de Port-au-Prince.

Magistrats,

La Dame Eudoxie Craque, propriétaire, épouse de Monsieur Alexandre

Pointvrai, demeurant et domicilié à Port-au-Prince, — n⁰ˢ 325 et 330, — soussignée, ayant pour ses avocats constitués Maîtres Pierre-Labédoyère Cauvin et François-Luxembourg Cauvin, de ce Barreau, également soussignés, a l'honneur de Vous exposer humblement que, par acte dressé le lundi douze juin de cette année par-devant M. Lusincourt-Georges Biamby, l'un des officiers de l'État Civil de Port-au-Prince, elle contracta mariage avec Monsieur Alexandre Pointvrai, — formule 78 *bis*, — qu'à part les sentiments d'affection et de sympathie, que cet époux lui avait inspirés, cette union avait encore pour raison et motif la haute moralité qu'elle croyait trouver dans le cœur de celui auquel, — jeune et laborieuse fille orpheline, sans le dire avec ostentation, — elle allait confier sa personne et l'administration de ses intérêts, car cet homme semblait alors lui manifester un caractère doux, sobre et laborieux, celui enfin d'un honnête homme, susceptible de sentir et de comprendre religieusement l'impérieuse nécessité de travailler avec conduite, afin de s'assurer autant que possible une existence solide et irréprochable pour l'avenir; — que, pleine de cette espérance, elle vivait avec son mari dans l'union la plus parfaite, uniquement occupée du soin de ses affaires comme commerçante et de ses devoirs d'épouse en ce qui concerne le train du ménage à l'intérieur, quand tout d'un coup, un mois après le mariage, elle eut le malheur et la douleur de commencer par être éclairée sur le dérèglement de la conduite de son époux.

En effet, Honorables Magistrats, trouvant le moment arrivé pour mettre un exercice une puissance maritale des plus outrées, il se mit à découvert et se posa dès lors sous le toit conjugal comme un véritable *pensionnaire et rentier*, n'assistant jamais l'Exposante en quoi que ce soit, ne faisant aucun frais d'époux, exigeant et affichant au contraire avec un ton impératif ses prétentions d'être vêtu, nourri, blanchi et logé aux frais de l'épouse. Les marchandises de la boutique de l'Exposante, telles que spiritueux et vins divers, cigares et provisions alimentaires de toute sorte, passaient tant en consommations *capricieuses et personnelles* de l'époux qu'à ses *réceptions d'amis*. — Enfin, depuis lors, une licence des plus honteuses s'installa sous le toit commun. — Voyant le mal dont elle était menacée, si les choses continuaient tonjours sur ce pied, l'Exposante essaya de mettre en usage tous les bons conseils et toutes les manières affables, même la flatterie, pour engager son époux à changer de conduite en rompant avec cette vie d'oisiveté, qu'il avait contractée si passionnément et qui l'avait entraîné à la débauche; mais ce fut en vain.

Contrarié ou pour mieux dire mécontent tout à fait des sages observations de l'Exposante, Magistrats, son époux se crut autorisè à employer contre elle les actes les plus infâmes, en fait de brutalité et de violence, tels que *coups au visage et ailleurs* et *jurons vulgaires des plus sales.*

C'est ainsi qu'un jour cet époux étant rentré à la maison dans un état d'ivresse tellement dégoûtant, l'Exposante ne put s'empêcher de lui en faire un reproche *amical !* . . . . et pour toute réponse, Honorables Magistrats, il lui tira un coup de revolver qui produisit tant d'impression sur elle, qu'elle tomba par terre de frayeur et de complet évanouissement : c'est grâce à la Divinité si elle n'a pas été atteinte par la balle. — Une autre fois cet homme but encore si déréglément, le jour que l'Exposante faisait faire pour elle une distillation, qu'il faillit tomber sur l'alambic et par suite s'occasionner un accident sinon la mort. L'Exposante, saisie de frayeur, poussa un cri de détresse !. . . . . . mais cet époux, dont le cœur est mauvais, loin de tenir compte à son épouse de cette marque de sensibilité, tira un tison du feu qui était sous l'alambic et l'en frappa, sans égard ni pitié. . . . . . !

Ces jours derniers, l'Exposante se rendit chez son oncle, Monsieur B. . . . . . ., où se trouvait malade un enfant de la fille de celui-ci, sa cousine, aux fins de l'aider dans les soins réclamés par l'état de l'enfant ; son époux, qui n'a aucune affection dans le cœur, loin de partager les chagrins de la pauvre mère, se rendit à la demeure de son oncle comme un furieux et, — sous l'impression de sa vie ordinaire, la tête chargée d'alcool, sans égard ni ménagement pour ce vieillard qui est depuis longtemps atteint d'une grave infirmité, sans respect pour ce parent généralement respecté et vénéré par tout le monde, — il lui adressa les paroles les plus blessantes, les jurons les plus grossiers, en l'accusant publiquement d'avoir attiré l'Exposante chez lui sous le prétexte de porter des soins à l'enfant malade, tandis que c'était pour faire ou s'occuper des *Ouangas* et du *caprelatas* ; que, du reste, l'Exposante recevait des hommes *en cachette* chez son oncle. — Il se réjouit publiquement de la mort de l'enfant et menaça l'Exposante de l'assassiner, ou de mettre le feu à sa maison s'il ne réussit pas à la faire vendre pour dettes, en ruinant sa boutique.

A ces propos aussi dégoûtants qu'alarmants, Magistrats, l'Exposante adressa des reproches amers à son époux, qui n'en profita nullement. — Elle était en chemise et couchée, en chemise de nuit que l'on porte ordinairement dans les saisons de forte chaleur, quand son époux, pris d'un délire occasionné par l'absorption outre mesure de l'alcool, courut s'armer de son revolver et de son poignard pour l'assaillir ; — elle n'eut que le temps de sauter les marches de son escalier, avec précipitation, et courut avec le linge de nuit sur le corps chez son oncle qui demeure assez près. — L'époux l'y poursuivit et l'aurait peut-être tuée si ce n'était grâce au Ciel. — Cette dernière scène occasionna dans le quartier une émotion très émouvante. — L'Exposante a été obligée de garder la maison de son oncle, jusqu'à ce que Monsieur son époux s'est retiré du toit conjugal et même jusqu'à présent elle est obligée de se coucher dans la maison de famille de son oncle, de crainte d'être assaillie la nuit par son dit époux.

Attendu que les Faits ci-dessus relatés sont constants ; qu'ils constituent les cas d'excès, sévices, injures graves et publiques, et autorisent l'action en divorce que l'Exposante s'est décidée à exercer contre son dit époux, aux termes de l'article *deux cent dix-sept* du Code Civil d'Haïti, — n° 350, — qu'il Vous plaise permettre que l'Exposante fasse assigner sondit époux pour voir prononcer la dissolution du mariage qui existe entre eux et s'entendre condamner aux dépens. — Ce sera justice.

Port-au-Prince, le 31 octobre 1882. — Eudoxie Craque, F Luxembourg Cauvin, P.-Labédoyère Cauvin.

N⁰ˢ 357 A 359

PREMIÈRE COMPARUTION

Formule 178.

L'An mil huit cent quatre - vingt - deux, 79e année de l'Indépendance d'Haïti, et le trente et un octobre, à dix heures du matin,

Par-devant Nous, Émile Robin, juge remplissant la fonction de doyen du Tribunal Civil de Port-au-Prince, soussigné, assisté de Monsieur Alvarès Lallemand, l'un des greffiers du siège, aussi soussigné,

Est comparue en la Chambre du Conseil de ce Tribunal la citoyenne Eudoxie Craque, — n° 10, — propriétaire, épouse du citoyen Alexandre Pointvrai, demeurant et domiciliée à Port-au-Prince, — N° 325.

Laquelle Nous a dit qu'elle est réduite à la fâcheuse nécesssité d'intenter contre le citoyen Alexandre Pointvrai, son époux, une action en divorce pour excès, sévices et injures graves et publiques.

Elle Nous a présenté à cet effet : 1° l'Acte civil de son mariage avec le susdit époux, passé devant M. Lusincourt-Georges Biamby, l'un des officiers de l'État-Civil de cette Capitale, le douze juin mil huit cent quatre-vingt-deux, — formule 78 *bis*, — et 2° la Requête en date de ce jour contenant les griefs que l'epouse articule contre son dit époux. — Formule 177; — N⁰ˢ 357 à 359.

Après avoir entendu la Comparante et lui avoir fait les observations, que Nous avons cru convenables, avons paraphé lesdites pièces et dressé procès-verbal de la remise du tout en Nos mains, — N⁰ˢ 357 à 359.

Et avons signé avec la Comparante et le Greffier, après lecture par celui-ci faite. — N⁰ˢ 483-484. — Eudoxie Craque, Émile Robin, Alvarès Lallemand.

Et vu l'article *deux cent vingt-six* du Code Civil d'Haïti, — n° 359, — ordonnons que les Parties comparaîtront *en personne* devant Nous, en la Chambre du Conseil de ce Tribunal, le lundi que l'on comptera six novembre prochain, à dix heures du matin, et qu'à cet effet Copie de Notre Ordonnance sera par Nous adressée au citoyen Alexandre Pointvrai à toutes les fins de droit. — N° 359.

Dont Acte que Nous avons signé avec le greffier après lecture faite par celui-ci à la Comparante. — Émile Robin, Alvarès Lallemand.

N° 359

COPIE DE L'ORDONNANCE DU DOYEN ADRESSÉE A LA PARTIE CONTRE LAQUELLE

LE DIVORCE EST DEMANDÉ

Formule 179.

Extrait des Minutes du Greffe du Tribunal Civil de Port-au-Prince.

D'un Procès-Verbal dressé par le Doyen du Tribunal Civil de Port-au-Prince, en date du trente et un octobre dernier relativement à la demande en divorce intentée par la Dame Eudoxie Craque contre Monsieur Alexandre Pointvrai, son époux, il a été extrait littéralement ce qui suit :

Et vu l'article *deux cent vingt-six* du Code Civil d'Haïti, — n° 359, — ordondonnons que les Parties comparaîtront *en personne* devant Nous, etc., — Formule 178. — Émile Robin, Alvarès Lallemand.

MÊME NUMÉRO

MISSIVE ACCOMPAGNANT L'ORDONNANCE DU DOYEN DU TRIBUNAL CIVIL ADRESSÉE

A LA PARTIE CONTRE LAQUELLE LE DIVORCE EST DEMANDÉ

Formule 180.

Port-au-Prince, le 31 octobre 1882.

Le Doyen du Tribunal Civil de ce Ressort à M. Alexandre Pointvrai.

Monsieur,

Je vous expédie sous ce couvert la Copie de l'Ordonnance mise au bas du Procès-Verbal que j'ai dû dresser à l'occasion de la Demande en divorce que m'a présentée Madame votre épouse contre vous. — N° 359. — Formule 179.

Veuillez vous y conformer. — Je vous salue avec une parfaite considération. — Émile Robin.

N° 360

DEUXIÈME COMPARUTION

Formule 181.

L'An mil huit cent quatre-vingt-deux, 79e année de l'Indépendance d'Haïti, et le six novembre, à dix heures du matin,

Par-devant nous, Émile Robin, juge remplissant la fonction de doyen du Tribunal Civil de Port-au-Prince, soussigné, assisté de Monsieur Alvarès Lallemand, commis-greffier du siège, aussi soussigné,

Est comparue en la Chambre du Conseil de ce Tribunal la citoyenne Eudoxie Craque, — n° 10, — propriétaire, épouse du citoyen Alexandre Pointvrai, demeurant et domiciliée à Port-au-Prince; — N° 325.

Laquelle nous a dit qu'en exécution de notre Ordonnance du trente et un octobre dernier, — formules 178 à 180, — qui fixe sa comparution ainsi que celle de son époux *en personne* par-devant nous, en la Chambre du Conseil, à ces jour et heure, elle requiert acte de son instance à donner suite à l'action en divorce que, par sa requête à nous présentée, elle a intentée contre le citoyen Alexandre Pointvrai, son époux. — Formule 177.

Est intervenu en ce moment dans l'Enceinte le citoyen Alexandre Pointvrai, artiste, demeurant et domicilié aussi à Port-au-Prince ; — N° 325.

Lequel nous a, à son tour, dit qu'en conformité de l'Ordonnance, dont Copie lui a été adressée avec notre missive en date du trente et un octobre dernier, — formules 179-180, — il comparaît par-devant nous à la Chambre du Conseil, à ces jour et heure, pour reconnaître qu'il a eu des torts envers son épouse et déclarer que tout ce qu'il a fait subir à celle-ci n'était que le fait d'un moment d'emportement; qu'il en est très navré et que pour le profit il promet ici de réformer. . . . etc. . . . . .

Après avoir entendu les Comparants séparément et chacun d'eux en particulier, puis les deux ensemble, et leur avoir fait les représentations et observations que nous avons crues propres à opérer un rapprochement entre eux, n'ayant pu y parvenir par la persistance de l'épouse demanderesse, avons dressé le présent Procès-Verbal aux termes de l'article *deux cent vingt-sept* du Code Civil d'Haïti. — N° 360.

Ordonnons communication de la Demande au Ministère public et le référé du tout au Tribunal sur notre rapport dans les trois jours, au termes du susdit article ; — N° 360.

Dont Acte que les Comparants ont signé avec Nous et le commis-greffier après lecture par celui-ci faite. — Nos 483-484. — Al. Pointvrai, Eudoxie Pointvrai, née Craque, Émile Robin, Alvarès Lallemand.

NOTA BENE

Il va sans dire que l'époux défendeur en divorce, malgré la notification doyen du Tribunal Civil de Port-au-Prince, Dartus-Coudol Bazile et Clément Lafontant, juges dudit Tribunal, assistés du citoyen Auguste Dantié, l'un des greffiers du siège, en présence du citoyen Ludovic Panayoty, substitut du Commissaire du Gouvernement près ce même Tribunal,

Est comparue la citoyenne Eudoxie Craque, — n° 10, — propriétaire, épouse du citoyen Alexandre Pointvrai, demeurant et domiciliée à Port-au-Prince, — n° 325, — assistée de Maîtres Pierre-Labédoyère Cauvin et François-Luxembourg Cauvin, ses conseils et avocats constitués ;

Laquelle, par l'intermédiaire de Maître Pierre-Labédoyère Cauvin, a dit qu'en exécution d'un Jugement rendu par ce Tribunal, en date du dix novembre de cette année, — formule 182, — et par Exploit de l'huissier Villius Toussaint de ce Tribunal, en date du treize du même mois, — formule 183, — elle a fait citer ledit citoyen Alexandre Pointvrai à comparaître à l'Audience à huis clos de ce Tribunal dans le délai de la Loi, — n° 366, — et que, ce délai étant expiré, elle requiert qu'à cet égard il soit procédé conformément à la Loi. — N° 363.

A l'instant le Tribunal, passant à huis clos, a fait évacuer la salle par le Public, a entendu la Comparante qui, par le même intermédiaire, a donné lecture de la Requête contenant les faits articulés à l'appui de la demande, — formule 177, — et a proposé de faire entendre comme témoins en la cause les personnes dont les noms suivent : 1° la citoyenne A . . . . , 2° le citoyen B . . . . , 3° la citoyenne C. , . . ., tous trois, propriétaires, demeurant et domiciliés à Port-au-Prince, — N° 325.

De tout quoi avons donné Acte à la Comparante qui, après lecture, a signé avec ses dits Conseils et nous, ainsi que le greffier.

Ainsi signé : « Eudoxie Craque, P.-L. Cauvin, F.-L. Cauvin, François Nazon, Dartus-C. Bazile, Cl. Lafontant, Auguste Dantié. »

En conséquence, et vu l'article *deux cent trente-trois* du Code Civil d'Haïti — n° 366, — *renvoyons* les Parties à l'Audience Publique de vendredi que l'on comptera treize février, à neuf heures et demie du matin, *ordonnons* la communication de la procédure au Ministère Public et *commettons* le juge Dartus-Coudol Bazile pour en faire rapport, *ordonnons* la signification de la présente Ordonnance dans le délai de cinq jours à l'époux défendeur ; — N° 366.

Dont Acte que nous avons signé seuls avec le greffier, après lecture par celui-ci faite. — N° . . . . — François Nazon, Dartus-C. Bazile. Cl. Lafontant, Auguste Dantié.

Il est ordonné à tous huissiers, etc. — Formule 182.

Nᵒˢ 366, 362, 325, 333

SIGNIFICATION PAR LE DEMANDEUR AU DÉFENDEUR EN DIVORCE DE L'ORDONNANCE
QUI RENVOIE LES PARTIES A L'AUDIENCE PUBLIQUE DU TRIBUNAL CIVIL

Formule 185.

L'An mil huit cent quatre-vingt-deux, 79ᵉ année de l'Indépendance d'Haïti, et le quatre décembre, à . . . . . heures du matin,

A la requête de Madame Eudoxie Craque, propriétaire, épouse de Monsieur Alexandre Pointvrai, demeurant à Port-au-Prince, — nᵒ 325, — ayant pour avocats constitués Maître Pierre-Labédoyère Cauvin et François-Luxembourg Cauvin, aux Cabinets desquels, en cette ville, elle élit domicile, — nᵒ 333, — Je, Villius Toussaint, huissier soussigné, immatriculé au Tribunal Civil de Port-au-Prince, demeurant en ladite ville, mon domicile réel, — nᵒ 325, — ai donné Copie de l'Ordonnance ci-dessus transcrite, — formule 182, — avec celle du présent Exploit à Monsieur Alexandre Pointvrai, artiste, demeurant à Port-au-Prince, en son domicile, — nᵒ 325, — étant et parlant à . . . . . , ainsi déclaré, avec sommation de se présenter à l'Audience Publique du Tribunal Civil de Port-au-Prince, le vendredi que l'on comptera . . . . . , prochain, à neuf heures et demie du matin, pour répondre et procéder aux fins de voir admettre la demande en divorce introduite par la Requérante contre lui, — et ce, à telles fins que droit, — Nᵒ 366.

Et pour qu'il n'en ignore je lui ai, à domicile et parlant comme dessus, laissé Copie tant de ladite Ordonnance que du présent Exploit, dont le coût est de trois piastres et sept centimes. — Dont acte. — Villius Toussaint.

Nᵒˢ 368, 374, 298-299, 29, 31

PREUVES DES FAITS

Formule 186.

LIBERTÉ   ÉGALITÉ

RÉPUBLIQUE D'HAITI

Au Nom de la République,

Le Tribunal Civil de Port-au-Prince, compétemment réuni au Palais de Justice, a rendu en audience publique le Jugement suivant : — Nᵒˢ 298-299.

Entre Madame Eudoxie Craque, propriétaire, épouse Alexandre Pointvrai, demeurant et domiciliée à Port-au-Prince, — nᵒˢ 325 et 333, — demanderesse en divorce, comparant en *personne*, mais assistée de Maîtres Pierre-Labédoyère Cauvin et François-Luxembourg Cauvin, ses conseils, d'une part, — et Monsieur Alexandre Pointvrai, artiste, demeurant et

23

domicilié aussi à Port-au-Prince, — n° 325, — défendeur en divorce défaillant, d'autre part.

La cause appelée à l'Audience du treize février courant, et après le rapport de Monsieur le juge Dartus-Coudol Bazile, Maîtres Pierre-Labédoyère Cauvin et François-Luxembourg Cauvin, pour leur Cliente, ont pris et déposé les conditions suivantes :

Attendu que la demande en divorce de la Concluante est basée sur des faits d'excès, de sévices et d'injures graves et publiques, réprouvés par la Morale et par la Religion ; qu'ils sont d'une évidence et d'une notoriété publique, telle que, malgré son état double ou de grossesse, la Concluante, pour mettre sa vie à l'abri d'un danger imminent, est obligée de se décider résolument à se séparer pour toujours du citoyen Alexandre Pointvrai, son époux ;

Attendu que, dans les actes préliminaires de cette procédure, l'époux défendeur a avoué lui-même tous les actes de brutalité qu'il a exercés sur la Concluante, — formule 181, — dont la vie a été plusieurs fois menacée ; d'où il résulte manifestement que la vie commune est devenue de toute impossibilité entre les deux époux, et qu'ainsi l'ordre et la morale publics commandent de mettre fin au scandale qui divise les deux familles de l'époux et de l'épouse pour prévenir de nouveaux dangers ;

Attendu que, assigné toujours régulièrement, le citoyen Alexandre Pointvrai a compris qu'il allait de son honneur, aussi bien que de sa délicatesse, de faire défaut devant le Tribunal, impuissant qu'il est pour argumenter contre les griefs articulés et qui motivent l'action en divorce;

Qu'il plaise au Tribunal, ce considéré, donner défaut contre le citoyen Alexandre Pointvrai, pour n'avoir point comparu, ni personne pour lui, quoique dûment appelé, — formule 185, — admettre en conséquence le divorce de la Concluante contre son dit époux, l'autoriser à se présenter devant l'officier de l'État Civil de Port-au-Prince pour le prononcer, et condamner Monsieur l'époux défaillant aux dépens. — Ce sera Justice. — P.-Labédoyère Cauvin, F.-Luxembourg Cauvin.

Point de Fait : Le douze juin mil huit cent quatre-vingt-deux, à . . . . . heures de l'après-midi, Mademoiselle Eudoxie Craque contracta mariage avec Monsieur Alexandre Pointvrai, appert l'acte civil dressé par-devant Monsieur Lusincourt-Georges Biamby, l'un des officiers de l'État Civil de Port-au-Prince. — Formule 78 *bis.*

Le trente et un octobre de la même année, la Dame Eudoxie Craque, épouse d'Alexandre Pointvrai, présenta aux doyen et juges de ce Tribunal une demande en divorce contre son époux pour excès, sévices et injures graves et publiques, — formule 177. — Après l'accomplissement des formalités exigées par la Loi en pareil cas, — formules 178 à 181, — le Tribunal rendit le vingt-neuf novembre dernier, sur le Rapport du doyen, un Jugement qui autorisa la demanderesse à faire assigner son époux à l'Audience à Huis Clos, —, formule 182. — Par exploit de l'huissier Villius de Toussaint, en date du treize novembre, le jugement et les pièces dressées en conséquence de cette demande en divorce furent signifiés à l'époux défendeur, avec assignation et sommation pour l'Audience à Huis-Clos de ce Tribunal, — formule 183.— Cette Audience a eu lieu le vingt-neuf — formule 184, — et après avoir entendu Maîtres Pierre-Labédoyère Cauvin et François-Luxembourg Cauvin, conseils de la demanderesse, le Tribunal renvoya les Parties à l'Audience Publique de vendredi treize février courant.

Par exploit de l'huissier Villius de Toussaint, sous la date du quatre décembre dernier, — formule 185, — le Défendeur qui n'avait point comparu, ni personne pour lui, à l'Audience à Huis Clos, reçut Copie de l'Ordonnance rendue par le Tribunal, avec assignation pour l'Audience du. . . . . aux fins d'admission de la demande de divorce.

L'affaire portée à l'Audience indiquée, huit décembre dernier, le Défendeur ne comparut point, et, par son jugement en date du treize du même mois, le Tribunal accueillit la demande en divorce et renvoya les Parties à procéder au fond. — Ce Jugement fut signifié au Défendeur par le ministère de l'huissier Georges Dupoux, commis à cet effet, le huit janvier de l'année courante, avec assignation à comparaître devant ce Tribunal dans le délai de la Loi pour voir admettre le divorce. — Formules . . .

L'affaire, reproduite à l'Audience du . . . . Février courant, — formule. . .
— Maîtres Pierre-Labédoyère Cauvin et François-Luxembourg Cauvin, pour leur cliente, prirent et déposèrent les Conclusions ci-dessus transcrites, et le défaut est prononcé contre le défendeur qui n'a point comparu ni personne pour lui.

Le Tribunal, après avoir entendu Monsieur Jean-Louis Vérité, commissaire du Gouvernement, en ses conclusions verbales, ordonna le dépôt des pièces pour délibérer là-dessus et prononcer le Jugement à l'une des prochaines séances.

Point de Droit : Il s'agit de savoir : — 1° Si le défaut doit être donné contre le Défendeur non comparant, et si le Tribunal doit admettre le divorce avec dépens contre le Défendeur? — 2° S'il ne convient pas mieux d'ordonner la *preuve des faits* allégués par la Demanderesse ?

Vu : — 1° L'acte civil du mariage des époux Alexandre Pointvrai en date du douze juin mil huit cent quatre-vingt-deux, — formule 78 *bis;* — 2° La requête contenant la demande en divorce de la dame Alexandre Pointvrai en date du trente et un octobre de la même année, — formule 177; — 3° Le procès-verbal de première Comparution devant le Doyen de ce Tribunal en la même date, — formule 178; — 4° Celui de la seconde Comparution en date du six novembre mil huit cent quatre-vingt-deux, — formule 181 ; — 5° Le jugement qui permet à l'épouse demanderesse d'assigner son époux à l'audience à huis clos en date du dix des mêmes

mois et an, — formule 182 ; — 6° L'assignation donnée pour ladite audience en date du treize des mêmes mois et an, par exploit de l'huissier
Villius Toussaint, — formule 183 ; — 7° Le procès-verbal de l'audience à
huis-clos du vingt-neuf novembre dernier, — formule 184 ; — 8° La signification de l'Ordonnance du Tribunal par acte d'huissier avec sommation
pour voir admettre la demande en divorce, — formule 185 ; — 9° le jugement qui admet la demande en divorce en date du treize décembre, —
formule . . . ; — 10° la signification de ce jugement avec assignation pour
voir admettre le divorce, — formule . . . ; — 11° Les conclusions de la
demanderesse ;

Considérant que la demande en divorce de la Dame Eudoxie Craque,
contre le sieur Alexandre Pointvrai, son époux, est basée sur des faits
d'excès, sévices et injures graves et publiques, — n° 350 ; — que ces faits
ne sont pas pleinement justifiés, car, — de ce que l'époux ait déclaré, lors
de sa comparution à la Chambre du Conseil qu'il a eu des torts envers
sa femme, — formule 181, — il ne s'ensuit pas, comme le pense la Demanderesse, qu'il ait avoué les faits qui lui sont reprochés.

Par ces motifs, le Tribunal, après en avoir délibéré, maintient le défaut donné à l'Audience du . . . . courant, contre le Défendeur non comparant, — formule . . . ; — et avant dire droit au fond ordonne la
« preuve des faits d'excès, sévices et injures graves et publiques » dont
se plaint la dame Eudoxie Craque contre M. Alexandre Pointvrai, son
mari, — et ce, à l'Audience à Huis Clos de mardi vingt-huit février courant, à neuf heures et demie du matin, sauf au Défendeur à faire la
preuve contraire, — n° 368. — Les témoins de l'Enquête sont : 1° la citoyenne A. . . . . ; 2° le citoyen B. . . . ; 3° la citoyenne C. . . . . .,
tous demeurant et domiciliés à Port-au-Prince, — n° 325, — dépens
réservés ; — N° 374.

Donné de Nous, François Nazon, juge, remplissant la fonction de doyen,
Dartus-Coudol Bazile et Clément Lafontant, juges, en Audience Publique
du treize février mil huit cent quatre-vingt-trois, 80ᵉ année de l'Indépendance d'Haïti. — Nᵒˢ 298-299.

Il est ordonné à tous huissiers sur ce requis de mettre le présent Jugement à exécution, aux officiers du ministère public près les Tribunaux
Civils d'y tenir la main, à tous commandants et autres officiers de la
force publique d'y prêter main forte, lorsqu'ils en seront légalement requis. — N° 31.

En foi de quoi la *minute* (n° 29) du présent Jugement est signée du juge-
doyen, des juges et du greffier. — François Nazon, Dartus-Coudol Bazile,
Clément Lafontant, Auguste Dantié.

Nᵒˢ 374 A 416

DÉPOSITIONS DES TÉMOINS

Formule 187.

LIBERTÉ — ÉGALITÉ — FRATERNITÉ

RÉPUBLIQUE D'HAÏTI

L'An mil huit cent quatre-vingt-trois, 80ᵉ année de l'Indépendance d'Haïti, et le vingt-huit février, à dix heures du matin,

Par-devant nous, François Nazon, juge-doyen, Dartus-Coudol Bazile et Clément Lafontant, juges du Tribunal Civil de Port-au-Prince, assistés du citoyen Grégoire-Auguste Dantié, l'un des greffiers du siège, et en présence du citoyen Ludovic Panayoty, substitut du Commissaire du Gouvernement près dudit Tribunal,

Est comparue à l'Audience Madame Eudoxie Craque, épouse de Monsieur Alexandre Pointvrai, propriétaire, demeurant et domiciliée à Port-au-Prince, — nᵒ 325, — assistée de Maîtres Coriolan Louis Charles et Edmond Hunier, substituant Maîtres Pierre-Labédoyère Cauvin et François-Luxembourg Cauvin, ses conseils et avocats constitués ;

Laquelle, par l'organe de ses susdits conseils et avocats constitués, a dit que — pour obéir au Jugement rendu par ce Tribunal entre elle et Monsieur Alexandre Pointvrai, son époux, le treize février de cette année, — formule 186, — qui ordonne l'Enquête dont il va être ci-après parlé, — elle a fait assigner par acte d'Antoine-Georges Dupoux, huissier audiencier de ce Tribunal, en date du . . . . . mars de cette année, — formule 188, — les témoins ci-après nommés : 1ᵒ la citoyenne A. . . . . . .; 2ᵒ le citoyen B. . . . . . .; 3ᵒ la citoyenne C. . . . . . ., tous les trois propriétaires, demeurant et domiciliés à Port-au-Prince, — nᵒˢ 325, 374, 375, — à comparaître à l'Audience à Huis Clos fixée à ces jours et heure, à l'effet de déposer ce qui est à leur connaissance dans l'action en divorce intentée par elle contre son dit époux, et qu'elle nous requerrait de procéder à l'audition des témoins s'ils sont présents, vu que l'heure fixée pour l'Enquête est arrivée,

Avons donné Acte à Maîtres Coriolan Louis Charles et Edmond Munier de leurs comparution et dire et avons en cet endroit signé avec eux et notre greffier. — Nᵒˢ 483-484 : — François Nazon, Dartus-C. Bazile, Clément Lafontant, Edmond Munier, Coriolan Louis Charles, Auguste Dantié.

Immédiatement après, ayant fait évacuer la salle par le Public, le Tribunal, passant à huis clos, a accordé la parole à Mᵉ Edmond Munier, qui l'a requise ;

Lequel a présenté et lu l'Original de la Citation donnée aux témoins à la requête de sa cliente, — formule 188. — Sur l'appel fait de ces témoins par l'huissier audiencier, sur l'ordre du doyen, ils se sont trouvés présents au nombre de deux, et, sur le même ordre, ils ont été conduits et placés dans une chambre qui leur a été destinée, d'où ils ont été appelés individuellement et entendus séparément comme suit : — N° 378.

1° Le premier témoin a été introduit dans l'Enceinte, a prêté le serment de dire toute la vérité et rien que la vérité, — n°s 378 à 380, — et a dit se nommer A. . . . . . ., âgée de trente-trois ans, modiste, demeurant à Port-au-Prince, — n° 325, — après avoir déclaré n'être pas parente ni alliée des Parties; interpellé par le doyen de raconter ce qui est à sa connaissance dans l'affaire de la Dame Alexandre Pointvrai et son mari, le témoin a déposé oralement. — Il rapporte que, « un mardi, le citoyen Alexandre Pointvrai a tiré un toup de revolver sur son épouse; — qu'une autre fois, dans la nuit, il a eu querelle avec son épouse qui, pour se soustraire de sa fureur, était obligée de se transporter, cette nuit même et en chemise *de nuit*, chez ses parents voisins de sa demeure ». Lecture à lui faite de sa déposition, — n°s 483-484, — le témoin l'a déclarée contenir vérité et y persister. — Requis de signer, au vœu de la Loi, il a déclaré ne le savoir. — N° 483. — François Nazon, Dartus-C. Bazile, Clément Lafontant, Auguste Dantié.

2° Le deuxième témoin introduit a prêté le serment de dire toute la vérité et rien que la vérité, — n°s 378 à 380, — et a dit se nommer Dame C. . . . . . ., propriétaire, domiciliée à Port-au-Prince, — n° 325, — âgée de vingt-sept ans (*elle est la cousine de la demanderesse*). — Interpellé par le Doyen de raconter ce qui est à sa connaissance, dans l'affaire en divorce des époux Alexandre Pointvrai, le témoin a déposé tant oralement que par écrit. Il rapporte que, « ne demeurant pas sous le même toit que sa cousine, elle ne peut raconter précisément toutes les circonstances qui ont eu lieu entre elle et son mari ».

Sur la question posée par le juge-doyen au témoin, « si Madame Alexandre Pointvrai avait eu querelle avec son mari chez lui »; il a répondu que « plusieurs fois ils ont eu querelles et que Madame Alexandre Pointvrai avait fait, par suite d'une de ces querelles, une semaine chez lui et en compagnie de Monsieur B. . . . . . ., son père, oncle de Madame Alexandre Pointvrai ». — Sur une autre question posée au témoin par le doyen, « si une fois et pendant la nuit la Dame Alexandre Pointvrai, par suite de discussions avec son mari, était venue chez elle ou chez son père, *en chemise de lit* », le témoin a répondu affirmativement. — Sur une troisième question au même témoin par le juge-doyen, « s'il est à sa connaissance que lors de la maladie de l'enfant à elle le témoin (Dame C. . . . .) Monsieur Alexandre Pointvrai était venu dans la maison de Monsieur B. . . . . . ., père du témoin, qui y était alors avec son enfant malade, et aurait proféré des paroles injurieuses à l'endroit et en face du vieillard qu'il accusait de faire ou s'occuper de *Ouangas* », — formule 177. — Le témoin a répondu affirmativement, en ajoutant que « Monsieur Alexandre Pointvrai avait dit cela *publiquement* ». Lecture faite au témoin de sa déposition, il déclare qu'elle contient la vérité et qu'il y persiste. — N° 389.

Requis de signer, aux termes de la loi, — n°s 483-484, — il l'a fait avec nous. — Dame C. . . . . . . , François Nazon, Dartus-Coudol Bazile, Clément Lafontant, Auguste Dantié.

Et vu l'article *deux cent quarante-quatre* du Code Civil d'Haïti, — n° 416, — renvoyons les Parties à l'Audience Publique de jeudi que l'on comptera vingt-quatre mars courant, à neuf heures et demie du matin; Ordonnons la communication de la Procédure au ministère public et commettons le juge Dartus-Coudol Bazile pour en faire rapport; Ordonnons en outre que la présente Ordonnance soit signifiée à l'époux défendeur, dans le délai de cinq jours; — N° 366, — Formule 189.

Dont Acte que nous avons signé avec le greffier après lecture faite à la Comparante et à ses avocats. — François Nazon, Dartus-C. Bazile, Clément Lafontant, Auguste Dantié.

MÊMES NUMÉROS

Citation des Témoins

Formule 188.

L'An mil huit cent quatre-vingt-trois, 80e année de l'Indépendance d'Haïti, et le cinq mars, à trois heures de l'après-midi,

A la requête de Madame Eudoxie Craque, propriétaire, épouse de Monsieur Alexandre Pointvrai, demeurant et domiciliée à Port-au-Prince, — n° 325, — ayant pour avocats constitués Maîtres Coriolan Louis Charles et Edmond Munier, de ce Barreau, au Cabinet de ce dernier, en la même ville, elle fait élection de domicile, — n° 333, — Je, Antoine-Georges Dupoux, huissier audiencier au Tribunal Civil de Port-au-Prince, demeurant et domicilié en cette ville, mon domicile réel, — n° 325, — soussigné, ai donné citation aux personnes ci-après nommées : — N° 375.

1° A la citoyenne A. . . . . . ., modiste, demeurant à Port-au-Prince, en son domicile (n° 325), où étant et parlant à sa personne, ainsi déclaré;

2° Au citoyen B. . . . . . ., propriétaire, demeurant en cette ville, en son domicile (n° 325), où étant et parlant à la personne de X. . . . . . ., sa nièce majeure, ainsi déclaré;

3° A la citoyenne C. . . . . . ., rentière, demeurant avec son mari à Port-au-Prince, en son domicile (n° 330), où étant et parlant à sa personne, ainsi déclaré,

A comparaître au Tribunal Civil de Port-au-Prince le . . . . mars prochain, à neuf heures du matin, et à suivre les Audiences du même

Tribunal et à la même heure jusqu'à leur audition, dans le cas où ce . . . . . . mars il y aurait empêchement quelconque, à l'effet de déposer ce qui est à leur connaissance sur les faits qui ont déterminé l'action en divorce de la Requérante contre M. Alexandre Pointvrai, son époux ; — Nos 374 à 416.

Leur déclarant que, faute par eux de se présenter, ils y seront contraints.

Et afin qu'ils n'en ignorent j'ai, à chacun d'eux séparément, laissé Copie du présent *exploit* dont le coût est de trois piastres. — Antoine-Georges Dupoux.

MÊMES NUMÉROS

SIGNIFICATION DE JUGEMENT

Formule 189.

L'An mil huit cent quatre-vingt-trois, 80e année de l'Indépendance d'Haïti, et le cinq mars à . . . . . . heures du matin,

A la requête de Madame Eudoxie Craque, propriétaire, épouse de Monsieur Alexandre Pointvrai, demeurant et domiciliée à Port-au-Prince, — no 325, — ayant pour avocats constitués Maîtres Pierre-Labédoyère Cauvin et François Luxembourg Cauvin, aux Cabinets desquels en cette ville elle élit domicile, — no 333, — Je, Olcy Falaise, soussigné, huissier reçu et immatriculé au Tribunal de Commerce de Port-au-Prince, demeurant en cette ville, mon domicile réel, — no 325, — ai signifié et, avec celle du présent *exploit*, donné Copie à Monsieur Alexandre Pointvrai, artiste, demeurant et domicilié à Port-au-Prince, — no 325, — en son domicile étant et parlant à sa personne, ainsi déclaré, du Procès-Verbal d'Enquête ci-dessus transcrit, — no 416, — formule 187, — dressé par le Tribunal Civil de ce Ressort, sous la date du vingt-huit février dernier, dans son Audience à Huis Clos, relativement à la pertinence des faits motivant la demande en divorce de la Requérante contre lui, — et ce, à telles fins que de droit.

Et à mêmes requête, demeure et élection de domicile, j'ai donné assignation audit M. Alexandre Pointvrai, parlant comme dessus, de comparaître au Tribunal Civil de ce Ressort à la date fixée dans le Procès-Verbal, — formule 187, — pour répondre au fond de ladite demande en divorce ; — voir le Tribunal admettre le divorce entre les deux époux ; — les renvoyer par devant l'officier de l'État Civil de cette Commune pour le faire prononcer conformément à la Loi, et condamner l'époux défendeur aux dépens ; — Nos 374 à 416.

Et afin qu'il n'en ignore je lui ai, à domicile et parlant comme dessus, laissé Copie dudit Procès-Verbal et du présent Exploit, dont le coût est de cinq piastres. — Dont Acte. — Olcy Falaise.

Nᵒˢ 417-418, 298-299, 325, 29-31

ADMISSION DE DIVORCE

Formule 190.

Au nom de la République,

Le Tribunal Civil de Port-au-Prince, compétemment réuni au Palais de Justice, rue du Centre, a rendu en audience publique le Jugement suivant, — 298-299.

Entre Madame Eudoxie Craque, épouse Alexandre Pointvrai, propriétaire, demeurant et domiciliée à Port-au-Prince, — nᵒ 325, — demanderesse en divorce, assistée de Maîtres Pierre-Labédoyère Cauvin et François-Luxem-bourg-Cauvin, ses avocats constitués, d'une part ; — et Monsieur Alexandre Pointvrai, artiste, demeurant et domicilié à Port-au-Prince, — nᵒ 325, — défendeur en divorce, ayant Maîtres X. . . . . . . et Z. . . . . . . pour ses avocats constitués, défaillants, faute de plaider, d'autre part ;

La cause reproduite à l'Audience Publique du vingt-huit février dernier, — formule 187, — après le Rapport de Monsieur le juge Dartus-Coudol Ba-zile, Madame Eudoxie Craque, épouse Alexandre Pointvrai, par l'organe de ses susdits avocats constitués, a pris et déposé les Conclusions suivantes : — formule 186.

Le défendeur et ses avocats ont fait défaut.

Point de Fait : Le douze juin mil huit cent quatre-vingt-deux, à . . . . . heures de . . . . . ., Mademoiselle Eudoxie Craque s'unit en mariage avec Monsieur Alexandre Pointvrai, — formule 78 *bis*, — et le trente et un octobre de la même année, la dame Alexandre Pointvrai présenta une de-mande en divorce contre son mari pour excès, sévices et injures graves et publiques, — formule 177. — Toutes les formalités de la Loi ayant été rem-plies, en pareil cas, le Tribunal rendit, sous la date du treize février dernier, un Jugement ordonnant, avant dire droit, — formule 186, — l'Enquête et la Contre-Enquête des faits allégués par l'épouse à l'appui de sa demande. L'Enquête a eu lieu à l'audience à huis clos du vingt-huit février dernier, — formule 187, — mais le mari défendeur n'a point fait la Contre-Enquête. — Les Parties ayant été renvoyées à l'audience publique du vingt-quatre mars dernier, — formule . . . . . . ; — à cette audience, la demanderesse en personne et par l'organe de ses avocats constitués, après le Rapport de Monsieur le juge Dartus-Coudol Bazile, a pris et déposé les conclusions ci-dessus transcrites, — formule 186, — et défaut faute de plaider à en donner contre le défendeur et ses avocats. — Le Tribunal, après avoir entendu Monsieur Jean-Louis Vérité, commissaire du Gouvernement, en ses conclusions ver-bales, a ordonné le dépôt des pièces pour en être délibéré et le prononcé du Jugement à l'une des prochaines audiences.

Point de Droit : 1° Le Tribunal doit-il donner défaut contre Monsieur Alexandre Pointvrai et Maîtres X. . . . . . et Z. . . . . . , ses avocats, faute de comparaître et par conséquent de plaider ? — 2° Doit-il admettre le divorce de Madame Eudoxie Craque, épouse Alexandre Pointvrai, contre son époux, avec dépens contre ce dernier ?

Vu : 1° l'acte civil de mariage des époux Alexandre Pointvrai en date du douze juin mil huit cent quatre-vingt-deux, — formule 78 *bis* ; — 2° la requête contenant demande en divorce, — formule 177 ; — 3° les procès verbaux de première et seconde comparutions devant le doyen de ce Tribunal en dates des trente et un octobre et six novembre de l'année dernière ; — formules 178 et 181 ; — 4° le jugement qui permet à l'épouse demanderesse d'assigner son époux défendeur à l'audience à huis clos en date du dix novembre dernier, — formule 182 ; — 5° l'assignation donnée pour ladite audience en date du treize du même mois par exploit de l'huissier Villius Toussaint, — formule 183 ; — 6° le procès-verbal de l'audience à huis clos du vingt-neuf du même mois, — formule 184 ; — 7° la signification de l'ordonnance du Tribunal par acte d'huissier avec sommation pour voir admettre la demande en divorce en date du quatre décembre dernier, — formule 185, — 8° le procès-verbal d'enquête en date du vingt-huit février mil huit cent quatre-vingt-trois, enregistré et signifié le cinq mars suivant par exploit des huissiers Georges-Antoine Dupoux et Olcy Falaise, — formules 186 à 189 ; — 9° les conclusions de la demanderesse *(celles ci-après)* ;

Considérant que Madame Eudoxie Craque a formé une demande en divorce contre Monsieur Alexandre Pointvrai, son époux, pour excès, sévices et injures graves et publiques ; — Formule 177.

Considérant que Monsieur Alexandre Pointvrai a été légalement appelé, — formule 189, — qu'il n'a point comparu, ni Maîtres X. . . . . . et Z. . . . . ses avocats ;

Considérant que les conclusions de la demanderesse sont trouvées justes et bien vérifiées ; — Formule 186.

Par ces motifs, le Tribunal, après en avoir délibéré, donne défaut contre Monsieur Alexandre Pointvrai et Maîtres X. . . . . . et Z. . . . . . , ses avocats, faute de comparaître et par suite de plaider, et pour le profit admet le divorce de la dame Alexandre Pointvrai contre son époux, autorise en conséquence la demanderesse à se présenter devant l'officier de l'État Civil de Port-au-Prince pour le prononcer, — nos 418 et 454, — et condamne le défendeur aux dépens alloués à Maîtres Pierre-Labédoyère Cauvin et François-Luxembourg-Cauvin, à la somme de. . . . . . piastres, et ce, non compris le coût du présent Jugement.

Donné de Nous, François Nazon, juge-doyen, Dartus-Coudol Bazile et Clément Lafontant, juges, en audience publique du quatre avril mil huit-cent quatre-vingt-trois, 80e année de l'Indépendance d'Haïti. — Nos 298 et 299.

Il est ordonné à tous huissiers sur ce requis. . . . . etc., ...

En foi de quoi la minute du présent jugement est signée. . . . . . etc.,
— Nos 29 et 31. — François Nazou, Dartus-Coudol Bazile, Clément Lafontant, Grégoire-Auguste Dantié.
(Voir la formule 176).

Nos 423, 325, 333

Signification de Jugement

Formule 191.

L'An mil huit cent quatre-vingt-trois, 80e année de l'Indépendance d'Haïti et le dix avril, à. . . . heures du matin,

A la requête de la citoyenne Eudoxie Craque, propriétaire, épouse du citoyen Alexandre Pointvrai, demeurant et domiciliée à Port-au-Prince, — no 325, — ayant pour avocats constitués Maîtres Pierre-Labédoyère Cauvin et François-Luxembourg Cauvin, au Cabinet de celui-là, en la même ville, elle fait élection de domicile, — no 333, — Je, Villius Toussaint, huissier, immatriculé au Tribunal civil de Port-au-Prince, demeurant en cette ville, mon domicile réel, — no 325, — soussigné, ai signifié et avec le présent Exploit le Jugement qui précède (formule 190), au citoyen Alexandre Pointvrai, artiste, demeurant et domicilié à Port-au-Prince, — no 325, — en son domicile où étant et parlant à . . . ., ainsi déclaré, et ce, à toutes les fins de droit indiquées audit Jugement, — No 423.

Et à ce qu'il n'en ignore je lui ai, à domicile et en parlant comme dit est, laissé Copie du présent Exploit et du Jugement qui précède, — formule 190, — dont le coût est de deux piastres trente-cinq centimes. — Villius Toussaint.

MÊMES NUMÉROS

Sommation avec Commandement par le Demandeur au Défendeur en Divorce de comparaitre devant l'Officier de l'État Civil pour prononcer le Divorce

Formule 192.

Aujourd'hui, le. . . . . août mil huit cent quatre-ving-trois, 80e année de l'Indépendance d'Haïti, à. . . heures de. . . . . . ,

A la requête de Madame Eudoxie Craque, propriétaire, épouse de Monsieur Alexandre Pointvrai, demeurant et domiciliée à Port-au-Prince, — no 325, — ayant pour avocats constitués Maîtres Pierre-Labédoyère Cauvin et François-Luxembourg Cauvin, au Cabinet de celui-ci en cette ville elle élit domicile, — no 333. — Je, Antoine-Georges Dupoux, huissier audiencier au Tribunal Civil de Port-au-Prince, demeurant et domicilié à Port-au-Prince, mon domicile réel, — n° 325, — ai sommé avec commandement Monsieur Alexandre Pointvrai, artiste, demeurant et domicilié à Port-au-Prince, — n° 325, — en son domicile où étant et parlant à sa personne, *ou* à la personne de. . . . . . , ainsi déclaré, de comparaître dans le délai de . . . . . jours à partir de la date du présent Exploit, c'est-à-dire le . . . . . . de ce mois *ou* du mois prochain, à dix heures du matin, par-devant Monsieur l'officier de l'État Civil de la section Nord de cette ville, pour voir et entendre prononcer les divorce et dissolution du mariage existant entre eux ; attendu que Monsieur Alexandre Pointvrai n'a point eu recours contre le jugement admettant le divorce dans les quatre mois depuis qu'il lui a été signifié ; — Formule 191. — N° 423.

Déclarant audit Monsieur Alexandre Pointvrai que, faute par lui d'y obtempérer, une demi-heure après l'heure de dix heures fixée, il sera donné défaut contre lui et procédé, en exécution dudit jugement, — formule 190, — au divorce et à la dissolution du mariage subsistant entre eux.

Et à ce qu'il n'en ignore je lui ai, à domicile et en parlant comme dessus, laissé Copie des présents sommation et commandement, dont le coût est de . . . . . piastres. — Antoine-Georges Dupoux.

Nᵒˢ 453 A 455, 325 ET 330

§ 3. — CONSENTEMENT MUTUEL

PRONONCÉ DE L'OFFICIER DE L'ÉTAT CIVIL

Formule 193.

L'An mil huit cent quatre-vingt-trois, 80ᵉ année de l'Indépendance d'Haïti, — n° 13-1° et 6°, — le trois octobre à dix heures du matin,

Par-devant nous, Lusincourt-Georges Biamby, officier de l'État Civil de Port-au-Prince, section Nord, soussigné, — Nᵒˢ 4 à 11.

Sont comparus le citoyen Henry Réciprocuse, propriétaire et négociant, demeurant et domicilié à Port-au-Prince, — n° 325, — et la citoyenne Haydée Mutuuse, son épouse, sans profession, demeurant et domiciliée de droit avec lui, — n° 330, — et de fait actuellement chez Madame Veuve Baptiste Mutuuse, sa mère, à Port-au-Prince, — N° 439.

Lesquels nous ont présenté une *expédition* en bonne forme, — nᵒˢ 30-31, — signée et scellée, d'un jugement rendu le trente septembre dernier par le Tribunal Civil de Port-au-Prince, — formule 202, — qui sur la demande réciproque et mutuelle desdits citoyen et citoyenne, — formule 196, — et après l'observation des formalités prescrites par la Loi, — formules. . . . . , — admet le divorce par eux demandé et les renvoie par-devant Nous, pour être ledit divorce prononcé ; laquelle *expédition* est demeurée annexée à la *minute* du présent acte ; — N°s 17 et 29.

Et les sieur et dame Henry Réciprocuse, l'un et l'autre, nous ont requis de prononcer la dissolution de leur mariage, et ont signé en cet endroit : — Henry Réciprocuse, Haydée M. Réciprocuse.

Sur quoi nous, Lusincourt-Georges Biamby, officier de l'État Civil de la section Nord de Port-au-Prince, en exécution dudit jugement, — formule 202, — et en vertu des pouvoirs à Nous conférés par la Loi, — n°s 453 et 454, — déclarons que le mariage existant entre le citoyen Henry Réciprocuse et la citoyenne Haydée Mutuuse est dissous ; — N°s 453-454.

Dont Acte fait, en notre Bureau *ou* Hôtel, en présence de citoyen Mont-Morency Daguerre, sénateur de la République, du citoyen Théogène Brisson, négociant, du citoyen Morin Montasse, sénateur de la République et du citoyen Salomon Basse, négociant, demeurant et domiciliés tous les quatre à Port-au-Prince, — n° 325, — majeurs et propriétaires, témoins choisis et amenés par les Parties, — n° 13-3°, — les deux premiers par le Comparant et les deux derniers par la Comparante ; — N° 13-3°.

Et les Comparants *ou* les Parties ont signé avec lesdits Témoins et Nous, après lecture par Nous faite. — N°s 13-4° et 5°, 483-484. — Henry Réciprocuse, Haydée Mutuuse, Salomon Basse, Mont-Morency Daguerre, Théogène Brisson, Morin-Montasse, Lusincourt Biamby.

Nota Bene

Ayant reçu de sérieuses observations de quelques hommes de lois, auxquels j'avais communiqué le *manuscrit* de mon *Guide de l'Officier de l'État Civil*, publié aux Cayes en 1881-1882, par ordre du général François-Déus Légitime, alors ministre de l'Intérieur, chargé du portefeuille de la Justice, sur la production de témoins aux actes de divorce prononcé par l'officier de l'État Civil, actes qui, d'après mes honorables contradicteurs, doivent être reçus par l'officier d'État Civil *sans assistance de témoins*, étant admis par Justice aux termes de l'article 281 du Code Civil d'Haïti, — n° 453, par analogie à l'article 867 du Code de Procédure Civile d'Haïti qui dispense de l'*assistance d'un second notaire ou de deux témoins* le notaire commis par *jugement* pour les opérations de liquidation d'une succession ou d'une communauté, contrairement à l'article 11 de la Loi du 26 août 1862 sur le Notariat qui enseigne que « les notaires ne peuvent instrumenter qu'*en présence d'un de leurs confrères ou de deux citoyens* sachant signer, » je dus m'empresser de rechercher la lumière sur ce point en consultant séparément des hommes compétents dans la matière, tels que Messieurs Charles Archin et Benony Lallemand, anciens ministres de la Justice, Maîtres Coriolan Louis-Charles, du Barreau de la Capitale, ancien magistrat en Cassation, et le Docteur Solon Ménos, de la Faculté de Droit de Paris. — Je suis heureux de déclarer qu'il résulte de l'opinion unanime et *séparée* de ces honorables Concitoyens que ma manière de procéder est conforme à la Loi et à la pratique.

Je m'abstiens de publier les opinions conformes et nettement tracées des trois premiers maîtres, si bien et si honorablement connus du monde judiciaire ; mais j'enrichis *indiscrètement* mon Livre de celle de l'estimable docteur, espérant que la surprise en sera agréable à mon jeune compatriote :

« Monsieur le Notaire,

» Étant en ce moment à la campagne, à Turgeau, je n'ai pu recevoir qu'hier dans l'après-midi votre lettre datée du 16 du présent mois, par laquelle vous me faites l'honneur de me demander s'il est permis à l'officier de l'État Civil de procéder au divorce *sans assistance* de témoins.

» Je réponds que l'article 38 du Code Civil est un article *fondamental* (*), un article de principe qui ne laisse aucun doute sur la nécessité de la production de témoins aux actes de l'État Civil. Cet article, en effet, suppose établie l'obligation de faire figurer des témoins et s'occupe principalement des diverses conditions qu'ils doivent remplir pour pouvoir être ce que la doctrine appelle des témoins *ad solemnitatem*.

» Dès lors, l'acte de divorce étant évidemment un acte de l'État Civil (1) et cela aux termes mêmes de l'article 282 du Code Civil (2), la confection en est soumise aux dispositions générales qui régissent tous les actes de cette nature. — Aussi, le silence des articles 252 et 281 sur la présence de témoins à la prononciation du divorce (3), ce silence n'a rien que de naturel et ne peut, au contraire, être regardé que comme la confirmation logique de la règle consignée en l'article 38 (4).

» C'est ce qui est incontestablement admis pour le cas de reconnaissance d'un enfant naturel simple, bien que l'article 62 du Code Civil qui y a trait ne parle pas du tout de l'assistance de témoins (5).

» Les articles 252 et 281 du Code Civil (3) exigent la comparution des parties (ou d'une seule, suivant le cas) devant l'officier de l'État Civil ; mais il va de soi que cette comparution, pour être régulière, doit avoir lieu conformément aux prescriptions ordinaires, puisqu'il n'y a pas été formellement dérogé. — Ainsi, il est certain que la comparution n'aurait pas d'effet si elle se faisait dans la demeure particulière de l'officier de l'État Civil. De même, en l'absence de témoins.

» A mon avis, Monsieur le Notaire, il n'est pas possible de trouver un argument d'analogie dans l'article 867 du Code de Procédure Civile, car cet article constitue une exception à la règle d'après laquelle le notaire doit être assisté d'un collègue ou de deux témoins pour instrumenter ; il

---

(*) N° 13-3°
(1) N° 1. — (2) N° 454. — (3) N°ˢ 424 et 453. — (4) N° 13-3°. — (5) N° 53.

ne peut donc, à ce titre, être étendu à un cas autre que celui qu'il a expressément en vue.

» En d'autres termes, les exceptions sont de droit strict, et l'on doit, dès que les textes ne s'y opposent pas, se hâter de revenir aux principes généraux.

» Pour me résumer, Monsieur le Notaire, je crois que la production de témoins est obligatoire, quand il s'agit de faire prononcer le divorce. En conséquence, m'inspirant de l'article 38 combiné avec l'article 74 du Code Civil (1), je conclus qu'il doit y avoir : 1° au cas de divorce pour cause déterminée, deux témoins choisis par l'époux qui a obtenu le jugement de divorce; 2° et au cas de divorce par consentement mutuel, quatre témoins, dont deux choisis par chaque partie.

» Veuillez agréer, Monsieur le Notaire, mes salutations empressées,

» SOLON MÉNOS.

» Turgeau, 18 février 1882. »

ACTES PRÉPARATOIRES A CELUI DE LA FORMULE 193

Formules 194 à 202.

Ce ne sont point ici, comme aux deux premiers cas de divorce, — formules 169 à 175 et 176 à 192, — des actes dont la lecture froisse la moralité et par conséquent afflige le cœur ! . . . . . . Mais toutes ces comparutions *personnelles* et périodiques des époux *ensemble* devant le président du Tribunal Civil en présence de notaires et de notables . . . . . ., les touchantes représentations et exhortations du susdit magistrat aux époux *réunis* et à chacun d'eux en particulier . . . . . . — formules 196 à 200, — le temps *long* prescrit par le Code Civil pour les épreuves des époux . . . . . ., aux fins d'arriver à la dissolution du mariage par consentement mutuel *sans cause avouable*, — tout cela est vraiment fait pour émouvoir les cœurs sensibles ! . . . . . . — Apprenez à vous supporter *mutuellement* dans la vie conjugale, chers époux, au lieu de briser les liens *intimes* que vous avez *volontairement* contractés par le mariage, — n°s 120 et 121. — Méditez et appliquez-vous à cette fin les sages conseils de Florian, dans le deuxième Livre de son roman pastoral, *Estelle*, que je transcris ci-après littéralement :

« Ne vous quittez jamais, enfants du Ciel ! marchez ensemble en vous tenant la main. Si vous rencontrez dans votre route ou les chagrins, ou les malheurs, soutenez-vous mutuellement. Ils passeront, ces malheurs, et la félicité dont vous jouirez en aura cent fois plus de charmes ; le souvenir

(1) N°s 13-3° et 198.

des peines passées rendra plus touchants vos plaisirs. C'est ainsi qu'après un orage on trouve plus vert le gazon, plus riante la campagne couverte de perles liquides, plus belles les fleurs des champs relevant leurs têtes penchées; et l'on écoute avec plus de délices l'alouette ou le rossignol qui chantent en secouant leurs ailes ».

Et d'ailleurs n'est-il pas écrit, au sixième verset du chapitre XIX de Saint Mathieu l'Évangéliste, touchant le divorce : *Quod ergo Deus conjunxit, homo non separet!* (1). — T. SERVINCENT.

(Voyez la formule 200.)

N°s 438, 439, 325, 330, 379, 380

INVENTAIRE EN VUE DU DIVORCE

Formule 194.

I. — INTITULÉ

L'An mil huit cent quatre-vingt-deux, 79 année de l'Indépendance d'Haïti, et le mercredi seize août à neuf heures du matin,

- A la requête de Monsieur Henry Réciprocuse, propriétaire et négociant, demeurant et domicilié à Port-au-Prince, — n° 325, — et de Madame Haydée Mutuuse son épouse, sans profession, demeurant et domiciliée de droit avec lui, — n° 330, — et de fait actuellement avec Madame Veuve Baptiste Mutuuse, sa mère, à Port-au-Prince, — n° 439, — tous les deux à ce présents,

Lesquels ont déclaré aux notaires soussignés que, déterminés à opérer entre eux la dissolution de leur mariage et à obtenir la prononciation de leur divorce par consentement mutuel, ils ont résolu de faire procéder, conformément à l'article *deux cent soixante-six* du Code Civil d'Haïti, — n° 438, — à l'Inventaire de leurs biens meubles et immeubles, et qu'ils ont requis les Notaires soussignés à cette fin.

En conséquence de cette Réquisition, à laquelle les Notaires soussignés ont déféré, et à la conservation des droits et intérêts des Parties et de tous autres qu'il appartiendra, il va être par Maître Théogène Servincent et son collègue, notaires à Port-au-Prince, soussignés, procédé à l'inventaire fidèle et à la description exacte de tous les effets mobiliers, linge, hardes et bijoux, deniers comptants, titres, papiers et renseignements dépendant des Biens desdits époux, qui seront trouvés dans la maison qu'occupe Monsieur Henry Réciprocuse, sise à Port-au-Prince, X . . . . . . — n° . . . ., — comme demeure conjugale;

Sur la représentation qui sera faite de tous ces objets par Monsieur et Madame Henry Réciprocuse, qui ont promis de tout montrer et indiquer

(1) « Ce donc que Dieu a joint, que l'homme ne le sépare point ! »

sans en rien cacher ni détourner, et ce, sous les peines de droit qui leur ont été expliquées par les Notaires soussignés et qu'ils ont dit bien comprendre.

La prisée des choses qui sont sujettes à l'Inventaire sera faite par Monsieur Jean-Michel Poitevien, négociant-consignataire, Monsieur le Général Darius Jean-Bernard, courtier-agent de change, et Monsieur Eugène Borno, encanteur public, tous les trois propriétaires, demeurant et domiciliés à Port-au-Prince, — n° 325, — experts choisis par les Parties, lesquels ont prêté serment (n°ˢ 379-380) entre les mains des Notaires soussignés de faire cette prisée en leur conscience, à juste valeur et sans crue et en ayant égard au cours du temps ;

Et les requérants ont signé avec les experts et les notaires, après lecture faite. — N°ˢ 483-484. — H. Réciprocuse, Haydée Mutuuse, J.-M. Poitevien, Eugène Borno, Darius J. Bernard, Léopold Lechaud, *notaire public*, T. Servincent, *notaire*.

II — PRISÉE DU MOBILIER

Dans une chambre à l'étage de la susdite maison, dont l'entrée a été donnée aux experts et notaires par les requérants, il a été trouvé les objets suivants qui sont successivement décrits et inventoriés comme suit :

1° Un grand lit bois noir, tout garni, prisé à la somme de deux cents piastres. P. 200
2° Une armoire à glace, estimée à la somme de cent piastres. 100
3° Une commode-toilette avec marbre, prisée cinquante piastres 50
4° Une table de nuit avec marbre, estimée vingt piastres. 20
5° Un lit de fer avec sommier, prisé à la somme de trente piastres. 30
6° Trois lits pour enfants, estimés valoir soixante piastres 60
7° Deux armoires en noyer, estimées à la somme de soixante piastres 60
8° Une table de nuit en noyer, prisée dix piastres. 10
9° Une table de toilette en noyer estimée douze piastres 12

TOTAL . . . . P. . . .

Dans le salon au rez-de-chaussée :

10° Un canapé en maroquin, prisé vingt piastres . . . . P. 20
11° Douze chaises étrangères, estimées trente-six piastres 36
12° Deux dodines, prisées douze piastres. 12
13° Un buffet à étagères, estimé cinquante piastres 50
14° Une lampe-suspension, prisée à la somme de cinquante piastres. 50
15° Un piano Pleyel, prisé quatre cents piastres. 400
16° Un bahut, estimé quatre-vingts piastres. 80
17° Une table de salon, estimée quarante piastres. 40
18° Une pendule et deux coupes, estimées quarante-cinq piastres 45
19° Une pendule noyer sculpté, prisée cinquante piastres 50
20° Un sopha satin bleu, estimé soixante piastres. 60
21° Deux fauteuils satin bleu, prisés quatre-vingts piastres 80
22° Six chaises satin bleu, prisées trente-six piastres. 36

TOTAL. . . . . P. . . .

Dans une pièce à manger au rez-de-chaussée :

23° Un plateau en argent, estimé quarante piastres. . . . . P.   40
24° Six sous-carafes en argent, estimés quinze piastres.   15
25° Une boîte d'argenterie, prisée cent vingt piastres. 120
26° Cinq douzaines de couteaux, prisés vingt-cinq piastres   25
27° Douze carafes en cristal, estimées quatorze piastres.   14
28° Trois douzaines de verres, prisés neuf piastres.   9
29° Un huilier en argent, prisé quinze piastres   15
30° Un service porcelaine bleue, estimé vingt-cinq piastres.   25
31° Deux tables jardinières, estimées valoir soixante piastres   60

TOTAL. . . . . P. ...

Dans une armoire dont l'ouverture nous a été faite par les requérants il s'est trouvé :

32° Vingt-quatre draps de toile, prisés à la somme de cent piastres . . . . . . P. 100
33° Dix-huit taies d'oreiller batiste, estimées valoir soixante-quatre piastres   64
34° Vingt-quatre taies d'oreiller toile, prisées quarante-huit piastres.   48
35° Six nappes damassées, prisées vingt piastres.   20
36° Quatre douzaines de serviettes damassées, estimées vingt-quatre piastres. . . .   24

TOTAL. . . . . P. ...

Dans une autre armoire, dont l'ouverture a été faite par Madame Henry Réciprocuse, il s'est trouvé les objets propres de la Dame, comme suit : 1° douze châles, dont deux noirs, trois blancs et les sept autres de différentes couleurs; 2° quatre manteaux; 3° dix-huit robes ordinaires et six robes de soie à diverses couleurs; 4° quarante-sept chemises toile; 5° trois bracelets en or, garnis de perles et de pierres fines; 6° deux broches en or, garnies de quelques pierres fines; 7° quatre paires de boutons d'oreilles en or, garnis de brillants; 8° une paire de boutons marqués H. M.; 9° deux chaînes d'or; 10° une montre de dame, avec une chaîne turquoise : lesquels articles, de convention expresse des requérants, ont été remis à Madame Henry Réciprocuse.

Dans une troisième armoire, dont l'accès nous a été donné par Monsieur Henry Réciprocuse, il s'est trouvé : 1° un pardessus d'hiver drap marron; 2° un pardessus d'été drap gris; 3° deux paletots drap gros bleu; 4° deux pantalons noirs; 5° un costume en drap marron; 6° huit pantalons drap fantaisie; 7° huit gilets drap fantaisie; 8° douze gilets drill blanc; 9° douze pantalons drill blanc; 10° huit paletots drill blanc; 11° un panama; 12° un chapeau noir gibus; 13° un chapeau feutre; 14° une redingote drap noir; 15° un pardessus demi-ardoise : lesquels articles, propres à Monsieur Henry Réciprocuse, lui ont été remis sans estimation, de convention expresse entre les parties.

III — ANALYSE DES PAPIERS

Cote première : Deux Pièces. — A et B.

La première est l'*expédition* d'un contrat passé devant Maître Théogène Servincent, qui en a gardé minute, — nos 29-30, — et l'un de ses collègues, notaires à Port-au-Prince, le trois mai mil huit cent soixante-quinze, contenant les clauses et conditions civiles du mariage alors projeté entre Monsieur Henry Réciprocuse et Mademoiselle Haydée Mutuuse, que nous avons paraphée sous la Cote A.

La seconde pièce est l'*expédition* de l'acte civil de mariage du citoyen Henry Réciprocuse et de la citoyenne Haydée Mutuuse, célébré par Monsieur Guillaume Duchatellier, l'un des officiers de l'État Civil de Port-au-Prince, le cinq mai mil huit cent soixante-quinze, qui a été par nous paraphée sous la Cote B.

Cote deuxième : Cinq Pièces. — C à G.

Le première est l'*expédition* d'un contrat passé devant Maître Guillaume-Charles-Maximilien Laforest et son confrère, notaires en cette ville, le. . . ., transcrit au Bureau des Hypothèques de Port-au-Prince le. . . . — au nº. . . — du volume A, contenant *échange* entre Monsieur et Madame Henry Réciprocuse et Monsieur et Madame Pierre Falsus, propriétaires, demeurant à Léogane ; par lequel contrat Monsieur et Madame Henry Réciprocuse ont cédé à Monsieur et Madame Pierre Falsus une propriété. . . . etc. . . , et ces derniers ont cédé aux premiers en contre-échange une habitation sous le nom de Nihil. . . etc. . ., que nous avons paraphée sous la Cote C.

La seconde est un *certificat* délivré par Monsieur Julien-Edouard Héraux, conservateur des Hypothèques de Port-au-Prince, constatant que les immeubles échangés et cédés de part et d'autre n'étaient point grevés d'inscriptions, que nous avons paraphé sous la Cote D.

Les trois autres pièces sont les *anciens titres* de propriété de l'immeuble cédé à Monsieur et Madame Henry Réciprocuse, qui ont été par nous paraphés sous les Cotes E, F, G.

Attendu qu'il est deux heures de l'après-midi, qu'on est à la besogne depuis neuf heures du matin, et qu'il a été inventorié tous les meubles et objets mobiliers garnissant la demeure conjugale de Monsieur et Madame Henry Réciprocuse, il est renvoyé à demain, dix-sept de ce mois, à huit heures du matin, pour continuer le présent Inventaire en une maison située en cette ville, rue. . . . . . dont Monsieur Henry Réciprocuse est locataire et dans laquelle il exploite le fonds de commerce de marchand de *nouveautés*, et où se trouvent le matériel et les marchandises dépendant de ce commerce.

— Les meubles et objets mobiliers ci-dessus inventoriés sont restés, du consentement des parties, en la garde et possesion de Monsieur Henry Réciprocuse, qui s'en charge, pour les représenter quand, à qui et ainsi qu'il appartiendra.

Il a été vaqué à tout ce que dessus, par double vacation, depuis neuf heures du matin jusqu'à deux heures de l'après-midi. . . . . .

Et après lecture, les Parties ont signé avec les Notaires. — Haydée Mutuuse, Henry Réciprocuse, Darius Jean Bernard, J.-M. Poitevien, Eugène Borno, Léopold Lechaud, *notaire*, T. Servincent.

IV — Inventorié et prisée du Fonds de commerce et des Marchandises et ustensiles en dépendant de Monsieur Henry Réciprocuse

Et aujourd'hui jeudi dix-sept août mil huit cent quatre-vingt-deux, à huit heures du matin,

Dans une maison sise à Port-au-Prince, rue . . . ., où Monsieur Henry Réciprocuse exploite le fonds de commerce de marchand de *nouveautés*, et où les notaires, les experts et les Parties se sont exprès transportés, en conséquence du *renvoi* d'hier, pour inventorier les objets et marchandises s'y trouvant, constater les sommes en espèces et effets de créance en caisse, et qui dépendent de la communauté de Monsieur et Madame Henry Réciprocuse.

Aux mêmes requête, présence et qualités qu'en l'Intitulé des présentes,

Il va être par Maître Théogène Servincent, notaire public, et son Collègue, à la résidence de Port-au-Prince, soussignés, procédé à l'Inventaire des marchandises dépendant du fonds de commerce exploité par Monsieur Henry Réciprocuse, des effets mobiliers et ustensiles servant à cette exploitation et des sommes et effets de créances trouvés en caisse.

Sur la représentation qui sera faite du tout par Monsieur Henry Réciprocuse qui, averti du serment (nos 379-380) qu'il aura à prêter à la clôture des présentes de n'avoir rien détourné, directement ou indirectement, promet et s'oblige sur l'honneur de s'y conformer.

La prisée des objets à inventorier sera faite par les mêmes experts, précédemment choisis et appelés par les Parties; lesquels ont à l'instant prêté *par renouvellement* serment (no 379) ès mains des notaires soussignés, de donner leur avis sur la prisée en leur âme et conscience et eu égard au cours du jour; et ils ont signé après lecture : Eugène Borno, J.-M. Poitevien, Darius Jean Bernard.

Dans la maison servant de magasin à Monsieur Henry Réciprocuse, dont l'accès nous a été donné par celui-ci, il a été trouvé les articles suivants, qui ont été inventoriés et prisés par les experts comme suit :

37° Un comptoir en bois d'acajou, une banquette en même bois, quatre autres comptoirs en chêne, douze chaises foncées en rotin, le tout estimé valoir cent cinquante piastres. . . . . P.   150
38° Trois cents aunes de drap fantaisie, prisées à la somme de cent piastres. .   100
39° Deux cents aunes de drap noir, estimées soixante-quinze piastres.   75
40° Quinze cent quinze aunes fantaisie pour robes, estimées valoir sept cents p.   700
41°. . . . . .42°. . . . . etc.

   TOTAL de la prisée des marchandises, effets mobiliers et ustensiles . . P.   ...

. Dans un coffre-fort, il a été constaté et trouvé la somme de douze mille piastres en bonnes espèces de la Banque Nationale et celle de trois mille en effets divers . . . . P.   15.000

V — CLOTURE

Il a été vaqué à tout ce que dessus depuis l'heure susdite jusqu'à celle de. . . . heures, par double vacation; et ne s'étant plus rien trouvé à faire comprendre ni déclarer au présent Inventaire, tant quant à ce qui concerne les meubles et effets garnissant la demeure conjugale que quant à ce qui concerne les papiers et les marchandises et sommes trouvés au magasin, ainsi que le déclarent les parties, il est demeuré clos et arrêté définitivement, après avoir été de Monsieur et de Madame Réciprocuse certifié sincère et véritable et que Celui-là, comme occupant la maison et le magasin où l'Inventaire a été fait, a prêté serment (n° 379) entre les mains des notaires soussignés de n'avoir rien détourné, vu ni su qu'il ait été detourné par qui que ce soit des objets de sa communauté avec Madame Haydée Mutuuse.

Ce fait, tout le contenu au présent Acte a été, du consentement de la Dame Henry Réciprocuse, à l'exception des objets propres à chacun des époux, laissé en la possession et garde de Monsieur son mari, qui s'en est chargé pour les représenter, quand et à qui il appartiendra;

Et les Requérants ont signé avec les Experts et les Notaires après lecture faite — Nos 483-484. — Henry Réciprocuse, Haydée Mutuuse, Jean-Michel Poitevien, Darius Jean Bernard, Eugène Borno, Léopold Lechaud, *notaire*, Théogène Servincent, *notaire*.

MÊMES NUMÉROS

Formule 195,

Par-devant Théogène Servincent, notaire public, et son collègue à la résidence de Port-au-Prince, soussignés,

Sont comparus Monsieur Henry Réciprocuse, propriétaire et négociant, demeurant et domicilié à Port-au-Prince — n° 325 — et Madame Haydée Mutuuse son épouse, sans profession, de lui autorisée, demeurant et domiciliée de droit avec lui — n° 330 — et de fait actuellement chez Madame veuve Baptiste Mutuuse, sa mère, à Port-au-Prince; — N° 439.

Lesquels, préalablement à la *transaction* qui fait l'objet des présentes, ont exposé ce qui suit :

Les clauses et conditions civiles de leur mariage ont été arrêtées par contrat passé par-devant Maître Théogène Servincent, qui en a gardé minute, et son collègue Louis Oriol, notaires à Port-au-Prince, le trois mai mil huit cent soixante-quinze et enregistré le lendemain au droit de. . . piastres.

Aux termes du *premier* article de ce Contrat, les époux ont stipulé qu'il y aurait communauté de biens entre eux.

Par l'article *deuxième*, ils ont stipulé qu'ils ne seraient pas tenus des dettes l'un de l'autre créées antérieurement à la célébration du mariage, ni de celles dont pourraient être grevés les biens et droits dont ils deviendraient respectivement propriétaires pendant la durée de la communauté.

Suivant l'article *troisième*, ils ont excepté de ladite communauté les biens, meubles et immeubles qui leur adviendraient ou écherraient pendant le mariage à quelque titre que ce fût.

Aux termes de l'article *quatrième*, il a été convenu que, lors de la dissolution de la communauté, le partage de cette communauté se ferait par moitié entre les époux et leurs héritiers.

Par l'article *cinquième*, il a été encore stipulé que, lors de cette dissolution, la future épouse ou les enfants qui naîtraient de ce mariage pourraient, en renonçant à la communauté, reprendre l'apport de la future épouse audit mariage, ou tout ce qui lui serait advenu ou échu pendant le mariage à quelque titre que ce soit.

Enfin, suivant le *sixième* et dernier article du Contrat, les futurs époux se sont fait donation mutuelle et réciproque, pour le survivant d'eux, de tous les biens meubles et immeubles qui appartiendraient au prémourant d'eux dans la communauté, au jour du décès, en toute et pleine jouissance, mais à la condition que cette donation deviendrait nulle en cas d'existence d'enfants nés ou à naître.

Le mariage des dits sieur Henry Réciprocuse et dame Haydée Mutuuse

a été célébré, le cinq mai mil huit cent soixante-quinze, devant l'honorable Monsieur Guillaume Duchatellier, l'un des officiers de l'État Civil
de Port-au-Prince, qui en a dressé acte et délivré expédition. — N° 30. —
Formule 69 *bis*.

De ce mariage sont nés quatre enfants dont deux seulement sont actuel-
ment existants ; lesquels existants sont : 1° Mutuuse, né à Port-au-Prince
le treize décembre mil huit cent soixante-dix-huit, et 2° Marthe, née en
cette ville le trois novembre mil huit cent quatre-vingt-un, tous les deux
étant actuellement avec leur mère, sous le toit de la veuve Baptiste Mutuuse.

Les époux Henry Réciprocuse et Haydée Mutuuse, déterminés à opérer
entre eux la dissolution de leur mariage et à obtenir la prononciation de
leur divorce par *consentement mutuel*, tant à cause de l'incompatibilité de
leur caractère que par d'autres motifs qu'il est inutile de déduire ici,
après avoir, conformément à l'article *deux cent soixante-six* du Code Civil
d'Haïti, — n° 438, — fait préalablement inventaire et estimation de tous
leurs biens meubles et immeubles, — formule 194, — ont résolu de *transiger* sur leurs droits respectifs d'époux ; en conséquence, ils ont arrêté entre
eux les clauses et conditions de cette *transaction* ainsi qu'il suit :

Article I

Madame Haydée Mutuuse, épouse Henry Réciprocuse, prendra et pré-
lèvera sur les meubles dépendant de la communauté tous les effets mobiliers, linge et hardes à son usage personnel et la moitié des sommes et
effets de créances inventoriés.

Article II

Monsieur Henry Réciprocuse conservera la pleine et entière propriété
de tous les autres meubles, effets mobiliers, la moitié des sommes et
effets de créances trouvés lors de l'inventaire et les marchandises dépendant de ladite communauté. Il conservera également la pleine et entière
propriété d'un terrain à Port-au-Prince, *extra muros*, dont l'acquisition a
été faite pendant le mariage et qui par conséquent dépend de ladite communauté.

Article III

Madame Haydée Mutuuse Réciprocuse conservera la pleine et entière
propriété des droits qu'elle possède sur un emplacement situé à X. . . .
dont elle a hérité de son père.

Article IV

Quant à l'habitation « Nihil » sucrerie sise à. . . . . . . les usines
resteront en commun et les terres seront partagées à moitié, entre les
parties.

Article V

Monsieur Henry Réciprocuse et Madame Haydée Mutuuse se font, à cet effet, tous abandonnements nécessaires et de droit, étant ici observé que l'Inventaire préalable desdits meubles et immeubles a été fait, avec détail et estimation à leur juste valeur par acte au rapport de Maître Théogène Servincent, l'un des notaires soussignés, aux dates du seize et du dix-sept août de la présente année. — Formule 194.

ARTICLE VI

Les enfants de leur union, susnommés, et celui ou ceux qui pourront naître d'eux, avant la dissolution du mariage, seront confiés à leur mère et resteront avec elle tant pendant le temps des épreuves qu'après le divorce, — n° 439-1°. — Néanmoins, le père se réserve expressément le droit de les retirer d'avec la mère, quand bon lui semblera et s'il le juge à propos, ne consentant à les lui laisser actuellement et provisoirement qu'à cause de leur bas âge.

ARTICLE VII

Madame Henry Réciprocuse devra continuer à résider, pendant le temps des épreuves, en cette ville, chez la Veuve Baptiste Mutuuse, sa mère. — N° 439-2°.

ARTICLE VIII

Madame Haydée Mutuuse pouvant suffire à ses besoins, par sa propre industrie, son mari n'aura aucune somme à lui payer pendant le temps des épreuves. — N° 439-3°.

ARTICLE IX

Les frais et honoraires du présent acte et tous ceux qu'entraînera la demande en divorce seront payés par l'époux.

ARTICLE X

Telles sont les conventions des Parties qu'elles ont constatées ici pour se conformer aux dispositions de l'article *deux cent soixante-sept* du Code Civil d'Haïti, — n° 439, — afin de parvenir à la dissolution de leur mariage ou à leur divorce par consentement mutuel et réciproque;

Dont Acte, lu aux Parties,

Fait et passé à Port-au-Prince, en l'Étude, le vingt août mil huit cent-quatre-vingt-deux, 79e année de l'Indépendance d'Haïti;

Et les Parties ont signé avec les Notaires. — N°s 483-484. — H. Réciprocuse, Haydée Mutuuse Réciprocuse, Léopold Lechaud, T. Servincent.

Nᵒˢ 441 A 444, 439, 325 ET 330

Formule 196.

Aujourd'hui le six septembre mil huit cent quatre-vingt-deux, 79ᵉ année de l'Indépendance d'Haïti, à dix heures du matin,

Par-devant nous, Aurélus Dyer, doyen du Tribunal Civil de Port-au-Prince, soussigné,

En présence de Maître Théogène Servincent et de Maître Joseph-Henry Hogarth, notaires à la résidence de Port-au-Prince, aussi soussignés, requis et amenés au lieu ci-après désigné par les époux ci-dessous nommés et qualifiés, — Nᵒˢ 441 à 444.

Sont comparus *ensemble et en personne*, au Palais de Justice du Tribunal Civil de ce ressort Monsieur Henry Réciprocuse, propriétaire et négociant, demeurant et domicilié à Port-au-Prince, — nᵒ 325, — et Madame Haydée Mutuuse, son épouse, sans profession, demeurant et domiciliée de droit avec lui, — nᵒ 330, — et de fait *actuellement* chez Madame Veuve Baptiste Mutuuse, sa mère, rue X......, à Port-au-Prince ; — Nᵒ 439.

Lesquels ont dit et déclaré au susdit Doyen, en présence des deux susdits Notaires que, étant déterminés par consentement mutuel et réciproque à opérer leur divorce, ils ont fait préalablement *inventaire* et *estimation* de tous leurs biens, meubles et immeubles, — formule 194, — et qu'ils ont transigé sur leurs droits respectifs d'époux communs en biens ; — formule 195 ; — qu'entre autres stipulations il a été consacré dans la *transaction* : 1ᵒ que les enfants nés de leur union et celui ou ceux qui pourraient naître avant la dissolution du mariage seront confiés à leur mère et resteront avec elle tant pendant le temps des épreuves qu'après le divorce avec réserve expresse par l'époux de les retirer de la mère quand bon lui semblera et s'il le juge à propos ; 2ᵒ que l'épouse résidera pendant le temps des épreuves à Port-au-Prince, chez Madame Veuve Baptiste Mutuuse, sa mère, 3ᵒ que, Madame Haydée Mutuuse Réciprocuse pouvant suffire à ses besoins par sa propre industrie son mari n'aura aucune somme à lui payer pendant le temps des épreuves. — Nᵒ 439.

En conséquence de ces dire et déclaration Monsieur Aurélus Dyer, doyen du Tribunal Civil de ce ressort, après avoir entendu les susdits époux en présence des deux dits notaires, leur a fait en présence de ces notaires des observations par lesquelles il les engagea à oublier les griefs qu'ils ont l'un contre l'autre, à songer qu'ils ont été longtemps unis et qu'il serait bien plus de leurs intérêts *communs* de ne pas se désunir. — Il a ensuite fait à chacun d'eux *en particulier*, toujours en présence des deux notaires, les mêmes et paternelles observations, et leur a donné lecture du chapitre *quatre* de la Loi sur le divorce qui en règle les effets, — nᵒˢ 456 à 466. — Le magistrat leur a, en outre, développé toutes les conséquences de leur démarche tendant au divorce. — Nᵒ 442.

Et sur la déclaration des époux qu'ils persistent dans leur détermination, Monsieur Aurélus Dyer, ès qualité qu'il agit ici, a, par ces présentes, donné à Monsieur Henry Réciprocuse et à Madame Haydée Mutuuse, son épouse, acte que les dits époux demandent le divorce par consentement mutuel, ce qu'ils ont respectivement accepté. — Nᵒ 443.

Puis à l'instant les Comparants ont produit et déposé, entre les mains des Notaires l'*expédition* (nᵒ 30) en bonne forme de chacun des actes suivants : — nᵒ 443 — 1ᵒ de l'inventaire estimatif de leurs biens meubles et immeubles, — formule 194; — 2ᵒ de la transaction sur leurs droits respectifs d'époux. formule 195, suivant actes au rapport de Maître Théogène Servincent et son collègue, notaires en cette ville, sous les dates du seize, du dix-sept et du vingt août de la présente année. — formules 194, — 195, — 3ᵒ de leurs actes de naissance et de mariage, — formule 69 *bis*, — et 4ᵒ des actes de naissance et de décès de tous les enfants nés de leur union, — Nᵒ 443.

Et Monsieur le Doyen du Tribunal Civil a averti Madame Haydée Mutunse, en présence des deux notaires et de son mari, qu'elle eût à se retirer dans les vingt-quatre heures chez Madame Veuve Baptiste Mutuuse, sa mère, demeure convenue entre elle et son mari en cette ville, — formule 195, — et qu'elle eût à y résider jusqu'au divorce prononcé — Nᵒˢ 439, — 2ᵒ et 444, — s'il y a lieu.

De tout ce que dessus les notaires susdits ont dressé Acte, écrit par Maître Théogène Servincent à qui, comme le plus âgé des deux notaires, la *minute* (nᵒ 29) restera avec les pièces produites par les Comparants ; — Nᵒ 444.

Dont Acte fait et passé à Port-au-Prince, en la Chambre du Conseil du Palais de Justice du Tribunal Civil du ressort, les jours, mois et an que dessus ;

Et les Comparants ont signé avec le susdit Doyen et les Notaires, — Nᵒ 483. — Haydée Mutuuse, H. Réciprocuse, A. Dyer, Joseph-H. Hogarth, *notaire*, T. Servincent, *notaire public*.

Nᵒ 445

PREMIER RENOUVELLEMENT DE LA DÉCLARATION AU DOYEN DU TRIBUNAL CIVIL.

Formule 197.

Du six janvier mil huit cent quatre-vingt-trois, 80ᵉ année de l'Indépendance d'Haïti, à dix heures du matin,

En présence de Maître Théogène Servincent et Joseph-Henry Hogarht, notaires à Port-au Prince, soussignés, appelés et amenés au lieu ci-dessus désigné par les époux ci-après nommés et qualifiés, — Nᵒˢ 441 à 444.

Sont comparus *ensemble et en personne* devant Monsieur Aurélus Dyer, doyen du Tribunal Civil séant à Port-au-Prince, Monsieur Henry Réciprocuse, propriétaire et négociant, demeurant à Port-au-Prince, — nᵒ 325, — et Madame Haydée Mutuuse, son épouse, aussi propriétaire, demeurant de droit avec lui et de fait avec Madame Veuve Baptiste Mutuuse, sa mère, à Port-au-Prince, — Nᵒˢ 330 et 439.

Lesquels ont par ces présentes *renouvelé* les dire et déclaration par eux faits au susdit doyen, suivant procès-verbal dressé par les susdits notaires le six septembre dernier, — formule 196; — qu'étant déterminés par consentement mutuel à dissoudre leur mariage, par le divorce, ils ont fait préalablement inventaire et estimation de tous leurs biens . . . . — (*Le reste comme en la précédente formule*) . . . . . — H. Réciprocuse, Haydée Mutuuse, Aurélus Dyer, J.-H. Hogarth, T. Servincent.

MÊME NUMÉRO

Deuxième Renouvellement

Formule 198.

Aujourd'hui, le six mai mil huit cent quatre-vingt-trois, 80ᵉ année de l'Indépendance d'Haïti, à dix heures du matin,

En présence de Maître Théogène Servincent et de Maître Joseph-Henry Hogarth, notaires publics à la résidence de . . . . . etc., ... : Formules 196-197.

Lesquels ont par ces présentes *renouvelé* pour la seconde fois. . . . . . — (*Voyez la Formule 196*) — Haydée Mutuuse, H. Réciprocuse, A. Dyer, Joseph-H. Hogarth. T. Servincent.

Nᵒˢ 441 A 445, 325, 330 ET 439

Troisième Renouvellement de la Déclaration au Doyen du Tribunal Civil

Formule 199.

L'An mil huit cent quatre-vingt-trois, 80ᵉ année de l'Indépendance d'Haïti, et le six septembre, à dix heures du matin,

Devant Nous, Aurélus Dyer, doyen du Tribunal Civil de ce ressort, soussigné,

En présence de Maîtres Théogène Servincent et Joseph-Henry Hogarth, notaires à Port-au-Prince, soussignés, appelés et amenés au lieu ci-dessous désigné pour les Époux ci-après nommés et qualifiés, — Nᵒ 445.

Sont comparus *ensemble et en personne*, au Palais de Justice du Tribunal Civil de ce ressort, Monsieur Henry Réciprocuse, propriétaire et négociant, demeurant et domicilié à Port-au-Prince, — nᵒ 325, — et Madame Haydée Mutuuse, son épouse, aussi propriétaire, demeurant et domiciliée de droit avec lui, — nᵒ 330, — et de fait actuellement chez Madame Veuve Baptiste Mutuuse, sa mère, à Port-au-Prince, — nᵒ 439, — ainsi qu'il a été convenu suivant le Procès-Verbal dressé le six septembre de l'année dernière devant Monsieur Aurélus Dyer, doyen du Tribunal Civil de ce ressort, et dont la minute est restée à Maître Théogène Servincent, l'un des notaires soussignés; — Formule 196.

Lesquels Comparants ont par ces présentes renouvelé, pour la troisième et dernière fois, les dire et déclaration faits par eux au susdit doyen, suivant procès-verbaux dressés par lesdits notaires le six septembre mil huit cent quatre-vingt-deux, le six janvier et le six mai mil huit cent quatre-vingt-trois; qu'étant déterminés par consentement *mutuel* à dissoudre leur mariage, par le divorce, ils ont fait préalablement inventaire et estimation de tous leurs biens, meubles et immeubles, et qu'ils ont transigé sur leurs droits respectifs d'époux, ainsi qu'il résulte des actes au rapport de Maître Théogène Servincent, l'un des notaires soussignés, en dates des seize et vingt août de l'année dernière,— formules 194 et 195;— qu'entre autres stipulations, il a été consacré dans la transaction ;

1ᵒ Que les enfants nés de leur union et celui *ou* ceux qui pourraient naître d'eux, avant la dissolution du mariage, seront confiés à leur mère et resteront avec elle tant pendant le temps des épreuves qu'après le divorce, avec réserve expresse par l'époux de les retirer de leur mère quand bon lui semblera et s'il le juge à propos, ne consentant à les laisser à leur mère provisoirement qu'à cause de leur bas âge ; — Nᵒ 439-1ᵒ.

2ᵒ Que l'épouse résidera pendant le temps des épreuves à Port-au-Prince chez Madame Veuve Baptiste Mutuuse, sa mère ; — Nᵒ 439-2ᵒ.

3ᵒ Que, Madame Haydée Mutuuse pouvant suffire à ses besoins par sa propre industrie, ainsi qu'elle l'a déclaré, son mari n'aura aucune somme à lui payer pendant le temps des épreuves. — Nᵒ 439-3ᵒ.

En conséquence de ces dire et déclaration, M. Aurélus Dyer, doyen du Tribunal Civil de ce ressort, après avoir entendu les susdits époux en présence des deux notaires, a fait à ces époux *ensemble* et en présence des deux notaires des observations par lesquelles il les engagea à oublier les griefs qu'ils ont l'un contre l'autre, à songer qu'ils ont été longtemps unis et qu'il serait bien plus de leurs intérêts communs de ne pas se désunir. Il a ensuite fait à chacun d'eux en particulier, toujours en présence des deux notaires, les mêmes observations et leur a donné lecture du chapitre *quatre* de la Loi qui règle les effets du divorce, — nᵒˢ 456 à 466. — Monsieur le Doyen leur a, en outre, développé toutes les conséquence de leur démarche tendant au divorce. — N° 442.

Et sur la déclaration des époux qu'ils persistent dans leur détermination, Monsieur le Doyen du Tribunal Civil à par ces présentes donné, à Monsieur Henry Réciprocuse et à Madame Haydée Mutuuse, son épouse, acte que les susdits époux demandent le divorce par *consentement mutuel*, — n° 443, — ce qu'ils ont accepté.

Puis les Comparants ont à l'instant produit et déposé ès mains des notaires soussignés, aux termes de l'article *deux cent soixante-dix* du Code Civil d'Haïti, — n° 443, — l'*expédition* (n° 30) en bonne forme et dûment légalisée (n° 18) de chacun des actes suivants :

1° De l'*inventaire* et de l'*estimation* de leurs biens meubles et immeubles ; — formule 194.

2° De la *transaction* sur leurs droits respectifs d'époux ; — Formule 195.

3° De leurs *actes de naissance* et *de mariage* ; — Formule 69 *bis*.

4° Des *actes de naissance* et de *décès* de tous les enfants nés de leur union.

Et Monsieur le Doyen A. Dyer a averti Madame Haydée Mutuuse en présence des deux notaires qu'elle eût à se retirer dans les vingt-quatre heures chez Madame Veuve Baptiste Mutuuse, sa mère, demeure en cette ville convenue entre elle et son mari, et qu'elle eût à y résider jusqu'au divorce prononcé, — n° 139-2°, — s'il y a lieu.

De tout ce que dessus les Notaires soussignés ont dressé Acte, écrit de la main de Maître Joseph-Henry Hogarth, et dont la minute restera avec les pièces produites par les Parties à Maître Théogène Servincent, le plus âgé des deux Notaires soussignés, aux termes de l'article *deux cent soixante et onze* du Code Civil d'Haïti. — N° 444.

Dont Acte fait et passé à Port-au-Prince, en la Chambre du Conseil du Palais de Justice du Tribunal Civil, les jour, mois et an que dessus ;

Et les Comparants ont signé avec le susdit Doyen et les Notaires, après lecture par le Notaire rédacteur faite. — N°s 483-484, — Henry Réciprocuse, Haydée Mutuuse, A. Dyer, Joseph-H. Hogarth, T. Servincent.

N°s 446 ET 447

PROCÈS-VERBAL DE PRÉSENTATION DES PARTIES ASSISTÉES D'AMIS DEVANT LE DOYEN DU TRIBUNAL CIVIL POUR LA REMISE DES DÉCLARATIONS DES FORMULES 196 A 199 ET DES ACTES Y ANNEXÉS

Formule 200.

L'An mil huit cent quatre-vingt-trois, 80e année de l'Indépendance d'Haïti, et le vingt-cinq septembre, à dix heures et demie du matin,

Par-devant Nous, Aurélus Dyer, doyen du Tribunal Civil de ce ressort, assisté du citoyen Monguy aîné, greffier en chef du Siège, soussignés,

En présence du citoyen Amilcar Basquiat, ancien député au Corps Législatif, du citoyen Louis Sylla Guignard, sénateur de la République, du citoyen Ernest Roumain, ancien secrétaire d'État des Finances, et du citoyen Théophile Martin, membre du Conseil Supérieur de l'Instruction Publique, tous les quatre Notables, propriétaires, demeurant et domiciliés à Port-au-Prince, — n° 325, — chacun d'eux âgé de quarante ans au moins, — n° 446, — aussi soussignés, choisis et amenés, savoir : les deux premiers par l'époux et les deux derniers par l'épouse, ci-après nommés :

Sont comparus *ou* se sont présentés ensemble et en personne, en la Chambre du Conseil du Palais de Justice du Tribunal Civil de ce ressort, le citoyen Henry Réciprocuse, propriétaire et négociant, demeurant et domicilié à Port-au-Prince, — n° 325, — et la citoyenne Haydée Mutuuse, son épouse, aussi propriétaire, demeurant et domiciliée de droit avec lui, — n° 330, — et de fait actuellement chez Madame Veuve Baptiste Mutuuse, sa mère, rue X. . . . . . à Port-au-Prince; — N° 439.

Lesquelles Nous ont remis en bonne forme : 1° les *expéditions* des quatre procès-verbaux contenant leur consentement mutuel au divorce, — formules 196 à 199; — 2° celle de l'inventaire et de l'estimation de leurs biens meubles et immeubles, — formule 194; — 3° l'*expédition* (n° 30) de la transaction sur leurs droits respectifs d'époux, — formule 195; — 4° *celles* de leurs actes de naissance et de mariage, — formule 69 *bis*; — 5° et les *expéditions* des actes de naissance et de décès de tous les enfants nés de leur union, et ont requis de Monsieur le Doyen du Tribunal Civil susdit, chacun séparément, en présence néanmoins l'un de l'autre et des quatre Notables susnommés et qualifiés, l'*admission* de leur divorce par consentement mutuel. — N° 446.

En conséquence, Monsieur le Magistrat présidant et Messieurs les Notables assistants, après avoir entendu les susdits époux, ont fait à eux deux *ensemble* des observations, par lesquelles ils les engagèrent à oublier les griefs qu'ils ont eus l'un contre l'autre, à songer qu'ils ont été longtemps et étroitement unis et qu'il serait bien plus de leurs intérêts *communs* de ne pas se désunir; — à songer surtout qu'il est recommandé par les Saintes-Écritures, touchant le divorce, que l'homme ne doit pas séparer ce que Dieu a uni : *Quod ergo Deus conjunxit homo non separet* (Saint Mathieu, ch. XIX, v. 6). — Les Doyens et Notables ont ensuite fait à chacun des époux *en particulier* les mêmes observations. — Puis le susdit Magistrat leur a donné lecture du chapitre *quatre* de la Loi du Code Civil d'Haïti qui règle les effets du divorce, — n°s 456 à 466, — et leur a, en outre, développé toutes les conséquences de leurs démarches. — N°s 442 et 447.

Et sur la déclaration formelle des susdits époux qu'ils persévèrent dans leur détermination, il leur a été donné par le Doyen et les Notables *acte* de leur réquisition et de la remise par eux faite des pièces à l'appui. — Numéro 447. — Formules 69 *bis* et 194 à 199.

De tout ce que dessus le citoyen Monguy aîné, greffier en chef du Siège, a dressé le présent Procès-Verbal qui a été signé, tant par les Parties que par les Notables, le Doyen et lui, aux termes de l'article *deux cent soixante-quatorze* du Code Civil d'Haïti, — n° 447, — après lecture par lui faite. — Nos 483-484. — Haydée Mutuuse, Henri Réciprocuse, Ernest Roumain, Amilcar Basquiat, Théophile Martin, Louis Guignard, Aurélus Dyer, Monguy aîné, *greffier*.

N° 448

ORDONNANCE DU DOYEN PORTANT QUE DANS LES TROIS JOURS IL SERA PAR LUI RÉFÉRÉ DU TOUT AU TRIBUNAL

Formule 201.

Et vu l'article *deux cent soixante-quinze* du Code Civil d'Haïti, — n° 448, — avons ordonné que, dans les trois jours, il sera par Nous référé du tout au Tribunal Civil, en la Chambre du Conseil, sur les *conclusions écrites* du Ministère Public, auquel les pièces produites et remises par les Parties seront à cet effet communiquées par le Greffier, — n° 448, — ce 25 septembre 1883 : — Aurélus Dyer.

Nos 450-449, 298-299, 29-31

ADMISSION DE DIVORCE

Formule 202.

Au nom de la République,

Le Tribunal Civil de Port-au-Prince, compètemment réuni au Palais de Justice, a rendu en audience publique, — nos 298-299, — le Jugement suivant sur le Référé du doyen de ce Tribunal : — Vu :

1° L'*expédition* (n° 30) de l'acte de mariage du citoyen Henry Réciprocuse avec la citoyenne Haydée Mutuuse, reçu par le citoyen Guillaume Duchâtellier, l'un des officiers de l'État Civil de Port-au-Prince, en date du cinq mai mil huit cent soixante-quinze ; — Formule 69 *bis*.

2° L'*expédition* de l'inventaire des biens desdits époux, dressé le seize et le dix-sept août mil huit cent quatre-vingt-deux, — formule 194, — suivi d'une convention entre eux portant règlement de leurs droits matrimoniaux en date du vingt suivant, — formule 195, — au rapport de Maître Théogène Servincent et son Collègue, notaires à la résidence de Port-au-Prince ; — Formules 194-195.

3° L'*expédition* (n° 30) d'un procès-verbal dressé, le six septembre mil huit cent quatre-vingt-deux, par les notaires Théogène Servincent et Joseph-Henri Hogarth de cette ville, en présence du Doyen de ce Tribunal, portant la déclaration de la volonté desdits époux de divorcer par consentement mutuel ; — formule 196.

4° Trois *expéditions* des procès-verbaux dressés sous les dates des six janvier, six mai et six septembre mil huit cent quatre-vingt-trois, au rapport des mêmes notaires, portant renouvellement de leur déclaration du six septembre mil huit cent quatre-vingt-deux ; — Formules 197 à 199.

5° L'*expédition* (n° 30) du procès-verbal en date du vingt-cinq septembre courant, — formule 200, — constatant la réquisition desdits époux d'admettre leur divorce, en présence des citoyens Amilcar Basquiat, Louis Sylla Guignard, Ernest Roumain et Théophile Martin, propriétaires, demeurant et domiciliés à Port-au-Prince, — n° 325, — ladite réquisition *ou* déclaration suivie de l'Ordonnance du Doyen portant qu'il en sera référé au Tribunal ; — Formule 201.

6° Les *conclusions écrites* du citoyen Jean-Louis Vérité, commissaire du Gouvernement près ce Tribunal, portant : « la Loi permet » ; — N° 449.

Considérant que dans l'opinion du Tribunal il résulte, du Référé dont il est ci-dessus question, que les Parties ont satisfait aux conditions et rempli les formalités déterminées par la Loi, en matière de divorce par consentement mutuel,

Par ces motifs, le Tribunal, après en avoir délibéré en la Chambre du Conseil, *admet* le divorce par consentement mutuel des époux Henry Réciprocuse, et renvoie lesdits époux par-devant l'officier de l'État Civil de la section Nord de Port-au-Prince pour le faire prononcer ; — Formule 193.

Donné de Nous, Aurélus Dyer, doyen, Ernest Bonhomme et Dumésil Marcelin, juges, en Audience Publique du trente septembre mil huit cent quatre-vingt-trois, 80° année de l'Indépendance d'Haïti. — N°s 298 et 299.

Il est ordonné à tous huissiers sur ce requis de mettre le présent Jugement à exécution, aux officiers du ministère public près les Tribunaux Civils d'y tenir la main, à tous commandants et autres officiers de la force publique d'y prêter main forte, lorsqu'ils en seront légalement requis. — N° 31.

En foi de quoi la minute (n° 29) du présent Jugement est signée du doyen, des juges et du greffier : — Aurélus Dyer, Ernest Bonhomme, Dumésil Marcelin, Monguy aîné.

NOTA BENE

Le jugement qui précède doit être toujours, suivant l'opinion de l'honorable M. Aurélus Dyer, président du Tribunal Civil de ce ressort, rendu au bas des actes dressés pour parvenir au divorce par consentement mutuel, dans la forme d'un jugement sur requête. — T. SERVINCENT.

LA RECTIFICATION
DES ACTES DE L'ÉTAT CIVIL

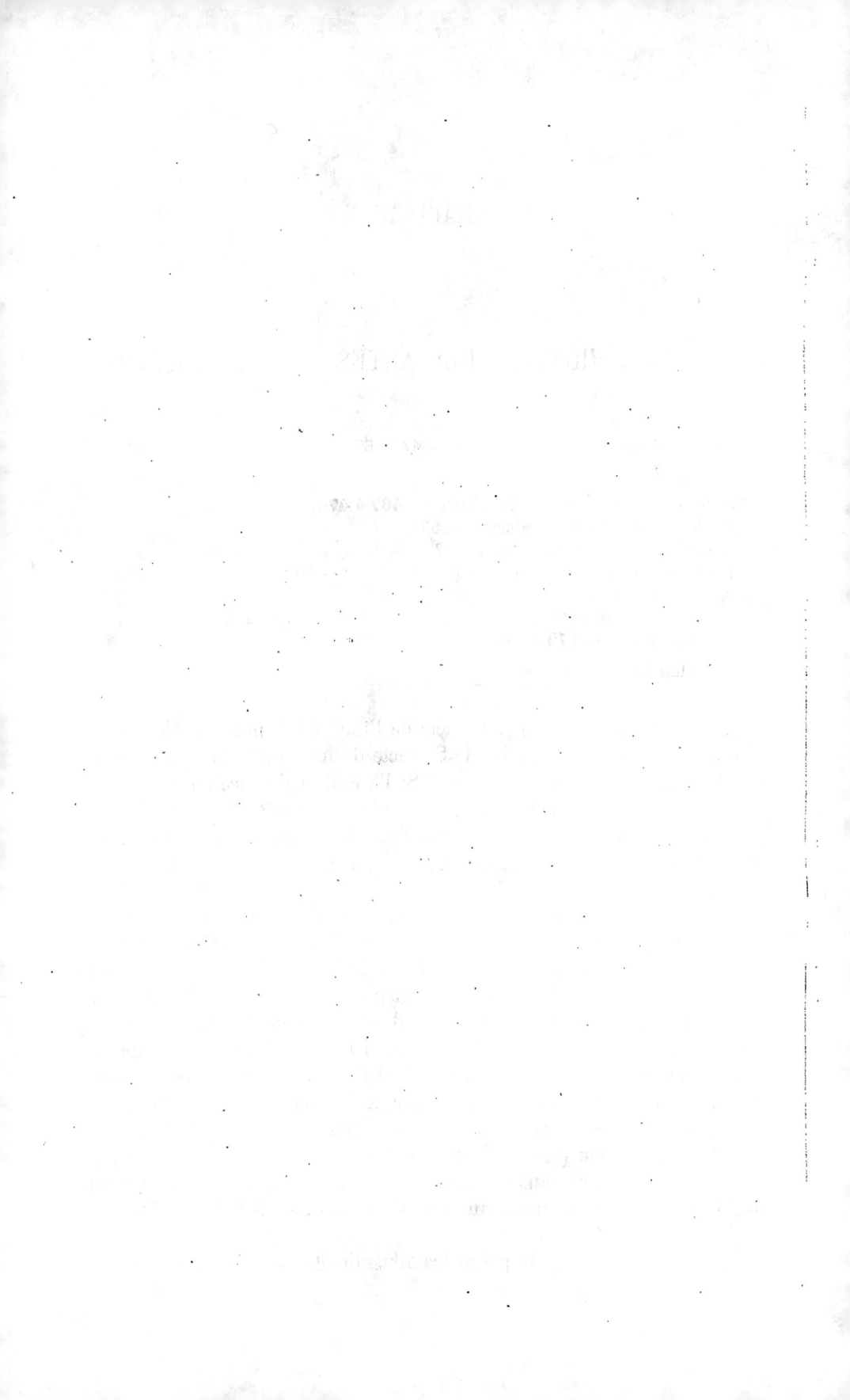

CHAPITRE X

LA RECTIFICATION DES ACTES DE L'ÉTAT CIVIL

SOMMAIRE

467. — Il peut arriver qu'un acte de l'État Civil présente des irrégularités. — Ainsi par exemple : 1° Si l'acte de naissance d'un garçon porte que l'enfant est du sexe féminin ; 2° Si l'acte de naissance porte que l'enfant est né en mariage tandis que le père était décédé avant l'époque présumée de la conception ; 3° Si, dans l'acte de naissance, mariage ou décès, les noms ont été mal orthographiés, . . . etc. . . .

468. — Aucune modification, aucune rectification, ne peut être faite à un acte irrégulier, aux termes de l'article 755 du Code de Procédure Civile d'Haïti, qu'en vertu d'un jugement du Tribunal compétent, c'est-à-dire de celui de la situation des registres — (Duranton, I-342; Toullier, I-344; Carré, n° 2893; Rief, n° 315; Zachariæ, § 79; Demolombe, I-334; Coin-Delisle et Marcadé, n° 3, sur l'article 99 du Code Napoléon correspondant à l'article 88 du Code Civil d'Haïti), — sur la requête présentée par les Parties intéressées et sur les Conclusions du Commissaire du Gouvernement.— Les Parties intéressées à contredire la rectification y sont appelées s'il y a lieu (article 88 du Code Civil d'Haïti de 1826). — Appel peut être fait du jugement dans les délais ordinaires, aux termes de l'article 754 du Code de Procédure Civile d'Haïti de 1835. — Nos 477 à 481.

469. — Le procureur impérial (commissaire du gouvernement) ne peut d'office provoquer la rectification (Defrénois et Vavasseur, n° 869), si ce n'est dans les deux cas suivants : — 1° Si elle intéresse l'ordre public; par exemple, lorsqu'un enfant est inscrit comme né d'une femme mariée et d'un homme autre que le mari, ou lorsqu'elle a pour objet d'assurer l'exécution des Lois qui interdisent les altérations de noms et les usurpations de titres; — 2° Si elle intéresse un indigent.

470. — Dans tous les cas, le jugement de rectification ne peut, à quelque époque que ce soit, être opposé aux Parties, qui ne l'auraient point requis ou qui n'y auraient pas été appelées (article 89 du Code Civil d'Haïti) et qui peuvent toujours l'attaquer soit par tierce-opposition, soit par action principale pour obtenir un jugement contraire au premier (articles 410 à 415 du Code de Procédure Civile d'Haïti. — N°s 472 à 476.

471. — Les jugements de rectification sont inscrits sur les registres par l'officier de l'État Civil aussitôt qu'ils lui ont été remis; mention expresse en est faite en marge de l'acte réformé, conformément à l'article 50 du Code Civil d'Haïti de 1826, n° 21; et l'acte ne peut plus être délivré qu'avec les rectifications ordonnées, formule 204, à peine de tous dommages-intérêts contre l'officier public qui l'aurait délivré, aux termes des articles 90 du Code Civil et 755 du Code de Procédure Civile d'Haïti. — N° 481.

472. — Une partie peut former tierce-opposition à un jugement qui préjudicie à ses droits, et lors duquel ni elle, ni ceux qu'elle représente, n'ont été appelés, encore qu'ils eussent dû l'être (article 410 du Code de Procédure Civile d'Haïti de 1835).

473. — La tierce-opposition, formée par action principale, est portée au Tribunal qui aura rendu le jugement attaqué (article 411 du susdit Code). La tierce-opposition incidente à une contestation dont un Tribunal est saisi est formée par requête à ce Tribunal, s'il est égal ou supérieur à celui qui a rendu le jugement *(même texte).*

474. — Aux termes de l'article 412 du Code de Procédure Civile d'Haïti de 1835, s'il n'est pas égal ou supérieur, la tierce-opposition incidente est portée, par action principale, au Tribunal qui aura rendu le jugement.

475. — Le Tribunal, devant lequel le jugement attaqué a été produit, peut, suivant les circonstances, passer outre ou surseoir (article 413 du Code de Procédure Civile d'Haïti). — N° 479.

476. — La Partie dont la tierce-opposition est rejetée sera condamnée à une amende de cinq piastres fortes, aux termes de l'article 415 du Code de Procédure Civile d'Haïti de 1835 combiné avec l'article 2 de la Loi du 10 août 1877, sans préjudice des dommages et intérêts de la Partie s'il y a lieu. — Nos 193 à 196.

FORMULES

Nos 468, 467, 449

REQUÊTE DE LA PARTIE SUIVIE DES CONCLUSIONS DU MINISTÈRE PUBLIC EN RECTIFICATION D'ACTE DE L'ÉTAT CIVIL

Formule 203.

1° REQUÊTE

A Monsieur le Doyen et Messieurs les Juges du Tribunal Civil de Port-au-Prince.

Magistrats,

Le citoyen Théogène Servincent, propriétaire et notaire, demeurant et domicilié à Port-au-Prince, — n° 325, — soussigné, assisté de Maître Léger-Cauvin, son avocat constitué, aussi soussigné, a l'honneur de Vous exposer que c'est bien à tort et par erreur que, dans l'acte de naissance de Marie-Joseph-Télisma Servincent, son neveu, inscrit au Bureau de l'État Civil de Port-au-Prince, le. . ., il est dit que l'enfant est du sexe féminin et qu'il est né de Mathurin-Boyer-Prévil Servincent et de Jeanne-Altagrâce-Noémie Calvaire, tandis que l'enfant est du sexe contraire et que la véritable manière d'écrire le nom de famille de sa mère est Calvert.

C'est pourquoi l'Exposant requiert à ce qu'il Vous plaise, Honorables Magistrats, de rectifier par un jugement de votre Tribunal les erreurs ci-dessus signalées, — nos 467-468. — Ce sera Justice.

Port-au-Prince le. . . . . . août 1882. — Théogène Servincent, Léger-Cauvin.

(L'assistance de l'Avocat ne serait pas absolument nécessaire au présent cas, si le fonctionnaire public n'était pas, par la nature de sa délicate tâche, l'intermédiaire ou le trait-d'union autorisé entre le particulier et le tribunal. C'est assurément par le canal de l'Avocat que toutes actions judiciaires doivent être introduites au tribunal, bien que le particulier en cause ait pu avoir les connaissances en droit nécessaires pour cette fin.)

2° Conclusions

Attendu que la Requête présentée par le Demandeur, *en rectification d'acte* de l'État Civil, est régulière en la forme et tout à la fois juste au fond, qu'il y a par conséquent lieu pour le Tribunal d'y faire droit, *Concluons* à ce que le Tribunal Civil y fasse droit, en conformité de l'article 88 du Code Civil combiné avec les articles 755 et suivants du Code de Procédure Civile. — Nᵒˢ 468 à 476.

Le Commissaire du Gouvernement près le Tribunal Civil de Port-au-Prince : — Jean-Louis Vérité.

Nᵒˢ 468, 467, 469 A 476, 298-299, 29, 31

Jugement de Rectification d'Acte de l'État Civil

Formule 204.

Au nom de la République,

Le Tribunal Civil de Port-au-Prince, compétemment réuni au Palais de Justice, rue du Centre ou Dauphine, a rendu en audience publique le Jugement suivant, — nᵒˢ 298-299, — sur la Requête de Monsieur Théogène Servincent dont la teneur suit : — Nᵒ 468.

A Monsieur le Doyen et Messieurs les Juges . . . . . .
(Voir la formule 203.)

Vu : — 1° la Requête qui précède et les Conclusions écrites de Monsieur Jean-Louis Vérité, commissaire du Gouvernement près ce Tribunal, mises au bas de ladite Requête ; — formule 203 ; — 2° l'Acte de naissance de Marie-Joseph-Télisma Servincent, reçu par Monsieur le Docteur Myrthil Bruno, magistrat communal de Port-au-Prince, en ses attributions d'officier de l'État Civil, — nᵒˢ 7 et 8, — en date du . . . . . . avril mil huit cent soixante-cinq ; — 3° l'Acte de naissance de Madame Jeanne-Altagrâce-Noémie Calvert au rapport de Monsieur Jean Laurent, l'un des officiers de l'État Civil de cette ville, en date du . . . . . . mil huit cent trente-sept ;

Vu aussi les articles 50 du Code Civil et 755 du Code de Procédure Civile d'Haïti, — Nᵒˢ 21 et 468.

Après avoir entendu Monsieur Dumésile Marcelin, l'un des juges de ce Tribunal, dans son Rapport ; — *(Voir les Considérants qui suivent.)*

Considérant que, de l'examen des documents ci-dessus énoncés, il résulte que c'est bien à tort et par erreur que: — 1° dans l'Acte de naissance de Marie-Joseph-Télisma Servincent, il est dit qu'il est du sexe féminin lorsque, d'après les autres énonciations de l'acte (*ou toutes autres preuves*), il est prouvé que Marie-Joseph-Télisma Servincent est plutôt du sexe masculin ; — 2° dans le susdit Acte de naissance il est écrit Jeanne-Altagrâce-Noémie Calvaire, lorsque, dans l'Acte de naissance de cette Dame, il se trouve Calvert son véritable nom de famille écrit ; — N° 468.

Considérant qu'il y a lieu, en conséquence, d'ordonner que les erreurs soient rectifiées, — n° 468.

Par ces motifs, le Tribunal, après en avoir délibéré, *ordonne* la rectification de l'Acte de naissance de Marie-Joseph-Télisma Servincent, inscrit sur les registres de l'État Civil de Port-au-Prince sous la date du. . . . . mil huit cent soixante-cinq, *ordonne* qu'en marge dudit Acte il soit dit que c'est bien à tort et par erreur que Marie-Joseph-Télisma Servincent a été inscrit comme étant du sexe féminin, que le nom de famille de sa mère a été orthographié Calvaire au lieu de Calvert, — n°s 467-468, — formule 203 ; — *ordonne*, en outre, que le présent Jugement soit inscrit sur les registres de l'État Civil de cette ville, conformément à la Loi, — n° 471, — *fait* défense à tous dépositaires des registres de l'État Civil d'expédier l'Acte de naissance susparlé sans la mention de ladite rectification, — n° 471, — et ce, sous toutes les peines de droit.

Donné de Nous, Aurélus Dyer, doyen, Ernest Bonhomme et Dumésil Marcelin, juges, en Audience Publique du . . . . . . août mil huit cent quatre-vingt-deux, 79e année de l'Indépendance d'Haïti. — N°s 298-299.

Il est ordonné à tous huissiers sur ce requis de mettre. . . . . . ., etc., ... — N° 31 ; — En foi de quoi la minute (n° 29) est signée. . . . . . . — Aurélus Dyer, Ernest Bonhomme, Dumésil Marcelin, Numa Lafond.

N° 471

Procès-Verbal d'Inscription de Jugement de Rectification d'Acte de l'État Civil

Formule 205.

Aujourd'hui, le lundi quatre septembre mil huit cent quatre-vingt-deux, 79e année de l'Indépendance d'Haïti, à dix heures et demie du matin,

Nous, Mystal Joly-Gérard, officier de l'État Civil de Port-au-Prince, section Sud, soussigné,

Après avoir pris ample connaissance et bonne lecture, sur une *grosse* (n° 31) à nous représentée par Monsieur le notaire Théogène Servincent, de cette ville, d'un Jugement de rectification d'orthographe de nom et de prénom d'acte de l'État Civil rendu par le Tribunal civil de ce ressort le. . . . . août dernier, — formule 204, — dont l'inscription est par Monsieur Servincent requise,

Vu les articles 50 et 90 du Code Civil et 755 du Code de Procédure Civile d'Haïti, — Nᵒˢ 21 et 471.

Avons inscrit sur les registres courants de naissance de l'État Civil de la section Sud de cette ville ladite *grosse*, — formule 204, — qui demeure annexée aux dits registres et dont Avis sera, dans les trois jours (nᵒ 21), donné au Commissaire du Gouvernement du ressort afin que, par lui, mention soit expédiée au Secrétaire d'État de la Justice pour être inscrite au double placé au Dépôt Central des Archives. — Nᵒ 471.

De quoi Nous avons dressé le présent Acte que M. Théogène Servincent a signé avec Nous après lecture par Nous faite. — Nᵒˢ 483-484. — T. Servincent, M. Joly.

MÊME NUMÉRO

Avis par l'officier de l'État Civil au Commissaire du Gouvernement d'Inscription sur des registres de Jugement de rectification d'Acte de l'État Civil

Formule 206.

LIBERTÉ — ÉGALITÉ — FRATERNITÉ

RÉPUBLIQUE D'HAITI

Port-au-Prince, le 7 septembre 1882, An 79ᵉ de l'Indépendance. — Nᵒ . . . .

Mystal Joly-Gérard, officier de l'État Civil de Port-au-Prince, section Sud, au Commissaire du Gouvernement près le Tribunal Civil de Port-au-Prince.

Monsieur le Commissaire,

J'ai l'honneur de vous donner *avis*, aux termes de l'article 50 du Code Civil d'Haïti, — nᵒ 21, — de l'inscription sur mes registres à ce destinés *ou* sur mes registres courants de la *grosse*, — nᵒ 31, — à moi présentée et déposée à toutes les fins de droit par Monsieur le notaire Théogène Servincent de cette ville, d'un Jugement de rectification de nom et de prénom d'acte de l'État Civil, rendu par le Tribunal Civil de Port-au-Prince, le . . . . . . août dernier, dont je vous remets copie, pour que mention en soit par vous expédiée au Secrétaire d'État de la Justice qui, suivant le texte susvisé, la fera inscrire au double placé au Dépôt Central des Archives. — Nᵒ 21.

Je vous prie d'agréer, Monsieur le Commissaire du Gouvernement, mes salutations empressées. — Mystal Joly.

MÊME NUMÉRO

Missive du Commissaire du Gouvernement au Secrétaire d'État de la Justice
couvrant un Jugement rectificatif d'Acte de l'État Civil

Formule 207.

Parquet du Tribunal Civil de la Capitale. — N° . . . .

Port-au-Prince, le 8 septembre 1882.

Le Commissaire du Gouvernement près le Tribunal Civil de ce Ressort au
Secrétaire d'État de la Justice.

Monsieur le Secrétaire d'Etat,

J'ai l'honneur de vous transmettre sous ce couvert, à toutes les fins de
droit, — n° 21, — la Copie que m'a remise Monsieur l'officier de l'État
Civil de Port-au-Prince, section Sud, d'un Jugement de rectification d'acte
de l'État Civil, rendu par le Tribunal Civil de ce Ressort, le. . . . . .
août dernier, sur la requête de Monsieur le notaire Théogène Servincent,
de cette ville, — N° 471.

Et je vous prie, Monsieur le Secrétaire d'État, d'agréer mes plus humbles salutations. — Jean-Louis Vérité.

MÊME NUMÉRO

Remise par le Secrétaire d'État de la Justice au Directeur du Bureau
Central des Archives de la République de la Copie du Jugement de
rectification d'Acte de l'État Civil

Formule 208.

Liberté — Égalité — Fraternité

RÉPUBLIQUE D'HAITI

Section de la Justice. — N° . . . . . :
Port-au-Prince le 9 septembre 1882, An 79ᵉ de l'Indépendance.

Le Secrétaire d'État au Département de la Justice au Directeur
du Bureau Central des Archives de la République.

Monsieur le Directeur,

Je vous remets sous ce pli la Copie d'un jugement rectificatif de nom et
prénom, rendu par le Tribunal Civil de Port-au-Prince, le. . . . . . .
août dernier, à la requête de Monsieur le notaire Théogène Servincent,
qu'aux termes de l'article 50 du Code Civil d'Haïti, — n° 21, — vous

inscrirez sur le registre de naissance de l'État Civil de Port-au-Prince, section Sud, de l'année 1865, déposé au Bureau Central des Archives de la République. — Nᵒ 471.

Je vous salue, Monsieur le Directeur, avec une haute considération, — Madiou.

MÊME NUMÉRO

RÉPONSE DU DIRECTEUR DES ARCHIVES A LA DÉPÊCHE MINISTÉRIELLE DE LA FORMULE 208

Formule 209.

Port-au-Prince, le 11 septembre 1882.

Le directeur du Bureau Central des Archives de la République au Secrétaire d'État de la Justice.

Monsieur le Secrétaire d'État,

J'ai l'honneur de Vous accuser réception de Votre dépêche en date du 9 courant, — nᵒ . . . ., — par laquelle Vous m'avez remis la Copie d'un jugement rectificatif de nom et prénom d'acte de l'État Civil rendu le. . . . . . . août écoulé par le Tribunal Civil de Port-au-Prince, à la requête de Monsieur le notaire Théogène Servincent de cette ville, pour être inscrite sur le registre de naissance de l'État Civil de Port-au-Prince; section Sud, de l'année 1865, déposé au Bureau dont je suis le directeur.

Je m'empresse de Vous annoncer qu'aux termes de l'article 50 de notre Code Civil, — nᵒ 21, — les ordres contenus en votre susdite dépêche ont été fidèlement exécutés hier.

J'ai l'honneur, Monsieur le Secrétaire d'État, de vous saluer respectueusement, — Louis Aimé.

NOTA BENE

La Formule 204 est à peu près la même pour tous les Jugements en matière de Rectification d'Acte de l'État Civil. C'est à ceux qui auront à s'en servir à savoir l'approprier à tous les cas. — T. SERVINCENT.

Les Explications et les Formules ci-après, qui ferment ce chapitre, ont été *littéralement tirées* du *Catéchisme de Procédure* de Jean Mullery du Cap-Haïtien, avocat, que notre estimable confrère, Maître Zénon Jean-Jacques, de Port-de-Paix, avocat, a bien voulu nous communiquer, sur notre demande, à Port-de-Paix, ce treize mars 1885.

477. — L'État Civil des citoyens appartient à l'Ordre Public; les actes

qui le constatent sont de la plus haute importance pour la Société, — n° 4. — Ainsi, les registres contenant ces actes sont un dépôt sacré entre les mains du fonctionnaire établi à cet effet : ils doivent être conservés intacts, ils ne peuvent même subir la moindre rectification qu'avec la plus grande circonspection. En conséquence, s'il est glissé quelques erreurs dans la rédaction d'un de ces actes, la rectification ne peut en être faite que par l'autorité de la justice, et sur les conclusions du ministère public. — N° 468.

478. — Pour faire rectifier un acte de l'État Civil, il faut présenter requête au doyen du Tribunal Civil du ressort du dépositaire de l'acte ; sur cette requête le doyen, ou tel autre juge qu'il commet, en fait rapport à l'audience et le ministère public donne ses conclusions. — N° 468.

479. — S'il ne s'agit que d'une simple question comme, par exemple, lorsqu'une partie demande la rectification de l'orthographe d'un nom, ou la réparation d'une omission de prénom, le Tribunal pourra rendre sur-le-champ un jugement qui autorise ou refuse la rectification. Mais s'il le juge convenable, comme lorsque, dans un acte de naissance, on aurait désigné le père par le nom de son frère, il peut ordonner préalablement que les parties intéressées soient appelées, — n° 468, — ou que le conseil de famille soit convoqué pour donner son avis, il peut même prendre les deux précautions à la fois.

480. — On appelle les Parties par une assignation dans le délai ordinaire, — n° . . . . , si la demande est principale et si la rectification est incidente à une demande pendante, les Parties seront appelées par un simple avenir.

481. — Lorsque le Tribunal fait droit à la demande, il ne peut être fait aucune rectification ni aucun changement sur l'acte, — n° 468 ; — mais le jugement est inscrit sur les registres de l'État Civil, et il en est fait mention en marge de l'acte réformé, — n° 471. — Cet acte ne peut plus être expédié qu'avec les rectifications ordonnées, c'est-à-dire la *note marginale* constatant que par *tel* jugement, transcrit sur *tel* registre, il a été ordonné *tel* changement, à peine de dépens et dommages-intérêts. — N° 471.

482. — L'une des parties intéressées présente le jugement au dépositaire de l'acte, qui doit le transcrire en entier sur le registre de l'année à laquelle l'acte se rapporte, ou sur le registre de l'année courante s'il n'y a pas d'espace au premier. Puis il écrit à la marge de l'acte la *Note de la formule 243*.

Nᵒˢ 477 A 479

REQUÊTE

Formule 210.

A Monsieur le Doyen du Tribunal Civil de. . . . . . .

Le citoyen R. Lavache, propriétaire, demeurant à X. . . . . —
nᵒ 325, — expose que, le. . . . ., il s'est présenté devant l'officier de l'État Civil de X. . . . ., et a fait la déclaration de la reconnaissance de son fils naturel J. . . . ., issu de ses œuvres avec
la citoyenne M. . . . . . .; que dans la rédaction de cet acte il s'est
glissé une erreur, en ce que B. Lavache qui est le frère de l'Exposant,
parrain de l'enfant, y est mis pour R. Lavache.

L'Exposant requiert qu'il plaise au Tribunal d'ordonner la rectification
de cette erreur, — nᵒˢ 477 à 479, — par l'inscription du jugement à
intervenir sur les registres dudit officier de l'État Civil, avec mention en
marge de l'acte de naissance susdit, — nᵒˢ 467, 468, 471. — C'est justice. — R. Lavache.

MÊMES NUMÉROS

JUGEMENT AVANT FAIRE DROIT

Formule 211.

Le Tribunal Civil de X. . . . . . .,compétemment réuni au Palais de
Justice, a rendu le jugement suivant :

Sur le Rapport fait à l'Audience du . . . . . par le citoyen H . . .
doyen, et les Conclusions du citoyen R. . . . . , commissaire du Gouvernement;

Vu : 1ᵒ la Requête du citoyen L. Lavache. . . . . formule 210, — 2ᵒ
l'Expédition de l'acte de naissance du. . . . . .; — Nᵒ 304.

Considérant que la rectification demandée concerne le citoyen B. Lavache, et qu'il est important qu'il soit entendu sur la demande; — Nᵒ 479.

Le Tribunal *ordonne*, avant faire droit, que le dit citoyen B. Lavache
soit appelé, pour être entendu sur la dite demande. — nᵒˢ 477 à 479.
— Donné de nous. . . . . .

Nᵒˢ 480 A 481

JUGEMENT DÉFINITIF

Formule 212.

Ouï le Rapport du citoyen H. . . . . ., doyen, les Observations du citoyen B. Lavache et les Conclusions du citoyen R. . . . . . .commissaire du Gouvernement ;

Vu : 1º la Requête du citoyen R. Lavache. . . . . . . ; 2º l'Expédition de l'acte de naissance du . . . . . . ; — Nº 30.

Attendu qu'il est reconnu que c'est par erreur que, dans l'acte reçu par le citoyen N. . . . . . ., officier de l'État Civil de X. . . . . . ., le citoyen B. Lavache a été porté comme père de J. . . . . . . et que le citoyen R. Lavache est porté comme parrain de l'enfant, puisque le dit R. Lavache déclare avoir reconnu J. . . . . . pour son fils naturel, et que B. Lavache déclare n'être que le parrain de l'enfant.

Le Tribunal, faisant droit à la demande, *réforme* le dit acte, *rétablit* le citoyen R. Lavache père naturel de J. . . . . . ., et le citoyen B. Lavache parrain de l'enfant. — *fait* défense à tout dépositaire de cet acte de l'expédier sans la mention de cette rectification, sous les peines de droit et *ordonne* en conséquence que le présent jugement soit transcrit sur les registres de l'État Civil, et que mention en soit faite en marge de l'acte réformé, — nº 481, — conformément aux articles 50 du Code Civil et 755 du Code de Procédure Civile. — Nº 458.

Donné de Nous. . . . . .

Nº 482

NOTE MARGINALE

Formule 213.

Par Jugement du Tribunal Civil de X . . . . en date du . . . . . — formule 212, — dont la transcription est faite à la page . . . de ce registre, *ou* du registre des déclarations de l'année . . . . . . il est ordonné la *rectification* du présent acte, ainsi : Au lieu de « B. Lavache, » c'est le citoyen « R. Lavache » qui se reconnaît père naturel de J. . . . . . ., et au lieu de « R. Lavache », c'est le citoyen « B. Lavache » qui en est le parrain. — Nº 471. — (*Voir les formules 203 à 209 et 147*). — N. . . . *officier civil.*

Port de Paix, 13 mars 1885. — T. SERVINCENT.

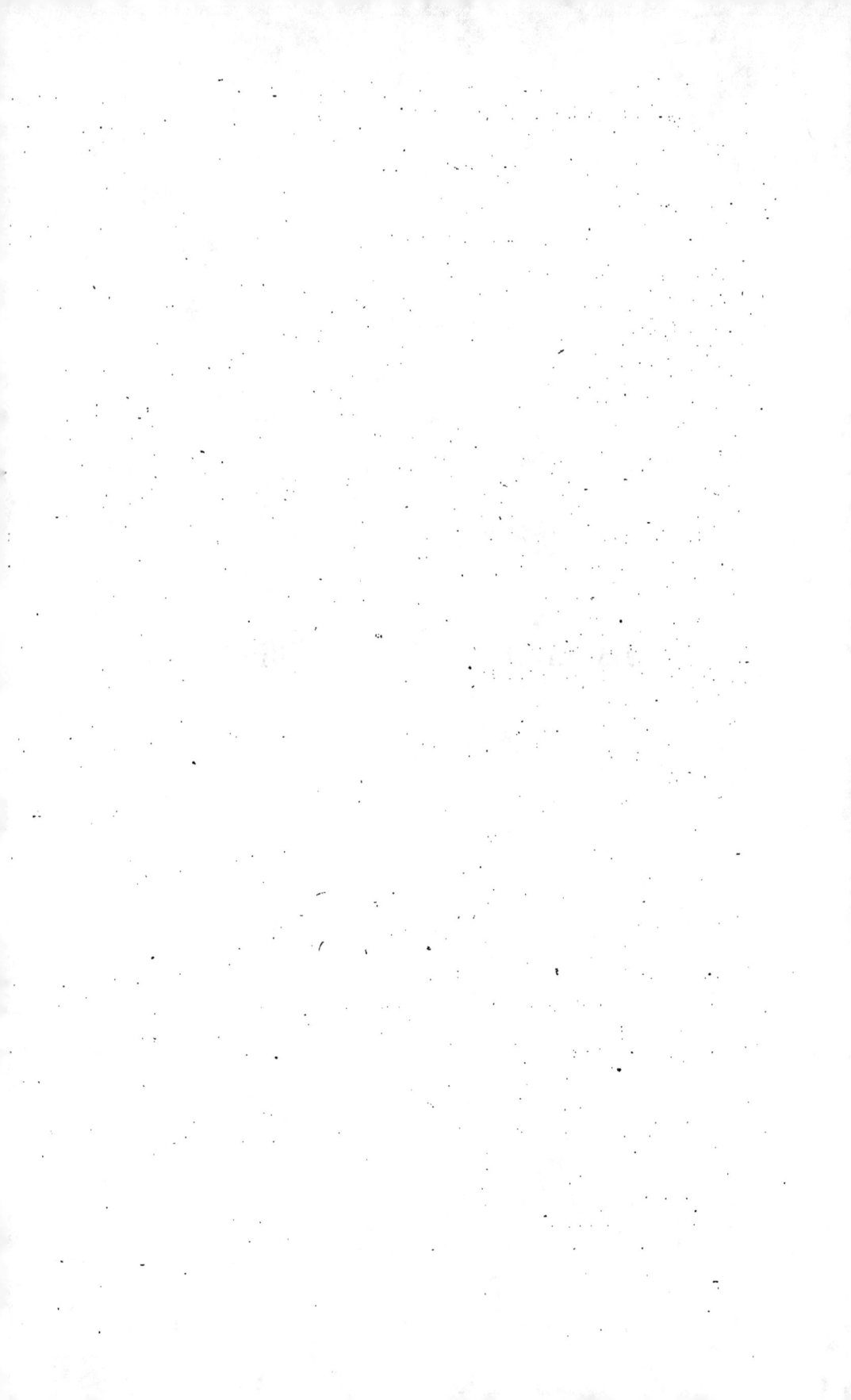

LA LECTURE ET LA SIGNATURE

CHAPITRE X

LA LECTURE ET LA SIGNATURE

SOMMAIRE

---

483. — Avant la signature d'un acte de son ministère, aux termes des articles *trente-neuf* et *quarante* du Code Civil d'Haïti, n° 13, -4° et 5°, l'officier de l'État Civil est tenu d'en donner lecture, et il doit faire mention que cette lecture a été faite aux parties.

484. — Les actes sont signés par les parties, les témoins et l'officier de l'État Civil, qui est tenu d'en faire mention à la fin de l'acte (articles *trente-neuf* et *quarante* du Code Civil : n° 13-4° et 5°). Quant aux parties ou témoins qui ne savent ou ne peuvent signer (article *quarante* du sus dit Code), l'officier de l'État Civil doit faire mention à la fin de l'acte de leurs déclarations à cet égard.

485. — Il n'y a réellement lecture qu'autant qu'elle a été entendue de toutes les parties (Defrénois et Vavasseur, t. I, n° 354). — Si l'une d'elles est atteinte de quasi-surdité, disent ces auteurs, la lecture doit avoir lieu à très haute voix.

486. — Lorsqu'un individu est atteint d'une surdité complète, on ne peut lui donner une lecture qu'il n'entendrait pas (Defrénois et Vavasseur, au n° 355 de leur premier volume de Droit civil) ; mais, s'il sait lire, on lui donne l'acte à lire et il suffit de mentionner qu'il en a pris lecture (Coin-Delisle, 936-2, et Rolland de Villargues, n° 22). S'il ne sait pas lire, disent MM. Defrénois et Vavasseur au susdit numéro, il est indispensable de le faire assister de personnes dont il comprend les signes.

FORMULES

Nᵒˢ 483, 484

Toutes les Parties signent

Formule 214.

1ᵒ Acte de naissance.

Et le Comparant a *ou* les Comparants ont signé avec lesdits Témoins et Nous après lecture par Nous faite. — Formules 9 et 11. — Nᵒˢ 483 et 484. — *Signatures.*

Lesquels (les témoins) ont signé avec le Comparant *ou* les Comparants et Nous, après lecture par Nous faite. — Formule 12. — Nᵒˢ 483, 484. — *Signatures.*

2ᵒ Acte de mariage.

Et les Parties contractantes, leurs pères et mères, les témoins et l'assistance ont signé avec Nous, après lecture par Nous faite. — Formule 54. — Nᵒˢ 483, 484. — *Signatures.*

Lesquels (les témoins) ont signé avec les Parties et Nous, après lecture par Nous faite. — Formule 63. — Nᵒˢ 483, 484. — *Signatures.*

3ᵒ Acte de décès.

En foi de quoi Nous avons dressé le présent Acte qui a été transcrit sur les deux registres à ce destinés et signé par le Comparant et Nous, après lecture par Nous faite. — Formule 144. — Nᵒˢ 483, 484. — *Signatures.*

Lesquels (les témoins) ont signé avec le Comparant et Nous, après lecture par Nous faite. — Formule 146. — Nᵒˢ 483, 484. — *Signatures.*

4ᵒ Acte de divorce.

Et la Comparante a signé avec lesdits Témoins et Nous, après lecture par Nous faite. — Formule 176. — Nᵒˢ 483, 484. — *Signatures.*

Lesquels (les témoins) ont signé avec le Comparant et Nous, après lecture par Nous faite. — Formule 169. — Nᵒˢ 483, 484. — *Signatures.*

MÊMES NUMÉROS

PARTIES NE SACHANT *ou* NE POUVANT SIGNER

Formule 215.

1° Acte de naissance.

Fait en présence des citoyens A. . . . . et B. . . . .,
propriétaires, majeurs, domiciliés à X. . . . ., — n° 325, —
témoins choisis et appelés par le Comparant, — n° 13-3°; — 1° Et le Comparant a signé avec le second Témoin et Nous, non le premier Témoin, qui,
requis de signer, a déclaré ne le savoir, après lecture par Nous faite ; —
2° Et le Comparant a seul signé avec Nous, après lecture par Nous faite, non
les Témoins qui, requis de signer, ont déclaré : le premier ne le pouvoir
à cause de la cécité dont il est atteint, *ou* à cause de tremblement de sa
main droite, *ou* à cause de. . . . . (*énoncer la cause*), et le second
pour ne le savoir ; — 3° Et les Témoins seuls ont signé avec Nous, après
lecture par Nous faite, non le Comparant *ou* les Comparants qui, requis
de signer, a *ou* ont déclaré ne le savoir *ou* ne le pouvoir à cause de. . .
. . . . . — N°s 483, 484. — *Signatures.*

2° Acte de mariage.

Tous les quatre (les témoins), propriétaires, majeurs, domiciliés en cette
ville, — n° 325, — témoins choisis et appelés par les Parties ; — 1° Et les
Parties contractantes, le Père de l'épouse et les trois derniers Témoins ont
signé avec Nous, après lecture par Nous faite, non les Père et Mère de
l'époux, la Mère de l'épouse et le premier Témoin qui, requis de signer,
ont déclaré ne le savoir ; — 2° Et les trois derniers Témoins seuls ont
signé avec Nous, après lecture par Nous faite, non les Parties contractantes, leurs Pères et Mères et le premier Témoin qui, requis de signer,
ont déclaré ne le savoir, ..., *ou* ont déclaré : les Parties
contractantes, la Mère de l'époux, les Père et Mère de l'épouse et le premier Témoin, ne le savoir, et le Père de l'époux ne le pouvoir à cause
de. . . . . etc., ... (*déduisez la cause*). — N°s 483,
484. — *Signatures.*

3° Acte de décès.

En présence des citoyens A. . . . . . . et B. . . . ., témoins
choisis par le Comparant. — 1° Et le Comparant a signé avec le premier
Témoin et Nous, après lecture par Nous faite, non le second Témoin qui,
requis de signer, a déclaré ne le savoir, *ou* ne le pouvoir à cause de. . .
. . . ; — 2° Et les Témoins seuls ont signé avec Nous après lecture par
Nous faite, non le Comparant qui, requis de signer, a déclaré ne le pouvoir à cause de. . . . . . . (*dites la cause*). — *Signatures.*

4° Acte de divorce.

En présence des citoyens . . . ., majeurs, propriétaires, domiciliés à X. . . . ., — n° 325, — Témoins choisis et requis par le Comparant *ou* les Comparants ; — et le Comparant *ou* les Comparants a *ou* ont signé avec le premier Témoin et Nous, après lecture faite, non l'autre Témoin *ou* les autres Témoins (*selon qu'il y aurait deux ou quatre Témoins : Formules 169, 176, 193*), qui, requis de signer, a déclaré *ou* ont déclaré ne le savoir. — N°ˢ 483, 484. — *Signatures.*

MÊMES NUMÉROS
L'OFFICIER DE L'ÉTAT CIVIL SEUL SIGNE
Formule 216.

Naissance. — Mariage. — Décès. — Divorce.

Et avons seul signé, après lecture par Nous faite, non les Parties et les Témoins qui, requis de signer, ont déclaré ne le savoir, *ou* ont déclaré : Monsieur A. . . . . ne le savoir, et Monsieur B. . . . . ne le pouvoir à cause de. . . . . — N°ˢ 483, 484. — *Signatures.*

N° 485
PARTIE ATTEINTE DE QUASI-SURDITÉ
Formule 217.
Tous les actes.

Après lecture à très haute voix, à cause de la faiblesse de l'ouïe du citoyen A. . . . ., qui a déclaré avoir entendu, les Parties ont signé avec Nous. — N° 485. — *Signatures.*

N° 486
INDIVIDU COMPLÈTEMENT SOURD
Formule 218.
1° Sachant lire.

Après lecture par Nous faite aux Parties, et après que lecture a été prise par le citoyen A. . . . ., atteint d'une surdité complète, les Parties ont signé avec Nous. — N° 486. — *Signatures.*

2° Ne sachant pas lire.

Après lecture faite par Nous aux Parties, et après qu'une nouvelle lecture a été faite au citoyen A. . . . ., atteint d'une surdité complète et ne sachant pas lire, par Monsieur Succursus en signes mimiques, les Parties ont signé avec Monsieur Succursus et Nous, non le citoyen A. . . . . . . qui, requis de signer, a déclaré par l'intermédiaire de l'interprète ne le savoir. — N° 486. — *Signatures.*

Port-au-Prince, 31 décembre 1882. — T. SERVINCENT.

PROTOCOLE D'ACTES DE L'ÉTAT CIVIL

AUX CAS DES ARTICLES 8 ET 9

DE LA LOI DU 6 AVRIL 1880

CHAPITRE XII

PROTOCOLE D'ACTES DE L'ÉTAT CIVIL

AUX CAS DES ARTICLES 8 ET 9

DE LA LOI DU 6 AVRIL 1880

SOMMAIRE

Où sont reçus les actes de l'État Civil au cas d'absence, déchéance, de mort ou mutation de l'officier de l'État Civil? — **487.**

Et au cas où, dans les communes où il n'en existe qu'un, l'officier de l'État Civil serait personnellement intéressé? — **488.**

Formules 219 et 220.

487. — Suivant l'article *huit* de la Loi du 6 avril 1880, sur les officiers de l'État Civil, en cas d'absence ou déchéance, de mort ou mutation de l'officier de l'État Civil, dans les communes où il n'en existe qu'un, ses registres sont provisoirement confiés, jusqu'à la nomination de son remplaçant, au magistrat communal de la localité, ou à celui qui en remplit les fonctions, lequel perçoit les émoluments revenant au titulaire. — Nos 5 et 7.

488. — Dans les cas où l'officier de l'État Civil, dans les communes où il n'en existe qu'un, est personnellement intéressé, les actes de l'État Civil sont reçus, sur les registres mêmes de l'État Civil, par le magistrat communal de la localité (article *neuf* de la loi du *six* avril 1880 sur les officiers de l'État Civil). — Nos 5 et 7.

FORMULES

N° 487

PROTOCOLE D'ACTE DE L'ETAT CIVIL EN CAS DU N° 487

Formule 219.

L'An mil huit cent quatre-vingt-cinq, 82ᵉ année de l'Indépendance d'Haïti, le jeudi trente avril, à dix heures du matin, — N° 13-1° et 6°.

Par-devant Nous, Octave Jacob Francis, magistrat communal de Pétionville, soussigné, remplissant les fonctions de l'officier de l'État Civil de Pétionville, aux termes de l'article *huit* de la loi du *six* avril mil huit cent quatre-vingt, — n° 487, — à cause de l'absence momentanée et motivée du titulaire, en congé légal, *ou* à cause de. . . . . . . — (*Énoncez la cause d'après le n° 487.*)

N° 488

PROTOCOLE D'ACTE DE L'ÉTAT CIVIL AU CAS DU N° 488

Formule 220.

Aujourd'hui jeudi, trente avril mil huit cent quatre-vingt-cinq, 82ᵉ année de l'Indépendance d'Haïti, — n° 13-1° et 6°, — à dix heures du matin,

Devant Nous, Octave Jacob Francis, magistrat communal remplissant les fonctions de l'officier de l'État Civil de Pétionville, soussigné, aux termes de l'article *neuf* de la loi du *six* avril mil huit cent quatre-vingt — n° 488 — en raison de l'intérêt personnel qu'a au présent acte l'officier de l'État-Civil ci-après nommé.

L'ABSENCE

SUPPLÉMENT A L'INTRODUCTION

Monsieur Jean-Pierre-Démosthène Sylvain, notre gendre (1), s'apprêtait déjà à expédier pour nous en France, aux fins d'y être imprimé, le Manuscrit de cet Ouvrage auquel nous croyions avoir apporté la dernière main, en ce qui concerne le mariage surtout, quand parut *le Moniteur* du vingt-six juin de cette année, no 271, avec deux jugements du Tribunal Civil de Saint-Marc (formules 225 à 230) qui, — s'agissant du mariage dont ci-après le modèle d'acte, que nous n'avions pas visé dans ce Livre, — nous firent constater encore une fois que l'ŒEUVRE HUMAINE LAISSE TOUJOURS A DÉSIRER. . .
. . . — Argument tiré du premier verset du Psaume 127 : *Nisi Dominus œdificaverit domum, in vanum laboraverunt qui œdificant eam ;* « Si le Seigneur ne bâtit lui-même la maison, c'est en vain que travaillent ceux qui la construisent ».

On ne s'étonnera donc pas de voir figurer dans ce Volume, hors de son cadre, l'acte de mariage qu'à l'aide desdits jugements, et surtout de celui à intervenir sur nos nos 504 et 505, nous formulons ci-après sous le titre de *Mariage de la Conjointe d'un Absent.* — Formule 223.

Port-au-Prince, 3 août 1886. — T. SERVINCENT.

(1) Époux de Marie-Thérèse-Hélène-Zémire Servincent.

CHAPITRE XIII

L'ABSENCE

SOMMAIRE

Présomption.

489. — Lorsqu'un individu a disparu de son domicile ou de sa résidence sans laisser de procuration, — *ou* qu'il a laissé une procuration insuffisante (Demolombe, t. II, nº 32, et Marcadé, art. 112, sur l'article 112 du Code Napoléon, dont l'article 99 du Code Civil d'Haïti est le correspondant) *ou* qui vient de cesser parce que le mandataire a des intérêts

contraires aux siens (Talandier, page 53, et Demolombe, II-33) et qu'il ne donne point de ses nouvelles, laissant ses biens et ses affaires à l'abandon, — il y a aux yeux de la Loi présomption de son absence (Defrénois et Vavasseur, t. I, n° 892). — N° 256.

490. — On peut croire dans les premiers temps que l'Absent reviendra bientôt, et l'on ne doit s'immiscer dans l'administration de ses biens qu'autant qu'il y a *nécessité* : il est statué sur ce point par le Tribunal Civil du dernier domicile de l'Absent (Duranton, t. II, p. 404 ; Plasmon, I, p. 25 ; Demolombe, II, 20 ; Massé et Vergé sur Zachariæ, § 9, note 4 ; Rolland, n° 47 ; Proudhon, t. I, p. 258 ; Toullier, t. I, n° 390 ; Talandier, p. 36, et Marcadé, article 112, sur l'article 112 du Code Civil Français correspondant à l'article 99 du Code Civil Haïtien), sur la demande des Parties intéressées, aux termes de l'article 99 du Code Civil d'Haïti de 1826.

491. — La question de décider s'il y a présomption d'absence, et de savoir s'il y a *nécessité*, est laissée à l'appréciation des Tribunaux, disent Toullier, I-385 ; Duranton, I-391 et 392 ; Talandier, p. 33 ; Proudhon, t. I, p. 136, et Plasmon, I, p. 15.

492. — Le ministère public est spécialement chargé de veiller aux intérêts des personnes *présumées absentes*, et doit être entendu sur toutes les demandes qui les concernent (article 101 du Code Civil d'Haïti) ; il est même considéré comme partie principale et peut provoquer les mesures à prendre pour l'administration des biens (Pigeau, I, p. 173 et 444 ; Proudhon, I, p. 185 ; Toullier, I-395 ; Duranton, I, n° 397 ; Talandier, p. 95 ; Rolland de Villargues, n° 39, et Demolombe, t. II, n° 29).

493. — Le Tribunal Civil, en nommant un administrateur ou curateur, formule 221, peut lui donner l'administration de tous les biens ou seulement d'une partie déterminée (article 99 du Code Civil d'Haïti de 1826).

494. — Pour obtenir ce jugement, la Partie intéressée présente requête, avec pièces et documents à l'appui, au doyen du Tribunal Civil, qui commet un juge sur le rapport duquel il est statué en audience publique, n°s 298-299, le ministère public entendu (article 756 du Code de Procédure Civile d'Haïti de 1835).

495. — Le Tribunal Civil, à la requête de la Partie la plus diligente, commet un parent ou un ami, aux termes de l'article 100 du Code Civil d'Haïti, pour représenter les présumés absents dans les inventaires, comptes, partages et liquidations dans lesquels ils sont intéressés. — Formule 222.

Déclaration.

496. — Lorsqu'un individu a cessé de paraître au lieu de son domicile ou de sa résidence, et que depuis une année on n'en a point eu de ses nouvelles, les Parties intéressées peuvent se pourvoir, devant le Tribunal Civil du ressort, aux fins que l'Absence soit déclarée (article 102 du Code Civil d'Haïti de 1826).

497. — Suivant les articles 103 du Code Civil et 756 du Code de Procédure Civile d'Haïti, pour constater l'absence, le Tribunal Civil, d'après les pièces et documents produits, *ordonne* qu'une enquête soit faite, contradictoirement avec le ministère public, dans le ressort du domicile et dans celui de la résidence, s'ils sont distincts l'un de l'autre.

498. — Le Tribunal Civil, en statuant sur la demande, a égard aux motifs de l'absence et aux causes qui ont pu empêcher d'avoir des nouvelles de la personne présumée absente (article 104 du Code Civil d'Haïti).

499. — Le jugement de déclaration d'absence n'est rendu que six mois après celui qui a ordonné l'enquête, aux termes de l'article 105 du Code Civil d'Haïti de 1826; et le Ministère Public, suivant le même texte, aussitôt que les jugements, tant préparatoire que définitif, sont rendus, les envoie au Secrétaire d'État de la Justice, qui les rend publics par la voie de la *Gazette officielle*.

500. — Suivant l'opinion de l'excellent Monsieur Aurélus Dyer, président du Tribunal Civil de Port-au-Prince, sur l'esprit de l'article 105 ci-dessus, n° 499, le jugement préparatoire est rendu public aussitôt qu'il est prononcé, — et non pas en même temps que le jugement définitif, — afin que de sa retraite le présumé absent puisse en connaître et, s'il y a lieu, reparaître au lieu de son domicile ou de sa résidence dans le courant des six mois prescrits au numéro qui précède.

Je passe sur les Effets de l'Absence relativement : 1° aux biens que l'Absent possédait au jour de sa disparition et 2° aux droits éventuels qui peuvent compéter à l'Absent, (article 106 à 127 du Code Civil d'Haïti), pour arriver aux Effets de l'Absence relativement au mariage qui entrent plus particulièrement dans mon plan.

Effet.

501. — L'absence juridiquement déclarée n'a point pour effet de dissoudre le mariage, les cas de dissolution de mariage étant nettement définis par l'article 212 du Code Civil d'Haïti, n°s 247 et 345; — de sorte que le conjoint présent de l'absent ne peut, aux termes de cet article combiné avec l'article 135 du même Code, n° 108, contracter un nouveau mariage avant la dissolution du premier lien, quand même le conjoint absent aurait atteint sa centième année d'âge depuis sa disparition (De Moly, n° 511; Demolombe, II-260, et Zachariæ, § 106).

502. — Si le conjoint présent parvient cependant à contracter un autre mariage, opinent MM. Defrénois et Vavasseur, au n° 931 de leur premier volume de Droit Civil, ce nouveau mariage ne peut être attaqué tant que l'absence dure.

503. — Mais si l'Absent reparaît, ou donne de ses nouvelles, le nouveau mariage peut être attaqué par l'ex-Absent, ou, s'il a seulement donné de ses nouvelles, par son fondé de pouvoirs, muni de la preuve de son existence (article 128 du Code Civil d'Haïti de 1826).

504. — Les jugements tant préparatoire que définitif de déclaration d'absence, bien qu'obtenus en vue par le conjoint présent de l'absent de convoler en secondes noces, ne suffisent pas pour la célébration *légale* du mariage, n° 501, ces jugements n'étant que le préliminaire de celui de divorce dont l'intervention est *certainement* nécessaire au présent cas.

505. — Le divorce peut être en la circonstance obtenu pour cause de scandale, aux termes de l'article 217 du Code Civil d'Haïti, n° 350, commis par l'Absent envers son Conjoint qu'il a abandonné et qu'il était cependant obligé par la Loi de secourir et de protéger, suivant les articles 196 à 198 du Code Civil d'Haïti. — N°s 199 et 242 à 246.

FORMULES

N°s 493, 489 A 492

ADMINISTRATEUR DES BIENS D'UN PRÉSUMÉ ABSENT

Formule 221.

Comparution devant Notaire.

. . . .

Monsieur Evan Lloyd, propriétaire et négociant, demeurant à Saint-Marc, — N° 325.

« Agissant en qualité d'*administrateur* des biens de Monsieur Henry Falsus, propriétaire, ayant demeuré en dernier lieu à Saint-Marc, et n'ayant pas donné de ses nouvelles depuis le. . . . . . , — n°s 489 et 496, — en conséquence *présumé absent* aux termes de l'article *quatre-vingt-dix-neuf* du Code Civil d'Haïti, — n° 490, — nommé à cette fonction suivant jugement du Tribunal Civil de Saint-Marc, le. . . . . . mil huit cent quatre-vingt-six, enregistré le. . . . . . . au droit de. . . . . piastres ».

. . . .

N° 495

AMI REPRÉSENTANT UN PRÉSUMÉ ABSENT

Formule 222.

Comparution devant Notaire.

. . . .

Monsieur Edmond Bailly, propriétaire et avocat, demeurant et domicilié à Saint-Marc, — N° 325.

« Agissant au nom de Monsieur Henry Falsus, propriétaire et commerçant, ayant demeuré et domicilié à Saint-Marc, aujourd'hui sans résidence ni domicile connus, et n'ayant pas donné de ses nouvelles depuis le. . . . . . . , — n°s 489 et 496, — conséquemment présumé absent aux termes de l'article *quatre-vingt-dix-neuf* du Code Civil d'Haïti, — n° 490, — nommé à l'effet de représenter Monsieur Henry Falsus au présent inventaire, — *ou* compte, partage, liquidation, — suivant jugement du Tribunal Civil de Saint-Marc rendu le. . . . . . . — *ou* suivant ordonnance rendue sur requête par Monsieur Pascal Joubert, doyen du Tribunal Civil de Saint-

Marc, le. . . . . . — mil huit cent quatre-vingt-six, enregistré *ou* enregistrée le. . . . . . au droit de. . . . . . piastres, et dont la grosse (n° 31) *ou* le brevet original (n° 33) demeure ci-annexée *ou* annexé, après que dessus mention de l'annexe (n° 17) a été apposée ».

. . . .

N°s 502 A 505

Mariage de l'ex-Conjointe d'un Absent

Formule 223.

L'An mil huit cent quatre-vingt-sept, 84° année de l'Indépendance d'Haïti, — n° 13-1° et 6°, le. . . . . . à dix heures et demie du matin,

Par-devant Nous, Théophile Étienne, officier de l'État Civil de Saint-Marc, soussigné, — N°s 4 à 11,

Sont comparus : — N° 10.

Le citoyen Henri-Mathieu Coupon, propriétaire, âgé de . . . . . . ans, natif de X. . . . . . demeurant et domicilié à Saint-Marc, — N°s 200 et 325, — fils du citoyen Mathieu Coupon et de la citoyenne Aricie Patrice, tous les deux décédés à Saint-Marc où, de leur vivant, ils étaient propriétaires et domiciliés, — n° 325, — stipulant pour lui et en son nom personnel, d'une part ; — N° 138.

Et la citoyenne Eucencia-César Cinsurin, épouse divorcée du sieur Henry Emmerly, propriétaire, âgée de. . . . . . ans, native de X. . . . . . demeurant et domiciliée à Saint-Marc, — n°s 200 et 325, — fille du citoyen César Cinsurin et de la citoyenne Brigite Pacôme, tous les deux décédés à Saint-Marc où, de leur vivant, ils étaient propriétaires et domiciliés, — n° 325, — stipulant pour elle et en son nom personnel, d'autre part ; — N° 138.

En vertu : 1° du jugement du Tribunal Civil de Saint-Marc en date du. . . . . et 2° de l'acte de divorce à notre rapport sous la date du. . . . . dont les *expéditions* (n° 30) à nous représentées demeurent ci-annexées (n° 17) ; — N°s 504-505.

Lesquels Nous ont requis de procéder à la célébration. . . . . . . — Formule 78. — N°s 185 à 189.

Aucune Opposition audit Mariage ne nous ayant été signifiée, — n° 214, — Vu le Jugement et l'acte de divorce ci-dessus mentionnés, desquels il résulte que la dissolution du mariage entre la citoyenne Eucencia-César Cinsurin et le sieur Henry Emmerly a été prononcée par suite de déclaration d'absence de celui-ci, — n°s 496 à 500, — faisant droit à ladite réquisition, — après avoir donné aux Parties lecture : 1° des actes de leur naissance ; 2° des publications ci-dessus énoncées ; 3° des jugement et acte de divorce ci-devant relatés, et 4° du chapitre *six* de la Loi *numéro six* du Code Civil d'Haïti traitant des droits et devoirs respectifs des époux, — nᵒˢ 242 à 246, — avons demandé au futur époux et à la future épouse s'ils veulent se prendre *mutuellement* pour mari et pour femme ; chacun d'eux ayant répondu séparément et affirmativement, en présence des témoins ci-après nommés et qualifiés, déclarons au Nom de la Loi que le citoyen Henry-Mathieu Coupon et la citoyenne Eucencia-César Cinsurin sont unis par le Mariage ; — Nᵒˢ 197 à 200.

Dont Acte fait en notre Hôtel *ou* Bureau, en présence des citoyens Charles Verna et Beaubrun Icart, du côté de l'époux, et des citoyens Arthur Vernard et Némorin Chrispin, du côté de l'épouse, tous les quatre majeurs, propriétaires, demeurant et domiciliés à Saint-Marc, — nᵒ 325, — témoins choisis et requis par les Contractants ; — Nᵒ 13-3°.

Et les Parties ont signé avec les Témoins et Nous, après lecture par Nous faite — Nᵒˢ 13-4° et 483-484. — Henri-M. Coupon, Dame Eucencia Cinsurin, Arthur Vernard, Némorin Chrispin, Charles Verna, Beaubrun Icart, Théophile Étienne.

Nᵒˢ 248, 63, 457, 191

MARIAGE D'UNE DIVORCÉE

Formule 224.

Aujourd'hui le. . . . . . mil huit cent quatre-vingt-sept, 84ᵉ année de l'Indépendance d'Haïti, à. . . . . . heures de l'après-midi, — nᵒ 13-4° et 6°.

Par-devant Nous, Sincère Desrouleaux, officier de l'État Civil de Port-au-Prince, section. . . . . ., soussigné, — Nᵒˢ 4 à 11.

Sont comparus : — Nᵒ 10.

Le citoyen Xantus Falsus, propriétaire et mécanicien, âgé de. . . . . . ans, né et domicilié à Port-au-Prince, — nᵒˢ 200 et 325, — fils du citoyen Darius Falsus et de la citoyenne Dorothée Xantus, décédés tous les deux en cette ville où, de leur vivant, ils étaient propriétaires et domiciliés, — Nᵒˢ 325 et 330.

Stipulant pour lui et en son nom personnel, en présence du citoyen Voltaire Liautaud, juge de paix suppléant au Tribunal de Paix de la section Nord, et du citoyen Aurélien Berthoumieux, chef de bataillon instructeur de l'artillerie de la garde présidentielle, ses amis, tous les deux propriétaires, majeurs, domiciliés en cette ville, — nᵒ 325, — témoins choisis et amenés par lui, — nᵒ 13-3°, — d'une part ; — Nᵒ 138.

Et la citoyenne Eudoxie Craque, épouse divorcée du citoyen Alexandre Pointvrai, — formule 176, — propriétaire et modiste, âgée de. . . . . .

ans, née et domiciliée à Port-au-Prince, — nᵒˢ 200 et 325, — fille du citoyen André Craque et de la citoyenne Cora Gredon, décédés tous les deux en cette ville où, de leur vivant, ils étaient propriétaires et domiciliés, — Nᵒˢ 325 et 330.

Stipulant pour elle et en son nom personnel, en présence du citoyen Frèrevil Grégoire, commerçant et ancien magistrat, et du citoyen Aristhène Berthoumieux, pharmacien diplômé de la Faculté de Haïti, ses amis, tous les deux propriétaires, majeurs, domiciliés en cette ville, — nᵒ 325, — témoins choisis et amenés par elle, — nᵒ 13-3ᵒ, — d'autre part, — Nᵒ 138.

En vertu de l'*acte de divorce* dressé par Monsieur Lusincourt-Georges Biamby, officier de l'État Civil de la section Nord de cette ville, sous la du. . . . . . ., — formule 176, — dont une *expédition* (nᵒ 30) à nous représentée demeure ci-annexée ; — Nᵒ 17.

Lesquels nous ont requis de procéder à la célébration du mariage projeté et arrêté entre eux, dont les publications ont été faites devant la principale porte d'entrée de Notre bureau, les dimanches . . . . . . — Nᵒˢ 185 à 189.

Aucune Opposition audit Mariage ne Nous ayant été signifiée, — nᵒ 214, — Vu l'acte de divorce ci-dessus mentionné, — nᵒ 191-4ᵒ, — duquel il résulte que le Mariage qui avait existé entre la citoyenne Eudoxie Craque et le citoyen Alexandre Pointvrai a été légalement dissous depuis plus d'un an, — formule 176 et 248, — faisant droit à ladite réquisition, — après avoir donné lecture aux Parties : 1ᵒ des actes de naissance des futurs époux ; 2ᵒ des publications ci-dessus énoncées ; 3ᵒ du susdit acte de divorce, et 4ᵒ du chapitre *six* de la Loi *numéro six* du Code Civil d'Haïti, traitant des droits et devoirs respectifs des époux, — nᵒˢ 242 à 246, — avons demandé au futur époux et à la future épouse s'ils veulent se prendre pour mari et pour femme ; chacun d'eux ayant répondu séparément et affirmativement, en présence de leurs amis et témoins ci-dessus nommés, ainsi que de l'Assistance soussignée, déclarons, au Nom de la Loi, que le citoyen Xantus Falsus et la citoyenne Eudoxie Craque sont unis par le Mariage ; — Nᵒˢ 197 à 200.

Dont Acte fait à Port-au-Prince, en la Demeure de Monsieur et Madame Philippe-Auguste-Rénistal Berthoumieux, rue Réunion ou Condé, les jour, mois et an que dessus, que les Contractants ont signé avec les Témoins, l'Assistance et Nous, après lecture par nous faite, — Nᵒˢ 483-484.

Dame Eudoxie Craque, Xantus Falsus, Frèrevil Grégoire, Aurélien Berthoumieux, Voltaire Liautaud, Aristhène Berthoumieux, Cora Saint-Victor, Frédéric Abellard, Edmond-Isnard Oriol, Veuve Althémar Bordes, Angèle Constant, Jérôme Dupoux, Téotime Berthoumieux, née Bordes, Amanda Berthoumieux, Grégoire Lestage, Acélie Servincent, née Thébaud, Auguste Auger, Louis Depas-Médina, Rolland Dieudonné, Eugénie Constant, Alphonse

Berthoumieux, Nausicaa Abellard, Laurore Nau, Ariane Dieudonné, Joseph-Louis Clément, Gélin Ménard, Corine Berthoumieux, née Nau, Joseph-Geffrard Carré, Thérèse Toussaint, Justin Mitton, Cora Liautaud, Cécilia Nau, Charles Antoine, Ceyla Liautaud, née Savain, Clément-Camille Fisch, Anna Toussaint, Emmanuel Servincent, Mercie Valmé, Léda-Camille Fisch, Arthur Bordes, Dame Frèreville Grégoire, Tullia-Camille Fisch, Fleurant Thébaud, Anne Servincent, Théogène Servincent, Anaïse Berthoumieux, née Richet, Mahotière Berthoumieux, Lauriston Berthoumieux, Lucia Berthoumieux, née Dupoux, Joseph Verrollot, veuve Beauclair Berthoumieux, Emilie Berthoumieux, Rénistal Berthoumieux, Sincère Desrouleaux. — No 13-3o (1).

Nos 496 A 500

REQUÊTE PRÉSENTÉE A LA JUSTICE AUX FINS DU JUGEMENT PRÉPARATOIRE A CELUI DE DÉCLARATION D'ABSENCE

Formule 225 .

A Messieurs les Doyen et Juges composant le Tribunal Civil de Saint-Marc.
Honorables Magistrats,

La citoyenne Eucencia-César Cinsurin, propriétaire, demeurant et domiciliée à Saint-Marc, — no 325, — agissant en sa qualité d'épouse du sieur Henry Emmerly, ayant Me Camille Archer pour avocat constitué, a l'honneur de vous exposer qu'elle s'était mariée audit sieur Henry Emmerly, sujet américain, commerçant, résidant à Saint-Marc, le . . . . . . ; ainsi qu'il résulte de l'Acte qu'elle vous exhibe, passé devant le magistrat communal Louis-Rose Descombres, exerçant la fonction de l'officier de l'État Civil de Saint-Marc, — no 7 ; — qu'elle lui a donné de leurs œuvres une enfant qui est aujourd'hui âgée de . . . . . . ans ; que son époux a disparu du toit conjugal deux ans après la célébration du mariage, c'est-à-dire en mil huit cent quatre-vingt, et qu'elle n'a jamais reçu de ses nouvelles depuis cette époque ; que, désirant convoler en secondes noces, elle requiert du Tribunal de *déclarer l'absence* dudit sieur Henry Emmerly, son époux, comme un des jugements préliminaires de celui de divorce qu'elle compte intenter à son époux aux fins de ce convol, — no 504, — d'*ordonner*, avant faire droit, que pour parvenir à cette déclaration d'absence il sera procédé, contradictoirement avec le Ministère Public, — no 497, — aux *enquêtes* nécessaires pour constater ladite *absence*, d'*ordonner* en outre que le Jugement à intervenir sera rendu public par son insertion sur la *Gazette Officielle*, conformément à la Loi. — Nos 499-500.

Présentée au Palais de Justice, à Saint-Marc, le treize juin mil huit cent quatre-vingt-cinq, — No 494. — Eucencia-C. Cinsurin, Camille Archer.

Nᵒˢ 496 A 499

ORDONNANCE

Formule 226.

Nous, Pascal Joubert, doyen du Tribunal Civil de Saint-Marc, vu les articles 102 et suivants du Code Civil d'Haïti, — nᵒˢ 496 à 499, — commettons Monsieur le Juge Selmour Guillaume, de ce Tribunal, pour faire *rapport* à l'Audience du . . . . . . sur la Requête ci-dessus. — Formule 225, — Nᵒ 494.

Palais de Justice de Saint-Marc, rue Gabart, le . . . . . . — Pascal Joubert.

MÊMES NUMÉROS

JUGEMENT PRÉPARATOIRE A CELUI DE DÉCLARATION D'ABSENCE

Formule 227.

Au Nom de la République,

Le Tribunal Civil séant à Saint-Marc, compétemment réuni au Palais de Justice, rue Gabart, a rendu en audience publique (nᵒˢ 298-299) le jugement suivant, sur la Requête dont la teneur suit ; — Formule 225. — (*Transcrire la formule 225.*)

Vu la Requête suivie de l'Ordonnance du Doyen ci-dessus transcrites (formules 225-226) et l'Acte Civil du mariage de la citoyenne Eucencia-César Cinsurin et du sieur Henry Emmerly ; — Vu aussi l'article 103 du Code Civil et 756 du Code de Procédure Civile d'Haïti ; — Nᵒ 497,

Ouï le Rapport de Monsieur le juge Selmour Guillaume, fait à l'Audience du , ..., ensemble les Conclusions de Monsieur Lamartine-Gérald Germain, commissaire du Gouvernement ; — Nᵒ 494.

Considérant que de la teneur de la Requête ci-dessus (formule 255) et des Documents produits il résulte que le sieur Henry Emmerly a disparu de sa demeure depuis le . . . . . .

Considérant que la citoyenne Eucencia-César Cinsurin, son épouse, demande que son Absence soit déclarée par un jugement qui sera le préliminaire de celui du divorce qu'elle compte intenter contre l'Absent, aux fins de convoler en secondes noces, — (*Voyez les nᵒˢ 504 à 505.*)

Le Tribunal, après en avoir délibéré, *ordonne*, avant faire droit, qu'une Enquête sera faite, contradictoirement avec le Ministère Public, — nᵒ 497, — sur l'Absence du sieur Henry Emmerly, par-devant Monsieur le juge Saint-Louis Alexandre de ce Tribunal, commis à cet effet, pour, — ladite Enquête faite, — être statué ce qu'il appartiendra, *ordonner* en outre l'insertion du présent jugement sur le *Journal officiel* de la République. — Nos 499-500.

Donné de Nous, Pascal Joubert, doyen, Saint-Louis Alexandre et Selmour Guillaume, juges, en Audience Publique· (nos 298-299) du vingt-trois juillet mil huit cent quatre-vingt-cinq, 82e année de l'Indépendance d'Haïti ; — No 13-6°.

Il est ordonné à tous huissiers sur ce requis de mettre le présent Jugement à exécution, aux officiers du ministère public près les Tribunaux Civils d'y tenir la main, à tous commandants ou autres officiers de la force publique d'y prêter main forte, lorsqu'ils en seront légalement requis, — no 31. — En foi de quoi la minute (no 29) du présent Jugement est signée du Doyen, des Juges et du Greffier. — Nos 305 et 308. — Pascal Joubert, Saint-Louis Alexandre, Selmour Guillaume, Molaire, *greffier*. — No 305. — (*Voyez la formule 231.*)

Nos 496 A 500

REQUÊTE PRÉSENTÉE A LA JUSTICE AUX FINS DU JUGEMENT DÉFINITIF DE DÉCLARATION D'ABSENCE

Formule 228.

A Monsieur le Doyen et Messieurs les Juges composant le Tribunal Civil de Saint-Marc.

Magistrats,

La citoyenne Eucencia-César Cinsurin, propriétaire, demeurant à Saint-Marc, — no 325, — agissant comme épouse du sieur Henry Emmerly, ayant Maître Camille Archer, soussigné, pour son avocat constitué, a l'honneur de vous exposer qu'en exécution de votre Jugement, sous la date du vingt-trois juillet mil huit cent quatre-vingt-cinq, elle a fait procéder devant Monsieur le juge Saint-Louis Alexandre, contradictoirement avec le Ministère Public, — no 497, — aux Enquêtes ordonnées sur l'absence du sieur Henry Emmerly, suivant procès-verbaux en date du . . . ., enregistrés, et que, malgré toutes les informations prises, elle n'a pas pu obtenir aucune nouvelle de l'Absent. — Nos 489 et 496.

Qu'il Vous plaise en conséquence, Magistrats, *prononcer* l'Absence dudit sieur Henry Emmerly, et Vous ferez justice.

Saint-Marc le vingt-huit mai mil huit cent quatre-vingt-six. — Camille Archer, Eucencia Cinsurin.

MÊMES NUMÉROS

ORDONNANCE

Formule 229.

Nous, doyen du Tribunal Civil de Saint-Marc, soussigné, vu les articles 102 et suivants du Code Civil d'Haïti, — n°s 496 à 499, — commettons Monsieur le juge Saint-Louis Alexandre, de ce Tribunal, pour faire *rapport* à l'Audience du . . . . . . sur la Requête ci-dessus. — Formule 228.

En notre Hôtel à Saint-Marc, rue Bonnet, le . . . . . . mai mil huit cent quatre-vingt-six. — Pascal Joubert.

MÊMES NUMÉROS

JUGEMENT DÉFINITIF DE DÉCLARATION D'ABSENCE

Formule 230.

Au Nom de la République,

Le Tribunal Civil de Saint-Marc, compétemment réuni au Palais de Justice, rue Gabart, a rendu en audience publique le Jugement suivant, — n°s 298-299, — sur la Requête dont la teneur suit : — Formule 228.

Vu : — 1° la Requête suivie de l'Ordonnance du Doyen ci-dessus transcrites, — formules 228-229 ; — 2° l'Acte Civil du mariage des époux Henry Emmerly passé devant Monsieur Louis-Rose Descombres, officier de l'État Civil de Saint-Marc, le . . . . . . ; — 3° le Jugement préparatoire rendu parce Tribunal le vingt-trois juillet de l'année dernière, — formule 227, — enregistré et inséré dans la *Gazette officielle* qui se publie à la Capitale, — N°s 499-500 ; — 4° les Procès-Verbaux d'Enquêtes dressés devant Monsieur le juge Saint-Louis Alexandre en date du . . . . . ., enregistrés ; — 5° la Requête de la demanderesse suivie de l'Ordonnance du Doyen en date du treize juin mil huit cent quatre-vingt-cinq, — formules 225-226 ; — 6° Vu aussi l'article 105 du Code Civil d'Haïti ; — N° 499.

Ouï le Rapport de Monsieur le juge Saint-Louis Alexandre, fait à l'Audience du . . . . . ., ainsi que les Conclusions de Monsieur Lamartine-Gérald Germain, commissaire du Gouvernement près ce Tribunal ; — N° 494.

Considérant que d'après les Procès-Verbaux d'Enquêtes dressés devant Monsieur le juge Saint-Louis Alexandre, sous la date du . . . . . ., il résulte que le sieur Henry Emmerly a disparu de sa maison depuis le . . . . . ., ne laissant pas de procuration ; — N° 489.

Considérant que depuis cette époque sa femme ni personne n'a eu de ses nouvelles ;

Considérant qu'il y a lieu de le déclarer *absent*, — Nos 489 et 496.

Par ces motifs, le Tribunal, après en avoir délibéré, *déclare* l'Absence du sieur Henry Emmerly, et *ordonne* l'insertion du présent Jugement sur la *Gazette officielle* de la République. — Nos 499-500.

Donné de Nous, Pascal Joubert, doyen, Saint-Louis Alexandre et Mornet Édouard, juges, en Audience Publique du deux juin mil huit cent quatre-vingt-six, — nos 298-299, — 83e année de l'Indépendance d'Haïti. — No 13-6o.

Il est ordonné à tous huissiers . . . . etc., ... (*Voyez la formule* 227.) — Pascal Joubert, Saint-Louis Alexandre, Mornet Édouard, Molaire, *greffier*. — No 305.

Nos **499-500**

Formule 231.

Liberté — Égalité — Fraternité

RÉPUBLIQUE D'HAITI

Parquet du Tribunal Civil de Saint-Marc, rue Philippe-Guerrier.

Section de la Justice, no . . . . . .   Saint-Marc, le . . . . juin 1886.

Le Commissaire du Gouvernement près le Tribunal Civil de ce Ressort au Secrétaire d'État de la Justice.

Monsieur le Secrétaire d'État,

J'ai l'honneur de Vous envoyer sous ce pli, conformément à l'article 105 du Code Civil d'Haïti, — nos 499-500, — le jugement de *déclaration d'absence* du sieur Henry Emmerly, rendu par le Tribunal Civil de Saint-Marc le vingt-dèux de ce mois, pour être rendu *public* par la voie de la *Gazette officielle* aux termes du susdit article, — Nos 499-500.

Et je Vous prie d'agréer, Monsieur le Secrétaire d'État, la nouvelle assurance de mes sentiments distingués. — Lamartine-Gérald Germain.

Nᵒˢ 496 A 500

DÉCLARATION D'ABSENCE — AUTRE CAS

Formule 232.

REQUÊTE

A Monsieur le Doyen et Messieurs les Juges composant le Tribunal Civil de Port-au-Prince.

Magistrats,

Le citoyen Aristodème Falsus, propriétaire, demeurant et domicilié à Port-au-Prince, — nᵒ 325, — agissant comme héritier présomptif du citoyen Aristomène Falsus, ayant Maître Émile Deslandes pour avocat constitué (*s'il en a constitué*), a l'honneur de Vous exposer que le citoyen Aristomène Falsus, son père, domicilié *ou* résidant à Grand-Goave, a disparu de sa maison depuis le . . . . . ., et que depuis cette époque personne n'a reçu de ses nouvelles; — Nᵒˢ 489 et 496.

Attendu que depuis la disparition il s'est écoulé . . . . . . années, l'Exposant conclut à ce qu'il Vous plaise, Magistrats, lui *donner* acte de ce qu'il demande que l'*absence* du citoyen Aristomène Falsus soit déclarée, — *ordonner*, avant faire droit, que pour parvenir à cette déclaration il sera procédé, contradictoirement avec le ministère public, aux *enquêtes* nécessaires pour constater ladite *absence*, — nᵒ 497, — *ordonner* en outre que le Jugement à intervenir sera rendu public par son insertion au *Moniteur*, conformément à l'article 105 du Code Civil d'Haïti. — Nᵒˢ 499-500.

Présenté au Palais de Justice, rue du Centre, *ou* Dauphine, à Port-au-Prince, le . . . . . . — Nᵒ 494. — Aristodème Falsus, Émile Deslandes, — (*ou la Signature de l'Exposant seule s'il n'avait pas constitué d'avocat*).

Cette Requête est présentée au Doyen du Tribunal Civil qui y met au bas l'Ordonnance suivante :

Nous, Emmanuel Chancy, juge-doyen du Tribunal Civil de ce Ressort, vu les articles 102 et suivants du Code Civil d'Haïti, — nᵒˢ 496 à 499, — commettons Monsieur le juge Flavius Baron, de ce siège, pour faire *rapport* à l'audience du . . . . . . sur la Requête ci-dessus.

Port-au-Prince, le . . . . . . — Emmanuel Chancy.

Le Tribunal Civil, après avoir entendu le Rapport du juge commis et les Conclusions du ministère public, examine les pièces et documents; il doit avoir égard aux motifs de l'absence et aux causes qui ont pu empêcher d'avoir des nouvelles de la personne dont l'absence est provoquée. — Nᵒ 498.

Jugement Préparatoire

Le Tribunal Civil de Port-au-Prince, compétemment réuni au Palais de Justice, a rendu en audience publique le Jugement suivant, — nos 298-299, — sur la Requête dont la teneur suit :

Transcrivez la Requête de l'Exposant et l'Ordonnance du Doyen et poursuivez comme ci-après :

Vu la Requête suivie de l'Ordonnance ci-dessus transcrites (et telles autres pièces); Vu aussi les articles 103 du Code Civil et 756 du Code de Procédure Civile d'Haïti ; — No 497.

Ouï le Rapport de Monsieur le juge Flavius Baron, fait à l'Audience du . . . . . , .—, ensemble les Conclusions de Monsieur Félix Richier, commissaire du Gouvernement près ce Tribunal; — No 494.

Considérant que, de la teneur de la Requête ci-dessus et des Documents produits, il résulte que le citoyen Aristomène Falsus a disparu de son domicile, *ou* de sa demeure, depuis le . . . . . . sans laisser de procuration ni donner de ses nouvelles; — Nos 489 et 496.

Considérant que le citoyen Aristodème Falsus, son fils, demande que son *absence* soit déclarée, — No 496.

Le Tribunal, après en avoir délibéré, *ordonne*, avant faire droit, qu'une Enquête sera faite, contradictoirement avec le ministère public, — no 497, — sur l'*absence* du citoyen Aristomène Falsus, par devant Monsieur le juge Faublas Thévenin, de ce siège, commis à cet effet, — (*s'il y a lieu on ajoute :* ainsi que dans le Ressort de *tel* Tribunal Civil où résidait ledit citoyen Aristomène Falsus, et devant un juge qui sera commis à cet effet par ledit Tribunal), — pour, ladite Enquête faite, être statué sur ce qu'il appartiendra, — no 497, — *ordonne* en outre l'insertion du présent Jugement sur le *Journal officiel*. — Nos 499-500.

Donné de Nous, Emmanuel Chancy, juge-doyen, Flavius Baron et Faublas Thévenin, juges, en audience publique du . . . . . . mil huit cent quatre-vingt-six, — nos 298-299, — 83e année de l'Indépendance d'Haïti, — No 13-6o.

Il est ordonné à tous huissiers . . . . etc.. . . . . — En foi de quoi la minute (no 29) du présent. . . . . — (*Voyez la Formule* 227), — Emmanuel Chancy, Flavius Baron, Faublas Thévenin, Turenne Castagne, *greffier*.

En vertu de ce Jugement, la Partie poursuivante remplit les formalités ordinaires de l'Enquête; et le Ministère Public, de son côté, expédie le Jugement au Secrétaire d'État de la Justice, nos 499-500 et formule 231, qui le fait publier dans le *Journal Officiel* de la République. — Les Enquêtes terminées, et six mois après la date du Jugement qui les a ordonnées, s'il ne survient aucune nouvelle de l'Absent, le Poursuivant présente une autre Requête au Tribunal pour faire déclarer l'absence.

Requête

A Messieurs les Doyen et Juges composant le Tribunal Civil de Port-au-Prince.

Magistrats,

Le citoyen Aristodème Falsus, propriétaire, demeurant et domicilié à Port-au-Prince, — n° 325, — agissant comme héritier présomptif du citoyen Aristomène Falsus, son père, ayant Maître Émile Deslandes pour son avocat constitué, a l'honneur de vous exposer qu'en exécution de votre Jugement en date du . . . ., enregistré, il a fait procéder devant Monsieur le juge Faublas Thévenin, contradictoirement avec le *ministère public;* — n° 497, — aux Enquêtes ordonnées sur l'*absence* du citoyen Aristomène Falsus, suivant *procès-verbaux* en date du . . . ., enregistrés, et que, malgré toutes les informations prises, il n'a pu obtenir aucune nouvelle de l'Absent.

Ce considéré, qu'il Vous plaise, Magistrats, *prononcer* l'*absence* dudit citoyen Aristomène Falsus; — Et Vous ferez justice. — Port-au-Prince, le . . . . . . — Emile Deslandes, Aristodème Falsus.

Cette Requête est aussi remise au Doyen du Tribunal Civil qui commet un juge pour en faire Rapport à l'Audience, et après cela le Tribunal rend le Jugement définitif qui suit :

Jugement Définitif

Le Tribunal Civil de Port-au-Prince, compétemment réuni au Palais de Justice, a rendu en audience publique le Jugement suivant,— n°s 298-299, — sur la Requête dont la teneur suit :

Transcrivez la Requête du Poursuivant et l'Ordonnance du Doyen et continuez comme suit :

Vu : 1° la Requête suivie de l'Ordonnance ci-dessus transcrites; — 2° le Jugement préparatoire rendu par ce Tribunal le . . . . . ., enregistré et inséré au *Moniteur* au n°. . . , du . . . . . — n°s 499-500;—3° les Procès-Verbaux d'Enquêtes dressés devant Monsieur le juge Faublas Thévenin, en date du. . . . . ., enregistrés ; — 4° *telles autres pièces;* — Vu aussi l'article 105 du Code Civil d'Haïti; — N° 499.

Ouï le Rapport de Monsieur le juge Flavius Baron, fait à l'Audience du . . . . . ., ainsi que les Conclusions de Monsieur Félix Richiez, commissaire du Gouvernement près ce Tribunal ; — N° 494.

Considérant que, d'après les Procès-Verbaux d'Enquêtes dressés devant le juge Faublas Thévenin, sous la date du . . . .,il résulte que le cttoyen Aristomène Falsus a disparu de sa maison à Grand-Goave depuis

le. . . . . , laissant une procuration *ou* ne laissant pas de procuration ;
— N° 489.

Considérant que depuis cette époque on n'a pas eu de ses nouvelles, et
que par conséquent il y a lieu de déclarer son absence, — N° 496.

Par ces motifs, le Tribunal, après en avoir délibéré, *déclare* l'*absence* du
citoyen Aristomène Falsus, et *ordonne* l'insertion du présent Jugement
sur le *Journal officiel*. — Nᵒˢ 499-500.

Donné de Nous, Emmanuel Chancy, juge-doyen, Flavius Baron et Faublas Thévenin, juges, en Audience Publique (nᵒˢ 298-299) du. . . . . .
mil huit cent quatre-vingt-six, 83ᵉ année de l'Indépendance d'Haïti. —
N° 13-6°.

Il est ordonné à tous huissiers sur ce requis de mettre le présent Jugement à exécution, aux officiers du ministère public près les Tribunaux
Civils d'y tenir la main, à tous commandants ou autres officiers de la
force publique d'y prêter main forte, lorsqu'ils en seront légalement requis. — N° 31.

En foi de quoi la minute (n° 29) du présent Jugement est signée du
juge-doyen, des juges et du greffier. — Nᵒˢ 305 et 308. — Emmanuel
Chancy, Flavius Baron, Faublas Thévenin, Jules Lallemand.

Le Ministère Public expédie ce Jugement au Secrétaire d'État de la Justice pour, comme
le premier, être inséré sur le *Journal officiel* de la République aux termes des nᵒˢ 499-500.
— Formule 231.

Port-au-Prince, 30 août 1886. — T. Servincent.

TABLE DES FORMULES

TABLE DES FORMULES

CONTENUES DANS CET OUVRAGE

———

V. — ACTES DE LA PUISSANCE PATERNELLE. — 136 à 143.

VI. — ACTES DE DÉCÈS. — 144 à 163.

Décès.

Annexes.

TABLE

DES

PERSONNAGES CITÉS DANS CET OUVRAGE

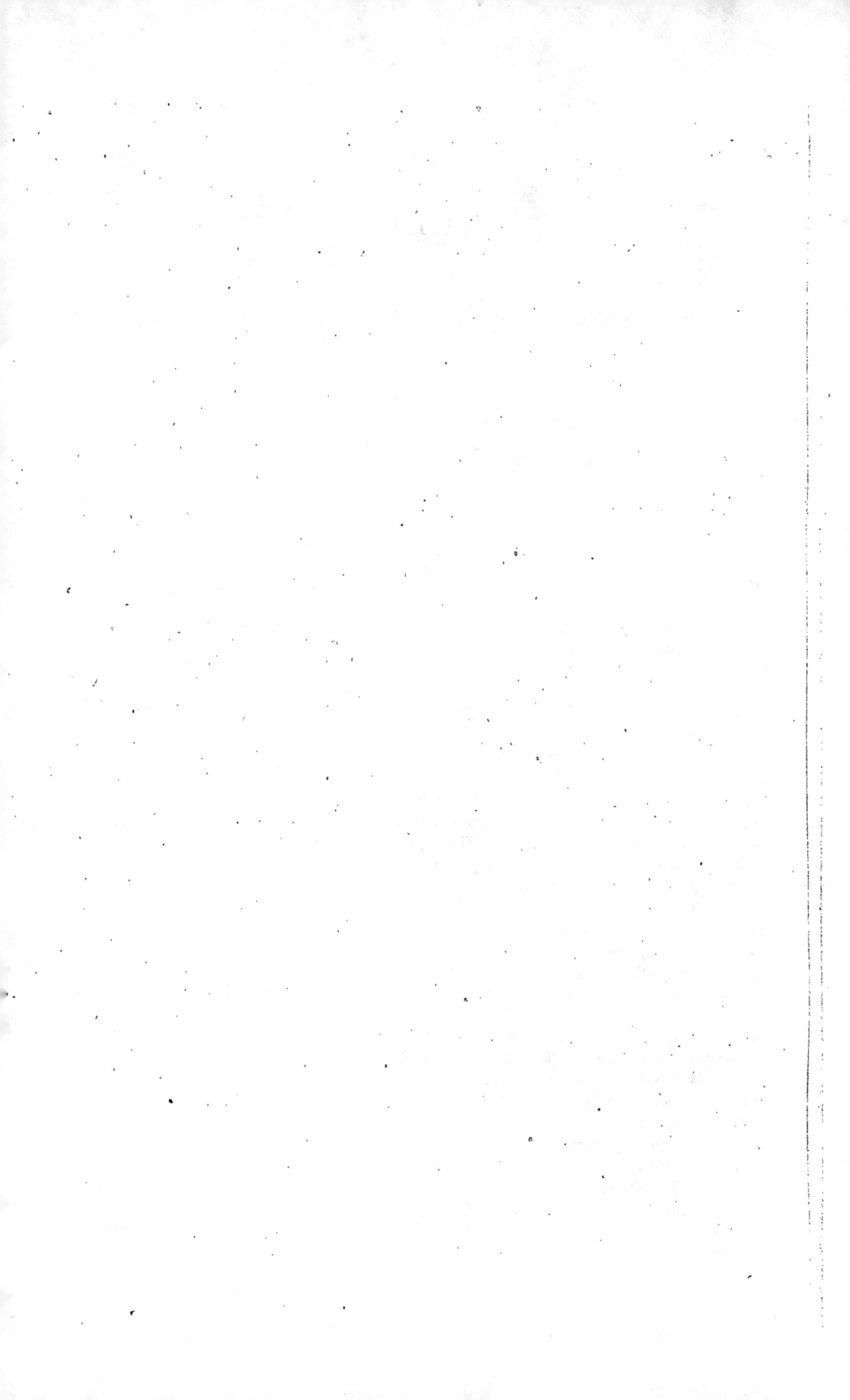

TABLE

C

*Domina-Auxilia, formule 37.

Dominique (Le Général Justin-Lélio-Millien), 60 ; — (Claire Millien), 107.

Dorsainvil (Le Docteur), 122.

Doulle de Fort Saint-Clair, formules 18, 49, 125.

Ducasse (François-Fabius et Ducatel Fabius), 76 ; — (Marie-Louise-Cécile), 94 à 98 ; — (Le Général Fabius-Ducastel), 126.

Duchatellier (Fernand, Christian et Duterville), 66 ; — (Guillaume), 69 bis, 194, 195 et 202 ; — (Le Docteur Achille), 122.

Dufort (Léonce-Raymond), 29 ; — (Mousseron Jacques et Néiphile Chéraquit, Dame Mousseron), 94 à 98 ; — (Ida Desplumes), 107 ; — (Charles-Antoine), 107 et 224.

Dufrène (Marie-Claire-Suzanne-Adléda-Louis), 70-71.

Dujour (Dantès-Tanaoxare), 35.

*Dulaire (Veuve Jean-Louis et Marie-Louise-Agathe), 118.

*Dumaine (Louise), 34.

*Dupaty (Charlotte-Eucharis-Héloïse), 138.

Duplessis (Smith-Louis et Robert-Smith), 60 ; — (Vergniaud-Smith et Thalès-Smith), 60 ; — (Jean-François-Fénelon-Louis), 164.

Duplessy (Joseph-Dessources), 49.

Dupoux (Antoine-Georges-Evrard), 169, 174, 186, 188, 190 et 192 ; — (Jérôme-Valmé), 224 ; — (Marie-Anne-Lucia-Évrard), 224.

Dupuy (Alexis-Charles, Ersulie Joubéry, Dame Alexis, Adelmise et Rachel Alexis), 90 ; (Sagina Bertrand), 94 à 98.

Durand (Henry-Belfort), 94 à 98.

Duroseau (Lyncée Lafontant), 65 et 77.

Duval (Le Sénateur Arétus), 78 bis ; — (Le Docteur Arétus-Lamy), 122.

Dyer (Aurélus), 1, 74, 103, 143, 155, 171, 196 à 204 ; — (Le Général Camille), 24 ; — (Ernest-Aurélus), 79.

E

Edmond (Marie-Louise-Duchène-Antiope), 54, 122.

Édouard (Emmanuel Fils-Aimé), 35 et 94 à 98 ; — (Mornet), 230.

Élie (Francine-Titon), 63 ; — (Paul), 113 ; (Louise et Ferdinand Pascal), 130.

Emmerly (Henry), 223 à 230

Espert (Alcime Gentil), 78.

*Estienne (Jean et Pierre), 114-115.

Estor (Némorin, Emmanuel et Lafite), 79.

Etienne (Henry), 94; — (Louis-Dolord), 103 : Nota Bene ; — (Dorcelly), 125; — (Le Général Théophile), 223.

*Eusher (Erimène), 97.

*Eutrope (Prudence), 130 à 133.

F

Falaise (Olcy), 189 et 190.

*Falsus (Rosite et Pierre), 121; — (Henry), 221-222; — (Darius et Xantus), 224; — (Aristodème et Aristomène), 232.

Fata (Tiboni), 142 et 143, 148 à 160.

Fatton (Hébé-Ferdinand), 94 à 98.

Faubert (Fénelon-Pierre et Amélie Pétion). n° 120 (1).

*Fauvil (Louis et Baptiste). 122; — (Marguerite Sulpice, Dame Baptiste), 122;— (Angèle Baptiste, Amélie et Jacques Baptiste), 122.

Favier (Marie-Louise-Thérèse-Eugène), 94 à 102, 136-137.

Férère (Florelli), 100-102.

Guichard (Joseph-Narcisse), 10.

Guignard (Le Docteur Thémistocle-Antoine), 122; — (Edmond-Thémistocle), 122; — (Le Général Louis Sylla Antoine), 200-202.

Guillaud (Le Général Usma-Marcelin), 130-131; — (Zoraïde Régnier, Dame Usma), 130; (Louise Usma), 130; — (Tertullien-Usma), 155.

Guillaume (Selmour), 227 à 230.

Guilloux (Monseigneur Alexis-Joseph-Marie), n° 252 (1).

Guyot (Alphonse), formule 96.

H

*Habile (Juste et Cécile), formules 88-89, 92-93.

Haïti (Président de), n°ˢ 118-119, 120 (1), 251 et 315; — formules 88 à 92, 122, 126-127, 130-131, 134-135 et 157.

*Harpès (Thomas et Hirame), 54 à 69, 123-124; — (Uranie Cottus, Dame Hirame), 54 à 69, 123 et 124.

Hector (Marie-Rébecca et Carmélite-Rébecca), 79.

Henriquez (Alfred-Alphonse), 114-115, 130 et 155; — (Georgina Bastien, Veuve Alphonse), 130 et 133; — (Hermine-Alphonse, Marguerite et Éléonore Alphonse, Henriette Bonne et Agathe-Alphonse), 130; — (Louise Élie, Dame Alfred), 130; (Alphonse-Alfred et Francine-Alfred), 130; — (Le Général Marius-Alphonse), 130.

Hérard (Thomas-Déo), 24; — (Robert-Edmond), 54; — (Antillette-Déo), 69 bis.

Héraux (Julien-Edouard), 99, 101, 194.

Hérissé (Le Général Hériston), 65.

Hippa (Monseigneur l'Évêque de), 122.

Hippolyte (Mathurin), 90.

*Hippomène (Hélène, Atalante et Henry de), 126-127.

*Historia (Clio de), 126-127.

Hogarth (Joseph-Henry-John), 139, 196 à 199, 202.

Horelle (Louis-Théodore et Adléda Dufrène, Dame Louis), 70.

Hudicourt (Lélio), 54 et 88.

*Humilise (Paul), 164.

Huttinot (Marie-Christine-Amélie-Victor), 70-71.

*Hypérion (Séléné de), 12 et 18.

Hyppolite (Pollux Gélin), 11 et 90.

I

Icart (Le Général Beaubrun), 223.

Imbert (Alfred-Pinganeau, Antoinette et Alexandre Pinganeau), 66 et 76; — (Céleste Pinganeau et Toussine Pinganeau), 76; — (Maria et Oscar Pinganeau), 66, 76; — (Le Général Pinganeau Oscar et Hosanna Frères, Dame Pinganeau), 76; — (Eugénie-Joseph, et François-Joseph), 130.

Isidore (Méséline), 78.

*Issi (Benjamin et Jullien).

J

Jackson (Alexandre et Anne), 88-89.

Jacques (Joséphine), 114-115.

*Jacquet (Alfred P. Paul et Zémire P. Paul), 54 et 88.

Jastram (Alfred), 36 et 78; — (Joseph-Alfred), 78.

*Jaubert (Jeanne-Émilie), 119.

Jaumouillé (Le Chanoine Louis), 59.

*Noto.re (Louis et Henriette Code, Dame Louis), 28 ; — (Napoléon-Louis), 28.
Nunez (Charles), 60.

O

*Ondé (Adeline), formule 87.
*Orle (Orlette), 87.
Oriol (Camille-Dorlus), 78-79 ; — (Edmond-Élysée), 96 à 99, 101 à 103 et 137 ; — (Élysée-Louis), 136 ; — (Edmond-Isnard), 224.
*Orsey (Alexandre de), 142.

P

*Pacôme (Brigite), formule 223.
Panayoty (Ludovic-Polynice), 74.
*Pandion (Lise et Philomèle), 21-22.
Pasquet (Alexandre), 88.
*Patrice (Aricie), 223.
Paul (Dominique-Parfait-Léger), 54, 122, 123 et 124 ; — (Anne-Léger et Bernard-Léger), 54, 122-123, 224.
Pelletier (Louis-Lucien-Lorville-Octave Le), 65, 79 et 224 ; — (Hortense-Octave Le, Octave Le et Dame Octave Le), 79.
*Péra (Louis et Louise Dumaine, Dame Louis), 34 ; — (Cécile-Louis), 34 ; — (Lise Victor et Anne), 87.
Perceval (Rosella Théodore, Dame), 78.
Pernier (Athis Botro), 66.
*Pernus (Cériphète), 144.
Perrier (Le Docteur Polynice Saint-Léger), 122.
*Persès (Lato et Mysore), 9 à 14 et 120.
Pétion (Léopold-Umony), 66.
Petit (Hippolyte-Ouest et Nord-Jean), 115.
Petit-Jean, formule 155.
*Phorbas (Chérisa), 144.
Pierre (Émile et Irma Salomon, Dame Émile), formule 126 ; — (Le Général Innocent-Michel), n° 89 : Nota Bene.
Pierre-Louis (Paul Primé), formule 79 ; — (Béatrix-Volcé), 130.
Pierre-Paul (Clérius), 38 et 40 ; — (Thérésine Eustache, Veuve Gillemisse), 130.
Pierre-Philippe (Le Général Saint-Hubert), 20.
*Piscis (Salsus et Henry), 29 à 33, 78 et 90 ; — (Agatha Francesca, Dame Salsus), 29 à 33, 78 et 90.
*Pivert (Arthur de), 166 à 168.
*Pointvrai (Alexandre, Agathe, Jean et Eudoxie Craque, Dame Alexandre), 169 à 192.
Pointevien (Michel-Victor-Féréol), 130 ; — (Jean-Michel-Larénage), 168 et 194.
Poméro (J.-Jacques), formules 54, 123, 125.
Pope (Salomon Leven), 167-168.
Port-au-Prince (Monseigneur l'Archevêque de), n° 252 (1).
*Posse (Docteur Aliboron), formules 154, 155, 161.
*Posthume-Benjamin, formules 30-33.
Potiez (Marie-Anne-Florentine-Félicité), 126.
Pouilh (Duraciné-Lewis), 70 ; — (Françoise Gaveau, Dame Duraciné), 70-71 ; — Amélie Huttinot, Dame Lewis), 70 ; — (Joseph-Antoine-Lewis), 70-71.
Poux (Démosthène-Hophrane), 114 à 117.
Pradine (Symphor-Linstant), l'Introduction et les n°s 13 (1) et 120 (1).
Pressoir (Le Docteur Clausel-Noël), 60, 70, 122 ; — (Jacques-Catts Charles), 94 à 98.

Vérité (Jean-Louis), formules 4, 75, 186, 190, 202, 203, 207.
*Vermis. formules 174 à 176.
Verna (Charles Philibert), 223.
Vernard (Arthur), 223.
*Verneuil (Léo et Théophile), 119.
Verrollot (Joseph-Villeneuve). 65 et 224.
Viard (Le Docteur Sénèque-Robert), 34 et 94 à 98; — (Joseph-Ducis-Robert), 54, 56, 107;
— (Le Général Jean-Robert), 65.
Victor (Le Général Catilina), 65; — (Le Général Bocage), 85-86.
Vieux (Lysius-Antenor), 65; — (Vesta, Mathieu, Adélaïde et Viennette), 79.
Vilain (Handel et Cornélie Salomon, Dame Handel), 126.
Vilbrun (Brunevil-Chevert), 91.
Villevaleix (Charles-Eugène), 94 à 98, 104 à 107.
Vilmenay (Arthur-Périclès), 13-14; — (Nicolas William-Fernand-Périclès), 70; — (Kléber
Bolivar et Félicie Sterk, Dame Kléber), 88; — (Ida Bolivar), 88.
Vital (L'Abbé C.), 44.
Volcé P. Louis (Béatrix), 150.

X

*Xantus (Dorothée), formule 224.
Xavier (Eucarisse), 90.

W

William (Alfred-Jean), 115.

Z

Zephire (Le Docteur Philoxène), 12; — (Le Général Marcellus), 37 et 72; — (Saul-Mar-
cellus), 78.

Port-au-Prince, 17 septembre 1887.

T. SERVINCENT.

APPENDICE

APPENDICE

1° LOI SUR LES OFFICIERS DE L'ÉTAT CIVIL

Salomon, Président d'Haïti,

Considérant que la Constitution (article 134, 5° alinéa), en retirant des attributions des Conseils Communaux la rédaction et la tenue des actes de l'État Civil, a voulu que ces importantes constatations de l'existence des citoyens fussent confiées à des fonctionnaires spéciaux portant le nom d'*officiers de l'État Civil ;*

Considérant qu'il est donc urgent de fixer le nombre de ces fonctionnaires pour le plus complet fonctionnement du Pacte fondamental;

De l'avis du Conseil des Secrétaires d'État, et sur la proposition du Secrétaire d'État de la Justice,

A proposé, et le Corps Législatif a rendu la Loi suivante :

ARTICLE PREMIER. — Il y aura dans chaque commune de la République un officier chargé de la tenue des actes de l'État Civil des citoyens.

Néanmoins, la commune du Port-au-Prince en aura trois, et chacune des autres villes du Cap-Haïtien, des Cayes, des Gonaïves, de Jacmel et de Jérémie en aura deux.

ART. 2. — Les officiers de l'État Civil sont nommés par le Président d'Haïti sur la proposition du Secrétaire d'État de la Justice. — N° 5.

Ils prêtent serment devant le Tribunal Civil du ressort dans lequel ils sont commissionnés, en audience publique, — n°s 298-299. — Ils ne sont point salariés par l'État.

Leurs fonctions sont incompatibles avec toutes autres fonctions publiques.

ART. 3. — Les officiers de l'État Civil reçoivent et enregistrent seuls, à l'exclusion de tous autres fonctionnaires publics (n° 5), sur des registres tenus par eux, conformément à la Loi n° 3 du Code Civil d'Haïti (n°s 4 à 89, 197 à 200 et 287 à 295), les déclarations de naissance, de mariage et de décès, les actes de mariage, de divorce et de reconnaissance de leur commune respective et en délivrent *expédition.* — N° 30.

ART. 4. — Néanmoins, les officiers commandant les sections rurales éloignées du siège de la commune pourront être chargés de recevoir les déclarations de décès dans l'étendue de leurs circonscriptions respectives pour les transmettre aux officiers de l'État Civil des communes dont ils relèvent, tous les samedis, sous peine d'être condamnés à vingt piastres d'amende en cas de négligence, d'omission ou de mauvais vouloir. — N° 296.

Dans ce cas, les officiers de l'État Civil des communes alloueront aux officiers *ruraux* la moitié du coût des actes de décès reçus par ces derniers, conformément au tarif annexé à la présente Loi.

ART. 5. — La rédaction des actes sera faite en présence des Parties au bureau à ce destiné et l'officier de l'État Civil sera tenu de leur en délivrer *expédition* (n° 30) sur-le-champ. — Nos 13 et 79.

ART. 6. — Nul ne peut exercer les fonctions d'officier de l'État Civil s'il n'est âgé d'au moins vingt-cinq ans accomplis et s'il n'est en outre commissionné (n° 5), sous peine d'être destitué, sans préjudice des poursuites qui peuvent être dirigées contre lui, conformément au Code Pénal.

ART. 7. — Les officiers de l'État Civil sont soumis au contrôle immédiat du Conseil Communal de leur résidence et à la surveillance du Commissaire du Gouvernement près le Tribunal Civil du ressort. A cet effet, ils seront tenus d'expédier au Conseil Communal de qui ils relèvent, tous les trois mois, un état dûment certifié des actes qu'ils auront dressés pendant cet intervalle de temps. — N° 9.

ART. 8. — En cas d'absence, déchéance, mort ou mutation de l'officier de l'État Civil dans les communes où il n'en existe qu'un, ses registres seront provisoirement confiés, jusqu'à la nomination de son remplaçant, au Magistrat Communal de la localité, ou à celui qui en remplit les fonctions, lequel percevra les émoluments revenant au titulaire. — Nos 5 et 487.

ART. 9. — Dans les cas où l'officier de l'État Civil, dans les communes où il n'en existe qu'un, sera personnellement intéressé, les actes de l'État Civil seront encore reçus, sur les registres mêmes de l'État Civil, par le Magistrat Communal de la localité. — Nos 5 et 488.

ART. 10. — Les officiers de l'État Civil seront tenus de soumettre, tous les trois mois, leurs registres au Commissaire du Gouvernement près le Tribunal Civil du ressort, pour être arrêtés, sous peine d'être destitués. — Nos 14 et 15.

Les fournitures de bureau sont à leur charge ainsi que les frais de location et les appointements des commis ou employés.

ART. 11. — Sera considéré comme concussionnaire et puni conformément à l'article 186 du Code Pénal, tout officier de l'État Civil qui aura exigé des rétributions plus fortes que celles fixées au tarif de la présente Loi (1). — N° 25.

ART. 12. — Les officiers de l'État Civil porteront comme fonctionnaires de l'Ordre Judiciaire le costume noir.

ART. 13. — Le tarif des frais à percevoir par les officiers de l'État Civil

---

(1) C'est bien à tort et par erreur de copiste, sans doute, que ce texte cite l'article 186 du Code Pénal, touchant la peine à la concussion ; c'est bien plutôt l'article 135 de ce Code qui y a trait. — (*Voyez le* (1) *du n° 25.*)

est fixé comme suit : — 1° Pour chaque acte de mariage : P. 2.00; — 2°
Pour l'acte de déclaration et les publications : P. 1.00; — 3° Pour chaque
acte de divorce P. 25.00; — 4° Pour un acte de naissance : P. 1.00; —5°
Pour un acte de décès : P. 0.50.

ART. 14. — Moyennant ce prix, l'officier de l'État Civil doit une *expédition* de chaque acte, — n° 30. — Le papier timbré sera payé à part.

ART. 15. — Les *expéditions* subséquentes seront payées comme suit
à l'officier de l'État Civil, non compris le coût du papier timbré : — 1°
Pour un acte de mariage : P. 1.50; — 2° Pour un acte de divorce : P. 12.50;
— 3° Pour un acte de naissance ou de décès : P. 0.50, — pourvu que la
date desdits actes soit certaine.

Dans le cas où la date est incertaine, l'officier de l'État Civil reçoit, en
outre, pour droit de recherche de chaque acte *une piastre*.

ART. 16. — Néanmoins, les officiers de l'État Civil sont tenus, sous
peine de destitution et d'une amende de *trente piastres* au profit de la
commune, de procéder sans aucuns frais à toutes les formalités du mariage
et du décès des personnes notoirement indigentes; lesquelles, pour le cas
du mariage, seront munies d'un certificat délivré à cet effet par le Magistrat
Communal de leur localité. Un simple *extrait* (n° 32) de ces actes sera
délivré *gratis* sur papier libre par l'officier de l'État Civil aux Parties
intéressées, mais les *expéditions* (n° 30) en forme qu'elles voudront en avoir
devront être payées conformément au tarif ci-dessus.

ART. 17. — La présente Loi abroge toutes les Lois ou dispositions de
Lois qui lui sont contraires et sera publiée et exécutée à la diligence des
Secrétaires d'État de la Justice et de l'Intérieur.

Donné à la Chambre des Représentants, au Port-au-Prince, le 5 avril
1880, an 77° de l'Indépendance. — *Le Président de la Chambre*, G. Manigat.
— *Les Secrétaires :* St-Cap Le Blot et F. Ducasse.

Donné à la Maison Nationale, au Port-au-Prince, le 6 avril 1880, — an
77° de l'Indépendance. — *Le Président du Sénat*, M. Montasse. — *Les Secrétaires :* Innocent Coco et P. Claude.

Au Nom de la République,

Le Président d'Haïti ordonne que la Loi ci-dessus du Corps Législatif
soit revêtue du sceau de la République et qu'elle soit publiée et exécutée.

Donné au Palais National, au Port-au-Prince, le 6 avril 1880, an 77° de
l'Indépendance. — Salomon.

Par le Président, *Le Secrétaire d'État de la Justice, de l'Instruction Publique
et des Cultes :* C. Archin. — *Le Secrétaire d'État de l'Intérieur et de l'Agriculture :* Evariste Laroche.

2° CORRESPONDANCE.

A Monsieur le Secrétaire d'État de la Justice et des Cultes.

Monsieur le Secrétaire d'État,

J'ai l'honneur de Vous présenter, en manuscrit, un Ouvrage sur l'État Civil pour lequel je sollicite VOTRE haute approbation, si, — après l'avoir examiné ou fait examiner par une Commission d'hommes de lois, — Vous reconnaîtriez qu'il peut être de quelque utilité pour la Société.

Je Vous prie, Monsieur le Secrétaire d'État, d'agréer mes bien humbles salutations.

T. SERVINCENT, *notaire.*

Port-au-Prince, 31 décembre 1882.

LIBERTÉ — ÉGALITÉ — FRATERNITÉ

RÉPUBLIQUE D'HAITI

Section de la Correspondance Générale. — N° 50.

Port-au-Prince, le 17 janvier, 1883 — An 80ᵉ de l'Indépendance.

Le Secrétaire d'État au Département de la Justice à Monsieur Théogène Servincent, notaire public à la résidence de Port-au-Prince.

Monsieur le Notaire,

J'ai bien reçu votre lettre du 31 décembre de l'année écoulée, ainsi que l'Ouvrage sur l'État Civil qui l'accompagnait, et dont j'ai lu la Préface : l'*Introduction.*

Devant soumettre cet Ouvrage à l'examen d'une Commission, dont je viens de désigner les membres, je vous prie de prendre votre manuscrit, tenu à vos ordres en mes bureaux, afin qu'il soit remis par vous à la Commission.

Veuillez agréer, Monsieur le Notaire, mes salutations affectueuses.

MADIOU.

LIBERTÉ — ÉGALITÉ — FRATERNITÉ

RÉPUBLIQUE D'HAITI

Section de la Correspondance Générale. — N° 54

Port-au-Prince, le 17 janvier, 1883. — An 80° de l'Indépendance.

Le Secrétaire d'État au Département de la Justice à Messieurs A. Dyer, doyen du Tribunal Civil de Port-au-Prince ; Arthur Bourjolly, substitut du Commissaire du Gouvernement près le Tribunal de Cassation ; V. Frédérique, notaire public, Carméleau Antoine et J. Archin, avocats.

Messieurs,

Je vous prie de vous réunir, les jours qu'il vous sera possible de le faire, afin d'examiner, de modifier, de compléter, s'il y a lieu, l'Ouvrage ci-joint que m'a présenté le notaire T. SERVINCENT. — Je serai heureux de recevoir de Vous un Rapport à ce sujet.

Agréez. . . . . . etc. . . . . . (1).   MADIOU.

———————

Port-au-Prince, le 18 janvier. 1883.

A Messieurs A. Dyer, Arthur Bourjolly, V. Frédérique, Carméleau Antoine et J. Archin, à Port-au-Prince.

Messieurs,

Ainsi que je l'ai appris du Secrétaire d'État de la Justice, par une note incluse dans sa dépêche à moi adressée au n° 50, en date du 17 courant, Vous avez été choisis par le Ministre pour examiner le Travail que, du 17 février au 31 décembre 1882 inclusivement, j'ai écrit sous le titre de *Code-Formulaire de l'État Civil d'Haïti*, et dont avec la présente lettre j'ai l'honneur de Vous soumettre le *manuscrit*, aux termes de la susdite dépêche ministérielle (2).

(1) *Sans la moindre rectification.* — Notre excellent ami T. Servincent a terminé son Ouvrage intitulé : CODE-FORMULAIRE DE L'ÉTAT CIVIL D'HAÏTI. — L'Imprimerie Nationale du Cap-Haïtien en a publié l'*Introduction* accompagnée de quelques pièces justificatives. — Nous sommes heureux de recommander aux Chambres Législatives et au public ce Livre remarquable, dont le manuscrit examiné par des hommes compétents a été, *sans la moindre rectification*, recommandé au Ministre de la Justice qui a accordé à l'Auteur le droit de le publier comme utile à la Société. — (Tolérance de mai, 1884, n° 5; — *Revue maçonnique et littéraire*, publiée à Port-au-Prince par Monsieur Joseph-Ducis-Viard).

(2) *Du 17 février au 31 décembre 1882 inclusivement.* C'est bien le temps que j'ai mis pour écrire ce Livre sur l'État Civil proprement dit, c'est-à-dire sur la *naissance*, le *mariage*, le *décès*, le *divorce* et la *rectification d'acte de l'État Civil* ; et c'est l'Ouvrage ainsi composé qui a été soumis à l'examen de l'Administration supérieure. — Mais j'ai dû mettre un plus long temps, dont je ne puis dire précisément la durée, pour augmenter l'œuvre de quatre Chapitres que, après son *approbation*, j'ai cru devoir y faire figurer : le *Désaveu de Paternité*, la *Puissance Paternelle*, le *Domicile* et l'*Absence*. — L'Introduction du Livre et le Livre lui-même ont été en conséquence retouchés. — Ce 26 septembre 1887. — T. SERVINCENT.

Souffrez bien qu'à cette occasion je Vous dise, Honorables Magistrats et Maîtres, que je suis très flatté et très heureux de ce choix; car, — par la besogne qu'impose à Vos lumières et à Votre amour du bien public le Ministère de la Justice, — Vous allez devenir en quelque sorte les collaborateurs de Votre humble compatriote! — A ce titre, si Votre Rapport sur le mérite de l'Ouvrage m'est favorable, Chers Concitoyens, combien notre Livre sera recommandé et par conséquent recherché! — Votre tâche est donc bien délicate, Messieurs, puisque Vous devez attacher Vos noms de magistrats et de maîtres à celui d'un simple notaire! . . . . . Mais Vous ne sacrifierez pas certes la Vérité à des considérations particulières. Vous serez impartiaux.

Je prends la liberté de Vous prier de presser, autant qu'il sera possible de le faire, l'examen de cet Ouvrage de longue haleine; et j'ose espérer que, de cet examen, sortira un Rapport à la fois noble, sévère et sympathique.

Inutile de Vous dire, chers Magistrats et Maîtres, que je me tiens entièrement à Votre disposition, pour tous les renseignements dont, dans le cours de Votre examen, Vous pourrez avoir besoin de moi.

Je Vous prie d'agréer, Messieurs, l'assurance de mes sentiments affectueux,
T. Servincent.

Liberté — Égalité — Fraternité

RÉPUBLIQUE D'HAITI

Section de la Correspondance Générale — N° 422.

Port-au-Prince, le 8 juin 1883. — An 80e de l'Indépendance.

Le Secrétaire d'État au Département de la Justice à la Commission chargée d'examiner le Code-Formulaire de l'État Civil d'Haïti par le Notaire Théogène Servincent.

Messieurs,

J'ai reçu le Rapport que vous m'avez adressé le premier juin courant, après examen du manuscrit que m'a soumis Monsieur le notaire Théogène Servincent, — manuscrit dont l'État Civil forme la matière.

Je suis satisfait d'apprendre que cet Ouvrage peut être utile tant au Public qu'à la Classe particulière des fonctionnaires de l'Administration, et je vous félicite sincèrement de votre empressement à répondre à mon invitation.

Veuillez agréer, Messieurs, l'assurance de mes sentiments distingués.
Madiou.

Voir l'*Approbation*, le *Rapport* et l'*Introduction*, pages 13 à 24.

3° SOUHAIT DE T. SERVINCENT

Je termine ce Livre par les lignes ci-après, empruntées à Monsieur Le-vasseur, professeur au Lycée-Napoléon de Paris — (COURS D'ÉCONOMIE INDUSTRIELLE, *recueilli et publié en 1866 par Monsieur Évariste Thévenin*), — lignes qui forment la péroraison de la Conférence de Monsieur Levasseur sur la Liberté du Travail, et qui sont suivies du SOUHAIT personnel pour son cher Pays de l'Auteur du *Code-Formulaire de l'État Civil d'Haïti :*

« . . . . . . Le vieux Caton, depuis qu'il avait vu Carthage se relever de ses ruines, dit M. Levasseur, craignant pour sa patrie, avait coutume de terminer ses discours, quel qu'en fût d'ailleurs l'objet, par ces mots : « Il faut détruire Carthage ! » — Je ferais volontiers comme lui, continue le Conférencier, mais dans un sentiment autre que celui de la haine et de la destruction. Quel que fût le sujet que j'aurais traité devant vous, chers auditeurs, voyant grandir les Sociétés modernes et espérant dans un avenir qui s'ouvre à peine devant notre génération, je terminerais volon-tiers par ces deux mots qui me paraissent être la clef de nos destinées futures, et dont je voudrais vous faire sentir l'importance comme je la sens moi-même :

» INSTRUCTION ET LIBERTÉ ! » . . . . . .

C'est bien aussi là, Chers Compatriotes, non pas le rêve, l'espérance vaine, non pas le bonheur d'un instant, de peu de durée, mais le souhait plus durable que l'airain, *œre perennius*, de l'Auteur du *Code-Formulaire de l'État Civil d'Haïti*, qui ne dira pas non plus avec Caton l'Ancien : « *Et delenda est Carthago !* » — mais qui, pour notre Patrie, cet Héritage qu'au prix du sang nous ont légué DESSALINES et PÉTION, répète et répétera toujours avec Monsieur Levasseur :

INSTRUCTION ET LIBERTÉ !

T. SERVINCENT

Port-au-Prince, le 15 juillet 1883.

CODE - FORMULAIRE DU NOTARIAT D'HAÏTI

A ÉDITER

CODE-FORMULAIRE DU NOTARIAT D'HAITI

OU

TEXTES DU CODE CIVIL, DES CODES DE PROCÉDURE CIVILE, DE COMMERCE,

D'INSTRUCTION CRIMINELLE ET PÉNALE D'HAITI.

DONNANT LIEU A DES ACTES NOTARIÉS

PAR

THEOGÈNE SERVINCENT.

Notaire et Écrivain public,
Membre et Trésorier de la Fabrique de Sainte-Anne, Membre honoraire du Cercle des Amis de l'Étude,
à Port-au-Prince, Capitale d'Haïti.

APPROBATION

SECTION DE LA CORRESPONDANCE GÉNÉRALE — N° 221.

Port-au-Prince, le 15 novembre 1878. — An 75ᵉ de l'Indépendance.

Le Secrétaire d'État au Département de la Justice, de l'Instruction Publique et des Cultes, à Monsieur Théogène Servincent, notaire public, au Port-au-Prince.

Monsieur le Notaire,

Ayant reçu et soumis au Conseil des Secrétaires d'État le Rapport de la Commission chargée, en mai de cette année, d'examiner le *Code-Formulaire du Notariat d'Haïti*, ouvrage de longue haleine dû à un travail consciencieux et à des recherches infatigables, je suis heureux de Vous annoncer que le Gouvernement (1) approuve ce travail exécuté avec autant de talent que de zèle et Vous autorise à le livrer à la publicité, en vue d'être utile à notre Jeunesse studieuse.

Recevez, Monsieur le Notaire, avec mes félicitations, la nouvelle assurance de ma parfaite considération.

C. ARCHIN.

(1) Monsieur Charles Archin, Secrétaire d'État de la Justice, de l'Instruction publique et des Cultes ;
Le Général Turenne Carrié, Secrétaire d'État de la Guerre et de la Marine;
Son Excellence le Général Boisrond-Canal, Président d'Haïti;
Le Général Ernest Roumain, Secrétaire d'État des Finances, du Commerce et des relations extérieures;
Monsieur Charles Archin, Secrétaire d'État intérimaire de l'Intérieur et de l'Agriculture.

RAPPORT

Port-au-Prince, le 9 septembre 1878.

Au Secrétaire d'État de la Justice, des Cultes et de l'Instruction Publique,

Monsieur le Secrétaire d'État,

La Commission qui a été nommée par VOTRE honorable prédécesseur, I. Dalbémar Jean-Joseph, suivant ses dépêches en dates des 14 et 22 mai dernier, nos 118 et 133, Section de la Correspondance Générale, pour examiner le Travail du citoyen Théogène SERVINCENT sur le Notariat, à l'honneur de Vous présenter le Rapport suivant :

Le noble but de cet Ouvrage en est le premier mérite.

La pensée qui a dirigé l'Auteur est digne de toute recommandation, de tout encouragement.

On s'en convainc en parcourant l'Exposé de cette pensée dans les premières pages de l'OEuvre.

La méthode en est toute nouvelle. Elle présente, comme dans un tableau synoptique, le double avantage de voir réunies à la fois la Théorie et la Pratique, c'est-à-dire d'avoir simultanément, sous les yeux, sous la main, les éléments *théoriques* et *pratiques* de chaque acte.

Ce n'est donc pas un simple Recueil de formules, charpente informe constituant un dédale où l'on ne trouve, nulle part, le fil conducteur de la loi qui régit.

C'est donc pourquoi l'Auteur a ainsi intitulé son œuvre :

CODE FORMULAIRE DU NOTARIAT D'HAITI

Les diverses parties qui précèdent les formules offrent un *Résumé* suffisant des connaissances qu'il est nécessaire de posséder pour exercer la profession.

Les *formules* elles-mêmes ne sont pas nouvelles. Ce sont encore celles déjà consacrées par l'autorité du temps, de l'expérience et des principes existants. Il y aurait même danger à innover dans une matière qui intéresse tant le repos et le bonheur des familles. — Néanmoins, elles ont dû revêtir les formes de bien des traditions et accepter le cachet de la couleur locale qu'impriment à nos actes certaines parties de notre Législation, ainsi que nos mœurs et nos usages. — L'Auteur cependant a tâché de les réunir autant que la Rédaction le lui a permis.

La Commission, qui pense que la Loi de 1825 sur les enquêtes supplétives des titres de propriété est abrogée, serait d'avis que les formules 642 à 646 ,qui ont trait à la matière, doivent être supprimées par l'Auteur.

Certainement l'Œuvre n'est pas complète, ainsi d'ailleurs que le sont toutes celles façonnées de la main de l'homme ; et l'Auteur lui-même l'a reconnu dans son introduction.

Mais elle sera d'une grande utilité à nos jeunes compatriotes, qui veulent ou voudront étudier et pratiquer le Notariat. Elle ne sera pas sans intérêt pour des praticiens de la profession.

D'autres viendront un jour l'améliorer, la perfectionner, sans doute ; ils y seront même conviés par la méthode et le plan de l'Auteur, par les matériaux divers qu'il y a déjà préparés ; mais il restera toujours à Maître Théogène Servincent le mérite de l'idée-mère. Car nul avant lui en Haïti, notaire, jurisconsulte, légiste, n'a eu la louable pensée qu'il a réalisée.

Ses labeurs et ses veillées commandent les plus sympathiques encouragements.

Tel est le Rapport, Monsieur le Secrétaire d'État, que la Commission a cru devoir vous faire sur l'Œuvre en question.

La Commission vous prie, Monsieur le Secrétaire d'État, d'agréer ses salutations en la Patrie :

L. Oriol, *notaire,* — B. Lallemand, *juge au Tribunal de Cassation de la République,* — Joseph-H. Hogarth, *notaire,* — V. Laroche, *commissaire du Gouvernement en Cassation,* — O. Frédérique, *notaire du Gouvernement.*

IMPRIMERIE CENTRALE DES CHEMINS DE FER. — IMPRIMERIE CHAIX. — RUE BERGÈRE, 20, PARIS. — 2598

www.ingramcontent.com/pod-product-compliance
Lightning Source LLC
Chambersburg PA
CBHW050550270326
41926CB00012B/1993